150 Jahre
Kohlhammer

Grundwissen Soziale Arbeit

Herausgegeben von Rudolf Bieker

Band 14

Ayça Polat (Hrsg.)

Migration und Soziale Arbeit

Wissen, Haltung, Handlung

Verlag W. Kohlhammer

1. Auflage 2017

Gesamtherstellung: W. Kohlhammer GmbH, Stuttgart

Print:
ISBN 978-3-17-031703-1

E-Book-Formate:
pdf: ISBN 978-3-17-031704-8
epub: ISBN 978-3-17-031705-5
mobi: ISBN 978-3-17-031706-2

Vorwort zur Reihe

Mit dem so genannten „Bologna-Prozess“ galt es neu auszutarieren, welches Wissen Studierende der Sozialen Arbeit benötigen, um trotz erheblich verkürzter Ausbildungszeiten auch weiterhin „berufliche Handlungsfähigkeit“ zu erlangen. Die Ergebnisse dieses nicht ganz schmerzfreien Abstimmungs- und Anpassungsprozesses lassen sich heute allerorten in volumigen Handbüchern nachlesen, in denen die neu entwickelten Module detailliert nach Lernzielen, Lehrinhalten, Lehrmethoden und Prüfungsformen beschrieben sind. Eine diskursive Selbstvergewisserung dieses Ausmaßes und dieser Präzision hat es vor Bologna allenfalls im Ausnahmefall gegeben.

Für Studierende bedeutet die Beschränkung der akademischen Grundausbildung auf sechs Semester, eine annähernd gleich große Stofffülle in deutlich verringerter Lernzeit bewältigen zu müssen. Die Erwartungen an das selbständige Lernen und Vertiefen des Stoffs in den eigenen vier Wänden sind deshalb deutlich gestiegen. Bologna hat das eigene Arbeitszimmer als Lernort gewissermaßen rekultiviert.

Die Idee zu der Reihe, in der das vorliegende Buch erscheint, ist vor dem Hintergrund dieser bildungspolitisch veränderten Rahmenbedingungen entstanden. Die nach und nach erscheinenden Bände sollen in kompakter Form nicht nur unabdingbares Grundwissen für das Studium der Sozialen Arbeit bereitstellen, sondern sich durch ihre Leserfreundlichkeit auch für das Selbststudium Studierender besonders eignen. Die Autor/innen der Reihe verpflichten sich diesem Ziel auf unterschiedliche Weise: durch die lernzielorientierte Begründung der ausgewählten Inhalte, durch die Begrenzung der Stoffmenge auf ein überschaubares Volumen, durch die Verständlichkeit ihrer Sprache, durch Anschaulichkeit und gezielte Theorie-Praxis-Verknüpfungen, nicht zuletzt aber auch durch lese(r)-freundliche Gestaltungselemente wie Schaubilder, Unterlegungen und andere Elemente.

Prof. Dr. Rudolf Bieker, Köln

Zu diesem Buch

Mehr als 20 % der Bevölkerung in Deutschland hat einen Migrationshintergrund. Dieser Anteil ist in den letzten Jahren kontinuierlich angestiegen. Trotz einer auf Abschottung zielenden Flüchtlingspolitik werden auch in den kommenden Jahren Menschen aus Krisenregionen Schutz in Deutschland und Europa suchen und die Gesellschaft prägen. Obwohl Migration und die Pluralisierung von Lebensentwürfen für moderne Gesellschaften keine neuen Phänomene darstellen, kann bei Institutionen der sozialen Sicherungssysteme sowie des Bildungs- und Gesundheitswesens oftmals ein nicht selbstverständlicher Umgang mit Differenzen festgestellt werden (vgl. Mecheril, Castro Varela, Dirim, Kalpaka & Melter 2010). Grundlegend für das Professionsverständnis von Sozialarbeiter*-innen und Sozialpädagog*innen ist daher der Diskurs darüber, was als normal, integriert oder abweichend von den Normalitätserwartungen wahrzunehmen ist.

> *„Die Thematik ist grundlegend, weil die Thematisierung von Differenz(en) – in Form von Armut, Desintegration oder abweichendem Verhalten – überhaupt erst den Katalysator bereitgestellt hat für die institutionelle Etablierung Sozialer Arbeit seit dem 19. Jahrhundert. [...] Potenzielle Klient_innen sozialpädagogischer Angebote waren diejenigen Personen oder Gruppen, deren Verhalten als von diesen Verhaltensstandards abweichend kategorisierbar war." (Kessl & Plößer 2010, S. 7)*

So waren auch das Bild und das Verständnis der sozialen und pädagogischen Arbeit mit Menschen mit Migrationsgeschichte lange Zeit von einer Perspektive geprägt, die insbesondere kulturelle, religiöse sowie soziale Differenzen betonte. Als Folge dessen entwickelte sich in den 1970er Jahren die Ausländerpädagogik, die glaubte, auf die Defizite der Zielgruppe mit Migrationsgeschichte kompensatorisch wirken zu müssen.

> *„Das problematisierende Interesse richtete sich unter der Annahme eines Kulturkonflikts und Modernisierungsrückstands auf die Integrationsprobleme der Migrantenfamilien aus. Dabei entstand das pädagogisch instrumentalisierte Bild von verstörten, ohnmächtigen Migrantinnen und Migranten mit sprachlich-kulturellen Defiziten." (Yildiz 2011, S. 35)*

Damit verbunden waren oftmals assimilative, also auf Anpassung zielende Integrationsverständnisse. Die ‚Interkulturelle Pädagogik' entwickelte sich im Zuge der immer lauter gewordenen Kritik an der ‚Ausländerpolitik'. Die gesellschaftspolitischen Debatten um Deutschland als Einwanderungsland sorgten für einen Perspektivenwechsel. Mit der Interkulturellen Pädagogik sollten die Defizite der Ausländerpädagogik aufgehoben werden. Die Interkulturelle Pädagogik richtet sich ausdrücklich an alle Bevölkerungsschichten (ebd.).

Seit Ende der 1990er Jahre kann (auf der wissenschaftlichen Ebene) auch eine kritische Auseinandersetzung mit interkultureller Pädagogik festgestellt werden. Die Kritik macht sich vor allem daran fest, dass interkulturelle Ansätze zur Reproduktion von ‚Wir'- und ‚Nicht-Wir'-Unterscheidungen beitragen und somit

„in Traditionen der Über- und Unterordnung verhaftet bleiben“ (Mecheril 2010, S. 23). Plädiert wird daher für ein professionelles Handeln und Denken, das Unterscheidungsformen von Menschen nach bestimmten Merkmalen wie z. B. Kultur oder Religion kritisch reflektiert und auf ihre Wirkmächtigkeit für Benachteiligungsprozesse hin hinterfragt (ebd.). Damit werden Fachkräfte der sozialen und pädagogischen Arbeit in ihrem beruflichen Alltag zunehmend mit der Frage konfrontiert, wie sie den Bedarfen der Klient*innen mit Migrationsgeschichte angemessen begegnen können, ohne dabei Stigmatisierungs- und Benachteiligungsprozesse zu erzeugen bzw. zu reproduzieren.

Der Band möchte auf diese Fragen Antworten formulieren und dabei auf verschiedene Aspekte und äußere Rahmenbedingungen eingehen, die die Arbeit von Fachkräften maßgeblich beeinflussen.

So gibt es schon bezüglich des Begriffs ‚Integration‘ sowohl im politisch-gesellschaftlichen als auch im wissenschaftlichen Diskurs unterschiedliche Vorstellungen darüber, was das Ziel von Integration sein sollte und wie diese Ziele zu erreichen sind. Nicht selten ist der politische Diskurs bzw. das politische Verständnis von Integration wirkmächtiger für die Rahmenbedingungen der sozialen und pädagogischen Arbeit mit Migrant*innen als wissenschaftliche Definitionen. Hierbei geht es nicht nur um die Definition von Aufgaben und Zielen, sondern auch um (materielle) Ressourcen, die für die Umsetzung der Aufgaben und Ziele zur Verfügung gestellt werden. Umso wichtiger ist es für Fachkräfte, Kenntnisse darüber zu haben, welche rechtlichen, ökonomischen und sozialstrukturellen Rahmenbedingungen die „subjektiven Möglichkeitsräume“ (Leiprecht 2011) ihrer Klient*innen beeinflussen und welche Rolle der öffentliche Diskurs und politische Entscheidungen hierbei spielen.

Auf der Grundlage wichtiger Wissenskompetenzen müssen Fachkräfte Haltungs- und Handlungskompetenzen entwickeln, die für ihr Professionsverständnis und für die Ziele, die sie mit ihrer Arbeit verbinden, von besonderer Bedeutung sind (vgl. Spiegel 2013). Das wesentliche Ziel dieses Bandes ist es daher, Wissens- und Handlungskompetenzen für Fachkräfte der Sozialen Arbeit und Pädagogik in der Migrationsgesellschaft zu vermitteln und wichtige Impulse für Haltungskompetenzen zu geben. Der Begriff „Migrationsgesellschaft“ beinhaltet, „dass mit Migration nicht allein spezifische gesellschaftliche Bereiche, sondern vielmehr Strukturen und Prozesse der Gesellschaft im Ganzen“ (Mecheril, Castro Varela, Dirim, Kalpaka & Melter 2010, S. 9) berührt werden.

Zusammenfassend geht es in diesem Band zentral um die folgenden Fragen:

- Wie und durch welche Strukturen, Bedingungen und Diskurse werden Zugehörigkeiten und Teilhabeprozesse von Menschen mit Migrationsgeschichte geprägt?
- Durch welche Handlungsansätze kann verhinderter Teilhabe etwas entgegengesetzt werden?
- Was brauchen professionelle Akteur*innen dafür?

Zur Bearbeitung dieser Fragestellungen ist der Band in drei Hauptabschnitte gegliedert. Der erste Abschnitt beschäftigt sich mit relevanten Wissenskompetenzen über die Migrationsgesellschaft. Der zweite Abschnitt widmet sich den erforderlichen Haltungskompetenzen. Im dritten Abschnitt geht es schließlich darum, durch die Darstellung von verschiedenen Handlungsansätzen und praktischen Beispielen Handlungskompetenzen für die soziale und pädagogische Arbeit in der Migrationsgesellschaft zu vermitteln. Ein besonderer Fokus wird hierbei auf die Zielgruppe der Geflüchteten gelegt, da diese eine zunehmend wichtige Rolle in der sozialen und pädagogischen Arbeit spielen. Eine ausführliche Beschreibung der Inhalte der drei Hauptabschnitte ist jedem Abschnitt vorangestellt.

Ich möchte an dieser Stelle allen Mitautor*innen für ihre wertvollen Beiträge herzlich danken. Durch unsere gute Zusammenarbeit ist dieser facettenreiche Band entstanden, der auf die vielfältigen Fragen der sozialen und pädagogischen Arbeit in der Migrationsgesellschaft fundierte Antworten formuliert und hoffentlich viel Interesse und Neugierde für eine vertiefende Auseinandersetzung mit der Thematik Soziale Arbeit und Migration wecken wird. Mein persönlicher Dank gilt meiner Familie – insbesondere meinen Eltern.

Kiel im Dezember 2016 *Prof. Dr. Ayça Polat*

Literatur

Auernheimer, G. (Hrsg.) (2010): Interkulturelle Kompetenz und pädagogische Professionalität. Wiesbaden: VS.

Kessl, F. & Plößer, M. (Hrsg.) (2010): Differenzierung, Normalisierung, Andersheit. Wiesbaden: VS.

Leiprecht, R. (Hrsg.) (2011): Diversitätsbewusste Soziale Arbeit. Schwalbach i. T.: Wochenschau.

Mecheril, P., Castro Varela, M. d. M., Dirim, I., Kalpaka, A. & Melter, C. (Hrsg.) (2010): Migrationspädagogik. Weinheim und München: Beltz.

Mecheril, P. (2010): „Kompetenzlosigkeitskompetenz". Pädagogisches Handeln unter Einwanderungsbedingungen. In: Auernheimer, G. (Hrsg.): Interkulturelle Kompetenz und pädagogische Professionalität. Wiesbaden: VS, S. 15–34.

Spiegel, H. von (2013): Methodisches Handeln in der Sozialen Arbeit. München: Ernst Reinhardt.

Yildiz, Y. (2011): Von der Ausländersozialarbeit zur interkulturellen Sozialen Arbeit. Pädagogische Paradigmenwechsel zwischen provisorischer Arbeitsmigration und dauerhafter Einwanderungssituation. In: Kunz, T. & Puhl, R. (Hrsg.) (2011): Arbeitsfeld Interkulturalität. Weinheim und München: Juventa, S. 32–43.

Inhalt

TEIL I WISSENSKOMPETENZEN

Was Sie in diesem Abschnitt lernen können

Der erste Abschnitt des Bandes ist in zwei Kapitel aufgeteilt, die sich mit Grundlagenwissen für die soziale und pädagogische Arbeit in der Migrationsgesellschaft beschäftigen. Dabei geht es im ersten Kapitel um theoretisches und politisches Grundlagenwissen über die Migrationsgesellschaft und im zweiten Kapitel um die rechtlichen und sozialstrukturellen Aspekte der Lebenslagen von Menschen mit Migrationsgeschichte.

Die Beiträge beschäftigen sich daher im Einzelnen mit den folgenden Fragen:

1. Welche politischen Diskurse und Entscheidungen sind für den Umgang mit Migration in Deutschland relevant und prägend? Welches Selbstverständnis folgt daraus für die Gesellschaft, die Migrant*innen und die Fachkräfte der sozialen und pädagogischen Arbeit?
2. Welche Perspektiven bieten rassismuskritische Ansätze für die Analyse der gesellschaftlichen Diskurse über Migration und Differenz?
3. Welchen Beitrag können Konzepte diversitätsbewusster Sozialer Arbeit und Intersektionalität zum fundierten Verständnis der Lebenslagen und Bedarfe von Menschen mit Migrationsgeschichte leisten?
4. Welche konkreten Anknüpfungspunkte gibt es zwischen theoretischen Ansätzen der Sozialarbeitswissenschaft und den Handlungsanforderungen im Umgang mit Differenz und Benachteiligung in der Migrationsgesellschaft?
5. Welche rechtlichen und sozialstrukturellen Rahmenbedingungen prägen die Lebensbedingungen und subjektiven Möglichkeitsräume von Menschen mit Migrations- und Fluchtgeschichte?

THEORETISCHE GRUNDLAGEN

1 Migrations- und Flüchtlingspolitik im Einwanderungsland Deutschland

Ayça Polat

Zwölf Jahre nach dem Inkrafttreten des Zuwanderungsgesetzes und über 50 Jahre nach der Aufnahme der ersten Gastarbeiter*innen in Deutschland ist die Frage nach den Gestaltungsmöglichkeiten und Steuerungsgrenzen von Zuwanderung eine der zentralsten Fragen im politischen Diskurs. Diese Frage bewegte auch schon vor der sogenannten „Flüchtlingskrise“ politisch und gesellschaftlich viele Gemüter. Mit der Einreise von etwa einer Million Geflüchteter im Herbst 2015 ist die Frage nach den Aufnahmekapazitäten und Akzeptanzgrenzen Deutschlands noch viel stärker in den Fokus einer zumeist emotional geführten Debatte gerückt. Dabei zeigen sich im Migrationsdiskurs Reaktionsweisen, die sich rückblickend wiederholen und in ihrer Systematik eine bestimmte Funktion annehmen. Damit verbunden ist die These, dass auf politischen Entscheidungsebenen die Thematisierung von Grenzen der Aufnahmekapazität Teil einer politischen Strategie von Gesellschaften darstellen, deren Migrationspolitik im Wesentlichen auf Kontrolle und Begrenzung von Migration basiert. Hier soll also erst gar nicht der Eindruck entstehen, dass aktive Einwanderungspolitik erwünscht ist. Dies erklärt vielleicht auch die Tatsache, dass Deutschland seit 2005 ein Zuwanderungsgesetz mit dem Titel Gesetz zur Steuerung und Begrenzung der Zuwanderung und zur Regelung des Aufenthalts und der Integration von Unionsbürgern und Ausländern hat und für die Verabschiedung eines Einwanderungsgesetzes sich nach wie vor keine politischen Mehrheiten finden. Auch das am 6. August 2016 in Kraft getretene Integrationsgesetz ist im Wesentlichen eine restriktive Reaktion auf die Migration von Geflüchteten.

Dieser einführende Beitrag geht auf die Grundzüge der Migrations- und Flüchtlingspolitik und den gesellschaftlichen Diskurs über Zuwanderung der letzten 50 Jahre ein und beschäftigt sich dabei mit den folgenden Fragen:

- Welche Veränderungen sind in der Migrations- und Flüchtlingspolitik festzustellen?
- Welche Reaktionsweisen sind zu beobachten und welche (gesetzlichen) Wirkungen haben sie?
- Welche politischen Perspektiven sind zur Anerkennung der migrationsgesellschaftlichen Realität und damit verbundenen Anforderungen erforderlich?

Dazu wird im ersten Abschnitt zunächst auf wichtige Begriffe, Zuwanderungsgruppen und die Migrationsgeschichte Deutschlands seit 1955 eingegangen. Daran anschließend werden relevante gesetzliche Veränderungen seit 2000 vorgestellt und ein Zwischenfazit zur bisherigen Migrationspolitik gezogen. Der zweite Abschnitt setzt sich kritisch mit der bisherigen deutschen und europäischen Flüchtlingspolitik auseinander und formuliert Empfehlungen für eine humanitäre Flüchtlingsschutzpolitik. Im dritten Abschnitt geht es um die Wechselwirkungen zwischen dem politischen Migrationsdiskurs und der Wahrnehmung von Geflüchteten bzw. Migrant*innen in der Bevölkerung; außerdem findet sich dort ein Plädoyer für eine Anerkennungspolitik in der Migrationsgesellschaft.

1.1 Einwanderungsrealitäten in Deutschland

Mit über 16 Millionen Personen mit Migrationshintergrund hat in Deutschland jede*r Fünfte eine Migrationsgeschichte – eine eigene oder über mindestens ein Elternteil mitgebrachte. In vielen Großstädten Deutschlands liegt dieser Anteil bei mehr als einem Drittel der Bevölkerung. Diese Tendenz zu Migration, welche die Soziologin Annette Treibel insbesondere für moderne Gesellschaften als *Normalfall* beschreibt (vgl. Treibel 2003), ist eine Entwicklung, die spätestens mit dem Abschluss des Anwerbeabkommens mit Italien 1955 ein fester Bestandteil gesellschaftlicher Entwicklung und Realität in Deutschland ist. Damit ist auch Einwanderung – ob gewollt oder nicht – ein wichtiger Teil jüngerer deutscher Geschichte. Wenn man bedenkt, dass mit dem Abschluss der Anwerbeabkommen mit verschiedenen Ländern Einwanderung weder geplant noch erwünscht war, lässt sich rückblickend mit den Worten des Historikers Klaus J. Bade festhalten:

> *„So gesehen ist es fast ein soziales Wunder, dass unter diesen Bedingungen die Integration – allen Unkenrufen und gegenteiligen Behauptungen zum Trotz – dennoch millionenfach friedlich und erfolgreich gelang." (Bade 2013)*

Definition Migration

> *„Migration ist der auf Dauer angelegte bzw. dauerhaft werdende Wechsel in eine andere Gesellschaft bzw. in eine andere Region von einzelnen oder mehreren Menschen." (Treibel 2003, S. 21)*

Als *Menschen mit Migrationshintergrund oder Migrationsgeschichte* werden für gewöhnlich Personen bezeichnet, die entweder selber aus einem Land migriert sind und eine nicht-deutsche Staatsbürgerschaft besitzen und/oder aber mindestens ein Elternteil haben, das zugewandert ist. Die Unterscheidung zwischen Menschen mit und ohne Migrationshintergrund ist im statistischen Sinne relevant, da es hier um die Erhebung von Zugangs- und Teilhabechancen geht (vgl. den Beitrag von Janßen in diesem Band). Problematisiert wird aber an dem Begriff die fortwährende Markierung von Personen als irgendwie ‚Andere' (vgl. den Beitrag von Lingen-Ali und Mecheril in diesem Band).

Nicht nur die Arbeitsmigrant*innen und ihre Familien haben mit ihrer Einwanderung, die oftmals auch von ihnen selbst ursprünglich nicht geplant war, zu einer gesellschaftlichen Veränderung beigetragen. Zu den relevantesten Einwanderungsgruppen sind auch die (Spät-)Aussiedler*innen sowie Geflüchtete bzw. Kontingentflüchtlinge zu zählen. Nicht zu vergessen ist die offiziell nur schwer zu erfassende Anzahl an Menschen, die ohne einen Aufenthaltstitel in Deutschland leben. Weil für sie nur geringe Aussichten auf die Verlängerung ihres Titels bzw. den Erhalt eines Titels bestehen, lebten und leben schon immer eine nicht unbedeutende Anzahl von Menschen als Illegalisierte in Deutschland. Zunehmend wichtiger wird auch die Gruppe der transnationalen Migrant*innen.

Ursachen von Migration

Migration hat verschiedene Ursachen. Als wichtigste Ursachen gelten die *Suche nach Arbeit* und nach besseren Lebensperspektiven sowie der *Schutz vor Verfolgung*:

> *„Die Suche nach einem besseren Leben und einer Perspektive war und ist das Migrationsmotiv schlechthin. […] Die Grenzen zwischen freiwilliger Migration, die man ‚Arbeitsmigration' nennt, und erzwungener Migration, die man ‚Fluchtmigration' nennt, sind fließend. Millionen Menschen sahen sich früher und sehen sich noch heute zu Migration gezwungen, selbst wenn niemand eine Waffe auf sie richtet oder ihr Land überschwemmt wird." (Treibel 2015, S. 24)*

In der Migrationsforschung wird zwischen verschiedenen *Migrationsformen* unterschieden, die unterschiedliche Ursachen und gesetzliche Grundlagen haben. Die rechtlichen Grundlagen, die die Einreise nach Deutschland ermöglichen, sind im Zuwanderungsgesetz geregelt (ausführliche Darstellung des Aufenthalts- und Asylgesetzes siehe den Beitrag von Ahlert und Nahrwold in diesem Band).

Relevante Zuwanderungsgruppen

1. *Staatsangehörige eines EU-Landes*: Für sie gilt Freizügigkeit, d. h., jede*r EU-Bürger*in kann frei nach Deutschland einreisen und hier arbeiten.
2. *Arbeitskräfte aus Drittstaaten* wie bspw. die ehemaligen Gastarbeiter*innen aus den Anwerbeländern. Die Einreisebedingungen für Arbeitskräfte aus Drittstatten wurden seit dem Anwerbestopp 1973 sehr streng reglementiert und im Aufenthaltsgesetz geregelt.
3. *Drittstaatsangehörige, die im Rahmen des Familiennachzugs einreisen* (Ehegatten- oder Kindernachzug): Familiäre Migration spielt im Rahmen von Einwanderungsprozessen die (zahlenmäßig) wichtigste Rolle, auch deshalb, weil die Entscheidung zur Migration meistens nicht rein individuell erfolgt, sondern Ergebnis eines familiären ‚Abwägungsprozesses' ist.
4. *Asylbewerber*innen und Flüchtlinge* im Rahmen von Asylverfahren, Bleiberechtsregelungen und humanitärer Kontingente.

5. *Spätaussiedler*innen*: Die Zuwanderung dieser Gruppe spielte insbesondere in den 1990er Jahren eine relevante Rolle. Die gesetzliche Grundlage für diesen Status ist § 4 des Bundesvertriebenengesetzes (BVFG).
6. *Transnationale Migrant*innen*: Transmigranten sind Migranten, deren alltägliches Leben abhängt von dauerhaften Verbindungen über oftmals zwei nationalstaatliche Grenzen hinweg und zwischen verschiedenen Wohnorten (vgl. Pries 1997). Moderne Transport- und Kommunikationsmittel machen diese Migrationsform für immer mehr Menschen möglich.

Rückblick auf die Migrationsgeschichte Deutschlands seit 1955

Im 19. Jahrhundert und in der ersten Hälfte des 20. Jahrhunderts war Deutschland noch ein Auswanderungsland. Seit Mitte der 1950er Jahre ist es eines der wichtigsten europäischen Zielländer für Migration.

*Zuwanderung der sogenannten ‚Gastarbeiter*innen'*
1955 wurde ein erstes Anwerbeabkommen mit Italien geschlossen, ab 1960 folgten weitere mit Spanien, Jugoslawien, Türkei, Griechenland, Portugal und Marokko. Der Daueraufenthalt der angeworbenen Arbeitskräfte war zunächst nicht vorgesehen, vielmehr sollten sie nach einem begrenzten Aufenthalt wieder in ihre Heimatländer zurückkehren und durch neue angeworbene Arbeitskräfte ersetzt werden. Dieses sogenannte ‚Rotationsmodell' stieß auf Widerstand bei den Arbeitgeber*innen, die ständig neue Arbeitskräfte anlernen mussten. Dies bewirkte, dass die Verlängerung der Aufenthaltsgenehmigungen 1971 erleichtert wurde.

Mit Einsetzen der Weltwirtschaftskrise kam 1973 der Anwerbestopp, seitdem gibt es sehr restriktive Bestimmungen für Arbeitsmigrant*innen. Der Anwerbestopp stellte für den weiteren Verlauf der Einwanderungsgeschichte Deutschlands einen entscheidenden Punkt dar. Durch den Anwerbestopp gab es für die angeworbenen Gastarbeiter*innen nicht mehr die Möglichkeit, nach ihrer Rückkehr ins Herkunftsland wieder nach Deutschland einzureisen. Sie mussten sich also entscheiden, ob sie weiterhin in Deutschland bleiben und ihren Aufenthaltsstatus verfestigen oder endgültig zurückkehren. Viele entschieden sich für einen Verbleib in Deutschland und den Nachzug ihrer Familie. Von 1955 bis zum Anwerbestopp 1973 kamen 14 Millionen Migrant*innen in die Bundesrepublik Deutschland (BRD). Aber 11 Millionen zogen in diesem Zeitraum auch wieder weg (vgl. Meier-Braun 2013, S. 17). Dies stellte die Bundesregierung vor die Herausforderung, Regelungen und Maßnahmen für den Verbleib der Gastarbeiter*innen und ihrer Familien treffen zu müssen. Der Begriff *Integration* wurde im damaligen politischen Kontext selten benutzt. Vielmehr ging es um aufenthaltsrechtliche Aspekte und um Fragen des rechtlichen Anspruchs auf staatliche Unterstützung sowie um die schulische (sprachliche) Integration der Kinder.

Integration – ein mehrdeutiger Begriff

Integration kann als ein sozialwissenschaftlich-analytischer oder als ein normativ-politischer Begriff verstanden werden. Aus sozialwissenschaftlich-analytischer Perspektive steht die Frage im Fokus: „Wie vollziehen sich Teilhabeprozesse von Zuwander*innen in die Gesellschaft?" Aus normativ-politischer Perspektive geht es um das Integrationsverständnis einer Gesellschaft, also welche Ziele von Integration formuliert werden und welches Verständnis von einem Zusammenleben in einer Einwanderungsgesellschaft vorliegt.

Integrationstheorien, die ein *assimilatives Verständnis von Integration* haben, verstehen unter Integration den Zustand der Angleichung von Zuwander*innen an die Mehrheitsgesellschaft. Der Soziologe Esser hebt *vier Dimensionen der Assimilation* hervor: kognitiv, strukturell, sozial und identifikativ. Er sieht in diesem Assimilationsprozess eine Stufenabfolge. Demnach ist ohne die kognitive Assimilation die Assimilation in den anderen Dimensionen nicht möglich (vgl. Esser 2001). Demgegenüber steht ein *interaktionistisches Verständnis von Integration* welches der Soziologe Pries folgendermaßen definiert:

> *„Eine so verstandene interaktionistische und teilhabeorientierte Integration setzt an der Leitvorstellung einer möglichst chancengerechten Teilhabe aller Menschen und sozialen Gruppen einer Gesellschaft [...] an. Integration ist dann vor allem ein wechselseitiger Verständigungsprozess und eine Einladung zur Teilnahme an allen für wichtig erachteten gesellschaftlichen Aktivitäten und Bereiche. [...] Es ist ein ‚ergebnisoffener Prozess'. Es ist empirisch nicht belegt, welche Stufenfolge zu eigenständiger Lebensführung und sozialer Akzeptanz führt. [...] Integration sollte nicht als Diktat oder ‚Anpassungskeule' einer ‚Mehrheitsgesellschaft' gegenüber irgendwelchen (konstruierten) Gruppen von ‚Anderen' verstanden werden. Integration ist vielmehr eine Verhandlungssache, bei der es um die Teilhabechancen aller Gruppen eines Sozialgeflechtes geht. [...] [Integration] ist nicht eine ‚Entweder-oder-Entscheidung', sondern eine ‚Sowohl-als-auch-Einladung' bezüglich Loyalitäten, Heimatgefühlen, identitären Verortungen und Lebensperspektiven. [...] Zunehmende transnationale Mobilität führt auch zu einer plurilokalen Einbindung [...]. Je stärker eine offene Gesellschaft plurale Formen der aktiven und aktivierenden Teilhabe ermöglicht, desto attraktiver wird sie auf Dauer für Menschen unterschiedlicher Staatsangehörigkeiten, die diese Werte als Referenzrahmen teilen." (Pries 2014, S. 53ff., vgl. auch den Abschnitt Was bedeutet ‚Integration'? im Beitrag von Janßen in diesem Band)*

1978 wurde durch die damalige Bundesregierung das Amt eines Ausländerbeauftragten eingeführt. Der erste Ausländerbeauftragte der Bundesregierung legte 1979 ein Memorandum vor und kritisierte darin die bisherige Ausländerpolitik. Er forderte u. a., die Anerkennung der faktischen Einwanderungsrealität in Deutschland, eine damit verbundene Förderung der Integration der Arbeitsmigrant*innen und ihrer Familien, die Erleichterung der Einbürgerung und das Kommunalwahlrecht für Drittstaatenangehörige. Letzteres ist in Deutschland nach wie vor nicht eingeführt worden. D. h., dass auch Personen mit einer Niederlassungserlaubnis nicht das Recht haben, in ihrer jeweiligen Kommune an den Wahlen teilzunehmen. Hier findet also eine Abkoppelung eines nicht unerheblichen Teils von Bürger*innen von demokratischer Willensbildung und Partizipation statt und damit auch von integralen Bestandteilen einer Demokratie (vgl. Schulte 2016).

*Zuwanderung von (Spät-)Aussiedler*innen*

(Spät-)Aussiedler*innen sind Personen mit deutscher Volks- oder Staatszugehörigkeit, die vor dem Ende des Zweiten Weltkrieges ihren Wohnsitz jenseits der heutigen Ostgrenzen Deutschlands hatten (Polen, ehemalige Sowjetunion, ehemalige Tschechoslowakei, Ungarn, Rumänien) und als Folge des Krieges diese Gebiete verlassen mussten oder aus diesen Gebieten vertrieben wurden. Dazu gehören auch deren Nachfahren, wenn sie sich zum Deutschtum bekennen (§ 6 Bundesvertriebenengesetz) und heute ihr Recht auf Rückkehr nach Deutschland wahrnehmen (Schubert & Klein 2016, S. 46). Mit dem Nachweis der Volkszugehörigkeit zu Deutschland haben sie Anspruch auf eine Einwanderung und Einbürgerung. Erfolgte die Einreise in die BRD vor dem 31. Dezember 1992, werden sie als Aussiedler, erfolgte sie danach, als Spätaussiedler bezeichnet. Die Grundlage für diese Einwanderung wurde von der BRD 1953 durch das Bundesvertriebenengesetz geschaffen (vgl. Wrobs, Bund, Kohls & Gostomski 2013). Seit Bestehen der BRD sind etwa 4,5 Millionen sogenannte (Spät-)Aussiedler*innen nach Deutschland eingereist. Durch die Einführung einer restriktiven Anerkennungspraxis 1996 und einer Begrenzung der Zuzugszahlen auf 100.000 pro Jahr ist ein deutlicher Rückgang der Zuwanderungszahlen festzustellen (2012: 1782 Personen). Bedingt durch den Bürgerkrieg in der Ukraine steigen die Zahlen wieder leicht an. Im Jahr 2015 wurden über 6000 (Spät-)Aussiedler*innen in Deutschland aufgenommen. Fast drei Viertel der (Spät-)Aussiedler*innen wohnen in den vier Bundesländern Nordrhein-Westfalen, Baden-Württemberg, Bayern und Niedersachsen (ebd.).

Jüdische Kontingentflüchtlinge

Anfang des Jahres 1990 hatte die letzte demokratisch gewählte Regierung der DDR damit begonnen, jüdische Personen aus der Sowjetunion in einem erleichterten Verfahren einreisen zu lassen. Diese Praxis wurde nach der deutschen Einheit vom vereinigten Deutschland fortgeführt. Im Zeitraum zwischen 1991 bis 2004 konnten Juden aus den Gebieten der ehemaligen Sowjetunion über das Kontingentflüchtlingsgesetz (HumHAG) nach Deutschland kommen und sich hier niederlassen. Jüdische Zuwanderer galten von da an als Kontingentflüchtlinge (Haug 2005, S. 3). Als zuwanderungsberechtigt galten Personen, die nach staatlichen Personenstandsurkunden selbst jüdischer Nationalität sind (in den Staaten der ehemaligen Sowjetunion gilt jüdisch als Nationalität im Sinne von Volkszugehörigkeit) oder von mindestens einem jüdischen Elternteil abstammen. Zwischen 1993 und 2014 sind insgesamt 206.000 jüdische Migranten einschließlich ihrer Familienangehörigen aus den Staaten der GUS nach Deutschland zugewandert (BMI-Migrationsbericht 2016, S. 107).

Relevante gesetzliche Veränderungen

Auch wenn die Einwanderungsrealität politisch viele Jahrzehnte ignoriert worden ist, können insbesondere seit 2000 wichtige gesetzliche Veränderungen festgestellt werden, die hier in kurzer Form benannt werden:

- Im Januar 2000 trat das neue *Staatsangehörigkeitsgesetz* in Kraft. Es löste ein Recht aus dem Jahre 1913 ab. Dieses Gesetz ergänzte das Abstammungsprinzip (*ius sanguinis*) durch Elemente des Geburtsortsprinzips (*ius soli*). D. h., dass seitdem nicht nur Kinder von deutschen Staatsbürger*innen die deutsche Staatsbürgerschaft erhielten, sondern auch Kinder ausländischer Eltern, die in Deutschland geboren sind. Voraussetzung ist, dass mindestens ein Elternteil zum Zeitpunkt der Geburt des Kindes seit acht Jahren rechtmäßig in Deutschland gelebt hat und über eine Niederlassungserlaubnis oder seit drei Jahren über eine unbefristete Aufenthaltserlaubnis verfügt. Das neue Gesetz beinhaltete bis 2015 das sogenannte ‚Optionsmodell': Dieses verlangte von jungen Menschen mit einem deutschen Pass und dem ihres Herkunftslandes (sogenannte Doppelstaatler aus Drittstaaten) bis zur Vollendung ihres 23. Lebensjahres eine Entscheidung darüber, ob sie die deutsche Staatsbürgerschaft oder die des Herkunftslandes behalten wollen. Diese Optionspflicht wurde 2015 abgeschafft.
- 2000 wurde, als Reaktion auf den Mangel an IT-Kräften, die ‚Green Card' eingeführt. Durch diese *Verordnung über die Arbeitsgenehmigung für hoch qualifizierte ausländische Fachkräfte der Informations- und Kommunikationstechnologie* war es erstmals seit dem Anwerbestopp von 1973, zumindest für einen Berufsbereich, wieder möglich nach Deutschland einzuwandern. Diese Verordnung hatte nur mäßig Erfolg und lief 2004 aus. 2012 wurde in Deutschland die ‚Blaue Karte EU' eingeführt. Damit haben die EU-Länder erstmals einen gemeinsamen Aufenthaltstitel für Hochqualifizierte (nicht nur aus IT-Berufen) aus Ländern, die außerhalb der Europäischen Union liegen (vgl. BAMF – Blaue Karte EU 2016).
- 2000 nahm die *Zuwanderungskommission* unter der Leitung von Rita Süssmuth ihre Arbeit auf und legte ein Jahr nach ihrer Zusammenkunft Vorschläge für ein Zuwanderungsgesetz vor. Die Verabschiedung des Gesetzes erfolgte aber erst 2005, nach einer über mehrere Jahre andauernden politischen Debatte. Dabei wurden viele Vorschläge der Kommission nicht in das Gesetz aufgenommen.

Zentral hervorzuheben ist, dass das Zuwanderungsgesetz erstmalig ein *offizielles Bekenntnis zu Deutschland als einem Einwanderungsland* beinhaltet und die *Förderung der Integration als gesetzliche Aufgabe des Bundes* verankert wurde. Erst seit 2005 werden für Neu-Zuwander*innen und ihre Familienangehörigen mit Aufenthaltsrecht bzw. Bleibeperspektive Integrationskurse angeboten und finanziell gefördert. Diese Kurse setzen sich zusammen aus einem Sprach- und Orientierungskurs (vgl. BAMF – Integrationskurse 2016).

Als weitere wichtige gesetzliche Veränderungen sind zu benennen:

- Die Verabschiedung des *Allgemeinen Gleichbehandlungsgesetzes* (AGG) 2006: Ziel dieses Gesetzes ist es, Benachteiligungen aus Gründen der Rasse oder der ethnischen Herkunft, des Geschlechts, der Religion oder Weltanschauung, einer Behinderung, des Alters oder der sexuellen Identität zu verhindern oder zu beseitigen (vgl. § 1 AGG). Zehn Jahre nach Bestehen des Gesetzes sieht eine im Auftrag der Antidiskriminierungsstelle des Bundes durchgeführte Studie einen Reformbedarf in einzelnen Bereichen. Dies betrifft bspw. die Verlängerung der Frist zur Geltendmachung von Schadensersatzansprüchen bzw. Entschädigungen von zwei auf sechs Monate und die Einführung eines Verbandsklagerechts für Antidiskriminierungsverbände (ausführlichere Informationen zum Gesetz können unter www.antidiskriminierungsstelle.de abgerufen werden).
- Die Verabschiedung des *Gesetz zur Verbesserung der Feststellung und Anerkennung im Ausland erworbener Berufsqualifikationen* (Anerkennungsgesetz) 2012: Dieses Gesetz ist als neues Instrument zur Sicherung des Fachkräftebedarfs in Deutschland geschaffen worden und bezweckt „die Feststellung der Gleichwertigkeit im Ausland erworbener Ausbildungsnachweise, unter Berücksichtigung sonstiger nachgewiesener Berufsqualifikationen, und inländischer Ausbildungsnachweise für bundesrechtlich geregelte Berufe, sofern die entsprechenden berufsrechtlichen Regelungen nicht etwas anderes bestimmen“ (vgl. BMBF – Anerkennungsgesetz 2016). Ziel dieses Gesetzes ist es auch, Transparenz und Einheitlichkeit in den Anerkennungsverfahren zu schaffen und die Dauer zur Überprüfung der Gleichwertigkeit auf drei Monaten zu verkürzen. Damit reagierte der Gesetzgeber auf eine immer lauter werdende Kritik an dem beruflichen ‚Anerkennungsdschungel‘ in Deutschland, der auf viele qualifizierte Zuwander*innen entmutigend wirkte.

Das Integrationsgesetz

Als Reaktion auf die Zunahme der Flüchtlingszahlen ist im August 2016 das *Integrationsgesetz* verabschiedet worden. Dieses Gesetz soll den „Grundsatz des Förderns und Forderns“ stärken und „zielt auf die Verbesserung der Integration von Schutzberechtigten in die Gesellschaft, insbesondere in den Arbeitsmarkt, und auf die weitere Beschleunigung der *Asylverfahren*“ (vgl. BMI – Integrationsgesetz 2016). Dieses Gesetz sieht einerseits vor, dass Asylbewerber*innen künftig schneller in den Arbeitsmarkt integriert werden und dafür die sogenannte Vorrangprüfung für bestimmte Regionen abgeschafft sowie eine Ausbildungsförderung für Asylbewerber*innen bereitgestellt wird. Auch sollen 100.000 ‚Ein-Euro-Jobs‘ spezifisch für die Berufsintegration von Flüchtlingen bereitgestellt werden. Andererseits beinhaltet das Gesetz viele restriktive Maßnahmen, weshalb es bereits im Vorfeld durch Migrationsexpert*innen sowie Wohlfahrts- und Flüchtlingsverbände kritisiert worden ist. Auf einige Kritiken soll im Folgenden eingegangen werden:

- *Niederlassungserlaubnis*: Anerkannte Geflüchtete sollen nicht mehr nach drei Jahren eine unbefristete Niederlassungserlaubnis erhalten, sondern erst nach fünf Jahren. Die Bedingung dafür ist, dass sie ‚Integrationsleistungen' erbringen. Um welche Integrationsleistungen es hier geht, wird nicht klar definiert. Die Kritik richtet sich insbesondere gegen die Intention der Formulierung, dass selbst anerkannten Geflüchteten nur unter bestimmten Bedingungen eine dauerhafte Lebensperspektive in Deutschland angeboten werden soll. Dies widerspricht auch den Zielen des Zuwanderungsgesetzes.
- *Wohnsitzzuweisung*: Zur Vermeidung einer Konzentration von Geflüchteten in Ballungsräumen ist eine zeitlich befristete Wohnpflicht für anerkannte Flüchtlinge eingeführt worden. Aus verschiedenen Studien ist bekannt, dass es für Integrationsprozesse von Zuwander*innen vorteilhafter ist, wenn sie in Stadtteilen leben, in denen bereits andere Migrant*innen leben, die ihre Sprache verstehen und ihnen notwendige Informationen sowie Hilfestellungen beim ‚Ankommen' geben können (vgl. Janßen, Polat 2006; Schader-Stiftung, 2007). Außerdem kann nach der EU-Qualifikationsrichtlinie, die für Deutschland verbindlich ist, die Bewegungsfreiheit von Menschen, denen Schutz gewährt wurde, nur dann eingeschränkt werden, wenn das auch alle anderen Drittstaatsangehörige betrifft.
- *Kürzungen von Sozialleistungen*: Schutzsuchende, die Integrationsangebote nicht wahrnehmen, sollen mit Leistungskürzungen bestraft werden. Dies verstößt gegen das Urteil des Bundesverfassungsgerichts vom 18. Juli 2012, nach dem ein menschenwürdiges Existenzminimum gewährleistet sein muss. Außerdem ist für viele Expert*innen nicht nachvollziehbar, warum mit Sanktionen gedroht wird, wenn noch nicht einmal gewährleistet ist, dass alle berechtigten Geflüchteten an Integrationskursen teilnehmen können. Die vom BMI kalkulierten 300.000 zusätzlichen Plätze für Integrationskurse sind, gemessen an der Zahl der Berechtigten (im Juni 2016 waren es bereits 230.000), nicht ausreichend.
- *Einführung von niedrigschwelligen Arbeitsgelegenheiten (‚Ein-Euro-Jobs')*: Die Ein-Euro-Jobs als Maßnahme zur Arbeitsmarkintegration wurden ursprünglich abgeschafft, weil festgestellt wurde, dass sie, trotz eines hohen Kostenaufwands, nicht zur Verbesserung der Arbeitsmarktchancen von Arbeitssuchenden beitragen. Ähnliches wird nun für die Arbeitsmarktchancen von Geflüchteten befürchtet; zudem wird kritisiert, dass die eingeführten ‚Ein-Euro-Jobs' notwendige Qualifizierungs- und Sprachfördermaßnahmen be- oder verhindern (vgl. Mediendienst Integration 2016a).

Zwischenfazit – die ‚Lebenslüge vom Nicht-Einwanderungsland'

Obwohl Deutschland schon seit den 1950er Jahren zu den wichtigsten Einwanderungsländern in Europa zählt, hat es sehr lange gedauert, diese Realität auch auf politischer Ebene anzuerkennen. Bundeskanzlerin Angela Merkel musste

2007 feststellen: „Wenn wir ehrlich sind, haben wir das Thema Integration in unserem Land zu lange auf die lange Bank geschoben“ (Meier-Braun 2013, S. 19). Spätestens mit der Verabschiedung des Zuwanderungsgesetzes 2005 können Veränderungen im politischen Selbstverständnis Deutschlands wahrgenommen werden – dies gilt zumindest für die Mehrheit der Bundestagsfraktionen. Neben der Verabschiedung eines Zuwanderungsgesetzes und verschiedenen gesetzlichen Reformen finden seit 2006 Integrationsgipfel statt, ein nationaler Integrationsplan ist verabschiedet worden und 2009 wurde erstmals eine ‚Deutsche Islamkonferenz‘ durchgeführt. Außerdem wurde ein Staatsministerium für Integration und Migration im Kanzleramt eingerichtet. Die Lockerungen, die den Zugang zum Arbeitsmarkt betreffen, können insbesondere als eine Reaktion auf den demografischen Wandel und den Bedarf des deutschen Arbeitsmarktes betrachtet werden.

Neben den Lockerungen sind aber auch gesetzliche Verschärfungen festzustellen, wie bspw. beim Ehegattennachzug. Dieses Gesetz sieht vor, dass die Ehegatten von Drittstaatenangehörigen (wobei Länder wie bspw. Japan, USA oder Kanada nicht dazu gehören) einen Sprachtest bereits *vor der Einreise* erfolgreich absolvieren müssen (vgl. den Beitrag von Ahlert und Nahrwold in diesem Band).

Auch die Verschärfung der Asylgesetze in den 1990er Jahren und 2016 lassen erkennen, dass auf Zuwanderungsprozesse zumeist abgrenzende und abwehrende politische Maßnahmen folgen. Hierbei soll der Eindruck entstehen, dass mit diesen Maßnahmen auf Ängste und Sorgen in der Bevölkerung reagiert wird:

> *„Schon immer war Ausländerpolitik eine Art von Symbolpolitik, bei der einer vermeintlich beunruhigten Wählerschaft konsequentes Handeln vorgeführt werden sollte; sie war ein Mittel, um sich politisch zu profilieren. Die Interessen und Bedürfnisse der Minderheiten, der früheren ‚Gastarbeiter‘, Flüchtlinge, Asylsuchenden oder Spätaussiedler und ihre Integration in die Gesellschaft standen weniger im Mittelpunkt als die ‚politische Ausschlachtung‘ des Themas.“ (Meier-Braun 2013, S. 19)*

Dieses Charakteristikum zeigt sich in besonders prägnanter Form in der deutschen Flüchtlingspolitik, die zunehmend durch die EU bestimmt wird.

1.2 Europäische Flüchtlingspolitik – ‚Menschliche Kolletaralschäden‘ im 21. Jahrhundert

Bereits 1949 wurde in Deutschland als Reaktion auf das Unrecht, welches vielen Menschen durch den Nationalsozialismus widerfahren ist, das Grundrecht auf Asyl in das Grundgesetz aufgenommen. Allein der Zweite Weltkrieg und seine Auswirkungen haben in Europa etwa 60 Millionen Menschen zur Flucht gezwungen und damit etwa 10 % der europäischen Bevölkerung (vgl. Oltmer 2016).

In Art. 16a Abs. 1 GG ist verankert, dass politisch Verfolgten ein Asylrecht zusteht. Zudem wurde 1948 in die *Allgemeine Erklärung der Menschenrechte* der Art. 14 aufgenommen, der besagt: „Jeder hat das Recht, in anderen Ländern vor Verfolgung Asyl zu suchen." Es folgten die Verabschiedung der *Europäischen Menschenrechtskonvention* und 1950 die *Genfer Flüchtlingskonvention* (GFK). 2000 hat die Europäische Union das Recht auf Asyl in die *EU-Grundrechtecharta* (Art. 18) aufgenommen. Damit haben sich die europäischen Mitgliedstaaten dazu verpflichtet, mit ihrem gemeinsamen Asylsystem Schutzsuchenden einen „Raum der Freiheit, der Sicherheit und des Rechts" zu bieten (vgl. Cremer 2013, S. 6). Kern dieses Abkommens ist also auch eine *gemeinsame und solidarische Regelung* des Flüchtlingsschutzes in Europa.

Die Bilder von Menschen, die verzweifelt versuchen, den Schutz der EU in Anspruch zu nehmen und sich und ihre Familie dabei großer Lebensgefahr aussetzen bzw. dabei sterben müssen (allein in der ersten Hälfte des Jahres 2016 sind bereits 3000 Menschen auf ihrer Flucht ums Leben gekommen), verdeutlichen nur zu deutlich, dass die gegenwärtige europäische Flüchtlingspolitik diesen getroffenen völkerrechtlichen Vereinbarungen auf allen Ebenen widerspricht.

Mehr als 60 % der etwa 65,3 Millionen Menschen, die 2015 weltweit auf der Flucht waren, können das eigene Land laut UNHCR nicht verlassen. Die meisten bleiben in der Nähe ihrer Heimat. 86 % aller Geflüchteten leben in sogenannten ‚Entwicklungsländern'. 2015 taucht mit Deutschland nach langer Zeit wieder ein europäisches Land unter den ersten zehn Ländern auf, die weltweit die meisten Schutzsuchenden aufnehmen. Angeführt wird diese Liste bereits seit vielen Jahren von Ländern wie der Türkei, Pakistan, Libanon, Iran und Äthiopien (vgl. UNHCR 2015).

Während einzelne Staaten, wie Deutschland und Schweden, noch im Herbst 2015 bereit waren, Geflüchtete in hoher Zahl aufzunehmen, fühlen sich viele EU-Mitgliedstaaten nicht dazu verpflichtet, völkerrechtliche Vereinbarungen einzuhalten. Dies ist bislang mit keinerlei Konsequenzen für diese Staaten verbunden. Stattdessen setzt die europäische Flüchtlingspolitik auf Abwehr, Grenzziehungen und Abkommen mit Staaten, die Schutzsuchende daran hindern sollen, nach Europa einzureisen (vgl. Kopp 2016). Dass diese Staaten selber Flucht verursachen bzw. z. T. erhebliche Defizite in der Umsetzung von Grundrechten aufweisen, wird dabei vollständig ausgeblendet (ebd.). Die Strategie der EU, sich der Verantwortung für das Elend und der Not vieler Menschen zu entledigen, beschreibt Bade daher zu Recht als „menschliche Kolletaralschäden" (Bade 2016b, S. 10).

Nur einen Monat nach der Aufnahme vieler Schutzsuchender wurde im Oktober 2015 das Asylrecht durch die Einführung des *Gesetzes zur Einführung beschleunigter Asylverfahren* verschärft.

„Gesetz zur Einführung beschleunigter Asylverfahren"

Das Gesetz ist bereits seit Oktober 2015 (Asylpaket I) gültig und liegt in seiner überarbeiteten Fassung seit dem 17. März 2016 (Asylpaket II) vor. Es beinhaltet wesentliche Einschränkungen des Asylrechts:

- Ausreisepflichtige Flüchtlinge und diejenigen, die im Rahmen der geplanten EU- Verteilungsquote einem anderen EU-Staat zugeteilt wurden, erhalten keine Grundleistungen nach dem Asylbewerberleistungsgesetz (Unterbringung, Kleidung, Essen).
- Asylbewerber in den Erstaufnahmeeinrichtungen erhalten keine Geldleistungen, sondern flächendeckend Sachleistungen. Damit sollen vermeintliche Fehlanreize vermieden werden.
- Der Verbleib in den Erstaufnahmeeinrichtungen wird von drei auf sechs Monate erhöht, bei Menschen aus ‚sicheren Herkunftsstaaten' bis zum Ende des Asylverfahrens.
- Albanien, Kosovo und Montenegro sind auf die Liste der ‚sicheren Herkunftsstaaten' gesetzt worden.
- Asylbewerber aus ‚sicheren Herkunftsstaaten' werden in separaten Erstaufnahmeeinrichtungen untergebracht (‚Aufnahme- und Rückführungslager'). Hier soll im Rahmen eines Schnellverfahrens über ihren Antrag entschieden werden. Auch Rechtsmittel gegen die Entscheidung können nur dort eingelegt und Abschiebungen organisiert werden.
- Für die Geflüchteten gilt im Rahmen ihres Verfahrens eine Residenzpflicht. D. h., sie dürfen den Landkreis oder die kreisfreie Stadt nicht verlassen, in dem ihre Anträge bearbeitet werden. Bei Verstoß bekommen sie keine Leistungen mehr und der Asylantrag ruht. Bei wiederholtem Verstoß gegen die Residenzpflicht soll sofort abgeschoben werden.
- Ausländerbehörden sollen eine ‚Duldung' (Aussetzung der Abschiebung) nur noch für maximal drei statt bislang sechs Monate aussprechen.
- Die Abschieberegelungen sollen verschärft werden und Abschiebungen sollen auch unangekündigt durchgeführt werden.
- Gesundheitliche Einschränkungen und Erkrankungen sollen nicht mehr in allen Fällen als Abschiebehindernisse herangezogen werden können. Dies soll nur noch bei lebensbedrohlichen oder schwerwiegenden Erkrankungen möglich sein.
- Familiennachzug: Für Flüchtlingsgruppen, die nicht nach der GFK oder dem Asyl-Grundrecht anerkannt werden, aber dennoch in der BRD bleiben dürfen (subsidiärer Schutz) wird der Nachzug von Familienangehörigen für zwei Jahre ausgesetzt. Zudem dürfen nun auch Minderjährige mit subsidiärem Schutz für zwei Jahre nicht ihre Eltern nachziehen lassen.
- Außerdem sind pauschale Leistungskürzungen im AsylbLG vorgenommen worden. (Quelle: BMI-Asylverfahrensbeschleunigungsgesetz 2016)

Eine ausführliche Kritik an dem Gesetz hat *Pro Asyl* in einer Stellungnahme veröffentlicht (vgl. Pro Asyl – Asylverfahrensbeschleunigungsgesetz 2016).

Auch in der Vergangenheit ist auf die durch Krieg verursachte Not vieler Menschen mit einer Verschärfung und Einschränkung des Asylrechts reagiert worden. Das im deutschen Grundgesetz verankerte und offenste Asylrecht der Welt hat 1992 durch den sogenannten ‚Asylkompromiss' und 1993 durch die Einführung der ‚Drittstaatenregelung' eine wesentliche Einschränkung erfahren. Eine Einschränkung des Asylrechts war aber auch bereits 1980 durch die Einführung der Visumspflicht für die wichtigsten Herkunftsländer der Geflüchteten feststellbar. Damit sollte Schutzsuchenden unmöglich gemacht werden, ohne ein gültiges Visum europäische Grenzen zu überschreiten. Auch Fluggesellschaften wurden unter Sanktionsandrohungen dazu verpflichtet, nur Einreiseberechtigte zu transportieren. Durch die Einführung der Drittstaatenregelung konnten Flüchtlinge nicht mehr direkt an die deutschen Grenzen gelangen.

Ein weiterer Bestandteil des ‚Asylkompromisses' war die Einführung des *Asylbewerberleistungsgesetzes*. Das *Asylbewerberleistungsgesetz* schließt Asylsuchende und Geduldete von Leistungen nach dem Sozialgesetzbuch II und XII aus und sieht nur eine Grundversorgung vor. Damit wurden die Leistungen für Asylsuchende und Geduldete deutlich abgesenkt und fast 20 Jahre nicht an die Entwicklung der tatsächlichen Lebenshaltungskosten angepasst (obwohl diese Verpflichtung im Gesetz vorgesehen war). Erst nachdem das Bundesverfassungsgericht im Juli 2012 den Gesetzgeber damit beauftragt hat, das Existenzminimum für Asylsuchende neu zu berechnen (unzureichende Absicherung des Existenzminimums, Verstoß gegen die Menschenwürde), wurden die Leistungen leicht angehoben. Mit dem Asylpaket I wurden zum 24. Oktober 2015 für mehrere Flüchtlingsgruppen allerdings wieder Leistungskürzungen eingeführt (vgl. den Beitrag von Ahlert und Nahrwohl in diesem Band).

Die Auswirkungen der Asylrechtsreformen auf die Zahl der Schutzsuchenden

Die Asylrechtsreformen haben zwischen 1992 und 2008 zu einem deutlichen Rückgang der Zahl der Asylsuchenden in Deutschland geführt. Erst ab 2009 ist wieder ein Anstieg der Asylantragszahlen festzustellen. 2015 wurden beim BAMF insgesamt 476.649 formelle Asylanträge gestellt, 273.815 mehr als im Vorjahr (vgl. BAMF – Asylanträge 2016).

Die Drittstaatenregelung sieht vor, dass Asylanträge nur in den Transitstaaten, über die die Antragsteller*innen eingereist sind, überprüft werden, die Schutzsuchenden also auch dorthin wieder zurückgeführt werden sollen. Dies gilt auch für sogenannte ‚sichere Herkunftsstaaten': Als ‚sichere Herkunftsstaaten' können vom Gesetzgeber alle Staaten deklariert werden, bei denen angenommen werden kann, dass den Geflüchteten dort keine politische Verfolgung und unmenschliche Behandlung droht. Diese Liste der ‚sicheren Herkunftsstaaten' ist in den letzten Jahren auf immer mehr Länder ausgeweitet worden. Gegenwärtig wird darüber diskutiert, Länder wie Marokko, Tunesien und Algerien in diese Liste aufzunehmen. Flüchtlingsverbände wie bspw. Pro Asyl kritisieren in ihren Gutachten und Stellungnahmen, dass die Einhaltung von Menschen- und Grundrechten in diesen Ländern nicht gewährleistet ist und sie somit nicht zu ‚sicheren Herkunftsstaaten' erklärt werden können.

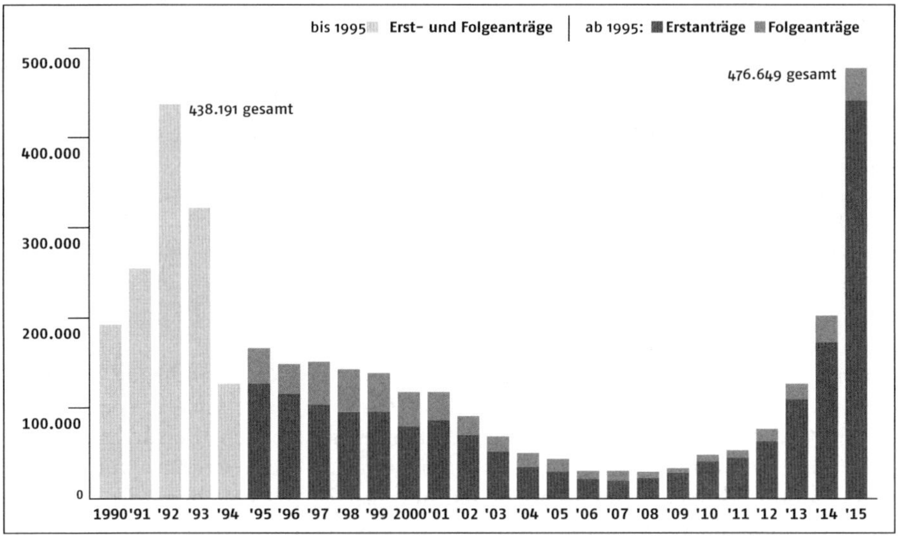

Abb.: Entwicklung der Asylantragszahlen seit 1990 (Quelle: Pro Asyl – Asylantragszahlen 2016)

Die Drittstaatenregelung und das europäische Dublin-Verfahren haben sich rückblickend als nicht funktional herausgestellt und können auch vor dem Hintergrund der Einhaltung von Grund- und Menschenrechten nicht aufrechterhalten werden. So hatten bereits 2008 mehrere Verwaltungsgerichte mit der Begründung eines unzureichenden Asyl- und Schutzsystems vorläufigen Rechtsschutz gegen Abschiebungen in einige EU-Länder gewährt (vgl. Cremer 2012, S. 12). Auch die Tatsache, dass die Bleibewahrscheinlichkeit in Dublin-Fällen 2015 in Deutschland bei 92 % lag (bezogen auf die Zahl aller Übernahmeersuchen), verdeutlicht, dass das Dublin-Verfahren als Verteilungsverfahren nicht funktioniert (vgl. Bundestag-Drucksache 2016).

Erforderlich sind also andere Systeme von Aufnahme- und Verteilungsquoten, die erstens die Einhaltung der völkerrechtlichen Vereinbarungen und Menschenrechtskonventionen der EU gewährleisten und zweitens eine faire Verteilung der Verantwortung für alle Mitgliedstaaten vorsehen. Dazu gibt es bereits verschiedene Vorschläge von Europarechtler*innen und Migrationsforscher*innen. Der Sachverständigenrat deutscher Stiftungen für Integration und Migration hat 2013 in einem Policy-Brief Vorschläge für gerechte Verteilungsverfahren formuliert (vgl. SVR – EU-Flüchtlingspolitik 2013). Es fehlt den EU-Staaten also nicht an Wegen und Möglichkeiten, die Verteilung der Verantwortung für die Schutzsuchenden zu klären. Vielmehr ist die europäische Flüchtlingspolitik bislang kläglich an der mangelnden Bereitschaft vieler EU-Staaten gescheitert, die Aufnahme von Menschen, die Schutz vor Krieg und Terror suchen, als humanitäre Verpflichtung zu erachten. Mit einer Politik der Abwehr kann die EU ihren eigenen Wertmaßstäben (für die sie 2012 den Friedensnobelpreis erhalten hat) nicht gerecht werden. Dies gilt auch für ihren fehlenden Einsatz zur *Lösung von Konflikten und weltökonomischen Fragen* (Stichwort ‚Raubtierkapitalismus'), die Flucht verursachen

Vorschläge für eine Flüchtlingsschutzpolitik

Mittlerweile liegen viele Erfahrungswerte und Expertisen darüber vor, wie eine zukunftsweisende Flüchtlingspolitik gestaltet werden könnte. Hier kann, in Anlehnung an eine Stellungnahme des Rats für Migration, nur auf zehn zentrale Notwendigkeiten eingegangen werden (vgl. Rat für Migration 2015):

- Eröffnung von legalen Wegen für Schutzbedürftige, außerhalb der EU einen Antrag auf Asyl stellen zu können;
- Schutzgewährung nach der GFK für Kriegsflüchtlinge aus Syrien und Irak ohne Einzelfallprüfung;
- Aussetzung des Dublin-Systems;
- Abschaffung von Asyl-Schnellverfahren, durch die die individuelle Not und Schutzbedürftigkeit Einzelner ausgeblendet wird und Asylsuchenden nicht ausreichend Zeit gegeben wird, sich über ihre Rechte und Pflichten sowie Möglichkeiten zu informieren;
- Abschaffung einer Unterscheidung zwischen Geflüchteten mit geringen und guten Bleibeperspektiven, die zur Selektion, Hierarchisierung und institutionellen Diskriminierung von Asylbewerber*innen führt. Die Gefahr, dass Menschen hierbei vorschnell durch die Institutionen der Gesellschaft in ihren Rechten eingeschränkt werden bzw. mit einem Stempel versehen werden, der die Entwicklung von Perspektiven verhindert, ist groß. Voigt spricht daher auch von der „Seifenblase der geringen Bleibeperspektive", sie blende aus, „dass Bleibeperspektiven sich völlig unabhängig vom Ausgang des Asylverfahrens und vom Herkunftsland ergeben können: Menschen bleiben trotz der ihnen zugeschriebenen ‚geringen Bleibeperspektive' in Deutschland und schaffen sich früher oder später selbst hohe Bleibeperspektiven" (Voigt 2016);
- schnelle Anerkennung von im Ausland erworbenen Berufsabschlüssen und Abschaffung von allen bestehenden Hindernissen beim Zugang zum Arbeitsmarkt;
- Möglichkeit des Statuswechsels für Asylbewerber, um ein Arbeitsvisum beantragen zu können;
- möglichst schnelle Unterbringung von Asylsuchenden in Wohnungen;
- schnelle Integration von geflüchteten Kindern und Jugendlichen in das reguläre Schulsystem;
- Implementierung einer Antidiskriminierungspolitik und Engagement gegen Rassismus als Arbeitsbereiche der Integrations- und Zuwanderungspolitik.

1.3 Der Einfluss des politischen Diskurses auf das Meinungsbild in der Bevölkerung

Die politischen Handlungs- und Reaktionsweisen auf Migrationsbewegungen in Europa und Deutschland sind weitestgehend geprägt von Abschottungsmechanismen. Die Aufnahme von etwa einer Million Schutzsuchenden (wobei nicht alle der damals aufgenommenen in Deutschland geblieben sind) im Herbst 2015 ist in der Geschichte Deutschlands beispiellos und daher auch als historisch zu bezeichnen. Historisch und einmalig ist auch die Aussage der Kanzlerin Angela Merkel: „Wir schaffen das!", für die sie sich in der Folgezeit immer wieder – insbesondere in ihrer eigenen Partei – rechtfertigen musste. Dem kurzen politischen Ausnahmezustand, in dem Geflüchtete frei nach Deutschland einreisen durften, folgten strenge Gesetzgebungen und die Abschottung europäischer Grenzen. Begründet wird dies mit Aussagen über die begrenzte Aufnahmefähigkeit von europäischen Staaten und vieler Gefahren, die durch die sogenannten ‚Flüchtlingsströme' zu erwarten seien. Vereinzelte Vorfälle mit Geflüchteten, die die Ausnahmen von der Regel darstellen, werden instrumentalisiert und für ausgrenzende und diskriminierende Vorgehensweisen und Aussagen gegen Geflüchtete herangezogen – nicht nur von Parteimitgliedern, die ideologisch als rechts einzuordnen sind. Dass damit nicht nur Sanktionen und Restriktionen legitimiert werden können, sondern auch Ängste und Vorbehalte in der Bevölkerung erzeugt und gestärkt werden, belegen viele Studien.

In der Studie aus dem Jahr 2016 *Die enthemmte Mitte – Autoritäre und rechtsextreme Einstellung in Deutschland* waren rund 60 % der Befragten der Auffassung, dass die meisten Asylbewerber „nicht wirklich" befürchten müssen, in ihrem Heimatland verfolgt zu werden. 80 % stimmten der Aussagen eher bzw. voll und ganz zu, dass der Staat bei der Prüfung von Asylanträgen nicht großzügig sein sollte. Die Studie kann außerdem eine Zunahme der autoritären Aggressionen gegen Muslime, Sinti und Roma sowie Asylsuchende feststellen (vgl. Brähler, Decker & Kiess 2016). In einer weiteren repräsentativen Studie des Deutschen Instituts für Wirtschaft (DIW) geben 57 % der Befragten an, dass Deutschland durch Flüchtlinge „ein schlechterer Ort zum Leben" werde (Eisnecker & Schupp 2016). Argumente und Vorbehalte gegen Geflüchtete werden zunehmend als legitim wahrgenommen und rechtspopulistische Parteien können Profit aus der Flüchtlingsdebatte schlagen (vgl. Häusler & Virchow 2016).

Die Instrumentalisierung von Minderheiten ist nicht neu im Migrationsdiskurs. So stellt Bade fest:

> *„Anfang der achtziger Jahre wurde zum ersten Mal die damals magische Schwelle von 100.000 Asylbewerbern überschritten. […] Seitdem ist die Diskussion immer wieder von rechten und konservativen Kräften wahltaktisch instrumentalisiert worden. Damit konnte man sein Wahlergebnis fast zuverlässig verbessern. Heute gilt der Asylsuchende in der Wahrnehmung vieler als Gefahr. Das kommt ganz wesentlich durch die Rede von ‚Scheinasylanten', von ‚Asylbetrügern' und ‚Sozialschmarotzern'. Die gewaltige CDU-Kampagne gegen sogenannte ‚Asylanten' im Kampf um die Asylrechtsänderung Anfang*

der neunziger Jahre ist bewusstseinsprägend geblieben. Daher kommen viele Kampfargumente von heute.“ (Bade 2016a)

Offensichtlich gibt es eine Wechselwirkung zwischen politischen Diskursen und der Zunahme einer ablehnenden Haltung in der Bevölkerung, dies gilt insbesondere gegenüber Roma und Sinti sowie schwarzen Minderheiten und Zuwanderungsgruppen aus Ländern, die islamisch geprägt sind (vgl. SVR-Integrationsbarometer 2016; Brähler, Decker & Kiess 2016). Die ablehnende Haltung gegenüber Geflüchteten und bestimmten Migrantengruppen wird durch rechtspopulistische Äußerungen erzeugt und findet einen Resonanzboden bei einem nicht unerheblichen Anteil der Bevölkerung. Als Reaktion auf den großen Zulauf bei den rechtspopulistischen Parteien wie der AfD, der 2016 bei vier Landtagswahlen (z. T. als zweitstärkste Partei) auf Anhieb der Einzug in den Landtag gelang, werden auch bei den etablierten Parteien Forderungen nach Begrenzungen und Restriktionen lauter bzw. in Form von Gesetzen umgesetzt (siehe Asylpaket I und II).

Tragischerweise bleibt es nicht ‚nur‘ bei einer ablehnenden Haltung und verbalen Angriffen. Bei der Zahl der Straftaten gegen ‚Asylunterkünfte‘ und ihre Bewohner verzeichnet das Bundesinnenministerium von 2014 auf 2015 einen Anstieg von 199 auf 1031 Straftaten (damit hat sich die Zahl mehr als verfünffacht; vgl. Mediendienst Integration 2016b). Darunter sind 94 Brandstiftungen, 60 Körperverletzungen und vier Tötungsdelikte (ebd.). Bei „fremdenfeindlichen Straftaten“ verzeichnete das BMI einen Anstieg um 116,2 %. In den meisten Fällen handelt es sich um die Straftat Volksverhetzung. Die *Amadeu Antonio Stiftung* und *Pro Asyl* erfassten in ihrer gemeinsamen *Chronik flüchtlingsfeindlicher Vorfälle* für 2015 mehr als 1000 Übergriffe auf Flüchtlingsunterkünfte und 180 Körperverletzungen (ebd.).

Die Notwendigkeit einer Anerkennungspolitik

Die mit der Aufnahme von Geflüchteten oftmals erwähnte Willkommenskultur, die nur durch das außerordentliche Engagement der Zivilgesellschaft möglich wurde bzw. ist, ist sicherlich in ihrer Bedeutung für die Gestaltung eines Zusammenlebens in einer sich zunehmend pluralisierenden Gesellschaft nicht zu unterschätzen. Aber wenn es bei einem Gestus der Akzeptanz von Fremden bzw. Gästen für eine bestimmte Zeit bleiben soll, ist eine Haltung notwendig, die über das Tolerieren und Dulden hinausgeht. Dafür steht eine Anerkennungskultur, die das menschliche Grundbedürfnis nach Wertschätzung und Akzeptanz der eigenen sozialen Zugehörigkeit beinhaltet. Selbstanerkennung kann sich Mecheril zur Folge „nur in den Strukturen der Anerkennung der Anderen entwickeln. […] Die Anerkennung durch Andere ist der Selbstanerkennung vorgelagert“ (Mecheril 2003, S. 5). Die Anerkennung von außen ist demzufolge nicht nur integraler Bestandteil eigener Identitätsarbeit, sondern auch zentral für die Entwicklung von Perspektiven und Teilhabemöglichkeiten. Notwendig ist daher eine Anerkennungspolitik, die auf Teilhabe und Selbstwirksamkeit in relevanten Bereichen der Gesellschaft setzt und damit die Basis für ein Bewusstsein als Bürger*innen schafft.

„Durch Teilhabe werden Menschen an die Gesellschaft gebunden, in der sie leben. Es wird ihre Gesellschaft, mit der sie sich auseinandersetzen, der gegenüber sie eine Verantwortung empfinden.“ (Rosenstreich 2010, S. 244)

Verantwortungsbewusste Auseinandersetzungen sind erwünschte Bestandteile einer modernen Demokratie. Mögliche, als kulturell ausgetragene Konflikte können so im Rahmen der rechtlichen und politischen Ordnung des Verfassungsstaates aufgearbeitet und diskutiert werden (vgl. Oberndörfer 2013).

Der Diskurs über Aufnahmegrenzen ist ein ideologischer Diskurs, der Ängste erzeugen und Abwehrmechanismen legitimieren soll. Eine objektive Kapazitätsgrenze gibt es nicht (vgl. Bade 2016a). Ein Blick in die jüngere deutsche Migrationsgeschichte verdeutlicht, dass an vielen Orten Partizipation und Teilhabe von und durch ethnische Minderheiten – trotz fehlender Konzepte und Strategien – gelang:

„Wenn man in die deutsche Geschichte zurückblickt, könnte man sehr gelassen sein: Integration hat in Deutschland, manchmal eher schlecht als recht, aber letztlich immer funktioniert. Allerdings war jedes Mal aufs Neue eine Schwelle zu übersteigen, bei der Teile der Bevölkerung den Eindruck hatten: Das ist so nicht zu machen. Das war bei den Vertriebenen so, damals hatten viele gehofft, sie zögen weiter in die USA. Das war bei den sogenannten Gastarbeitern so, das war bei den Aussiedlern so.“ (Ebd.)

Ausgehend von den Erfahrungen der Geschichte Deutschlands als Einwanderungsland wäre mit der Verabschiedung eines Einwanderungsgesetzes, welches nicht den Fokus auf Begrenzung legt (wie das bestehende Zuwanderungsgesetz), sondern verschiedene Möglichkeiten für Einwanderung regelt, eine schon längst bestehende gesellschaftliche Realität der deutschen Gesellschaft auch gesetzlich umgesetzt. Dies wäre auch ein wichtiges Signal nach innen und nach außen.

☞ *Zum Weiterlesen*

Treibel, A. (2015): Integriert Euch! Plädoyer für ein selbstbewusstes Einwanderungsland. Frankfurt a. M.: Campus.

Literatur

Bade, K. J. (2013): Als Deutschland ein Einwanderungsland wurde. In: Die Zeit-Online vom 24.11.2013. URL: http://pdf.zeit.de/gesellschaft/zeitgeschehen/2013-11/einwanderung-anwerbestopp.pdf: 26.08.2016.

Bade, K. J. (2016a): Wir könnten gelassen sein. In: Die Zeit-Online vom 04.02.2016. URL: http://www.zeit.de/campus/2016/01/zuwanderung-asyl-streit-historiker-interview: 26.08.2016.

Bade, K. J. (2016b): Die ‚Schande von Evian‘ 1938 und die ‚Schande von Brüssel‘ 2016. In: Rundbrief des Flüchtlingsrats Baden-Württemberg 2/2016, S. 10–11. URL: http://fluechtlingsrat-bw.de/informationen-ansicht/menschenrechte-kennen-keine-grenzen.html: 26.08.2016.

BAMF (Bundesamt für Migration und Flüchtlinge) – Blaue Karte EU (2016): FAQ: Blaue Karte EU. URL: http://www.bamf.de/DE/Infothek/FragenAntworten/BlaueKarteEU/blaue-karte-eu-node.html: 26.08.2016.

BAMF (Bundesamt für Migration und Flüchtlinge) – Integrationskurse (2016): Integrationskurse. URL: http://www.bamf.de/DE/Willkommen/DeutschLernen/Integrationskurse/int¬
egrationskurse-node.html: 26.08.2016.

BAMF (Bundesamt für Migration und Flüchtlinge) – Asylanträge (2016): 2015 Mehr Asylanträge in Deutschland als jemals zuvor. URL: http://www.bmi.bund.de/SharedDocs/¬
Pressemitteilungen/DE/2016/01/asylantraege-dezember-2015.html: 26.08.2016.

BMBF (Bundesministerium für Bildung und Forschung) (2016): Anerkennung in Deutschland. Informationsportal der Bundesregierung zur Anerkennung ausländischer Berufsqualifikationen. URL: www.anerkennung-in-deutschland.de: 26.08.2016.

BMI (Bundesministerium des Inneren) – Asylverfahrensbeschleunigungsgesetz (2016): Asylverfahrensbeschleunigungsgesetz. URL: http://www.bmi.bund.de/SharedDocs/Downloa¬
ds/DE/Gesetzestexte/asylverfahrensbeschleunigungsgesetz.pdf:10.08.2016.

BMI (Bundesministerium des Inneren) – Integrationsgesetz (2016): Integrationsgesetz: Fördern und Fordern http://www.bmi.bund.de/SharedDocs/Kurzmeldungen/DE/2016/05/m¬
eseberg-kabinettsbeschluss-integrationsgesetz.html: 26.08.2016.

BMI (Bundesministerium des Inneren) – Migrationsbericht (2016): Migrationsbericht des Bundesamtes für Migration und Flüchtlinge im Auftrag der Bundesregierung 2014. URL: http://www.bamf.de/SharedDocs/Anlagen/DE/Publikationen/Migrationsberichte/migrati¬
onsbericht-2014.pdf: 26.08.2016.

Brähler, E., Decker, O. & Kiess, J. (Hrsg.) (2016): Die Leipziger „Mitte"-Studien 2016: Die enthemmte Mitte. Autoritäre und rechtsextreme Einstellung in Deutschland. URL: http://¬
www.boell.de/sites/default/files/2016-06-mitte_studie_uni_leipzig.pdf: 26.08.2016.

Bundestag-Drucksache (2016): Ergänzende Informationen zur Asylstatistik für das Jahr 2015. In: BT-Drucksache 18/7625. URL: http://dip21.bundestag.de/dip21/btd/18/076/¬
1807625.pdf: 26.08.2016.

Cremer, H. (2013): Die Asyldebatte in Deutschland: 20 Jahre nach dem „Asylkompromiss". Berlin: Deutsches Institut für Menschenrechte. URL: http://www.institut-fuer-menschen¬
rechte.de/uploads/tx_commerce/essay_Die_Asyldebatte_in_Deutschland_20_Jahre_nach¬
_dem_Asylkompromiss.pdf: 10.08.2016.

Eisnecker, P. & Schupp, J. (2016): Flüchtlingszuwanderung: Mehrheit der Deutschen befürchtet negative Auswirkungen auf Wirtschaft und Gesellschaft. Berlin: Deutsches Institut für Wirtschaftsforschung. URL: https://www.diw.de/documents/publikationen/¬
73/diw_01.c.527676.de/16-8-4.pdf: 26.08.2016.

Esser, H. (2001): Integration und ethnische Schichtung. Arbeitspapiere Nr. 40. Mannheim: Mannheimer Zentrum für Europäische Sozialforschung.

Haug, S. (2005): Jüdische Zuwanderer in Deutschland. Ein Überblick über den Stand der Forschung. Nürnberg: BAMF. URL: http://www.bamf.de/SharedDocs/Anlagen/DE/Publi¬
kationen/WorkingPapers/wp03-juedische-zuwanderer.pdf: 31.05.2016.

Häusler, A. & Virchow, F. (Hrsg.) (2016): Neue soziale Bewegung von rechts? Zukunftsängste – Abstieg der Mitte – Ressentiments. Hamburg: VSA.

Janßen, A. & Polat A. (2006): Soziale Netzwerke türkischer Migranten und Migrantinnen. In: Aus Politik und Zeitgeschichte. Ausgabe zum Thema „Parallelgesellschaften in Deutschland" 1–2, S. 11–17.

Kopp J. (2016): Von Khartoum bis Agadez: Neuauflage der EU-Auslagerungsstrategien. In: Rundbrief des Flüchtlingsrats Baden-Württemberg 2, S. 10-11. URL: http://fluechtlings¬
rat-bw.de/informationen-ansicht/menschenrechte-kennen-keine-grenzen.html: 26.08. 2016.

Mecheril, P. (2003): Prekäre Verhältnisse. Über natio-ethno-kulturelle (Mehrfach-)Zugehörigkeit. Münster: Waxmann.

Mediendienst Integration (2016a): Integrationsgesetz – Was halten Experten von den Reformen? URL: https://mediendienst-integration.de/artikel/experten-zum-integrationsgesetz-¬
niederlassungserlaubnis-wohnsitzauflage-integrationskurse-arbeitsmarkt.html: 02.06.2016.

Mediendienst Integration (2016b): Registrierte Hassverbrechen. URL: mediendienst-integration.de/desintegration/rassismus.html: 11.08.2016.

Meier-Braun, K.-H. (2013): Deutschland Einwanderungsland. In: ders. & Weber, R. (Hrsg.): Migration und Integration in Deutschland. Bonn: Bundeszentrale für Politische Bildung, S. 15–27. URL: http://www.bpb.de/shop/buecher/schriftenreihe/176069/migration-und-integration-in-deutschland: 17.03.2015.

Oberndörfer, D. (2013): Zuwanderung und Integration im demokratischen Verfassungsstaat. In: Meier-Braun, K.-H. & Weber, R. (Hrsg.): Migration und Integration in Deutschland. Bonn: Bundeszentrale für Politische Bildung, S. 45–48. URL: http://www.bpb.de/shop/buecher/schriftenreihe/176069/migration-und-integration-in-deutschland: 17.03.2015.

Oltmer, J. (2016): Kleine Globalgeschichte der Flucht im 20. Jahrhundert. In: Aus Politik und Zeitgeschichte. Ausgabe zum Thema „Flucht historisch“ 26–27, S. 18–25.

Pries, L. (2014): Integration als Eröffnung gesamtgesellschaftlicher Teilhabechancen. In: Rat für Migration (Hrsg.): „Migrations- und Integrationspolitik heute“. Dokumentation der Fachtagung November 2013. O.O., S. 46–60. URL: http://www.rat-fuer-migration.de/pdfs/Fachtagung_2013_Rat_fuer_Migration.pdf: 06.10.2015.

Pries, L. (Hrsg.) (1997): Transnationale Migration. Soziale Welt: Sonderband 12. Baden-Baden: Nomos.

Pro Asyl – Asylantragszahlen (2016): Fakten, Zahlen und Argumente. URL: https://www.proasyl.de/thema/fakten-zahlen-argumente: 26.08.2016.

Pro Asyl – Asylverfahrensbeschleunigungsgesetz (2016): Stellungnahme zum Gesetzentwurf der Bundesregierung zur Einführung beschleunigter Asylverfahren (Stand 1.2.2016). URL: www.proasyl.de/wp-content/uploads/2015/12/PRO-ASYL-Stellungnahme-Gesetzentwurf-Beschleunigte-Asylverfahren-16.2.2016.pdf: 26.08.2016.

Pro Asyl – Sichere Herkunftsstaaten (2016): Stellungnahme zum Entwurf eines Gesetzes zur Bestimmung von Algerien, Marokko und Tunesien als sichere Herkunftsstaaten. URL: https://www.proasyl.de/material/stellungnahme-zum-entwurf-eines-gesetzes-zur-bestimmung-von-algerien-marokko-und-tunesien-als-sichere-herkunftsstaaten: 25.08.2016.

Rat für Migration (2015): Stellungnahme des „Rats für Migration“ (RfM) zur geplanten Asylrechts-Reform der Bundesregierung, 29.09.2015. URL: http://www.rat-fuer-migration.de/pdfs/Stellungnahme_Asylrechtsreform.pdf: 26.08.2016.

Rosenstreich, G. (2010): Empowerment in der politischen Bildungsarbeit mit Migrantinnen und Migranten. In: Lange, D. & Polat, A. (Hrsg.): Unsere Wirklichkeit ist anders. Migration und Alltag. Schwalbach T. s.: Wochenschau, S. 233–244.

Schader-Stiftung (2007): Handlungsfeld: Stadträumliche Integrationspolitik. Ergebnisse des Projektes „Zuwanderer in der Stadt“. Darmstadt: Schader-Stiftung.

Schulte, A. (2016): Politische Partizipation und Demokratie in der Einwanderungsgesellschaft: Auf dem Weg zur gleichen politischen Freiheit? In: Migration und Soziale Arbeit 3, S. 196–205.

SVR (Sachverständigenrat deutscher Stiftungen für Integration und Migration) – EU-Flüchtlingspolitik (2013): Wege zu einer fairen Lastenteilung. URL: http://www.svr-migration.de/wp-content/uploads/2014/11/EU-Fluechtlingspolitik-SVR-FB.pdf: 26.08.2016.

SVR (Sachverständigenrat deutscher Stiftungen für Integration und Migration) – Integrationsbarometer (2016): Zugehörigkeit und Zugehörigkeitskriterien zur Gesellschaft im Einwanderungsland Deutschland. URL: http://www.svr-migration.de/barometer: 15.09.2016.

Treibel, A. (2003): Migration in modernen Gesellschaften. Weinheim und München: Juventa.

Treibel, A. (2015): Integriert Euch! Plädoyer für ein selbstbewusstes Einwanderungsland. Frankfurt a. M.: Campus.

UNHCR (Hoher Flüchtlingskommissar der Vereinten Nationen) (2016): Global Trends. Forced Displacement in 2015. URL: http://www.unhcr.org/statistics/unhcrstats/576408cd7/unhcr-global-trends-2015.html: 26.08.2016.

Voigt, C. (2016): Bleibeperspektive. Kritik einer begrifflichen Seifenblase. URL: http://www.ggua.de/fileadmin/downloads/tabellen_und_uebersichten/bleibeperspektive.pdf: 26.08.2016.
Wrobs, S., Bund, E., Kohls, C. & Gostomski, B. von (2013): (Spät-)Aussiedler in Deutschland. Eine Analyse aktueller Daten und Forschungsergebnisse. Bundesamt für Migration und Flüchtlinge. URL: http://www.bamf.de/SharedDocs/Anlagen/DE/Publikationen/Forschungsberichte/fb20-spaetaussiedler.html: 31.05.2016.

✎ *Verfasserin*

Prof. Dr. Ayça Polat (ayca.polat@fh-kiel.de), Fachhochschule Kiel; Arbeitsschwerpunkte: Diversitätsbewusste Soziale Arbeit, Diversity Mainstreaming.

2 Rassismuskritik als konstitutives Moment[1]

Ulrike Lingen-Ali, Paul Mecheril

Im Arbeitsfeld *Migration und Soziale Arbeit* wird eher selten Bezug auf rassismustheoretische Ansätze und den Topos Rassismus genommen (vgl. z. B. Melter 2006). Die Beharrlichkeit, mit der in diesem Bereich anstelle dessen Konzepte der *multi- und interkulturellen Erziehung* eingesetzt werden, steht in engem Zusammenhang mit einer gesamtgesellschaftlich beobachtbaren Dethematisierung von historisch gewachsenen und institutionalisierten Unterscheidungsstrukturen in Deutschland. Die von diesen Strukturen vermittelten Machtunterschiede zwischen natio-ethno-kulturell kodierten Gruppen kommen jedoch mit Hilfe der Analyseperspektive ‚Kultur' nicht angemessen in den Blick (vgl. z. B. Quehl 2000).

2.1 Begriffsbestimmungen und Hintergründe

Rassismus

Rassismus bezeichnet eine Herrschaftsform, die implizit oder explizit auf Rassekonstruktionen basiert und die mit Bezug auf entsprechende Identitätskategorien gesellschaftliche Verhältnisse der Dominanz zu legitimieren sucht. Rassismus zielt darauf, Unterscheidungen, die Ungleichheit zur Folge haben, zu plausibilisieren und zu legitimieren und kann als Ensemble von Sinndeutungen und Rechtfertigungen verstanden werden. Kritische Rassismustheorien gehen hierbei nicht von der ‚natürlichen' Gegebenheit von ‚Rassen' aus, sondern analysieren ganz im Gegenteil vielmehr, wie die Idee der ‚Rasse' historisch und gesellschaftlich benutzt wird, um Gruppen macht- und gewaltvoll zu unterscheiden (Miles 1992). Rasse-

---

1 Die Abschnitte 2.2 und 2.4 gehen z. T. zurück auf Passagen aus einem bereits publizierten Text (Mecheril 2004, Kap. 6).

konstruktionen sind historisch kontingent und wirkmächtig: „Race does not exist. But it does kill people" (Guillaumin 1995, S. 107).

Historisches Rassekonzept

Das historische Konzept der Rasse behauptet einen natürlichen und unveränderlichen Zusammenhang zwischen biologischen, moralischen und intellektuellen Fähigkeiten menschlicher Gruppen. Die Wertung innerer und äußerer Merkmale erfolgt aufgrund einer hierarchischen Anordnung der Gruppen, an deren von Europäern ‚entdeckten' Spitze – ganz überraschend – der weiße Europäer steht. In diesem Zusammenhang dient Rassismus als Rechtfertigungsideologie zur Legitimation kolonialer Expansion und Sklaverei (vgl. Poliakov 1993; Dittrich 1991).

Rassistische Klassifikationen entstanden im komplexen Zusammenhang des Diskurses um Europas Verhältnis zu den außerhalb Europas lebenden Gruppen, den Kolonialismen und den damit verbundenen Notwendigkeiten der Rechtfertigung der Herrschaft des Menschen über den Menschen sowie der Herausbildung der modernen Nationalstaaten. In dieser Epoche ist das Rassekonzept eine anthropologische Kategorie zur Unterscheidung menschlicher Gruppen und baut auf dem rationalistischen Weltzugang und der Weltbehauptung der Aufklärung auf, in der eine wissenschaftlich-rationale Klassifizierung und Vermessung des Menschen angestrebt wird. Es entspricht damit einer modernen Vorstellung der Wissenschaft vom Menschen unter der Prämisse von Klarheit, Rationalität und Ordnung (vgl. Poliakov 1992; Mosse 1990). Ordnung wird zu Beginn des Rasse-Denkens durch den Rückgriff auf physiognomische Kennzeichen wie Hautfarbe hergestellt; sie wird zu einem wichtigen Instrument der Selektion und Klassifikation von Menschen (vgl. Hund 1993).

Obwohl das rassistische Denken wandelbar ist und im Laufe der Zeit etwa physiognomische Merkmale durch andere Merkmalstypen rassistischer Unterscheidung ersetzt wurden, ist für Rassismus kennzeichnend, dass eine Ordnung behauptet wird, die gegenüber Prozessen des sozialen Wandels unempfindlich und insofern beständig ist. In Phasen gesellschaftlicher Irritation und Transformation gewinnen als ‚natürlich' ausgewiesene Unterscheidungsweisen an Bedeutung, weil sie den Umbrüchen und Veränderungen etwas scheinbar Unumstößliches entgegenstellen.

Ausländerfeindlichkeit, Fremdenfeindlichkeit, Rechtsextremismus

Bis etwa Anfang der 1990er Jahre wurde der Begriff Rassismus in deutschsprachigen Debatten politisch, aber auch sozialwissenschaftlich nicht nur selten benutzt, er war geradezu tabuisiert (vgl. etwa Kossek 1999). Die Zurückweisung des Rassismusbegriffs im deutschsprachigen Raum muss in engem Zusammenhang mit der Auseinandersetzung ‚Nachkriegsdeutschlands' mit dem Nationalsozialismus, der geschichtlichen Tatsache des ‚*Dritten Reiches*' verstanden werden. ‚Rassismus' war keine Kategorie der Beschreibung deutscher Realität, weil diese Beschreibung mit etwas gleichgesetzt wurde, das nicht sein durfte: die Kontinuität zum Nationalsozialismus (vgl. Kalpaka & Räthzel 1986). Denn der Position, dass Rassismus auch in der BRD Relevanz besitze, wurde unterstellt, dass damit zugleich die Aussage verbunden sei, dass die Ideologie des Nationalsozialismus in der Gesellschaft fortwirke. Da aber der Neubeginn in der BRD gerade durch das Bemühen gekennzeichnet war, einen Bruch mit der Vergangenheit zu vollziehen und einen Neuanfang zu proklamieren, war die Rassismus behauptende Position lange Zeit unhaltbar (vgl. ebd.).

Der deutschsprachige pädagogische Diskurs über das Verhältnis von natio-ethno-kulturell kodierten Gruppen und ihren Mitgliedern griff bei der Analyse von Macht-, Herrschafts- und Gewaltverhältnissen bis in die 1990er Jahre vornehmlich auf die Begriffe ‚Ausländerfeindlichkeit', ‚Fremdenfeindlichkeit' und ‚Rechtsextremismus' zurück. Aus einer rassismuskritischen Sicht muss jedoch gegen den Begriff ‚Ausländerfeindlichkeit' eingewandt werden, dass er deshalb unzutreffend für die Analyse der hier interessierenden Verhältnisse ist, weil sich die ‚Feindlichkeit' einerseits nicht gegen alle Ausländer, z. B. nicht gegen weiße US-Amerikaner*innen, Brit*innen oder Neuseeländer*innen richtet und weil sich die ‚Feindseligkeit' andererseits auch auf bestimmte Inländer*innen bezieht, bspw. Menschen mit Migrationshintergrund, die in der BRD aufgewachsen sind und eine deutsche Staatsangehörigkeit besitzen.

Der Ausdruck ‚Fremdenfeindlichkeit' ist insbesondere deshalb problematisch, weil mit dem Label ‚Fremdheit' suggeriert wird, dass die von ‚Fremdenfeindlichkeit' Betroffenen ‚Fremde' seien, und weil in der Rede von ‚Fremdenfeindlichkeit' häufig eine Anthropologisierung der ‚Feindlichkeit' stattfindet und sie damit implizit legitimiert wird.

Der Rechtsextremismusbegriff ist in den 1990er Jahren insbesondere durch sozialisationstheoretisch interessierte Studien bekannt geworden, die auf einen Zusammenhang zwischen Deprivationserfahrungen bei Jugendlichen und rechtsextremen Orientierungen aufmerksam machen (vgl. etwa Heitmeyer 1987, 1992). Mit Matthias Falter können jedoch einige Kritikpunkte an dem (Rechts-)Extremismuskonzept angegeben werden. Dazu gehören u. a. die Konstruktion einer politischen Mitte, die Verharmlosung rassistischer Ideologie, indem die „zugrunde liegende Ordnungslogik […] politische Akteure und Organisationen aufgrund ihrer jeweiligen Position zur ‚Mitte' und nicht aufgrund ihrer politischen Inhalte [beurteilt]" (Falter 2013, S. 119) sowie die Ausblendung der Wesensverwandtschaft zum ‚Normalen'.

2.2 Rassismustheorie und Rassismuskritik

Die gesellschaftliche Zurückweisung der Rassismusperspektive hat in den letzten Jahren insgesamt eine gewisse Abschwächung erfahren. Rassismus findet in zivilgesellschaftlichen und auch in akademischen Kontexten als Analysekategorie für gegenwärtige, gewöhnliche und alltägliche gesellschaftliche Verhältnisse zunehmend Verwendung, wie durch empirische Studien zu Einstellungen gegenüber und Erfahrungen von Rassismus gezeigt wird (vgl. Leiprecht 2016). In diesem Prozess sind insbesondere Wissenschaftler*innen aktiv, die ihre Expertise aus der internationalen Rassismusdiskussion beziehen und die weitgehende Weigerung der deutschsprachigen Wissenschaft, rassismuskritische Perspektiven zu diskutieren, provinzialisieren (etwa Eggers, Kilomba, Piesche & Arndt 2005; Ha, al-Samarai & Mysorekar 2007; Arndt & Ofuatey-Alazard 2011). Auch im Kontext der Sozialen Arbeit wird der Forderung nach einem erweiterten Verständnis von Rassismus Nachdruck verliehen (vgl. etwa Razack 2012; Melter 2015). Gleichwohl dominiert in den Debatten der Sozialen Arbeit nach wie vor eine Auseinandersetzung mit rassistischen Verhältnissen in der Zuspitzung auf den sogenannten rechtsextremen und dadurch immer als außergewöhnlich verstandenen Rassismus. Diese u. a. durch öffentliche Förderpraxis gebahnte Vorstellung beschreibt Rassismus allein als extremistische Erscheinungen und verweist Rassismus ein weiteres Mal *allein* an den gesellschaftlichen ‚Rand'.

Dem entgegengesetzt wird Rassismus im Rahmen der Rassismuskritik als eine Praxis verstanden, die vom symbolischen Schema der hierarchisierenden und oppositionellen Unterscheidung getragen wird und somit Alltagsnormalität herstellt. An Rassismus anschließende Schemata, die über Medien und Handlungspraktiken erlernt und angeeignet werden und unter bestimmten Voraussetzungen aktualisiert werden können, stehen auf allen gesellschaftlichen Ebenen als potenzielle Deutungs- und Handlungsressourcen zur Verfügung (vgl. Scherschel 2006). Der rassistische Komplex (hierzu genauer Mecheril 2004) besteht aus kollektiven Bildern, Erzählungen und gesellschaftlichen Institutionen, „die historisch entwickelte und aktuelle Machtverhältnisse legitimieren und reproduzieren" (Rommelspacher 2002, S. 132). Die rassistische Unterscheidung bezieht sich neben körperlichen Merkmalen auch auf kulturelle Merkmale (wie religiöse Praktiken und Symbole); biologistische Rassekonstruktionen können von kulturalistischen unterschieden werden (vgl. etwa die Beiträge in Melter & Mecheril 2009).

Rassistische Diskriminierungs- und Distinktionspraxen basieren auf ‚Wir'-Zuschreibungen. Dabei konstruieren rassistische Diskurse nicht nur die *Objekte*, sondern auch die *Subjekte des Rassismus*: Indem in spezifischer Weise geregelt ist, wer die ‚Fremden' und die ‚Anderen' sind, ist auch immer das Nicht-Fremde und Eigene festgelegt (etwa Kossek 1999). Rassistische Zuschreibungen produzieren und bestätigen – z. T. subtil und unabhängig von den Intentionen der beteiligten Akteur*innen – Verhältnisse der Dominanz zwischen Gruppen mit Hilfe von Herabwürdigungsprozessen. Im Zentrum des rassistischen Denkens steht hierbei die binäre Konstruktion von ‚Wir' und ‚Nicht-Wir' und damit einhergehend die bewertende Unterscheidung zwischen ‚Wir' und ‚Nicht-Wir', ein Verfahren, das in Anlehnung an Edward Said (1978) und Gayatry C. Spivak (1985) *Othering* – Andersmachen – genannt wird.

Rassistische Ordnung: Position und Logik

Die rassistische Ordnung wirkt nicht allein als ‚äußerliche' Verteilung von Ressourcen, sondern ist auch in dem Sinne produktiv, dass sie auf – *privilegierte* und *deprivilegierte* – Selbstverständnisse einwirkt. *People of Color* erkennen hierbei oftmals den Einfluss der eigenen symbolischen Position im ethnisch und rassistisch strukturierten Raum auf Selbstverständnis und Identität sehr deutlich, während *White People* die Bedeutung ihrer Position mit Blick auf natio-ethno-kulturell kodierte Zugehörigkeit eher für gering erachten (Phoenix 1998). Es ist hierbei davon auszugehen, dass die Prozesse des Erkennens der eigenen symbolischen Position bei verwandten strukturellen Positionierungen ähnlich, aber nicht gleich verlaufen und mithin nicht determiniert sind. D. h., nicht alle, denen durch Rassismus eine deprivilegierte Position zukommt, sind sich über rassistische Strukturen und die eigene Position darin bewusst oder sind in der Lage, dies zu artikulieren. Für beide hier erwähnten ‚Gruppen' oder besser: Typen gesellschaftlicher Positionierungen kann ein Bildungsprozess darin seinen Anfang oder seine Fortsetzung finden, ein Bewusstsein über die eigene Position innerhalb von rassistischen Strukturen zu gewinnen und so eine Sprache für die eigenen Erfahrungen zu entwickeln.

John Solomos fasst die Logik des Rassismus pointiert zusammen:

> *„Rassismus operiert [so], dass er unüberschreitbare symbolische Grenzen zwischen rassisch konstituierten oder rassialisierten Kategorien konstruiert. Das für Rassismus typische binäre Repräsentationssystem markiert ständig die Differenz zwischen Zugehörigkeit und Andersheit und versucht, sie zu festigen und zu naturalisieren." (Solomos 2002, S. 158)*

Dies geschieht bspw. über die Essentialisierung des Körpers und körperlicher Eigenschaften und damit zusammenhängend die Objektivierung, Symptomisierung, Kollektivierung und Zuweisung des Körpers.

Kulturrassismus und Rassismus ohne Rassen

Wir haben bereits darauf hingewiesen, dass entgegen der im Rassismus jeweils behaupteten Unveränderlichkeit der Verhältnisse Rassismus eine höchst wandelbare Herrschaftsform ist, die in unterschiedlichen ‚Argumentationslogiken' und ideologischen Formationen auftritt. Es gibt also unterschiedliche Formen von rassistischen Logiken, Variationen der rassistischen Herrschaftsform.

Der französische Theoretiker Etienne Balibar hat den Ausdruck ‚Neo-Rassismus' geprägt (1989). Damit ist gemeint, dass neben der Unterscheidung entlang biologischer und körperlicher Merkmale rassistische Unterscheidungen und Begründungen auf ‚Kultur' zurückgreifen. Die Ungleichbehandlung, die den Neo-Rassismus, auch Kulturrassismus genannt, kennzeichnet, wird nicht mehr mit einem expliziten Bezug auf ‚Rasse' fundiert. An die Stelle dieses Konzeptes ist ‚Kultur' getreten – ein anderes Wort, jedoch mit (potenziell) ähnlichem Gehalt. Als unterschiedlich markierte Wertesysteme werden im Kulturrassismus dazu benutzt, ein System der Differenz zwischen Gruppen zu konstruieren. Auch der Begriff der Kultur dient dazu, Ausgrenzungen zu legitimieren: Zunächst wird behauptet, Wertesysteme und Lebensformen von kulturellen Gemeinschaften seien miteinander unvereinbar. Daran anschließend wird als sinnvoll und erforderlich dargestellt, die ‚kulturell andere' Gruppe müsse – eben, weil ihre Lebensweise mit ‚unserer' unvereinbar sei – beschränkt und kontrolliert, vielleicht sogar ‚zurückgeführt' werden. Dieser neue, auch postkolonial genannte Rassismus ist ein Rassismus ‚ohne Rassen', also eine Herrschaftspraxis, die rassistisch wirksam ist, ohne explizit auf das Rasse-Konzept zurückgreifen zu müssen, implizit und gewissermaßen unmerklich allerdings das Rassedenken in anderer Form weiterführt. Birgit Rommelspacher beschreibt die Funktionsweisen des kulturellen Rassismus:

> *„[Die] jeweiligen Gruppen [werden] homogenisiert, indem ihnen eine einheitliche und unveränderliche Wesenheit zugeschrieben wird; sie werden polarisiert, indem im Sinne der Differenzverstärkung vor allem die Unterschiede und Unvereinbarkeiten herausgestellt werden, und sie werden hierarchisiert, d. h. in eine Rangordnung gebracht." (Rommelspacher, 2002, S. 132)*

Durch diese Variante bleibt Rassismus, ohne unbedingt als solcher erkannt und benannt zu werden, in gesellschaftlichen und politischen Strukturen wirkmächtig.

2.3 Antimuslimischer Rassismus

Die im Rassismus aufgerufenen Kategorien, die zur Konstruktion und Markierung von Gruppen führen, um damit den Zugang zu und Ausschluss von materiellen und symbolischen Ressourcen zu regulieren, sind willkürlich. Sie müssen sich dabei nicht, wie der ‚Rassismus ohne Rassen' zeigt, auf biologische Differenzen beziehen – die tatsächlich auch konstruiert sind. Deshalb handelt es sich bei antimuslimischem Rassismus durchaus um eine Form von Rassismus: Der Islam wird zu einem Differenzierungsmerkmal, welches essenziell und über Generationen hinweg alle Muslime zu durchdringen scheint. Die konstatierte ‚Andersheit' der Muslime ist ihnen demzufolge wesensmäßig und kann entsprechend als Legitimation gesellschaftlicher Hierarchien, Privilegien und Herrschaftsverhältnisse herangezogen werden (vgl. Rommmelspacher 2009).

Orientalismus

Die westliche Vorstellung einer ‚islamischen Welt' als Gegenbild der ‚westlichen Welt' knüpft an orientalistische Denkweisen an, die einen festen Bestandteil des westlichen Selbstverständnisses darstellen. Dabei werden einerseits der politisch relevante Islam und als islamisch konnotierte negative gesellschaftliche Phänomene als Bedrohung dargestellt, andererseits werden exotische und Sinnlichkeit beschreibende Orient- und Islamphantasien positiv besetzt (vgl. Attia 2007, 2013).

Orientalismus beschreibt Edward Said (1978) als Denkweise der Moderne, als Wissensproduktion über den Osten und als diejenigen Prozesse, durch die der Orient im europäischen Denken erst konstruiert wurde und wird. Das Entdecken und Erforschen der Anderen bedeutet eine „gewollte imaginative und geografische Teilung" (Said 1981, S. 226), durch die die Unterschiede zwischen Menschen des Westens und Menschen des Ostens in der Form fixiert werden, dass sie als angeboren erscheinen (vgl. ebd.). Durch dieses Konstruktionsverhältnis wird der Orient zu einem integralen Bestandteil der europäischen Zivilisationsgeschichte (vgl. ebd.; Gutiérrez Rodríguez 2003, S. 23).

Orientalismus und antimuslimischer Rassismus sind in Europa keine Ausnahmeerscheinung und ersetzen auch nicht die anderen Formen von Rassismus. Sie verweisen auf miteinander verwobene gesellschaftliche Konstruktionsprozesse und Machtverhältnisse (vgl. Attia 2007).

Yasemin Shooman fasst die Merkmale des antimuslimischen Rassismus in einer Definition zusammen, die dessen Konstruktionscharakter hervorhebt, und betont, dass antimuslimischer Rassismus nichts mit den Selbstverständnissen von Muslim*innen zu tun hat:

> *„Aus einer dominanten gesellschaftlichen Position heraus werden [Muslim*-innen] unabhängig von einem individuellen Glaubensbekenntnis als eine homogene und quasi-natürliche Gruppe in binärer Anordnung zu weißen christlich/atheistischen Deutschen bzw. Europäern konstruiert und mit kollektiven Zuschreibungen versehen; es wird ein Wissen über sie und ihr Wesen als Gruppe erzeugt, und sie gelten anhand verschiedener Merkmale als ‚identifizierbar'." (Shooman, 2014, S. 64f.)*

Die muslimische Identität wird so „zu einem Merkmal, das man einem Menschen aufgrund seines äußeren Erscheinungsbildes ablesen kann, und zwar unabhängig davon, ob die Person sich selbst mit dem islamischen Glauben identifiziert oder nicht" (ebd.).

Auf einer abstrakten Ebene werden beim antimuslimischen Rassismus Menschen anhand des Merkmals ‚Islam' zu einer homogenen Gruppe (‚den Musliminnen/den Muslimen') zusammengefasst. Soziale, gesellschaftliche und politische Phänomene werden auf dieses Merkmal zurückgeführt und damit erklärt. Mit dieser Strategie werden auf diskursive Weise sowohl gesellschaftliche (Ungleichheits-)Verhältnisse entpolitisiert, als auch Ausbeutungsverhältnisse unsichtbar gemacht.

> *„[Der Islam] wird als wesentliches Element eingeführt, um Geschlechterverhältnisse, Bildungsstand, Generationenbeziehungen etc. zu erklären und in diesem Feld zu intervenieren. In diesem Prozess der Essentialisierung werden mögliche Gemeinsamkeiten mit nichtmuslimischen Praktiken vernachlässigt oder geleugnet. Sexismus, Terrorismus, Homophobie, häusliche Gewalt etc. wird sofort eine andere Bedeutung zugewiesen, sobald als Muslim*innen Markierte beteiligt sind." (Attia 2013)*

Antimuslimischer Rassismus zeigt sich nicht nur in essentialisierenden und homogenisierenden Darstellungen von vermeintlichen Muslim*innen in den Medien oder in populärwissenschaftlichen Publikationen, sondern auch im pädagogischen Feld. Die Perspektive einer als universal begriffenen und durch Bildungseinrichtungen vermittelten Allgemeinbildung kann z. B. zu einer an als muslimisch markierte Menschen vorauseilend gerichtete Forderung nach Anpassung führen. In binärer Anordnung wird hier eine Gruppe der ‚Anderen' konstruiert, deren zugeschriebene Positionen als modernitätsfeindlich, inkompatibel mit geltenden Vorstellungen des Geschlechterverhältnisses und als Angriff auf die demokratische Ordnung betrachtet werden. „Vor diesem Hintergrund stellen religiöse Muslime für die Pädagogen nahezu zwangsläufig Gegner ihrer Erziehungs- und Bildungsziele dar" (Karakasoğlu 2009, S. 295). Die hier zugrundeliegende Logik basiert auf der binären Konstruktion des Islam als ‚fremd' und ‚anders' und unterliegt einer dezidierten Form von religiös-kulturellem *Othering*: Eine Beeinträchtigung der Ordnung im Bildungsbereich stellt eine pädagogische Herausforderung dar, bei der der ‚Islam' als massiver und unvergänglicher Störfaktor für professionelle pädagogische Qualitätsarbeit konstruiert wird (vgl. ebd.).

Islamophobie und Islamfeindlichkeit

Teilweise wird statt von ‚antimuslimischem Rassismus' von ‚Islamophobie' oder ‚Islamfeindlichkeit' gesprochen. Kritische Rassismustheorien fragen nicht nach individuellen Einstellungen oder Vorurteilen, sondern nach gesellschaftlichen und institutionellen Strukturen und Verhältnissen. Der Begriff der Islamfeindlichkeit hingegen hinterfragt nicht die dem antimuslimischen Rassismus zugrundeliegenden Konstruktionsprozesse und problematisiert demzufolge auch keine vermeintlich positiven Zuschreibungen (z. B. Exotisierungen). Für Forschungstheorie und -praxis bedeutet ein Ansatz, bei dem von einer Feindlichkeit gegenüber einer bestimmten Religion ausgegangen wird, die religiöse Zugehörigkeit zu fokussieren und gesellschaftliche Konstruktionsprozesse auszuklammern – und damit den Kern des Problems nicht zu erfassen (vgl. Attia 2013). Der Begriff Islamophobie verweist auf Bedrohungen und Ängste deutscher Bürger*innen vor ‚dem Islam'. Es finden also bereits durch die Wahl der Begrifflichkeit Essentialisierungen und Dichotomisierungen statt. Die ‚Angst vor dem Islam' subsumiert alle Muslim*innen als potenzielle Gefährder, Muslim*innen werden als Nicht-Deutsche und Deutsche als Nicht-Muslim*innen imaginiert. Religionszugehörigkeit und Staatsangehörigkeit werden vereinheitlicht. Auch hier werden Konstruktionsprozesse negiert (vgl. ebd.)

2.4 Rassismuskritische Soziale Arbeit in der Migrationsgesellschaft

Antirassistische Ansätze versuchen durch ihren Beitrag eine Situation herzustellen, in der sie nicht mehr notwendig sind. In diesem Sinne weist Lena Dominelli mit Bezug auf Soziale Arbeit auf die ‚Brückenfunktion' antirassistischer Arbeit hin: „Anti-racist social work, therefore, is a bridge between social work in a racist society and social work in a non-racist one" (Dominelli 1997, S. 167). Seit Ende der 1970er Jahre geht in der britischen Diskussion vom anti-rassistischen Ansatz eine starke und überzeugende Kritik an Ansätzen ‚multikultureller Erziehung' aus, die gegen ihre Intention zuweilen an kulturrassistische Perspektiven anschließen und diese stärken. Allerdings wurden auch antirassistische Diskurse und Konzepte antirassistischer Pädagogik von Beginn an kritisiert. Drei miteinander zusammenhängende Aspekte der Kritik seien hervorgehoben: Reduktionismus, Moralismus und Essentialisierung.

Reduktionismus: Philip Cohen (1994, S. 21) hat fünf reduktionistische Auffassungen von Rassismus beschrieben, die in antirassistischen Kontexten politischer Bildung und pädagogischer Arbeit sowie in antirassistischen Workshops implizit oder explizit fortgeschrieben werden. Diese Positionen – wie sie Maria do Mar Castro Varela (1997, S. 247) wiedergibt – versteht Cohen als Reduktionismen, weil sie einseitige Erklärungsangebote darstellen, die zu einseitigen Interventionsstrategien führen:

Begriffliche Verkürzungen des Antirassismus:

1. *„Rassismus als institutionalisiertes falsches Bewusstsein"*: In dieser Reduktion wird die Gesellschaft als durch und durch rassistisch betrachtet. Rassismus ist institutionalisiert, d. h., die staatlichen Institutionen stabilisieren und perpetuieren Rassismus. Rassismus ist damit ein Problem ‚von oben'.
2. *„Rassismus als irrationales Vorurteil"*: Diese Position pathologisiert Rassismus, beschreibt ihn gewissermaßen als ein ‚Gift', welches das rationale Denken angreift und es zuweilen unmöglich macht.
3. *„Rassismus als weiße Herrschaft"*: Rassismus beruht bei dieser Position auf einer Struktur der Herrschaft der ‚Weißen', und folglich können nur Schwarze den Rassismus beenden.
4. *„Rassismus als Klassenherrschaft"*: Hier wird Rassismus als ‚Propaganda der herrschenden Klasse' verstanden, deren Ziel es ist, die Einheit der Arbeiterklasse zu untergraben.
5. *„Rassismus als rationales Eigeninteresse"*: Im eigenen Interesse, zur Erweiterung und/oder Stabilisierung der eigenen Privilegien werden Menschen, die zuvor zu ‚Anderen', ‚Fremden' deklariert wurden, ausgeschlossen, diskriminiert und verletzt. Rassismus wird in dieser Reduktion als bewusstes Vorgehen verstanden.

Moralismus: Reduktionismus ist Voraussetzung des ‚moralischen Antirassismus'. Charakteristisch für diesen ist neben der totalisierenden Auffassung von *race*, die den Blick auf andere Differenzlinien (Klasse, Gender, Alter, sexuelle Orientierung etc.) eher verhindert, zweierlei. „[D]ie Annahme eines weißen Rassismus: Rassismus wird als Problem nur der Weißen beschrieben [...]. Darüber hinaus wird die Behauptung vertreten, dass alle Weißen in Rassismus und rassistische Strukturen verstrickt sind", sowie „eine schwarz/weiße Weltsicht", in der die Welt in Begriffen von Schwarz und Weiß definiert und Schwarze als machtlose Opfer dargestellt werden (Gillborn 2000, S. 89). Weil *Rassismus* im öffentlichen Diskurs ein Zeichen für etwas ist, das ablehnenswert ist, kommt dem Antirassismus der Status zu, legitimer Ankläger konsensuell nicht gerechtfertigter Verhältnisse zu sein. Die Normativität des Antirassismus ist nicht nur mit einer analytischen Ungenauigkeit verbunden, sondern auch damit, dass der Antirassis-

mus dazu beiträgt, ein Regime der Korrektheit (*political correctness*) zu errichten (vgl. Hall, 1996). Der Moralismus des Antirassismus trägt dazu bei, dass durch die implizite Aufforderung zur Nicht-Thematisierung die Auseinandersetzung mit Rassismus und Diskriminierung gemieden wird und rassistische Verhältnisse dadurch nicht abgebaut, sondern konserviert werden.
Essentialisierung: Es scheint eine Eigenart von *Gegen*-Strategien zu sein, die Logik dessen, wogegen sie sich richten, unbeabsichtigt aufzugreifen und zu bestätigen. Das Problem des (frühen) Antirassismus bestand darin, dass er, indem er die De-Diskriminierung von Schwarzen forderte und antidiskriminierende Konzepte entwickelte, der Vorstellung zuarbeitete, es gäbe das einheitliche *schwarze Subjekt* (und komplementär: das *weiße Subjekt*). So wichtig die Analyse rassistischer Diskriminierung Schwarzer ist, so problematisch ist aber, dass die eingesetzte Unterscheidung (diskriminierte Schwarze – diskriminierende Weiße) indirekt und z. T. auch beabsichtigt zu einer essentialistischen Auffassung von Schwarz-Sein beiträgt, die nicht nur andere gesellschaftlich bedeutsame Differenzlinien (z. B. Klassen- und Geschlechterverhältnisse) übersieht, sondern auch ein homogenisierendes Konzept von Schwarz-Sein befördert, das suggeriert, dass Differenzen innerhalb der marginalisierten Gruppe keine oder nur eine untergeordnete Rolle spielten.

Antirassismus oder Rassismuskritik?

Für die deutschsprachige Diskussion, in der antirassistische Konzepte eher nicht selbstverständlich diskutiert werden, bezeichnen die skizzierten Probleme die Chance, antirassistische Ansätze in einer reflektierten und verfeinerten Variante aufzugreifen. Der große Nutzen antirassistischer Ansätze besteht darin, dass sie als einzige das Thema ‚Rassismus' benennen. Nicht Rechtsextremismus, nicht Feindlichkeit gegen Fremde sind das Problem, das antirassistische Ansätze zum Gegenstand haben, sondern die der europäischen Geschichte in unterschiedlichen und lokalen Weisen eingeschriebene und in institutionellen Strukturen verfestigte Option der natio-ethno-kulturell kodierten Differenzierung zwischen ‚Wir' und ‚Nicht-Wir', in der das ‚Nicht-Wir' mit Bezug auf sein (etwa kulturelles) Wesen als legitim unterscheidbar und diskriminierbar verstanden und behandelt wird. Diese (etwa bildungs-)institutionell und alltagsweltlich gegebene Möglichkeit der hegemonialen Unterscheidung und die Weise, in der konkret unterschieden, also Herrschaft ausgeübt wird, kann mit Hilfe des Rassismusbegriffs untersucht werden. Antirassistische Ansätze treten hierbei mit dem Anspruch auf, einen Beitrag zu alternativen, ‚gerechteren' Verhältnissen zu leisten.

Eingedenk des Wissens um die Probleme und paradoxen Effekte antirassistischer Ansätze *und* der gegebenen Bedeutsamkeit der Analyseperspektive ‚Rassismus' bietet es sich mit Blick auf pädagogisches Handeln und Deuten zumeist an, nicht von antirassistischen, sondern von rassismuskritischen Perspektiven zu sprechen. Der Rassismusbegriff stellt ein (begriffliches) Instrumentarium der Analyse politischer, sozialer und kultureller Verhältnisse dar. *Rassismuskritik* heißt: zum Thema machen, in welcher Weise, unter welchen Bedingungen und mit welchen Konsequenzen Selbstverständnisse, Handlungsweisen und das

Handlungsvermögen von Individuen, Gruppen und Institutionen durch Rassismen vermittelt sind. Rassismuskritik als eine Haltung und als eine Praxis sucht nach Veränderungsperspektiven und alternativen Selbstverständnissen und Handlungsweisen, von denen weniger Gewalt ausgeht.

Thematisierung von Rassismus

Rassismuskritik beinhaltet macht- und selbstreflexive Betrachtungsperspektiven auf Handlungen, Institutionen, Diskurse und Strukturen. Gesellschaftliche Verhältnisse können zwar nicht durch singuläre Praxen verändert werden. Gleichwohl kann das Bestreben, nicht in diesem Maße und in dieser Weise auf das Ensemble rassistischer Deutungs- und Handlungsschemata angewiesen zu sein, lokale Veränderungsprozesse einleiten und einen Beitrag dazu leisten, Rassismus abzuschwächen, thematisierbar zu machen und gesellschaftliche Kräfteverhältnisse zu verschieben.

Sobald Rassismus zum Gegenstand wird, zeigt sich auch immer eine normative Dimension, die einerseits mit der Bereitschaft zum simplifizierenden Negativurteil und andererseits mit der Tendenz zu Abwehr und Dethematisierung von Rassismus verbunden ist. Gerade im deutschsprachigen Raum war der Modus der Nicht-Thematisierung von Rassismus lange Zeit vorherrschend. Wenn also die Thematisierung rassistischer Phänomene zwischen Abwehr auf der einen und einer reduktionistischen, moralistischen Umgangsweise auf der anderen Seite steht, so führt dies dazu, dass auch in praktischen Handlungszusammenhängen – auch im Kontext der Wissenschaft – das Sprechen über Rassismus in diesem Spannungsfeld stattfindet.

Dabei ist Rassismus in zweierlei Weise für Gesprächszusammenhänge von Bedeutung. Phänomene, die mit rassistischen Praxen und Strukturen in Zusammenhang stehen, können zum Gegenstand von Gesprächen werden. Rassismus ist aber nicht allein ein möglicher Gegenstand von Kommunikation. Folgt man der oben skizzierten Rassismustheorie, die auf der Annahme basiert, dass gesellschaftliche Zusammenhänge durch rassistische Unterscheidungen strukturiert sind, dann folgt daraus, dass Rassismus auch Kommunikation und Praxis strukturiert. So wie Geschlechterbeziehungen Gespräche auch dann strukturieren, wenn es nicht explizit um Geschlechterverhältnisse geht, so nehmen auch rassistische Unterscheidungen selbst dann Einfluss, wenn das Thema Rassismus nicht ausdrücklich behandelt wird. Dies gilt auch, wenn rassistisch Nicht-Diskreditierbare mit rassistisch Nicht-Diskreditierbaren sprechen.

Rassismuskritik als professionelle Kompetenz

Was folgt aus den Ausführungen für die Frage professioneller Kompetenz? Angesichts des Mangels an ausgebildeter professioneller kommunikativer Kompetenz im Umgang mit Rassismus (vgl. Melter 2006) und der zugleich geltenden subjektivierenden Bedeutung des Rassismus bedarf es eines Bewusstseins um das Erfordernis der Auseinandersetzung mit Rassismus als Gegenstand ebenso wie als Kommunikation strukturierenden Faktor. Es geht hier um eine rassismuskritische Professionalität (vgl. Mecheril 2004, S. 176ff.), die theoretische, praktische und auch selbstreflexive Kompetenzmomente umfasst und integriert. *Niemand kokettiert mit der Opfer-Rolle* kann als Leitsatz dieser rassismuskritischen Professionalität fungieren (Mecheril 2005). Der Satz ruft die Gefahr der Abwehr rassistischer Sachverhalte durch bagatellisierende und diskreditierende Reaktionen auch in professionellen Gesprächssituationen in Erinnerung. Die Gefahr der Verharmlosung von Rassismuserfahrungen ist groß, insbesondere, wenn die professionelle Person sich der Reichweite und Bedeutung von Rassismuserfahrungen nicht bewusst ist, wenn die mit dieser Art von Erfahrungen verbundenen Affekte des Gegenübers für sie nicht handhabbar sind, wenn sie sich von der rassistischen Möglichkeit ebenfalls angegriffen fühlt und den damit verbundenen Ängsten aus dem Weg gehen möchte, wenn sich die professionelle Person als Angehörige der (Majoritäts-)Gruppe aufgrund geschilderter Rassismuserfahrungen angegriffen fühlt, wenn sie als Angehörige der (Majoritäts-)Gruppe der Verantwortung zur Auseinandersetzung mit dem Umstand des Rassismus und ihrer eigenen Position der Privilegierung in dieser Realität entgehen möchte.

Die Aufmerksamkeit gegenüber rassistischen Phänomenen und das Anerkennen von Rassismuserfahrungen fordert also insbesondere von weißen Professionellen, Verharmlosungstendenzen gegenüber empfindsam zu sein und sich in der Arbeit nicht von diesen Tendenzen, sondern von Respekt vor den Erfahrungen des Gegenübers leiten zu lassen. Die professionelle Auseinandersetzung sollte an der Qualität ansetzen, die das Berichtete subjektiv für die Berichtenden hat; Bagatellisierungen von Erfahrungen und Abwertungen des Wirklichkeits- oder des Brisanzgehaltes der Erfahrungen verhindern die Thematisierung dieser Erfahrungen. Der Leitsatz *Niemand kokettiert mit der Opfer-Rolle* plädiert also dafür, die kommunikativen Vorbedingungen, die verhindern, dass die Erfahrung von Rassismus thematisch werden kann, zu reflektieren und, so sie beeinflussbar sind, zu überwinden.

Einfluss kann die professionelle Person auf eigene Tendenzen nehmen, die verhindern, dass sie sich des Sinns des Gesagten versichert: Wenn also ein rassistisch diskreditierbarer Jugendlicher oder eine als Muslimin markierte Schülerin einer weißen Sozialarbeiterin zu verstehen gibt, dass alle Deutschen Rassisten oder ‚gegen den Islam' seien, so mag diese Äußerung pauschalisierend und hilflos anmuten oder durch sie die Reaktion der Sozialarbeiterin getestet werden. Sie kann aber nur verstanden werden, wenn sie ernst genommen wird. Dies bedeutet: sie anerkennen als Äußerung eines oder einer ethnizistisch, kulturalistisch und rassistisch diskreditierbaren Jugendlichen, also sie anerkennen in einem vielfältig diskriminierenden gesellschaftlichen, aber auch institutionellen Kontext.

Auch im Rahmen Sozialer Arbeit – nicht nur jener, die sich explizit auf Fragen von Herrschaft und Macht in der postkolonialen und von Migrationsregimen geprägten Welt bezieht, sondern allgemein – ist es bedeutsam, die Rassismen zugrundeliegende binäre Logik zu problematisieren. Der Kern rassistischen Denkens besteht in der herabwürdigenden und benachteiligenden, auf oftmals eher verborgenen Rassekonstruktionen basierenden Unterscheidung zwischen natio-ethno-kulturellem ‚Wir' und ‚Nicht-Wir', die durch ein komplexes System gesellschaftlicher Praktiken aufrechterhalten wird.

Bestimmte Ansätze antirassistischer Bildung fragen nun danach, was angesichts der Ungleichheit zwischen *Weißen* und *Schwarzen* getan werden kann, um diese zu minimieren, und antworten darauf bspw.: anerkennend für die Rechte von Schwarzen eintreten. Diese Antwort mag in bestimmten Situationen gerechtfertigt und politisch sinnvoll sein. Damit sie jedoch nicht verkürzt stehen bleibt, und um den genannten Gefahren der Reduktion, des Moralismus und der Essentialisierung entgegenzuwirken, ist es wichtig, *gleichzeitig* eine rassismuskritische, dekonstruktive Perspektive einzunehmen. Dekonstruktive Ansätze wie die Rassismuskritik zeigen auf, welche Ordnungen und Normen im Zuge des Engagements für Anerkennung ungewollt gestützt werden, welche machtvollen Effekte also mit der Anerkennung von Identitäten einhergehen. Die Sichtbarmachung von durch Oppositionsbildungen ausgeschlossenen Positionen, die Destabilisierung dominanter oder vereinheitlichender Deutungen wie auch die Hervorhebung der Vielfalt und Brüchigkeit von Identitäten können als Anliegen dekonstruktiver Strategien bezeichnet werden.

Kennzeichen rassismuskritischer Professionalität sind a) das analytische Engagement, an rassistische Unterscheidungen anschließende und diese bekräftigenden Praktiken und Deutungsmuster zu erkennen; b) nach den Bedingungen Ausschau zu halten, in denen rassistische Praktiken und Deutungsmuster weniger erforderlich sind; und c) diese Bedingungen auch aktiv zu arrangieren. Rassismuskritische Perspektiven beziehen sich hierbei immer auch auf konkrete Erfahrungen, Selbst- und Fremdwahrnehmungsmuster und subjektive Zugehörigkeitskonzepte. Es geht darum, Räume der Artikulation zu schaffen, auch und insbesondere für Erfahrungen und Selbstverständnisse, die unter Bedingungen einer rassistischen Herrschaftsstruktur leugnenden *Dominanzkultur* (vgl. Rommelspacher, 1995) eher herabgewürdigt und beschwiegen werden. Die Logik dieser Strukturen zu schwächen, ist ein Kennzeichen von Rassismuskritik.

Literatur

Arndt, S. & Ofuatey-Alazard, N. (2011): Wie Rassismus aus Wörtern spricht. (K)Erben des Kolonialismus im Wissensarchiv deutsche Sprache. Ein kritisches Nachschlagewerk. Münster: Unrast.

Attia, I. (2007): Kulturrassismus und Gesellschaftskritik. In: dies. (Hrsg.): Orient- und IslamBilder. Interdisziplinäre Beiträge zu Orientalismus und antimuslimischem Rassismus. Münster: Unrast, S. 5–28.

Attia, I. (2013): Privilegien sichern, nationale Identität revitalisieren. Gesellschafts- und handlungstheoretische Dimensionen der Theorie des antimuslimischen Rassismus um Unterschied zu Modellen von Islamophobie und Islamfeindlichkeit. In: Journal für Psychologie 21. URL: https://www.journal-fuer-psychologie.de/index.php/jfp/article/view/¬258/297: 02.12.2016.

Balibar, E. (1991): Is There a 'Neo-Racism'? In: Balibar, E. & Wallerstein, I. (Hrsg.): Race, Nation, Class: Ambiguous Identities. London und New York: Verso, S. 17–28.

Castro Varela, M. (1997): Psychologie und Antirassismus. In: Mecheril, P. & Teo, Th. (Hrsg.): Psychologie und Rassismus. Reinbek: Rowohlt, S. 243–258.

Cohen, P. (1994): Verbotene Spiele. Theorie und Praxis antirassistischer Erziehung. Hamburg: Argument.

Dittrich, E. (1991): Das Weltbild des Rassismus. Frankfurt a. M.: Cooperative.

Dominelli, L. (1997): Anti-Racist Social Work. London: Macmillan.

Eggers, M., Kilomba, G., Piesche, P. & Arndt, S. (Hrsg.) (2005): Mythen, Masken und Subjekte. Kritische Weißseinsforschung in Deutschland. Münster: Unrast.
Falter, M. (2013): Gegen Aufklärung im Namen der Ordnung. Grundlagen und Konsequenzen des Extremismuskonzepts. In: Schmincke, I. & Siri, J. (Hrsg.): NSU Terror. Ermittlungen am rechten Abgrund. Ereignis, Kontexte, Diskurse. Bielefeld: transcript, S. 117–123.
Gillborn, D. (2000): Rassismus, Identität und Moderne: Pluralismus, moralischer Antirassismus und modellierbare Ethnizität. In: Quehl, Th. (Hrsg.): Schule ist keine Insel. Britische Perspektiven antirassistischer Pädagogik. Münster: Waxmann, S. 72–96.
Guillaumin, C. (1998): RASSE. Das Wort und die Vorstellung. In: Bielefeld, U. (Hrsg.): Das Eigene und das Fremde. Neuer Rassismus in der alten Welt. Hamburg: Hamburger Edition, S. 159–175.
Gutiérrez Rodríguez, E. (2003): Repräsentation, Subalternität und postkoloniale Kritik. In: dies. & Steyerl, H. (Hrsg.): Spricht die Subalterne deutsch? Migration und postkoloniale Kritik. Münster: Unrast, S. 17–37.
Ha, K. N., al-Samarai, N. L. & Mysorekar, S. (2007): re/visionen – Postkoloniale Perspektiven von People of Color auf Rassismus, Kulturpolitik und Widerstand in Deutschland. Münster: Unrast.
Hall, S. (1996). Einige „politisch nicht korrekte“ Pfade durch PC. In: Das Argument 213, S. 71–82.
Heitmeyer, W. (1987): Rechtsextremistische Orientierungen bei Jugendlichen. Weinheim und München: Juventa.
Heitmeyer, W. (1992): Die Bielefelder Rechtsextremismus Studie. Weinheim und München: Juventa.
Hund, W. D. (1993): Die Farbe der Schwarzen. Über die Konstruktion von Menschenrassen. In: Blätter für deutsche und internationale Politik 8, S. 1005–1014.
Kalpaka, A. & Räthzel, N. (Hrsg.). (1986): Die Schwierigkeit, nicht rassistisch zu sein. Berlin: Mundo.
Karakaşo lu, Y. (2009): Islam als Störfaktor in der Schule. Anmerkungen zum pädagogischen Umgang mit orthodoxen Positionen und Alltagskonflikten. In: Schneiders, T. G. (Hrsg.): Islamfeindlichkeit. Wenn die Grenzen der Kritik verschwimmen. Wiesbaden: VS, S. 289–304.
Kossek, B. (Hrsg.) (1999): Gegen-Rassismen. Konstruktionen-Interaktionen-Interventionen. Hamburg: Argument.
Leiprecht, R. (2016): Rassismus. Debatte und Forschung in Deutschland im Kontext internationaler Bezugsrahmen. Das Argument. Zeitschrift für Philosophie und Sozialwissenschaften 318 (erscheint Herbst/Winter 2016).
Mecheril, P. (2004): Einführung in die Migrationspädagogik. Weinheim: Beltz.
Mecheril, P. (2005): Was Sie schon immer über Rassismuserfahrungen wissen wollten. In: Leiprecht, R. (Hrsg.): Grundkurs: Schule in der pluriformen Einwanderungsgesellschaft. Schwalbach T. s.: Wochenschau, S. 462–471.
Melter, C. (2006): Rassismuserfahrungen in der Jugendhilfe. Eine empirische Studie zu Kommunikationspraxen in der Sozialen Arbeit. Münster: Waxmann.
Melter, C. (2015): Diskriminierungs- und rassismuskritische Soziale Arbeit und Bildung im postkolonialen und postnationalsozialistischen Deutschland?! Einleitende Überlegungen. In: ders. (Hrsg.). Diskriminierungs- und rassismuskritische Soziale Arbeit und Bildung. Weinheim und München: Beltz und Juventa, S. 7–19.
Melter, C. & Mecheril, P. (Hrsg.) (2009): Rassismuskritik: Rassismustheorie und -forschung. Schwalbach T. s.: Wochenschau.
Miles, R. (1992): Rassismus. Einführung in die Geschichte und Theorie eines Begriffs. Hamburg: Argument.
Mosse, G. (1990): Die Geschichte des Rassismus in Europa. Frankfurt a. M.: Fischer.

Phoenix, A. (1998): „Rasse“, Ethnizität und psychologische Prozesse. In: Castro Varela, M. d. M. u. a. (Hrsg.): Suchbewegungen. Interkulturelle Beratung und Therapie. Tübingen: dgvt, S. 17–38.
Poliakov, L., Delacampagne, Ch. & Girard, P. (1992): Rassismus. Über Fremdenfeindlichkeit und Rassenwahn. Hamburg: Luchterhand.
Poliakov, L. (1993): Der arische Mythos. Hamburg: Junius.
Quehl, Th. (Hrsg.) (2000): Schule ist keine Insel. Britische Perspektiven antirassistischer Pädagogik. Münster: Waxmann.
Razack, N. (2012): Racism and Antiracist Stragies. In: Healy, L. & Link, R. (Hrsg.): Handbook of International Social Work. Human Rights, Development, and the Global Profession. Oxford: Oxford University Press, S. 237–242.
Rommelspacher, B. (1995): Dominanzkultur. Texte zu Fremdheit und Macht. Berlin: Orlanda Frauenverlag.
Rommelspacher, B. (2002): Anerkennung und Ausgrenzung. Deutschland als multikulturelle Gesellschaft. Frankfurt und New York: Campus.
Said, E. (1978): Orientalism. New York: Pantheon Books.
Said, E. (1981): Orientalismus. Frankfurt a. M.: Ullstein.
Scherschel, K. (2006): Rassismus als flexible symbolische Ressource. Eine Studie über rassistische Argumentationsfiguren. Bielefeld: transcript.
Shooman, Y. (2014): „... weil ihre Kultur so ist“. Narrative des antimuslimischen Rassismus. Bielefeld: transcript.
Solomos, J. (2002): Making sense of Racism. Aktuelle politische Debatten und Realitäten. In: Demirovi , A. & Bojadžijev, M. (Hrsg.): Konjunkturen des Rassismus. Münster: Westfälisches Dampfboot, S. 157–172.
Spivak G. C. (1985): The Rani of Sirmur: An Essay in Reading the Archives. In: History and Theory 24 (3), S. 247–272.

✎ *Verfasserin und Verfasser*

Dr. Ulrike Lingen-Ali (ulrike.lingen-ali@uni-oldenburg.de), Universität Oldenburg; Arbeitsschwerpunkte: Migration und familiäre Strukturen, Interdependenzen von Zuschreibungs- und Gewaltverhältnissen, Orientalismen, *Othering* und Antimuslimischer Rassismus. Geschlechterverhältnisse und -dynamiken.
Prof. Dr. Paul Mecheril (paul.mecheril@uni-oldenburg.de), Universität Oldenburg; Arbeitsschwerpunkte: Identitäts- und Subjektkonzepte, pädagogische und soziale Arbeit in der Migrationsgesellschaft, Rassismuskritik.

3 Diversität und Intersektionalität

Rudolf Leiprecht

In der Sozialen Arbeit (Sozialpädagogik/Sozialarbeit), die von ihren ethischen Voraussetzungen her, wenn auch nicht unbedingt stets in ihrer vorherrschenden Praxis und institutionellen Verfasstheit, ein ‚Mehr an sozialer Gerechtigkeit‘ anstrebt und Menschen in belastenden Lebensverhältnissen und prekären Lebenslagen gerecht werden will, haben sich in den letzten Jahren spezifische differenzsensible bzw. diversitätsbewusste Ansätze entwickelt. Diese verlangen von den Professionellen und Ehrenamtlichen eine besondere *Aufmerksamkeit* für sozial bedeutsame Differenzlinien, damit verbundene Unterscheidungspraxen und

Macht- und Ungleichheitsverhältnisse sowie ein Bewusstsein für die jeweils eigene Involviertheit in diskriminierende Diskurse und Strukturen. Die kritische Thematisierung von und Auseinandersetzung mit Konstruktionen zu Großgruppen entlang von Klasse/Schicht, Geschlecht/Sexualität, ‚Rasse'/Ethnie/Kultur/Nation, Alter/Generation und Behinderung/Beeinträchtigung gehört mit zu den Kernaufgaben Sozialer Arbeit (vgl. Leiprecht 2008). Dabei sind Diversität und Intersektionalität zwei Begriffe, die in den neueren Fachdiskursen Sozialer Arbeit meist in einem Atemzug genannt werden und explizit oder implizit aufeinander verweisen.

3.1 Begriffsbestimmungen und Hintergründe

Diversität

Der Begriff ‚Diversität' bezieht sich auf die englischsprachige Debatte und überträgt den Begriff *Diversity* auf die sozialen, kulturellen und politischen Verhältnisse in Deutschland. Beides macht auf Verschiedenheit und Vielfältigkeit aufmerksam und zielt – je nach Konzept – auf die Wahrnehmung und Anerkennung von Unterschieden und/oder die Kritik an Einteilungsmustern, Differenzordnungen und Diskriminierungspraxen.

Trotz der sprachlichen Nähe zwischen Diversität und Vielfalt verweist Erstere nicht auf einen positiv oder negativ konnotierten Gegenbegriff. Dies ist bei den diskursverwandten Begriffspaaren Heterogenität/Homogenität und Vielfalt/Einfalt anders. Homogenität war zur Beschreibung von sozialen Verhältnissen lange Jahre vor allem positiv besetzt, da es Gleichklang, Ordnung, Verständnis und Zusammenarbeit zu suggerieren schien, während man bei Heterogenität Disharmonie, Unordnung, Kommunikationsschwierigkeit und Konflikt unterstellte. In Opposition zu dieser Diskursfigur wurde versucht, darauf hinzuweisen, dass *soziale Heterogenität* zwar vielfach in der Gesellschaft vorhanden sei, jedoch meist nicht als ‚Normalfall' wahrgenommen würde, sondern in aller Regel nur in Form einer spezifischen Besonderung, nämlich als Abweichung und Problem. Es entstand ein Plädoyer für Vielfalt, das als eine positive Ressource gesehen wurde, und dieser wurde als rhetorische Provokation *Einfalt* gegenübergestellt, mit den gewünschten Assoziationen zu *Einfältigkeit*.

Der Begriff ‚Diversität' hat *keinen* vergleichbaren Gegenbegriff. Dies ist eine günstige Ausgangsposition, um binäre Konstruktionen zu vermeiden. Zudem wird durch den Diversität nahezu inhärenten Begriff ‚Intersektionalität' bereits in und zwischen den jeweils benutzten Konstrukten, Kategorien oder Phänomenen auf Verbindungen aufmerksam gemacht.

Intersektionalität

Mit Intersektionalität können Zusammenhänge zwischen den Konstruktionen von ‚Rasse'/Ethnie/Kultur mit Sexualität/Geschlecht und Klasse/Schicht untersucht bzw. kann den Verbindungen und Beziehungen zwischen Rassismen, Sexismen und Klassismen nachgegangen werden. Texte, die hierauf aufmerksam machen, gibt es bereits recht früh, z. B. in den USA 1977 das *Combahee River Collective*, ein Zusammenschluss schwarzer, lesbischer Feministinnen, oder 1981 Angela Davis mit ihrer berühmten Publikation *Women, Race and Class*. Die Debatten zu Verbindungen und Überschneidungen und den gleichzeitigen ‚Wirkungen' verschiedener sozialer Positionierungen haben also eine lange Geschichte und eine noch längere Vorgeschichte. Sie findet im Kontext von sozialen (Emanzipations- und Widerstands-)Bewegungen statt, und es ist kein Zufall, dass sie zunächst von schwarzen Feministinnen vorangetrieben wurden. Dabei war es die Rechtswissenschaftlerin Kimberlé Crenshaw, die schließlich Intersektionalität als Begriff zur Untersuchung und Thematisierung solcher Zusammenhänge und Verbindungen zwischen verschiedenen Differenzlinien und Differenzordnungen in die Debatte eingeführt hat (vgl. Crenshaw 1994), um die Jahrtausendwende fand der Begriff dann auch Einzug in die deutschsprachige Fachdebatte (vgl. Lutz 2001; Knapp 2005). Als analytisch-empirisches Theoriekonzept sehe ich Intersektionalität als eine *offene Frage* an empirische Phänomene bzw. Prozesse; vom ‚grünen Tisch' der Theorie aus gibt es nach meiner Lesart *keine* Master-Kategorie, sondern die Bedeutsamkeit von Kategorien (oder Unterdrückungsformen) und ihre spezifische Verbindung und Wirkung sind stets in konkreten Verhältnissen zu *klären*.

Intersektionelle Analysen setzen sich kritisch mit starren, fixierten und vereinheitlichenden Kategorisierungen und Differenzordnungen auseinander und ermöglichen ein Verständnis von fluiden und beweglichen (hybriden) Konzepten von Identität und Lebenswelt.

Inhaltliche Ausrichtung von Diversity

Der Begriff *Diversity* hat eine ähnliche Geschichte (zur Geschichte des *Diversity*-Diskurses vgl. ausführlich Hauenschild, Robak & Sievers 2013). Er entwickelt sich in den USA mit der Bürgerrechtsbewegung, die sich gegen die fortwährende Unterdrückung und Diskriminierung von Schwarzen wendet, und in Kanada im Kontext des multikulturellen Entwurfs einer expliziten Einwanderungsgesellschaft, die auf Anerkennung und Gleichwertigkeit setzt. Ein Ausgangspunkt für *Diversity*-Diskurse im Kontext Sozialer Arbeit sind dort die Opposition zu Unterdrückung und Diskriminierung sowie der Versuch der Vermeidung von Unterdrückung und Diskriminierung zunächst vor allem entlang der Differenzlinie ‚Rasse'/Ethnie/Kultur. *Diversity Education* entwickelt sich als Erweiterung und Kritik von multikulturellen oder interkulturellen Ansätzen (vgl. Appelbaum 2002; Al-Krenawi, Graham & Habibov 2016). Parallel zu solchen politischen, rechtlichen und fachlichen Diskursen befassen sich auch Geschäftsleben und Wirtschaftsunternehmen mit *Diversity*, wenn auch mit anderen Schwerpunktsetzungen.

In Europa wird der Begriff seit den späten 1990er Jahren immer häufiger benutzt, im Kontext der Sozialen Arbeit ebenfalls eng gekoppelt an eine Perspektive, die sich gegen Unterdrückung und Diskriminierung wendet (vgl. Thompson, 1992, S. 170, Gast &Patmore 2012). Der Rat der Europäischen Union beschloss im Jahr 2000 eine Antidiskriminierungsrichtlinie, 2003 wurde eine europäische Informationskampagne auf den Weg gebracht, die den Titel trägt: *For Diversity – Against Discrimination*. Mehr als ein halbes Jahrzehnt später wird in Deutschland schließlich das *Allgemeine Gleichstellungsgesetz* (AGG) beschlossen.

In den Sozial- und Erziehungswissenschaften in Deutschland, auch in den Fachdiskursen Sozialer Arbeit, erscheinen um die Jahrtausendwende allmählich immer mehr Texte, die sich mit *Diversity* befassen, wobei wichtige Impulse hier aus der Geschlechterforschung, der Interkulturellen Bildung und der *Special Needs Education* kommen (vgl. z. B. Prengel 1994, 2007; Hormel & Scherr 2004; Hauenschild, Robak & Sievers 2013).

Es ist deutlich, dass Diversität eine bestimmte inhaltliche Ausrichtung hat. Während sich Intersektionalität und Differenz bzw. Differenzlinien als *analytisch-empirische* Theoriekonzepte fassen lassen, handelt es sich bei Diversität – nicht ungewöhnlich und gut begründbar für die Wissenschafts- und Praxisbereiche Sozialer Arbeit – um einen *normativ-deskriptiven* Ansatz (vgl. Mecheril & Plößer 2009, S. 202). Dabei unterscheidet sich in den Fachdiskursen Sozialer Arbeit der Begriffsgebrauch von den Fachdiskursen der Wirtschaft, und dies obwohl natürlich auch Soziale Arbeit auf Organisationen angewiesen ist, die mit dem wirtschaftlichen Geschehen zu tun haben (vgl. Göhlich & Schröer 2013; Fischer 2016).

Vereinfacht gesagt geht es in der Wirtschaft (auch) bei Diversität (meist wird dort von *Diversity* gesprochen) darum, dass ein optimaler Gewinn für das Unternehmen entstehen kann. Mit diesem Ziel vor Augen soll durch ein *Diversity Management* eine besondere Human-Resources-Strategie entwickelt werden. Es wird danach gefragt, wie die Belegschaft zusammengestellt ist und wie das Potential der Mitarbeitenden vor dem Hintergrund der jeweiligen Produkte, Kunden und Märkte optimal gefördert und genutzt werden kann. Eine divers zusammengesetzte Belegschaft soll etwa bei einem Geschäft im Dienstleistungsbereich mit hohem Kundenkontakt dazu führen, dass erstens passgenaue Produkte für eine umfangreiche Kundschaft entstehen und zweitens möglichst viele Segmente einer potenziellen Kundschaft sich – angeregt durch einen Verkauf, dessen Personal nahe an der Lebenswelt verschiedenster Kunden ist – sich für die Produkte interessieren und sie schließlich kaufen (vgl. Kirton & Greene 2005).

Im Bereich der Sozialen Arbeit und Bildung stehen bei Diversität eher gesellschaftspolitische Ziele wie soziale Gerechtigkeit, Anerkennung, Gleichberechtigung und Antidiskriminierung im Vordergrund. Formen, Inhalte und Aufgaben einer diversitäts*bewussten* Perspektive können hier nur in Umrissen angedeutet werden, und ich beschränke mich zudem auf die Skizzierung meines eigenen Ansatzes (vgl. Leiprecht 2011). Eine gesellschaftspolitische Perspektive nimmt in verändernder Absicht soziale Ungleichheiten und entsprechend regulierende Dominanz- und Machtverhältnisse in den Blick. Konstruktionen von ‚Groß-Gruppen', Differenzlinien, Unterscheidungspraxen und Differenzordnungen, die bereits ‚in der Welt' sind und eine machtvolle Wirkung entfalten, soll eine *kritische Aufmerksamkeit* gelten, auch um einer diesbezüglichen Ignoranz, Achtlosigkeit, Verharmlosung und Unwissenheit entgegenzuwirken und erkennen zu können, ob, wie und wann durch die eigene Organisation, im Kollegenkreis, beim eigenen Handeln etc. Diskriminierung, Ausgrenzung und Deprivilegierung aktiv oder passiv unterstützt werden. Dabei geht es auch um das Erfassen von und Gegensteuern zu (meist in Kombinationen auftretenden) Mechanismen wie Essentialisierung, Kulturalisierung, Fremdzuschreibung, Stigmatisierung, Dichotomisierung, Hierarchisierung, Besonderung (*Othering*) und Normalisierung. All dies sollte unterlegt sein durch eine kritische (Selbst-)Reflexion, also durch eine *untersuchende Haltung*, die dort differenz*skeptisch* sein muss, wo Menschen auf einen bestimmten Unterschied/eine bestimmte Unterscheidung reduziert oder/und entlang von Unterschieden bzw. Unterscheidungen in festlegende Schubladen gesteckt werden.

Zudem gilt es, aufmerksam und kritisch bei solchen Eigenschaftszuschreibungen und Differenzmustern zu sein, die zu einer Rechtfertigung von Diskriminierung, Benachteiligung und Ausgrenzung beitragen. Insgesamt führt ein diversitätsbewusster Ansatz – verbunden mit dem Analyseinstrument ‚Intersektionalität' – dazu, nicht ohne Weiteres von der Alleingültigkeit einer bestimmten Differenzlinie, die sich in den Vordergrund drängt oder in den Vordergrund gedrängt wird, auszugehen. Vielmehr ist stets zu fragen, weshalb, in welcher Weise und mit welchen Folgen eine Differenzlinie bedeutsam ist, ob und wie sie mit anderen Differenzlinien verbunden ist und was dies in einem konkreten Fall bedeutet.

Gleichzeitig ist ein diversitätsbewusster Ansatz immer auch ein *reflexiver Balanceakt*: Differenzlinien entlang von Konstruktionen zu Großgruppen sind nicht immer mit sozialen Benachteiligungen, Ausgrenzungsprozessen, Negativbewertungen usw. verbunden. Manches, was im Zusammenhang mit Unterschieden und Unterscheidungen unter Kindern und Jugendlichen auf dem Schulhof, in der Peergroup, unter Freunden etc. passiert, kann durchaus auch harmlos sein, als lustvoll erlebt werden und zu einem gelingenden Spiel gehören. In solchen Fällen ‚stören' Professionelle und Ehrenamtliche, wenn sie selbst die Bedeutung einer Differenzlinie als problematisch einführen. Zu einem diversitätsbewussten Ansatz gehört also auch Zurückgenommenheit und pädagogischer Takt, unterlegt von Empathie, Sensibilität, Reflexivität, verbunden mit Selbstbeobachtung und kollegialem Austausch, also insgesamt ein genaues Hinsehen, allerdings situationsangemessen, ohne etwas in eine Situation hineinzulegen, was nicht da ist – aber eben auch ohne zu übersehen, was bedeutsam ist und zu Verletzung, Ausgrenzung und Benachteiligung beiträgt.

Weiterhin umfasst ein diversitätsbewusster Ansatz die Perspektive der *Organisationsentwicklung*. Dies ist wichtig für das Arbeitsverständnis von Professionellen und Ehrenamtlichen. Es geht eben nicht nur um die Interaktion mit Betroffenen Sozialer Arbeit und um ‚Beziehungsarbeit', sondern auch um die Rahmung und das Setting durch eine Organisation und die Wahrnehmung von und die Erfahrungen mit dieser Organisation durch die Betroffenen. Hier müssen selbstkritische Reflexionen und Analysen zu wechselseitigen Wahrnehmungen und Zuschreibungen ansetzen. Gleichzeitig sollten innerhalb einer Organisation Möglichkeiten und Räume für kontinuierliche Kommunikations- und Reflexionsprozesse zu möglicherweise behindernden Zugängen, ausschließenden Routinen und Verfahren, der Personalzusammensetzung im Verhältnis zu den Betroffenen, dem Leitbild, der Weiterbildung, dem Monitoring von Entwicklung etc. installiert und u. U. organisationale Veränderungen auf den Weg gebracht werden (vgl. Göhlich, Weber, Öztürk & Engel 2013; Fereidooni & Zeoli 2016).

3.2 Analysen mit Intersektionalität

Beschreibungen und Analysen mit Hilfe von Intersektionalität können ihren Schwerpunkt auf einer Makro-, einer Meso- oder einer Mikroebene haben, allerdings sollten sie so gefasst sein, dass die Zusammenhänge zwischen den Ebenen sichtbar werden und Anschlussstellen erkennbar sind, ohne in einfache monokausale Ableitungslogiken und Determinismen oder – auf der Mikroebene – in Individualismen zu verfallen. Im Folgenden möchte ich zwei Analysebeispiele vorstellen. Das erste Beispiel bewegt sich (zumindest ansatzweise) auf der Ebene der Analyse von (sozialpolitischen) Ideologien und Diskursen (also eher auf der Makroebene), das zweite Beispiel auf der Ebene von Subjekten und Interaktionen im Kontext Sozialer Arbeit (also eher auf der Mikroebene), wobei vor allem wechselseitige Erwartungen und Zuschreibungen zwischen Professionellen und Betroffenen im Zentrum stehen.

Ideologien und Diskurse

Mit dem ersten Analysebeispiel wird Rassismus (vgl. zum Begriff und zur Begriffsgeschichte von Rassismus Leiprecht 2016) thematisiert. Da bei Rassismus ‚Großgruppen' so konstruiert werden, dass ein intergeneratives Erbe behauptet wird – hergestellt (biologisch) durch Zeugung und (kulturell) durch Erziehung – sind mit diesen Konstruktionen stets auch grundlegende Annahmen und Erwartungen zu Geschlechterverhältnissen verbunden: So bspw. die Aufforderung, dass Frauen und Männer einer ‚Rasse' bzw. einer ‚Kultur' zusammenkommen müssen, um Geburt und Erziehung von ‚richtigen' Nachfahren zu ermöglichen. Dabei gilt es – so die rassistische Handlungsaufforderung – ‚Mischungen' zu vermeiden bzw. wird über deren Vor- und Nachteile phantasiert. Es erfolgt eine Überwachung des sexuellen Begehrens genauso wie die Sanktion von Grenzüberschreitung. Und Homosexualität wird im traditionellen Rassismus meist als problematisch, verstörend und unnatürlich wahrgenommen, auch weil sie als ‚unproduktiv' für den Erhalt der eigenen ‚Rasse' oder ‚Kultur' gilt.

Ein anschauliches und aktuelles Diskursmuster für eine intersektionelle Verbindung von ‚Kultur'/‚Volk' und Geschlecht stellen die Publikationen von Thilo Sarrazin dar, wobei er diese Differenzlinien zusätzlich an Klasse/Schicht koppelt. Sein politisches Projekt ist die Warnung vor dem Niedergang des Landes („Deutschland schafft sich ab"), die seiner Ansicht nach durch die stete Zuwanderung aus anderen Kulturen verursacht werde. Er sieht für die nahe Zukunft das „ganze Land [...] nach wenigen Generationen von einer muslimischen Mehrheit türkischer, arabischer und afrikanischer Herkunft bewohnt" (Sarrazin 2010, S. 368). Für eingewanderte Muslime, Türken und Araber behauptet Sarrazin zudem eine niedrigere Intelligenz, die sich vererbe (‚Rasse'/‚Kultur'), zusätzlich sieht er für „Migranten aus dem Nahen Osten [...] genetische Belastungen [...] durch die dort übliche Heirat zwischen Verwandten" (ebd., S. 370). Da sie sich durch ihre Kultur und Intelligenz am unteren Ende des sozialen Schichtungsgefüges (soziale Klasse/Schicht) befänden, zeigten diese Bevölkerungsgruppen außerdem eine hohe Fertilitätsrate (Geschlecht) (vgl. ebd., S. 349). Letztere sieht er auch auf der Seite von Autochthonen, dort vor allem bei denen, die ebenfalls nicht bildungserfolgreich und auf Sozialleistungen angewiesen seien (vgl. ebd., S. 353). Um nun eine autochthone (‚deutsche') Intelligenz zu erhalten, denkt Sarrazin über politische Strategien nach, um Einwanderung einzuschränken und hohen Geburtenzahlen bei Menschen in sozial-materiell prekären Lebenssituationen entgegenzuwirken. Gleichzeitig sollen solche autochthonen Frauen aus besseren Schichten, die gut ausgebildet sind (also ihre Intelligenz, ihr ‚Deutsch-Sein' *und* ihren Klassenstatus – so Sarrazins Phantasie – vererben würden), ermuntert werden, deutlich mehr Kinder zu bekommen (zur Kritik der Thesen und Widerlegung der Daten und Statistiken bei Sarrazin vgl. Foroutan et al. 2011).

In diesem intersektionalen Diskursmuster mit Elementen von Rassismus, Sexismus und Klassismus zeigt sich eine spezifische Perspektive auf Sozialpolitik. Es ist ein ideologischer Vorschlag zur Gestaltung von Gesellschaft mit expliziten Ausschlusskriterien, etwa durch die Beschränkung von Einwanderung und dem sozialpolitischen Gegensteuern von „Unterschichtsgeburten" (ebd., S. 384). Für Professionelle Sozialer Arbeit ist hierbei nicht nur von Interesse, dass solche Diskursmuster in (sozial-)politische Debatten eingreifen, sondern Menschen (und zwar sowohl allochthone als auch autochthone) in sozial-materiell prekären Lebenssituationen, die häufig auch zu Betroffenen Sozialer Arbeit werden, im Mittelpunkt damit transportierter Ausgrenzungs- und Einschränkungsaufforderungen stehen.

Nun ist die Analyse des Aufbaus und der Zusammensetzung solcher Diskursmuster eine Sache. Über ihre Verbreitung und Macht ist damit noch nichts gesagt. Auch wie die einzelnen Menschen – Betroffene Sozialer Arbeit, Akteure der Sozialpolitik, Professionelle Sozialer Arbeit etc. – damit umgehen, diese ‚Denkangebote' interpretieren, aufnehmen, abwehren, zu ihrer eigenen Sache machen (wie z. B. viele Demonstrierende bei PEGIDA) und warum sie dies mit welchen Folgen tun, wäre eine weitere Analyseebene. Es braucht, so denke ich, nicht weiter erläutert werden, dass für Professionelle Sozialer Arbeit neben einem Reflexionswissen zu solchen Analysen (sozial-)politischer Vorstellungen auch die Frage nach entsprechenden Denk- und Argumentationsmustern in der engeren und weiteren Umgebung der eigenen Praxis von großer Bedeutung ist.

Subjekt und Interaktion

Ein anschauliches, zur Theorievermittlung hilfreiches und zugleich praxisnahes Fallbeispiel für intersektionelle Verschränkungen in der Interaktion zwischen Professionellen und Betroffenen Sozialer Arbeit präsentiert Miu Chung Yan[2]

2 Miu Chung Yan forscht und lehrt an der kanadischen University of British Columbia im Fachbereich Social Work. Ich habe den von ihm vorgestellten Fall, auf dessen Beschreibung und Analyse ich hier nur auszugsweise eingehen kann, auf Verhältnisse in Deutschland übertragen.

(Yan 2016, S. 114ff.): Ein zehnjähriger Junge (Y) zeigt Anzeichen von Schlägen ins Gesicht. Die Lehrerin meldet dies dem Jugendamt, und der Vater (Mr. X) und sein Sohn bekommen eine Einladung zum Gespräch mit der Sozialarbeiterin (Z). Sie redet zunächst mit dem Jungen unter vier Augen, und dieser bittet inständig darum, den Vater, den er liebe und respektiere, nicht zu bestrafen. Er habe die aktuelle Ohrfeige genauso wie die früheren verdient, da er gegenüber dem Vater in schulischen Angelegenheiten immer wieder lügen würde. Dieser wolle von ihm, dass er fleißig in der Schule sei und sich anstrenge, aber er, Y, sei eben manchmal etwas faul.

Die Fallgeschichte und die Analyse von Miu Chung Yan präsentieren *keine* Ideallösung (ebd., S. 134). Dies wäre vermessen, da, so Yan, die Prozesse in der konkreten Praxis zu komplex sind und zudem die Menschen eben keine passiven Wesen, vollständig determiniert in ihrem Denken und Handeln durch die Verhältnisse, sondern Subjekte, die eigene Lesarten zu den nahegelegten Denkmustern, aktuellen sozialen Lagen und organisationalen Settings entwickeln und sich (potenziell) reflexiv dazu verhalten. Der Subjektbegriff, auf den Yan hier zurückgreift, hat große Ähnlichkeiten zu dem Subjektbegriff, den ich in verschiedenen Texten unter Rückgriff auf eine eigene Lesart zu Klaus Holzkamps Konzept des *subjektiven Möglichkeitsraumes* beschrieben habe (vgl. u. a. Leiprecht 2013).

Yan macht deutlich, dass die Agierenden in den jeweiligen Verhältnissen (Lebenslagen, Lebenswelten, Organisationen, Ideologien, Gesetzen etc.) positioniert werden, sich aber auch selbst positionieren. Diese Positionierungsprozesse und die damit verbundenen wechselseitigen Erwartungen und Zuschreibungen zwischen Professionellen und Betroffenen stehen im Mittelpunkt eines Ansatzes, den Yan als das Bemühen um eine *dialogische* und zugleich *reflexive Praxis* zu eben diesen Positionierungen und Erwartungen beschreibt (vgl. ebd., S. 130ff.).

Yan zeigt, das Z nicht einfach eine imaginäre Summe aus ‚Sozialarbeiterin' + ‚weiße Angehörige der Mehrheitsgesellschaft ohne Migrationshintergrund' + ‚säkular/nicht religiös' + ‚Mittelklasse' + ‚Frau' + ‚lesbisch' + ‚jung' + ‚kinderlos' (ebd., S. 121) ist, genauso wenig wie X eine imaginäre Summe aus ‚Betroffener Sozialer Arbeit' + ‚Eingewanderter aus dem Irak' + ‚einen sozialen Abstieg nach der Migration in der Klassenlage erfahrend' (vorher Akademiker, jetzt Angelernter im Gaststättengewerbe) + sich ‚einem aufgeklärten Islam zuordnend' + ‚männlich' + ‚heterosexuell' + ‚im mittleren Alter' + ‚verheiratet' + ‚drei Kinder' (ebd., S. 123) ist. Mit all den damit verbundenen sozialen Positionierungen und Zuschreibungen entlang verschiedener Dominanz- und (De-)Privilegierungsverhältnisse und Machtachsen haben Z und X vermutlich zwar irgendwie zu tun, ob und wie genau und vor allem: wie sie selbst jeweils mit diesen Verhältnissen und Machtachsen in ihren Möglichkeitsräumen umgegangen sind bzw. aktuell umgehen, dies sind Fragen, die in der professionellen Arbeit zumindest annäherungsweise zu klären sind.

Dabei sind auch die *Funktionen* des Gebrauchs von Zuschreibungen von Bedeutung: So bezweifelt X die Kompetenz von Z zu Erziehungsthemen, da sie zu jung und nicht verheiratet sei und keine eigenen Kinder habe, zudem sei eine angemessene körperliche Züchtigung ein Teil seiner Kultur und seine Aufgabe als Mann und Ernährer in der Familie. X fixiert und essentialisiert kulturelle Elemente und verbindet dies mit Geschlechter- und Generationsverhältnissen. Zudem, so arbeitet Yan heraus, verändert er symbolisch-rhetorisch im asymmetrischen Machtverhältnis zwischen Sozialer Arbeit und sich als Betroffenen seine eigene Position als ‚schlagender Vater' und versucht sich entlang anderer Machtverhältnisse in eine aus seiner Sicht günstigere Position gegenüber Z zu bringen (vgl. ebd., S. 127). Gleichzeitig bleiben so jedoch seine Diskriminierungserfahrungen (Nicht-Anerkennung von Abschlüssen formaler Bildung, Missachtung entlang von Aussehen und Akzent etc.) unthematisiert, genauso wie die damit verbundenen Emotionen von Erniedrigung, Perspektivlosigkeit, Wut usw. (vgl. ebd., S. 126). Es ist wichtig, dass Z jetzt in der Lage ist – und ihre Organisation ihr auch die Möglichkeit dazu bietet –, die Funktionen der Zuschreibungen zu analysieren und eine dialogisch-untersuchende Haltung einzunehmen. Nach und nach – unter Berücksichtigung und Thematisierung der Bedürfnisse und Interessen von Y (dem Jungen) – könnte dabei ein Arbeitsbündnis möglich werden, bei dem soziale Prozesse, Erfahrungen und Erwartungen wirklich zur Sprache kommen und gemeinsam reflektiert werden können. Der Wunsch des Vaters, für seinen Sohn das Beste in diesen gesellschaftlichen Verhältnissen zu wollen, kann dabei ein wichtiger Ansatzpunkt sein.

3.3 Fazit

Beide vorgestellten Analysen mit dem Konzept *Intersektionalität* sind nur skizzenhaft. Ich hoffe jedoch, dass sie den Nutzen des Konzeptes zumindest andeuten konnten. Zudem sollte die innere Verbindung zwischen Intersektionalität *als Analysekonzept* und *Diversity*/Diversität *als Handlungsansatz* deutlich geworden sein, mitsamt den jeweils spezifischen wichtigsten inhaltlichen Merkmalen, wozu auch Dialog und Reflexion gehören. Diese führen in der Praxis Sozialer Arbeit, so hebt Yan hervor, nicht immer zu angemessenen Ergebnissen im Sinne eines ‚Mehr an sozialer Gerechtigkeit' und einer Erweiterung von Möglichkeitsräumen für Menschen in belastenden Lebensverhältnissen und prekären Lebenslagen (vgl. ebd., S. 135). Dennoch tragen sie, so Yan, zu einem besseren Wissen bei über die Erfahrungen und Wahrnehmungen von Betroffenen und ihren Reaktionen gegenüber sozialen Positionierungen, genauso wie sie das Wissen über uns selbst und das organisationale Setting, in dem wir arbeiten, erweitern und vertiefen können.

Literatur

Al-Krenawi, A., Graham, J. R. & Habibov, N. (Hrsg.) (2016): Diversity and Social Work in Canada. Don Mills: Oxford University Press.

Appelbaum, P. (2002): Multicultural and Diversity Education: A Reference Handbook. Santa Barbara, Denver und Oxford: ABC-CLIO.

Combahee River Collective (1982): A Black Feminist Statement. In: Hull, G. T., Scott, P. B. & Smith, B. (Hrsg.) (1982): But Some of Us Are Brave. Black Women's Studies. Old Westbury, NY: Feminist Press, S. 13–22.

Crenshaw, K. (1994): Mapping the Margins: Intersectionality, Identity Politics and Violence against Women of Color. In: Fineman, M. & Mykitiuk, R. (Hrsg.) (1994): The Public Nature of Private Violence. New York: Routledge, S. 93–118.

Davis, A. (1981): Women, Race and Class. New York: Random House.
Fereidooni, K. & Zeoli, A. P. (2016): Managing Diversity. Die diversitätsbewusste Ausrichtung des Bildungs- und Kulturwesens, der Wirtschaft und Verwaltung. Wiesbaden: VS.
Fischer, V., Genenger-Stricker, M. & Schmidt-Koddenberg, A. (Hrsg.) (2016): Soziale Arbeit und Schule. Diversität und Disparität als Herausforderung. Schwalbach i. T.: Wochenschau.
Foroutan, N., Schäfer, C., Coskun, C. & Schwarze, B. (Hrsg.) (2011): Sarrazins Thesen auf dem Prüfstand: Ein empirischer Gegenentwurf zentraler Thesen Thilo Sarrazins mit Bezug auf Muslime in Deutschland. Berlin: Humboldt-Universität.
Gaine, C. (Hrsg.) (2011): Equality and Diversity in Social Work Practice. Exeter: Learning Matters.
Gast, L. & Patmore, A. (2012): Mastering Approaches to Diversity in Social Work. London und Philadelphia: Kingsley Publishers.
Hauenschild, K., Robak, S. & Sievers, I. (Hrsg.) (2103): Diversity Education. Zugänge – Perspektiven – Beispiele. Frankfurt a. M.: Brandes & Apsel.
Hormel, U. & Scherr, A. (2004): Bildung für die Einwanderungsgesellschaft. Perspektiven der Auseinandersetzung mit struktureller, institutioneller und interaktioneller Diskriminierung. Wiesbaden: VS.
Kirton, G. & Greene, A.-M. (2005): The Dynamics of Managing Diversity. A Critical Approach. Oxford und Burlington: Elsevier Butterworth-Heinemann.
Knapp, G.-A. (2005): ‚Intersectionality' – ein neues Paradigma feministischer Theorie? Zur transatlantischen Reise von ‚Race, Class, Gender'. In: Feministische Studien 23 (1), S. 68–81.
Leiprecht, R. (Hrsg.) (2010): Diversitätsbewusste Sozialpädagogik. Schwalbach i. T.: Wochenschau.
Leiprecht, R. (2013): ‚Subjekt' und ‚Diversität' in der Sozialen Arbeit. In: Wagenblass, S. & Spatscheck, C. (Hrsg.): Bildung, Teilhabe und Gerechtigkeit – Gesellschaftliche Herausforderungen und Zugänge Sozialer Arbeit. Weinheim und Basel: Beltz und Juventa, S. 184–199.
Leiprecht, R. (2016): Rassismus. In: Mecheril, P. (Hrsg.): Handbuch Migrationspädagogik. Weinheim und Basel: Beltz und Juventa (i. V.).
Lutz, H. (2001): Differenz als Rechenaufgabe: Über die Relevanz der Kategorien Race, Class und Gender. In: Lutz, H. & Wenning, N. (Hrsg.): Unterschiedlich verschieden. Differenz in der Erziehungswissenschaft. Opladen: Leske & Budrich, S. 215–230.
Mecheril, P. & Plößer, M. (2011): Diversity und Soziale Arbeit. In: Otto, H. U. & Thiersch, H. (Hrsg.): Handbuch Soziale Arbeit. München: Ernst-Reinhardt, S. 278–287.
Prengel, A. (1993): Pädagogik der Vielfalt. Verschiedenheit und Gleichberechtigung in interkultureller, feministischer und integrativer Pädagogik. Opladen: Leske & Budrich.
Prengel, A. (2007): Diversity Education – Grundlagen und Probleme der Vielfalt. In: Krell, G., Riedmüller, B., Sieben, B. & Vinz, D. (Hrsg.) (2007): Diversity Studies. Grundlagen und disziplinäre Ansätze. Frankfurt a. M. und New York: Campus, S. 49–68.
Rosken, A. (2009): Diversity und Profession. Eine biographisch-narrative Untersuchung im Kontext von Bildungssoziologie. Wiesbaden: VS.
Sarrazin, T. (2010): Deutschland schafft sich ab. Wie wir unser Land aufs Spiel setzen. München: Deutsche Verlags-Anstalt.
Thompson, N. (2006): Anti-Discriminatory Practice. 4. Aufl. Hampshire: Palgrave.
Yan, M. C. (2016): Multiple Positionality and Intersectionality: Toward a Dialogical Social Work Approach. In: Al-Krenawi, A., Graham, J. R. & Habibov, N. (Hrsg.) (2016): Diversity and Social Work in Canada. Don Mills: Oxford University Press, S. 114–138.

✎ *Verfasser*

Prof. Dr. Rudolf Leiprecht (rudolf.leiprecht@uni-oldenburg.de), Universität Oldenburg; Arbeitsschwerpunkte: Diversitätsbewusste und rassismuskritische Soziale Arbeit und Sozialpädagogik, Männlichkeitsforschung.

4 Sozialarbeitswissenschaft und Migration: Zugänge nach Staub-Bernasconi, Thiersch und Böhnisch

Fabian Lamp, Ayça Polat

In diesem Beitrag geht es zentral um die Frage, wie sich die theoretischen Ansätze von Silvia Staub-Bernasconi, Hans Thiersch und Lothar Böhnisch mit Ansätzen und Handlungszielen der Migrationssozialarbeit verknüpfen lassen. Dabei geht es auch um die Frage, welches Professionsverständnis die Soziale Arbeit mit Klient*innen mit Migrations- und Fluchtgeschichte erfordert. Dazu werden die Theorien von Staub-Bernasconi, Thiersch und Böhnisch in ihren Grundzügen vorgestellt und auf die bestehenden Herausforderungen in der Migrationssozialarbeit übertragen.

Die Theorien, die im Rahmen dieses Aufsatzes vorgestellt werden, haben gemeinsam, dass sie Menschen eingebettet sehen in soziale Zusammenhänge. Explizit benennt dies z. B. Staub-Bernasconi, die von dem Menschenbild des systemischen Paradigmas ausgeht, wonach Menschen durch ihre psychobiologischen Bedürfnisse einerseits abhängig sind von anderen Menschen, zugleich aber auch relativ autonom psychische, soziale und kulturelle Gegebenheiten entwickeln und neugestalten können (vgl. Staub-Bernasconi 2007, S. 170). Wenn auch Thiersch und Böhnisch dies nicht so explizit benennen, so wird doch deutlich, dass sowohl in der Theorie der Lebensweltorientierung (Thiersch) als auch in der Theorie der Lebensbewältigung (Böhnisch) der Mensch in seiner sozialen Umwelt gesehen wird. Den Menschen in seinen sozialen Bezügen zu betrachten (und damit weder eine individualisierende Perspektive noch eine gesellschaftsbezogene Perspektive über zu betonen) ist ein wesentliches Merkmal sozialarbeitswissenschaftlicher Betrachtung. Ausgehend von dieser Grundannahme werden die drei ausgewählten Theorien in der Folge jeweils in drei Dimensionen erläutert: Zunächst werden jeweils *grundlegende Begrifflichkeiten* dargestellt, diese werden sodann im Kontext der Sozialen Arbeit ausgeführt. Abschließend werden handlungsorientierte Perspektiven der jeweiligen Theorien formuliert.

4.1 Silvia Staub-Bernasconi

Silvia Staub-Bernasconi (geb. 1936 in Zürich) geht in ihrem systemisch-prozessualen Theoriemodell davon aus, dass Menschen biologische, biopsychische und biopsychosoziale Bedürfnisse haben. Zu den biologischen Bedürfnissen zählen etwa Nahrung, Sauerstoff, Sexualität, Erholung oder der Schutz vor Hitze, Kälte oder Nässe. Zu den (bio-)psychischen Bedürfnissen zählen Anregung durch sensorische Stimulationen (Berührung, Geräusche, Licht etc.), Orientierung in Zeit und Raum, subjektiver Sinn, Informationen. Zu den biopsychosozialen Bedürfnissen zählen emotionale Zuwendung, Hilfe, Rechte und Pflichten innerhalb sozialer Gruppen, das Bedürfnis nach einer eigenen Identität, Autonomie, sozialer Anerkennung oder Gerechtigkeit (vgl. ebd., S. 171ff.). Staub-Bernasconi führt weiter aus, dass Bedürfnisse universell – unabhängig von Kultur – gültig seien. Zu unterscheiden seien diese Bedürfnisse hinsichtlich ihrer Elastizität: Es gibt einerseits unelastische Bedürfnisse, deren Befriedigung keinen oder wenig Aufschub duldeten (hierzu zählen an erster Stelle die biologischen Bedürfnisse nach Sauerstoff, Nahrung, Schlaf) und andererseits elastische Bedürfnisse, deren Befriedigung durchaus aufgeschoben werden könnten (hierzu zählen etwa das Bedürfnis nach sexueller Aktivität oder das Bedürfnis nach sozialer Anerkennung). Bewusst gewordene Bedürfnisse bezeichnet Staub-Bernasconi als Wünsche (vgl. ebd., S. 173).

Staub-Bernasconi geht nun davon aus, dass Individuen die Gesellschaft, in der sie leben, nach der Chance der Befriedigung der eigenen Bedürfnisse und Wünsche beurteilen. Fällt diese Beurteilung negativ aus und können die Betroffenen dauerhaft ihre Situation nicht verändern, kommt es zu psychischen Spannungen. Diese psychischen Spannungen müssen von den Betroffenen in irgendeiner Form bewältigt werden. Staub-Bernasconi unterscheidet hier zwischen eher innerpsychischen Bewältigungsformen (Rückzug, selbstverletzendes Verhalten etc.) und Bewältigungsformen, die die psychische Spannung nach außen tragen (Protest, Gewalt, Kriminalität etc.). Im von Staub-Bernasconi favorisierten systemischen Paradigma können solche psychischen Spannungen als Resultat nicht befriedigter Bedürfnisse und die daraus entstehenden (teilweise als problematisch erachteten) Bewältigungsversuche als *soziale Probleme* bezeichnet werden. In der Theoriearchitektur Staub-Bernasconis stehen diese sozialen Probleme im Zentrum, sie werden als zentraler Gegenstand der Sozialen Arbeit betrachtet. Staub-Bernasconi betont dabei, dass es sich bei nicht befriedigten Bedürfnissen oder Wünschen eben nicht nur um individuelle Selbstverwirklichungsprobleme handelt (wie im individualistischen Paradigma) und auch nicht um ein Versagen moralischer Norm- oder Pflichterfüllung (wie im soziozentrischen Paradigma), sondern um ein soziales Problem, das in der Auseinandersetzung von Individuum und sozialem System bzw. der Umwelt des Individuums entsteht und auch sozial bearbeitet werden muss.

Staub-Bernasconi systematisiert soziale Probleme in vier Kategorien (ebd., S. 183ff.):

- *Individuelle Ausstattungsprobleme* beziehen sich auf „Leiden und Nöte des Individuums in Abhängigkeit von seiner gesellschaftlichen Position und seiner Ressourcen“. Zu dieser Kategorie zählt Staub-Bernasconi Hunger, Krankheit, Behinderung und deren sozialen Folgen, fehlende sozioökonomische Ausstattung, fehlende oder behinderte Entwicklung von Erkenntnis- und Handlungskompetenzen oder auch fehlende, gesellschaftlich be- oder verhinderte soziale Mitgliedschaften.

- *Sozial problematische Austauschbeziehungen* bezeichnen „Probleme der fehlenden Reziprozität von Austauschbeziehungen zwischen gleichgestellten Interaktionspartnern – kurz: asymmetrischer, ungerechter Tausch". Die eben benannte Ausstattungsdimension wird auch relevant im Kontext sozialer Beziehungen. Denn um reziproke und gleichberechtigte soziale Beziehungen eingehen zu können, brauchen Individuen eine Ausstattung mit sozioökonomischen Ressourcen und verschiedenen Kompetenzen. Fehlen diese, entstehen in sozialen Beziehungen Abhängigkeiten und Asymmetrien, etwa in intimen Beziehungen oder ungleichen Handelsbeziehungen zwischen Individuen (z. B. unfairer Lohn für geleistete Arbeit). Auch kulturelle Verständigungsbarrieren, Etikettierungen, Stigmatisierungen, also Verletzungen des Bedürfnisses nach Unverwechselbarkeit und Anerkennung, zählt Staub-Bernasconi hier dazu.
- *Soziale Machtproblematiken* stehen in Zusammenhang mit der Struktur und Kultur sozialer Systeme, in denen Individuen Mitglieder sind und in denen sie Unrechtserfahrungen aufgrund von sozialen Regeln machen, die in den sozialen Systemen gelten. Die sozialen Machtproblematiken können entweder auf der individuellen Ebene verortet sein, wenn Individuen wegen der fehlenden Ausstattung keine Machtquellen entwickeln können: So folgt aus der fehlenden sozioökonomischen Ausstattung (Geld, Bildungstitel) auch eine begrenzte Möglichkeit, diese als Machtfaktor einzusetzen; fehlende sprachliche Kompetenz führt dazu, dass die Artikulationsmacht begrenzt bleibt; fehlende Handlungskompetenzen führen zu begrenzter Autorität und fehlender Möglichkeit, machtvolle Positionen zu übernehmen. Zum zweiten können soziale Machtproblematiken auf der Ebene sozialer Systeme verortet sein, dann geht es um Probleme der Sozialstruktur und Machtstruktur. Dies liegt etwa vor im Fall einer ungerechten Ressourcenverteilung bzw. Zugang zu Ressourcen aufgrund von bestimmten Eigenschaften von Personen in Systemen (z. B. die ungleiche Entlohnung von Frauen und Männern für gleiche Arbeit).
- *Wertprobleme* ergeben sich schließlich aus den von Mitgliedern geteilten alltagskulturellen Überzeugungen, Werten und Normen. Hierzu zählen abwertende Ideologien aufgrund von Eigenschaften von Personen, die das alltägliche Leben leiten, z. B. Rassismus, Sexismus, Klassismus etc.

Entlang dieser vier Problemebenen können nun dementsprechende Handlungsmöglichkeiten der Sozialen Arbeit formuliert werden:

- Auf der Ausstattungsebene der Subjekte (biologische, psychische, sozioökonomische und sozioökologische Probleme) kann Soziale Arbeit individuelle Ressourcen (Wissen, Fähigkeiten, Fertigkeiten) fördern, Reflexion darüber anregen, was den Klient*innen wichtig ist, was sie berührt, welche Ideen sie für ihr zukünftiges Leben haben und produktives Bewältigungshandeln einüben.
- Auf der Interaktionsebene in Bezug auf die Austauschprobleme kann Soziale Arbeit z. B. durch Beratung dabei unterstützen, asymmetrische private Beziehungen (etwa zwischen Eltern und Kindern oder zwischen Partner*innen) so zu entwickeln, dass befriedigende soziale Beziehungen gelebt werden können.

- In Bezug auf soziale Machtproblematiken kann Soziale Arbeit dabei unterstützen, den Zugang zu Ressourcen, etwa auf Organisationsebene, zu verbessern (z. B. Hilfe bei der Erschließung von materieller und/oder monetärer Unterstützung, Zugang zu medizinischer/psychologischer Behandlung). Klient*-innen können hierbei z. B. auch in Auseinandersetzungen mit dem Vermieter, mit Schulen, Ämtern etc. unterstützt werden.
- Auf gesellschaftlicher Ebene kann Soziale Arbeit Lobbyarbeit für benachteiligte Menschen verrichten, indem sie Öffentlichkeitsarbeit betreibt und bei verantwortlichen Personen aus Politik, Justiz, Verwaltung, Medien etc. für die Anliegen der Betroffenen wirbt.

4.2 Hans Thiersch – Lebensweltorientierung

Die Theorie der Lebensweltorientierung nach Hans Thiersch (geb. 1935 in Recklinghausen) sieht den Menschen ebenfalls in seinen sozialen und gesellschaftlichen Zusammenhängen. Als gesellschaftliche Hintergrundfolie dient die Dualität von System(en) und Lebenswelt(en), die Jürgen Habermas in seiner Theorie kommunikativen Handelns entfaltet hat. Demnach kolonialisieren die Systeme (etwa Politik, Verwaltung, Justiz) die Lebenswelten, indem sie mit ihren immanenten Logiken immer weiter in die Lebenswelten eindringen (Beispiel: verlängerte Ladenöffnungszeiten bis 22 Uhr erzeugen für die alleinerziehende Mutter, die im Einzelhandel arbeitet, ein erhebliches Betreuungsproblem). Die Systeme repräsentieren demnach den öffentlichen Teil der Gesellschaft, in dem mit instrumenteller Rationalität und solchen Medien wie Macht, Geld und Recht kommuniziert wird, während in den Lebenswelten eine kommunikative Rationalität vorherrscht, in der Diskurse auf der Basis von Werten, Normen, Moral geführt werden (vgl. dazu Kleve 2000, S. 39ff.).

Der Begriff der Lebenswelt lässt sich abgrenzen von dem Begriff der Lebenslage. Im Begriff der Lebenslage (zum Begriff der Lebenslage vgl. etwa Berger & Hradil 1990) werden relativ objektive Faktoren zusammengefasst, die die gegenwärtige Lebenssituation einer Person in ihren Möglichkeiten und Grenzen beschreiben, z. B. Alter, Geschlecht, Einkommen, Bildungsstand etc. Im Gegensatz dazu soll mit dem Begriff der Lebenswelt die subjektive Wirklichkeit aus der Sicht eines Individuums bezeichnet werden: Diese subjektive Wirklichkeit ist z. B. geprägt durch das Wissen, das sich eine Person im Lebenslauf aneignet hat, und durch individuelle Erfahrungen, die eine Person im Laufe des Lebens macht. Der Vorrat an Wissen und Erfahrungen strukturiert den Blick auf den Alltag und beeinflusst das Fühlen, Denken und Handeln. Bei einer Vielzahl von Individuen muss von einer Pluralität von Lebenswelten in unserer Gesellschaft ausgegangen werden: Je nach Alter, Geschlecht, sozialem, kulturellem, familiärem oder religiösem Hintergrund können sich Erfahrungen, Wissen und somit das Fühlen, Denken und Handeln von Menschen unterscheiden. Relativ gleiche Lebenslagen müssen also nicht zwangsläufig zu gleichen Lebenswelten führen. So sind etwa zwei Personen vorstellbar, die in Bezug auf die Lebenslage zunächst gleiche Voraussetzungen haben: 28 Jahre alt, männlich, mittlerer Schulabschluss, abgeschlossene Lehre als Zimmerer, wohnhaft in einer kleinen Wohnung von etwa 25 qm, wenige soziale Kontakte, beide halten sich mit Gelegenheitsjobs über Wasser. Während jedoch Mann A in einem benachteiligten Stadtteil in einem Hochhaus wohnt, er seine Lage als prekär betrachtet, unzufrieden ist und seine Situation schnellstmöglich verändern will, ist Mann B äußerst zufrieden. Er lebt in einem Bauwagen auf dem Land, die wenigen sozialen Kontakte sind frei gewählt, er versorgt sich z. T. mit selbst angebautem Gemüse.

Die Lebenswelt bietet idealerweise alltägliche Wirklichkeitserfahrung in einem verlässlichen, soziale Sicherheit und Erwartbarkeit bietenden primären Handlungszusammenhang, etwa in der Familie, in Nachbarschaften, Milieus usw. Die Lebenswelt bzw. die vielen kleinen Lebenswelten, die Menschen haben, bieten ihnen ganz überwiegend Sicherheit und Strukturen, sie sind geprägt von alltäglichen Routinen und wiederkehrenden Verrichtungen. Allerdings gibt es natürlich auch Routinen und wiederkehrende Verrichtungen, die subjektiv Sicherheit und Orientierung bieten (z. B. der morgendliche Griff zur Flasche Alkohol im Falle einer alkoholabhängigen Person), die aber gesundheitlich und im sozialen Gefüge negative Auswirkungen haben werden. Lebensweltorientierte Soziale Arbeit zielt nun auf die „Bewältigungs- und Verarbeitungsformen von Problemen in der Lebenswelt der Adressat/innen, gewissermaßen auf die Spielregeln, in denen die Vorgaben, Themen und Strukturen bearbeitet werden, die sich aus der gesellschaftlichen Situation und den biografisch geprägten Lebenserfahrungen und den institutionellen Vorgaben ergeben“ (Thiersch 2015 [2002], S. 70). So geht es aus der Sicht von Sozialarbeiter*innen z. B. darum, ein Verständnis zu entwickeln für die Einstellungen und Verhaltensweisen von Personen und aus diesem Verständnis heraus gemeinsam mit den Klient*innen neue, ‚gelingendere‘ Verhaltensweisen zu entwickeln.

Um Lebenswelten genauer zu betrachten, kann man sich ihnen in verschiedenen Dimensionen nähern, etwa in der Dimension der Zeit, des Raumes, der sozialen Beziehungen und der Zonen unterschiedlicher Relevanz:

- *Zeit*: Was hat die Person biografisch erlebt und geprägt, was ist in der jüngsten Vergangenheit geschehen, wie verbringt die Person ihren momentanen Alltag, welche Wünsche und Pläne hat sie für die Zukunft?
- *Raum*, in geografischer Perspektive: Woher kommt die Person, wo ist sie aufgewachsen, wo lebt sie derzeit? In lokaler Perspektive: In welchem Sozialraum lebt die Person und wovon ist der Sozialraum geprägt, wie sind die Wohnverhältnisse und das sozial-räumliche Umfeld?
- *Soziale Beziehungen*: Welche sozialen Beziehungen haben die Person in der Vergangenheit geprägt? Welche sozialen Beziehungen hat die Person aktuell und welchen Einfluss haben die sozialen Beziehungen auf die Person? Sind sie eher stärkend oder eher belastend? Welche sozialen Beziehungen hat die Person abgebrochen, musste die Person vielleicht abbrechen? Welche sozialen Beziehungen wären wichtig für das subjektive Wohlbefinden der Person?
- *Zonen unterschiedlicher Relevanz*: Was ist der Person wichtig, was unwichtig, was kränkt sie, wofür engagiert sie sich usw.?

Dabei bedeutet Lebensweltorientierung, Ernst zu machen mit der Orientierung an den subjektiven Deutungen der Klient*innen und eine Kritik an Normalisierung, Disziplinierung, Stigmatisierung und Pathologisierung. Um dies in der Praxis tatsächlich umsetzen zu können, schlägt Thiersch Struktur- und Handlungsmaximen vor, die für verschiedene Handlungsfelder und Adressat*innen angepasst werden müssen (vgl. für das Folgende Thiersch, Grunwald & Köngeter 2012, S. 188ff.):

Prävention bedeutet, „nicht erst zu helfen, wenn Schwierigkeiten sich dramatisieren und verhärten", sondern eine Infrastruktur vorzuhalten, die Menschen bei der Bewältigung ihres Alltags unterstützt.
Alltagsnähe meint zum einen, dass Hilfen in der Lebenswelt der Adressat*innen niedrigschwellig und erreichbar sein sollen (im Gegensatz etwa zu spezialisierten Institutionen, zu denen man nur nach langfristiger Terminabsprache Zugang bekommt); zum anderen soll es Institutionen geben, die einen ganzheitlichen Blick auf den Alltag der Klient*innen haben. Dies wiederum im Gegensatz zu spezialisierten Perspektiven, etwa einem rein medizinischen Blick.
Dezentralisierung/Regionalisierung und Vernetzung in der Lebensweltorientierung fordert, dass Angebote der Sozialen Arbeit abgestimmt sind auf die Sozialräume der Klient*innen und dass diese Angebote miteinander vernetzt sind. Zugleich stellt Thiersch diese Maxime in einen größeren Kontext von sozialer Gerechtigkeit: Regionalisierung meint in dieser Perspektive die Sicherstellung einer guten Angebotsinfrastruktur in den je unterschiedlichen Regionen.
Integration (aktuell wird eher von Inklusion gesprochen) betont die Aufgabe der Sozialen Arbeit, gegen Ausgrenzung, Unterdrückung und Gleichgültigkeit tätig zu werden.
Partizipation meint die Notwendigkeit, die Klient*innen an der gemeinsamen Arbeit zu beteiligen und deren Mitbestimmung sicherzustellen.

4.3 Lothar Böhnisch – Lebensbewältigung

Lothar Böhnisch (geb. 1944 in Trautenau) greift zur Begründung seiner Theorie der Lebensbewältigung auf die soziologische Hintergrundfolie der Risikogesellschaft zurück. In der individualisierten Gesellschaft sind Menschen nicht mehr automatisch in traditionelle Sozialformen (z. B. Familie, Ehe, Erwerbsarbeit) eingebunden, sondern die Zugehörigkeit zu sozialen Gruppen und das Eingebunden-Sein in soziale Strukturen werden zu einer aktiven Leistung des Individuums. Die Biografie wird zu einer multiplen Suche nach biografischer Handlungsfähigkeit. Diese Herausforderung haben potenziell alle Individuen zu bewältigen, im Zusammenhang mit sozialen Konflikten und/oder psychosozialen Problemen kommt darüber hinaus die Soziale Arbeit als helfende bzw. begleitende Instanz ins Spiel (vgl. Böhnisch 2012, S. 45).

Lebensbewältigung definiert Böhnisch als „Streben nach subjektiver Handlungsfähigkeit in Lebenssituationen, in denen das psychosoziale Gleichgewicht – im Zusammenspiel von Selbstwert, sozialer Anerkennung und Selbstwirksamkeit – gefährdet ist" (ebd., S. 47). Ihm zufolge befindet sich eine Person im psychosozialen Gleichgewicht, die sich selbst als ‚o. k.' ansieht, die auch von anderen als ‚o. k.' angesehen wird und die eine gewisse Überzeugung davon hat, dass sie die

Anforderungen des Alltags auch bewältigen kann. Böhnisch unterscheidet nun verschiedene Modi der Bewältigung – mit dem Modus der „einfachen Bewältigung" bezeichnet er das „alltägliche Über-die-Runden-kommen ohne soziale Risiken aber auch ohne große Chancen der Erweiterung der Lebensperspektive" (ebd., S. 56), ein Modus, der bei einer Vielzahl von Menschen vorzufinden sei. Der Modus der „erweiterten Bewältigung" ist gekennzeichnet von ausreichenden Ressourcen, Fähigkeiten und Möglichkeiten zur Gestaltung des Alltags. In diesem Modus ist also Raum für Lern- und Bildungsprozesse. Im Gegensatz dazu seien regressive Bewältigungslagen „durch hohe Abhängigkeit, mangelnde Anerkennung, fehlende Ausdrucksmöglichkeiten und verwehrte Aneignungschancen und damit hohen Abspaltungsdruck gekennzeichnet" (ebd.).

Mit Abspaltungsdruck bezeichnet Böhnisch die Dynamik, die entsteht, wenn anhaltendes Erleiden von Selbstwert-, Selbstwirksamkeits- und Anerkennungsstörungen nicht in irgendeiner Form reflektiert und/oder thematisiert werden kann. In der Folge wird, um handlungsfähig zu bleiben, die eigene Hilflosigkeit entweder auf andere projiziert und antisozial abgespalten (z. B. durch Gewaltausübung) oder an sich selbst ausgelassen (autoaggressive Abspaltung, z. B. selbstverletzendes Verhalten; vgl. ebd., S. 48).

Für die Praxis der Sozialen Arbeit stellen die autoaggressiven und antisozialen Abspaltungstendenzen eine wesentliche Herausforderung dar. Klient*innen sehen in diesen Bewältigungsmustern nicht selten zunächst einmal einen Beweis ihrer Handlungsfähigkeit, sie verschafft ihnen somatische Entspannung und oft soziale Anerkennung, bspw. durch die gestiegene Aufmerksamkeit von Bezugspersonen und/oder Sozialarbeiter*innen. Soziale Arbeit muss also das Kunststück vollbringen, diese liebgewonnenen, aber letztlich selbst- oder fremdschädigenden Verhaltensweisen zu verändern. Böhnisch schlägt hierfür die Suche nach funktionalen Äquivalenten vor:

> *„Funktionale Äquivalente sind Projektsettings, in denen Klienten erst und mit der Zeit erfahren können, dass sie ihr antisoziales und autoaggressives Verhalten nicht brauchen, um Selbstwert, soziale Anerkennung und Selbstwirksamkeit zu erreichen." (Ebd., S. 306)*

Als weitere Reflexions- und Arbeitsprinzipien nennt Böhnisch die Geschlechtsreflexivität, also die Notwendigkeit, im Kontext der Analyse der Bewältigungslagen, des Fallverstehens und der Beratung danach zu fragen, inwiefern hier Aspekte von tradierten Geschlechterstereotypen eine Rolle spielen, inwiefern geschlechtertypisches Bewältigungsverhalten an den Tag gelegt wird und wie dies möglicherweise zu verändern ist (vgl. ebd., S. 307ff.).

Darüber hinaus fordert Böhnisch, Diversität zu berücksichtigen, mithin die vielfältigen Differenzen zu erkennen und anzuerkennen, die soziale Wirklichkeit strukturieren, Menschen bevor- oder auch benachteiligen und Möglichkeitsräume für alle Menschen zu schaffen. Eng verbunden damit ist das Empowerment, also ein Arbeitsprinzip, mit dem der eigene Beitrag der Klient*innen zur Problemlösung betont wird. Soziale Arbeit soll Menschen dazu befähigen, ihr eigenes Leben wieder selbst in die Hand zu nehmen, was eher nicht gelingt, wenn Probleme für Menschen gelöst werden, sondern wenn sie durch begleitete Eigentätigkeit gestärkt werden (vgl. ebd.). Für die Überführung der begleiteten Eigentätigkeit in eine Selbstständigkeit ist der Rückhalt durch ein „offenes Milieu" hilfreich. Im Gegensatz zu „regressiven Milieus", in denen Rückhalt, Geborgenheit und Gegenseitigkeit häufig durch die Abwertung und Ausgrenzung anderer gesucht werde (ebd., S. 337), soll Soziale Arbeit die Bildung „offener Milieus" unterstützen, in denen nach demokratischen Regeln, einer Balance von Individualität und Kollektivität und dem Respekt vor der Integrität des Anderen gelebt und somit Bewältigungskompetenzen und erweiterte Handlungsfähigkeit aktiviert werde (vgl. ebd.). Die Aufgabe im Kontext der Netzwerkorientierung ist es, Brücken zu schaffen zwischen den Individuen und den Institutionen, nicht zuletzt, um im Sozialraum Räume zu schaffen, die Menschen sich aneignen und somit ihre eigene Handlungsfähigkeit stärken können.

4.4 Anwendungsmöglichkeiten

Die Ausführungen zu den Theorien von Staub-Bernasconi, Thiersch und Böhnisch verdeutlichen, dass die Ursachen von sozialen Problemen im Wesentlichen darauf zurückzuführen sind, dass menschliche Bedürfnisse nicht erfüllt werden. Hierbei betonen alle drei die Relevanz der gesellschaftlichen bzw. äußeren Rahmenbedingungen für die Chancen und Möglichkeiten von Individuen.

Für *Staub-Bernasconi* gehören Rechte, Zuwendung, Autonomie und soziale Anerkennung zu den biopsychosozialen Grundbedürfnissen von Menschen, die universell sind und völlig unabhängig von Herkunft existieren. Überträgt man ihre vier Kategorien für soziale Probleme auf die Lebenssituation von ethnischen Minderheiten in Deutschland, kann für viele Folgendes festgestellt werden:

Individuelle Ausstattungsprobleme: Viele Rechte und Entwicklungschancen sind an den rechtlichen Status von Personen geknüpft. Menschen mit einem befristeten und ungesicherten Aufenthaltsstatus haben nur wenige Chancen, Handlungskompetenzen, Autonomie und Zukunftsperspektiven zu entwickeln, weil ihnen die volle Mitgliedschaft als Bürger*innen und damit verbundene Rechte und Ansprüche verwehrt werden. Grundlegende Rechte wie Selbstbestimmung (z. B. bei der Wahl des Wohnortes), Privatsphäre (die in Flüchtlingsheimen nur eingeschränkt oder gar nicht vorhanden ist), angemessene Gesundheitsversorgung, Bildung und politische Partizipation sind je nach Status entweder gar nicht gewährleistet oder nur in eingeschränkter Form. Außerdem wird durch eine Kategorisierung von Zuwanderungsgruppen in jene, die gewünscht sind bzw. bleiben dürfen und mit mehr Rechten ausgestattet werden, und jene, die nicht erwünscht sind, eine Hierarchisierung zwischen den Migrantengruppen erzeugt.

Sozial problematische Austauschbeziehungen: Die rechtliche Schlechterstellung von Menschen mit einem unsicheren Aufenthaltsstatus ist geprägt von vielen Unsicherheiten und einem Abhängigkeitsverhältnis von staatlichen Institutionen im Hinblick auf die Dauer des Aufenthalts, die Möglichkeiten zur Aufnahme einer schulischen oder beruflichen Ausbildung, die Wahl des Wohnortes, die Möglichkeit mit Familienangehörigen leben zu können, staatliche Sozialleistungen und Unterstützung sowie eine gesundheitliche Versorgung erhalten zu können. In diesem Abhängigkeitsverhältnis leben Menschen mit einer Duldung z. T. über mehrere Jahre. Fehlende Sicherheiten und sozioökonomische Ressourcen erschweren die Entwicklung von reziproken und gleichberechtigten sozialen Beziehungen. Die Auswirkungen von Stigmatisierungen und Diskriminierungserfahrungen auf das Grundbedürfnis nach Anerkennung sind bei der Frage nach Austauschbeziehungen ebenfalls zu beachten.

Gleiches gilt für die Kategorie der *Machtproblematiken*, die nach Staub-Bernasconi zu fehlenden Handlungskompetenzen führen. Ein Minderheitenstatus ist sowohl auf der individuellen als auch auf der Ebene von sozialen Systemen oftmals von fehlender Handlungs- und Artikulationsmacht geprägt. Bei ethnischen Minderheiten kann die ‚Zuweisung' zu einer ‚entmachteten' Position per se durch ihren unsicheren Aufenthaltsstatus (der viele Einschränkungen enthält) gegeben oder aber Folge von negativen Zuschreibungsprozessen sein. Diese Stigmatisierungsprozesse machen sie nicht nur zu den ‚Anderen' (vgl. den Beitrag von Lingen-Ali und Mecheril in diesem Band), sondern sprechen ihnen Kompetenzen und Ressourcen ab. Dies kann wiederum als Legitimation für die Schlechterstellung herangezogen werden. Als Beispiel kann hier die Diskussion um die Bildungschancen von Kindern und Jugendlichen mit Migrationsgeschichte bzw. aus ‚bildungsfernen Schichten' genommen werden. In dieser Debatte werden die „Schieflagen im Bildungssystem" (Auernheimer 2003) mit den fehlenden Ressourcen der Kinder bzw. der Eltern erklärt und nicht mit den Strukturen des Bildungssystems (eine kritische Auseinandersetzung mit den Folgen des deutschen Bildungssystems findet sich bei Allmendinger 2012). Machtasymmetrien und damit auch ungleiche Ressourcenverteilungen können auf diese Art und Weise besser ‚legitimiert' und aufrechterhalten werden (vgl. Bourdieu & Passeron 1971). Der Zugang zu Ressourcen kann neben ethnischer und sozialer Herkunft sowie Hautfarbe auch von anderen Differenzmerkmalen wie Geschlecht, körperliche Verfasstheit, sexuelle Orientierung und Religion bestimmt sein (vgl. den Beitrag von Leiprecht in diesem Band).

Auch in der Kategorie der *Wertprobleme*, die Staub-Bernasconi benennt, finden sich viele Anknüpfungspunkte zum Kontext einer Migrationssozialarbeit. Hier sind neben den individuellen Erfahrungen mit Rassismus und Diskriminierung, die Minderheiten machen können, die sich in regelmäßigen Abständen im Minderheitendiskurs wiederholenden Forderungen nach einer Anpassung von ethnischen Minderheiten an die Kultur des Aufnahmelandes zu benennen. Ein Beispiel dafür ist die deutsche Leitkultur-Debatte (vgl. Rother 2013). Damit verbunden ist auch ein Verständnis von Integration, welches Assimilation, also die vollständige Anpassung von ethnischen Minderheiten, zum Ziel hat.

Als Kritik an assimilativen Forderungen dieser Art kann der Ansatz der Lebensweltorientierung von *Thiersch* herangezogen werden. Dieser setzt an den subjektiven Deutungen und der Lebenswelt von Individuen an und wendet sich gegen vorgefertigte Muster für ein Verständnis von ‚normal' und in diesem Falle auch ‚deutsch'.

„Lebensweltorientierung geht von den alltäglichen Erfahrungen der Menschen in ihrer gesellschaftlichen Situation aus […]. Lebensweltorientierung sieht darin zum einen den Alltag in seiner gesellschaftlichen Bedingtheit […] und zum anderen die eigensinnigen Strukturen im Alltag, die praktischen Bewältigungsversuche und das Selbstverständnis der Beteiligten." (Thiersch, Grunwald & Köngeter 2012, S. 178)

Hervorzuheben ist das inklusive Verständnis von Integration in dem lebensweltorientierten Ansatz. Es geht hierbei erstens um den Anspruch, gegen Ausgrenzung, Unterdrückung und Gleichgültigkeit tätig zu werden, und zweitens um einen dialogischen Verstehensprozess, der sich an der subjektiven Alltagsbewältigung von Individuen und ihren Möglichkeiten und Interessen orientiert und von da aus für einen gelingenden Alltag agiert. Das bedeutet für die Arbeit mit ethnischen Minderheiten, zu erfassen und anzuerkennen, was sie im Hinblick auf Zeit, Raum, soziale Beziehungen, Relevanzstrukturen geprägt hat und nach wie vor für die Strukturen des Alltags und ihr Selbstverständnis wichtig ist.

Die Struktur- und Handlungsmaxime, die Thiersch für die Handlungsfelder der Sozialen Arbeit benennt (*Prävention, Alltagsnähe, Dezentralisierung, Integration und Partizipation*) gelten (natürlich) ohne Einschränkung auch für die Arbeit mit ethnischen Minderheiten. Wobei hier darauf zu achten ist, dass die Angebote besondere Hürden der Inanspruchnahme und Mitsprache für Migrant*innen (sprachlich, rechtlich und kulturell) berücksichtigen und entsprechend inklusiv gestaltet werden (dazu ausführlicher der Beitrag von Schröer und Süzen in diesem Band).

In *Böhnischs* Ansatz der Lebensbewältigung geht es um Lebenslagen und um die Frage, welche Ressourcen und Möglichkeiten Individuen zur Verfügung stehen, um ihren Alltag zu gestalten und zu ‚bewältigen'. Hohe Abhängigkeit, mangelnde Anerkennung und das Fehlen von Handlungs- und Entwicklungsmöglichkeiten („regressive Bewältigungslagen") sieht er als eine Ursache für einen „Abspaltungsdruck" bei Menschen. Gemessen an der Zahl der Menschen mit Migrationsgeschichte, die aufgrund ihrer Herkunft oder Hautfarbe (oder anderer Differenzmerkmale) in ihrem Alltag vielfältige Erfahrungen mit Beschränkungen von Handlungsmöglichkeiten und fehlender Anerkennung machen, ist der Anteil der Personen mit Migrationsgeschichte, die ein antisoziales oder aggressives Verhalten aufzeigen, gering. Vielmehr weisen sie, z. T. über Jahre, erstaunliche Fähigkeiten auf, sich mit Restriktionen und Einschränkungen zu ‚arrangieren' und darauf bspw. mit Kompensation, Überanpassung und Stigmamanagement (Goffman 2010) zu reagieren. So beschreibt Täubig die alltägliche Lebensführung von Geflüchteten in einem Asylbewerberheim als eine ständige Form einer selbst produzierten (inszenierten) Integration jenseits der institutionell organisierten Desintegration (vgl. Täubig 2009). Dazu passend beschreibt ein Sozialarbeiter die Situation der Geflüchteten in einer Erstaufnahmeeinrichtung für Geflüchtete folgendermaßen:

„Die Menschen sind hier eher friedlich, manchmal sehr friedlich. Ich wunder' mich manchmal, dass die so friedlich sind. Manchmal waren sie zu viert oder zu sechst in den Containern. Familien mit Kindern und kalt draußen und man

konnte hier nicht raus. Und es war trotzdem friedlich.“ (Auszüge aus einer nicht veröffentlichten Studie an der FH Kiel)

Als wichtige Ressource und Resilienzfaktor zur Bewältigung von schwierigen Lebenslagen haben sich in vielen Studien die familiären sozialen Netzwerke von Migrant*innen herausgestellt (vgl. Janßen & Polat 2006; Priest 2011; Filsinger 2011). Diese leisten viel im Hinblick auf materielle und soziale Unterstützung, verfügen aber selbst häufig nur über begrenzte Ressourcen und Zugänge bspw. zum Arbeits- und Wohnungsmarkt. Daher ist, anknüpfend an Böhnisch Konzept des ‚offenen Milieus‘, in der Stärkung der sozialen Netzwerke von ethnischen Minderheiten eine wichtige Aufgabe der Sozialen Arbeit zu sehen.

Schließlich findet sich Empowerment, z. B. durch Bildung, bei allen drei vorgestellten Theorien als Arbeitsprinzip (Methode). Gerade, weil Migrant*innen oftmals die Erfahrung von Fremdbestimmung machen müssen und auch wichtige Einschnitte in der politischen Partizipation erfahren (die Teilnahme an Wahlen – auch auf kommunaler Ebene – ist für Nicht-Deutsche und für Nicht-EU-Bürger*innen nicht möglich), sind Ansätze wichtig, die die Selbstwirksamkeit und Partizipation fördern (vgl. Rosenstreich 2010).

4.5 Fazit

Soziale Arbeit in der Migrationsgesellschaft erfordert ein inklusives Verständnis von Teilhabe. Gemeint ist damit eine uneingeschränkte, selbstverständliche Teilnahme aller Menschen an allen gesellschaftlichen Bereichen und die kritische Auseinandersetzung mit Strukturen und gesellschaftlichen Rahmenbedingungen, die in erster Linie Anpassungsleistungen vom Einzelnen einfordern bzw. zur Bedingung machen.

Auf der Generalversammlung des IFSW und IASSW im Juli 2014 ist die folgende *Definition von Sozialer Arbeit* verabschiedet worden:

> Soziale Arbeit ist demnach
>
> *„eine praxisorientierte Profession und eine wissenschaftliche Disziplin, deren Ziel die Förderung des sozialen Wandels, der sozialen Entwicklung und des sozialen Zusammenhalts sowie die Stärkung und Befreiung der Menschen ist. Die Prinzipien der sozialen Gerechtigkeit, die Menschenrechte, gemeinsame Verantwortung und die Achtung der Vielfalt bilden die Grundlagen der Sozialen Arbeit. Gestützt auf Theorien zur Sozialen Arbeit, auf Sozialwissenschaften, Geisteswissenschaften und indigenem Wissen, werden bei der Sozialen Arbeit Menschen und Strukturen eingebunden, um existenzielle Herausforderungen zu bewältigen und das Wohlergehen zu verbessern.“ (DBSH 2016)*

Migrationssozialarbeit, die sich nur auf der Ebene der Bearbeitung von ethnokulturellen Differenzen und daraus möglicherweise folgenden Konflikten und deren Beseitigung beschäftigt, kann dem aus der obigen Definition abzuleitenden Professionsverständnis nicht gerecht werden. Zu der Umsetzung der Prinzipien Gerechtigkeit, Menschenrechte und Verantwortung gehört eine aktive und kritische Auseinandersetzung mit diskriminierenden und restriktiven gesellschaftlichen Rahmenbedingungen. Dazu finden sich sehr gute Anknüpfungspunkte in den Ansätzen der rassismuskritischen und diversitätsbewussten sozialen Arbeit (vgl. den Beitrag von Leiprecht in diesem Band).

Migrationssozialarbeit ist Menschenrechtsprofession: „Soziale Arbeit, die den Anspruch erhebt, Profession zu sein, muss das Doppelmandat zu einem Tripelmandat erweitern" (Staub-Bernasconi 2007, S. 200.). Das von Staub-Bernasconi in die Diskussion gebrachte dritte Mandat beinhaltet eine Arbeitsweise, die wissenschaftsbegründet ist und auf der Basis eines unabhängigen Berufskodex (ethische Basis) vorgeht. Vor allem geht es dabei um die im

> *„Berufskodex explizit erwähnten Menschenrechte als eine Legitimationsbasis, die über legale Gesetze und bindende Verträge, Aufträge und Arbeitsbündnisse hinausweisen. […] [A]ls regulative Idee bieten die Menschenrechte die Möglichkeit, Probleme (Diagnose) und Auftrag […] aus menschenrechtlicher Perspektive zu durchdenken, sich sowohl von den möglichen Machtinteressen und Zumutungen der Träger, fachfremden Eingriffen anderer Professionen wie der Vereinnahmung durch illegitime Forderungen durch die Adressat*-innen kritisch zu distanzieren." (Ebd., S. 201)*

Dieses Professionsverständnis beinhaltet demzufolge auch eine kritisch-reflexive Haltung zu Entscheidungen und Vorgaben, die die Grundbedürfnisse von Menschen beschneiden und den aktiven Einsatz für die Veränderung von Machtverhältnissen – auch unter selbstkritischer Wahrnehmung eigener Privilegien. Nicht zuletzt auch deshalb, weil in Art. 1 Abs. 1 GG der folgende Satz verankert ist:

> *„Die Würde des Menschen ist unantastbar. Sie zu achten und zu schützen ist Verpflichtung aller staatlichen Gewalt."*

Literatur

Allmendinger J. (2012): Schulaufgaben. Wie wir das Bildungssystem verändern müssen, um unseren Kindern gerecht zu werden. München: Pantheon Verlag.

Auernheimer G. (2003): Schieflagen im Bildungssystem. Die Benachteiligung der Migrantenkinder. Opladen: Leske & Budrich.

Berger, P. A. & Hradil, S. (1990): Die Modernisierung sozialer Ungleichheit und die neuen Konturen ihrer Erforschung. In: Berger, P. A. & Hradil, S. (Hrsg.): Soziale Welt. Lebenslagen, Lebensläufe, Lebensstile, Sonderband 7. Göttingen: O. Schwartz, S. 3–24.

Böhnisch, Lothar (2012): Sozialpädagogik der Lebensalter. Eine Einführung. Weinheim und München: Beltz und Juventa.

Bourdieu P. & Passeron J. C. (1971): Die Illusion der Chancengleichheit: Untersuchungen zur Soziologie des Bildungswesens am Beispiel Frankreichs. Stuttgart: Klett.

DBSH – Deutscher Berufsverband für Soziale Arbeit e. V. (2016): Definition der Sozialen Arbeit. URL: https://www.dbsh.de/beruf/definition-der-sozialen-arbeit.html: 17.08.2016.

Filsinger, D. (2010): Integration von Familien mit Migrationshintergrund. In: Fischer, V. & Springer, M. (Hrsg.): Handbuch Migration und Familie. Schwalbach T. s.: Wochenschau, S. 48–67.

Goffman, E. (2010): Stigma. Über Techniken der Bewältigung beschädigter Identität. Frankfurt a. M.: Suhrkamp.
Janßen, A. & Polat A. (2006): Soziale Netzwerke türkischer Migranten und Migrantinnen. In: Aus Politik und Zeitgeschichte. Ausgabe zum Thema „Parallelgesellschaften in Deutschland“ 1–2, S. 11–17.
Kleve, H. (2000): Die Sozialarbeit ohne Eigenschaften. Fragmente einer postmodernen Professions- und Wissenschaftstheorie Sozialer Arbeit. Freiburg i. Br.: Lambertus.
Pries, L. (2011): Familiäre Migration in Zeiten der Globalisierung. In: Fischer, V. & Springer, M. (Hrsg.): Handbuch Migration und Familie. Schwalbach T. s.: Wochenschau Verlag, S. 23–35.
Rosenstreich, G. (2010): Empowerment in der politischen Bildungsarbeit mit Migrantinnen und Migranten. In: Lange, D. & Polat, A. (Hrsg.): Unsere Wirklichkeit ist anders. Migration und Alltag. Schwalbach T. s.: Wochenschau Verlag, S. 233–244.
Rother, S. (2013): Multikulturelle Gesellschaft und Leitkultur. In: Meier-Braun, K.H. & Weber R. (Hrsg.): Migration und Integration in Deutschland. Bonn: Bundeszentrale für politische Bildung, S. 229–231.
Staub-Bernasconi S. (2007): Soziale Arbeit als Handlungswissenschaft. Bern, Stuttgart und Wien: Haupt.
Täubig V. (2009): Totale Institution Asyl. Empirische Befunde zu alltäglichen Lebensführungen in der organisierten Desintegration. Weinheim und München: Juventa.
Thiersch H., Grunwald K. & Köngeter S. (2012): Lebensweltorientierte Soziale Arbeit. In: Thole W. (Hrsg.): Grundriss Soziale Arbeit. Ein einführendes Handbuch. Wiesbaden: VS, S. 175–196.
Thiersch, H. (2015): Soziale Arbeit und Lebensweltorientierung: Konzepte und Kontexte. Gesammelte Aufsätze. Band 1, Weinheim und München: Beltz und Juventa.

✎ *Verfasser und Verfasserin*

Prof. Dr. Fabian Lamp (fabian.lamp@fh-kiel.de), Fachhochschule Kiel; Arbeitsschwerpunkte: Theorien der Sozialen Arbeit, Gender Studies, Geschlechter- und diversitatsbewusste Soziale Arbeit.
Prof. Dr. Ayça Polat (ayca.polat@fh-kiel.de), Fachhochschule Kiel; Arbeitsschwerpunkte: Diversitätsbewusste Soziale Arbeit, Diversity Mainstreaming.

RECHTLICHE UND SOZIALSTRUKTURELLE ASPEKTE DER LEBENSLAGEN VON MENSCHEN MIT MIGRATIONSGESCHICHTE

1 Das Ausländer- und Asylrecht: Relevante rechtliche Aspekte der Migrationssozialarbeit

Helen Ahlert, Mario Nahrwold

Ein großer Teil der Menschen, die sich ratsuchend an die Soziale Arbeit wenden, besitzen eine ausländische Staatsbürgerschaft. Damit ist oftmals ein besonderer Aufenthaltsstatus verbunden, der sich auf den Zugang zu sozialen Rechten, Bildung und Arbeit auswirkt (vgl. hierzu Harbou 2016). Einschränkungen, die mit dem Status verbunden sind, führen nicht selten zu schwierigen Lebenslagen (vgl. Frings 2015, S. 23). Für die Beratung der Betroffenen brauchen soziale Fachkräfte solide Grundkenntnisse im Aufenthalts- und Asylrecht, ein schwieriges und derzeit kaum überschaubaren Änderungen unterworfenes Rechtsgebiet. Die in kurzer Abfolge ergangenen ‚Asylpakete I und II' erwecken oft eher den Eindruck politischen Aktionismus als durchdachter Gesetzgebung. Beispielhaft zu nennen sind die kurzfristigen Änderungen des Ausweisungsrechts aufgrund vereinzelter Vorfälle in der Silvesternacht 2015/2016 (vgl. Schwarze-Müller 2015, S. 5; Thym 2016, S. 414). Dieser Beitrag gibt einen kurzen Überblick über das Rechtsgebiet des/der Ausländer*in- und Asylrechts mit den Neuregelungen an thematisch relevanter Stelle. Der im Beitrag verwendete Begriff Ausländer*in wird im juristischen Sinne als nicht-deutsche*r Staatsbürger*in verwendet.

1.1 Das Ausländerrecht

Das Ausländerrecht ist ein Sonderrecht für ‚Fremde'. Faktisch benachteiligt es sie gegenüber Inländern (z. B. Erfordernis einer Arbeitserlaubnis). Völkerrechtlich ist aber anerkannt, dass jeder Staat souverän den Zuzug steuern darf, sofern gewisse humanitäre Standards (insbesondere Flüchtlingsschutz) eingehalten werden. Je nach Migrationsdruck kann es dabei zu Zugangsbeschränkungen (‚Asylkompromiss' im Jugoslawienkonflikt Anfang der 1990er und aktuell ‚Asylpaket I und II' im Syrienkonflikt), aber auch Öffnungen (z. B. Fachkräftemangel) kommen (vgl. Frings 2015, S. 13-23).

> Zweck des Ausländerrechts ist die *Steuerung und Begrenzung des Zuzugs* bei Förderung der Integration. Es regelt die Bedingungen der Einreise und des Aufenthalts von Ausländer*innen in Deutschland, aber auch unter welchen Voraussetzungen Ausländer*innen das Land verlassen müssen (vgl. Hailbronner 2014, § 2 I).

Rechtsquellen

Das Ausländerrecht ist ein Sammelbegriff für eine Vielzahl von Einzelgesetzen und Verordnungen, die ihrerseits durch das Völker- und Europarecht sowie das Grundgesetz beeinflusst sind. Der Beitrag beschränkt sich auf *Drittstaatsangehörige* (weder deutsche noch EU-Staatangehörige). Für sie gilt vor allem das *Aufenthaltsgesetz* (vgl. § 1 II AufenthG). Es regelt die Bedingungen einer gesteuerten Zuwanderung und Integration von Ausländer*innen und wird ergänzt durch die *Aufenthaltsverordnung*.

Die *Beschäftigungsverordnung* regelt, wann die Zulassung von Ausländer*innen zum deutschen Arbeitsmarkt der Zustimmung der Bundesagentur für Arbeit bedarf. Das seit November 2015 geltende *Asylgesetz* löst das Asylverfahrensgesetz ab und regelt das Verfahren und die Voraussetzungen, um internationalen Schutz zu erhalten (s. u.). Höhe und Form sozialer Leistungen an Flüchtlinge und Geduldete werden im *Asylbewerberleistungsgesetz* geregelt.

Für türkische Staatsbürger*innen gelten wichtige Sonderregeln. Als Nicht-EU-Bürger*innen unterfallen sie grundsätzlich dem Aufenthaltsgesetz. Aufgrund eines Assoziationsabkommens zwischen der Türkei und der EU, ergänzt durch einen Assoziationsratsbeschluss (kurz: ARB 1/80), kommt bestimmten türkischen Staatsbürger*innen eine bevorzugte aufenthaltsrechtliche Stellung zu. Dies sind türkische Arbeitnehmer*innen, die mehr als ein Jahr in einem EU-Staat beschäftigt waren, und ihre bei ihnen lebenden Familienangehörigen. Faktisch werden sie weitgehend wie Unionsbürger*innen behandelt (zu den vielfach umstrittenen Einzelheiten vgl. Hailbronner 2014, § 13 I, II).

Aufenthaltstitel

In Deutschland muss grundsätzlich jeder Drittstaatsangehörige schon für die *Einreise* und den weiteren *Aufenthalt* im Besitz eines Aufenthaltstitels sein (§ 4 I AufenthG).

Aufenthaltstitel sind nach § 4 I AufenthG:

- Visum,
- Aufenthaltserlaubnis (AE),
- Niederlassungserlaubnis (NE),
- Blaue Karte,
- Daueraufenthaltserlaubnis EG.

Die bedeutsamsten Aufenthaltstitel sind das Visum, die Aufenthaltserlaubnis (AE) und die Niederlassungserlaubnis (NE). Visum und AE sind im Unterschied zur NE befristete Titel. Während das Visum *vor der Einreise* durch die deutschen Auslandsvertretungen (Botschaften, Generalkonsulate) erteilt wird, erhält man die AE *nach der Einreise* von der zuständigen Ausländerbehörde vor Ort. Diese wird zu verschiedenen Aufenthaltszwecken (Erwerbstätigkeit, Ausbildung, humanitäre Gründe, Familiennachzug) erteilt. Die Dauer der AE hängt vom jeweiligen Aufenthaltszweck ab.

Wichtig

Die in der Praxis weit verbreitete Duldung und Aufenthaltsgestattung sind keine Aufenthaltstitel (dazu Näheres unten)!

Voraussetzungen zum Erwerb eines Aufenthaltstitels

Für den Erwerb eines Aufenthaltstitels sind *allgemeine* und *besondere* Erteilungsvoraussetzungen zu erfüllen. Erstere regelt § 5 AufenthG. Sie müssen grundsätzlich für *jede Art von Aufenthaltstitel* erfüllt sein. Letztere sind spezielle Voraussetzungen für die jeweilige Art des begehrten Aufenthaltstitels, die zusätzliche Bedingungen, aber auch Ausnahmen von den allgemeinen Erteilungsvoraussetzungen vorsehen können.

Allgemeine Erteilungsvoraussetzungen § 5 AufenthG

1. Sicherung des Lebensunterhalts;
2. geklärte Identität;
3. kein Ausweisungsinteresse im Sinne von § 54 AufenthG;
4. keine Beeinträchtigung der BRD;
5. Erfüllung der Passpflicht;
6. Erfüllung der Visumspflicht.

Besondere Erteilungsvoraussetzungen (am Beispiel Ehegattennachzug zu Ausländer*in)

1. Grundsätze § 27 beachten:
   - keine Schein- oder Zwangsehe (§ 27 Ia);
   - Zuzug darf keinen Sozialbezug wegen Unterhaltsverpflichtungen des Einladenden auslösen (§ 27 III);
   - zeitliche Akzessorietät (in diesem Sinne Abhängigkeit) zur AE des Einladenden (§ 27 IV).
2. Klärung des Nachzugsgrundes (zu Deutschen § 28; zu Ausländer*in § 29; zu Ehegatten § 30; zum Nachzug der Kinder § 32, der Eltern und sonstiger Angehörige § 36). Beim Ehegattennachzug zu Ausländer*in sind damit §§ 29 und 30 zu prüfen.
   - einladende*r Ausländer*in muss einen Aufenthaltstitel besitzen (Visum reicht nicht);
   - einladende*r Ausländer*in muss über ausreichend Wohnraum verfügen;
   - beide Ehegatten sind mindestens 18 Jahre alt;
   - zuziehende*r Ausländer*in kann sich auf einfache Art in Deutsch verständigen.
3. Die §§ 29, 30 sehen in ihren folgenden Absätzen wiederum zahlreiche Ausnahmen auch von § 5 vor, die hier nicht alle dargestellt werden können.

Zu den allgemeinen Erteilungsvoraussetzungen:

- Die Sicherung des Lebensunterhalts (LU) ist Erteilungsvoraussetzung zum Schutz der öffentlichen Haushalte und die wichtigste Bedingung für die Einreise und den Aufenthalt eines Drittstaatsangehörigen. Dazu muss der/die Ausländer*in nach § 2 III AufenthG den Lebensunterhalt – einschließlich Unterkunftskosten und ausreichenden Krankenversicherungsschutz – nicht nur vorübergehend aus *eigenen Mitteln* bestreiten können. Mindestbeträge werden für Studium oder Forschung geregelt (§ 2 III 4, 5 AufenthG). Im Übrigen dienen die *Regelbedarfe* nach §§ 19ff. SGB II und § 28 SGB XII als Orientierung (vgl. Hailbronner 2014, § 6 II 2). *Leistungen Dritter* werden grundsätzlich nur als Verpflichtungserklärungen (§ 68 AufenthG) akzeptiert – d. h., ein Dritter bürgt für von dem/der Ausländer*in benötigte öffentliche Mittel.
- Nicht jedes, wohl aber besonders schwerwiegende Ausweisungsinteressen (§ 54 I AufenthG) dürften zur Versagung eines Titels führen (Hailbronner 2014, § 6 II 4).
- Da viele Abschiebungen scheitern, weil die Herkunftsstaaten die Rücknahme von Ausländer*innen ohne gültigen Pass verweigern dürfen, wird der Aufenthalt an einen gültigen Pass geknüpft. Mit der *Visumspflicht* soll die Zuwanderung effektiv gesteuert werden.

Zu den besonderen Erteilungsvoraussetzungen:

- Die vielfältigen *besonderen Erteilungsvoraussetzungen* der einzelnen Titel wurden zuvor nur beispielhaft am Familiennachzug eines ausländischen Partners zu einem/einer Ausländer*in dargestellt. Die AE wird ebenso wie das nationale Visum (§ 6 III AufenthG) gemäß § 7 I AufenthG für die im Gesetz geregelten Zwecke (§§ 16–21 Ausbildung und Erwerbstätigkeit; §§ 22–26 völkerrechtliche, humanitäre Gründe und §§ 27–36 Familiennachzug) erteilt. Die besonderen Voraussetzungen für die NE und Daueraufenthaltserlaubnis EG finden sich in §§ 9 bzw. 9a AufenthG.

Aufenthaltsbeendigung

Nach § 51 AufenthG kann ein Aufenthaltstitel kraft Gesetzes oder aufgrund eines Verwaltungsaktes (VA) erlöschen. Ohne *erforderlichen* Titel ist der/die Ausländer*in *kraft Gesetzes ausreisepflichtig* (§ 50 I AufenthG). Wird dem nicht freiwillig nachgekommen, droht eine *Abschiebung* (§ 58 AufenthG), sofern kein Abschiebungsverbot (§ 60 AufenthG) oder ein *Duldungsgrund* (§ 60a AufenthG) besteht.

Die Erlöschensgründe sollten in der Beratungsarbeit unbedingt beachtet werden. Kraft Gesetzes erlischt ein Aufenthaltstitel nach Ablauf der Geltungsdauer (befristete Visa und AE). Es ist daher wichtig, dass die Verlängerung des Titels (vor allem AE) rechtzeitig vor Ablauf beantragt wird. Jeder Titel (selbst die unbefristete NE) kann bei nicht nur vorübergehender Ausreise erlöschen. Dies ist ärgerlich, da bei erneuter Einreise zunächst eine AE mit den oben genannten Erteilungsvoraussetzungen beantragt werden muss. Bei geplanter längerfristiger Ausreise sollte eine längere Wiedereinreisefrist beantragt werden (§ 51 I Nr. 7 AufenthG).

Daneben kann jeder Aufenthaltstitel auch durch einen Verwaltungsakt der Ausländerbehörde erlöschen. Dies gilt vor allem bei Nicht-Verlängerung eines Titels und *Ausweisung* aus Gründen der öffentlichen Sicherheit. Dabei ist die Ausweisung streng von der *Abschiebung* zu trennen. Die *Ausweisung* ist eine gefahrenabwehrrechtliche Ordnungsverfügung (VA), mit der ein Ausreisegebot gegen den/die ausländische*n Staatsbürger*in ausgesprochen wird, weil davon ausgegangen wird, dass vom weiteren Aufenthalt eine Gefahr für die öffentliche Sicherheit ausgeht. Die *Abschiebung* stellt die *zwangsweise Durchsetzung* der Ausreisepflicht mit unmittelbarem Zwang dar (Hailbronner 2014, § 9 III 1, § 10 I 11).

Die Ausweisung
Das relativ starre Ausweisungsrecht in den §§ 53–56 AufenthG a. F. wurde zum 01. Januar 2016 völlig neu geordnet (Marx 2015). Danach gilt nunmehr folgendes System:

Ermächtigungsgrundlage für die Ausweisung ist § 53 I AufenthG. Danach ist stets eine umfassende Abwägung zwischen den öffentlichen Interessen und den Interessen der/des ausländischen Staatsangehörigen erforderlich. Die Abwägungsgesichtspunkte regeln § 54 AufenthG (öffentliche *Ausweisungsinteressen)* und § 55 AufenthG (private *Bleibeinteressen).* Beide Vorschriften sind in *besonders schwerwiegende* (jeweils Abs. 1) und *schwerwiegende* (jeweils Abs. 2) Interessen gestaffelt. Dabei werden die schwerwiegenden Bleibeinteressen in § 55 II AufenthG nicht abschließend genannt („... insbesondere ...“). Bei Überwiegen des öffentlichen Ausweisungsinteresses ist die Ausweisung *zwingend* („... wird ausgewiesen ...“). Die Behörde hat jedoch einen Beurteilungsspielraum bei der Interessenabwägung insbesondere hinsichtlich der Einschätzung einer *Wiederholungsgefahr* für die öffentliche Sicherheit durch den/die Ausländer*in. Neben der Ausreisepflicht führt die Ausweisung zu einer Wiedereinreisesperre, die von Amts wegen befristet wird (§ 11 AufenthG).

Die Abschiebung
Die Abschiebung ist eine Maßnahme der *Verwaltungsvollstreckung* eines vorangegangenen aufenthaltsbeendenden VA (Ausweisung etc.) im Wege des *unmittelbaren Zwanges.* Sie zielt auf die physische Entfernung des/der Ausländer*in aus dem Bundesgebiet und muss wegen des damit verbundenen schwerwiegenden Eingriffs strenge Voraussetzungen erfüllen.

Voraussetzung für eine Abschiebung

1. Vollziehbarkeit der Ausreisepflicht (§ 58 AufenthG),
2. Vorliegen eines Abschiebungsgrundes,
3. ordnungsgemäße Abschiebungsandrohung (§ 59 AufenthG),

4. kein Abschiebungsverbot/-hindernis (§§ 60, 60a AufenthG),
5. ungenutzter Ablauf der Ausreisefrist.

Vollziehbar ist die Ausreisepflicht insbesondere wenn der Grund-VA unanfechtbar oder sofort vollziehbar ist (kraft Gesetzes nach § 84 I AufenthG, kraft behördlicher Anordnung nach § 80 II Nr. 4 VwGO). Ein Abschiebegrund liegt vor, wenn aufgrund einer tatsachenbasierten Prognoseentscheidung die *konkrete Gefahr* besteht, dass der/die Ausländer*in nicht freiwillig ausreisen wird oder die Ausreise gemäß § 58 III AufenthG aus Gründen der öffentlichen Sicherheit *überwacht* werden muss (‚begleitete' Ausreise insbesondere bei Haft, wenn die Ausreisefrist ungenutzt verstrichen ist und bei fehlendem Pass). Die Abschiebungsandrohung muss eine klar bestimmte Ausreisefrist und eine Benennung des Ziellandes der Abschiebung enthalten, damit der/die Ausländer*in seine/ihre persönlichen Angelegenheiten ordnen kann. Zuletzt darf der Abschiebung kein *Abschiebungsverbot (*§ 60 AufenthG – vor allem anerkannter Flüchtlinge und subsidiär Schutzbedürftiger) oder *Abschiebehindernis* (§ 60a AufenthG) entgegenstehen. Zu Abschiebehindernissen siehe den nachfolgenden Abschnitt zur Duldung.

Die Duldung
Bei Hindernissen muss vorübergehend die Abschiebung ausgesetzt werden und der/die ausländische Staatsangehörige erhält eine Duldung (§ 60a AufenthG) als Beleg, dass er/sie sich nicht strafbar (vgl. § 95 I Nr. 2 AufenthG) im Bundesgebiet aufhält. Die Duldung ist kein Aufenthaltstitel, da die Ausreisepflicht bestehen bleibt (§ 60a III AufenthG). Neben der *generellen* (§ 60a I AufenthG) ist vor allem die Duldung aus *individuellen* Gründen (§ 60a II 1 AufenthG) bedeutsam. Hierauf besteht ein *Anspruch*, wenn

- die Abschiebung rechtlich oder tatsächlich unmöglich ist und
- eine Aufenthaltserlaubnis nicht erteilt werden kann.

Rechtliche Gründe können vor allem die in § 60 II–V, VII AufenthG genannten Abschiebeverbote, aber auch das Recht auf Wahrung des *Ehe- und Familienlebens* (Art. 6 GG, Art. 8 EMRK, § 60a IIb AufenthG) oder Art. 2 GG (*Krankheit* oder *Schwangerschaft*) sowie persönliche Gründe (z. B. *Berufsausbildung;* § 60a II 4 AufenthG) sein. Tatsächliche Gründe können etwa eine *mangelnde Aufnahmebereitschaft* des Zielstaates oder das *Fehlen des Reisepasses* sein (Frings 2015, S. 235).

Geduldete leben in einer äußerst belastenden Lage. Viele müssen nach Ablauf der Ausreisefrist mit einer unangekündigten Abschiebung rechnen (§ 59 I 8 AufenthG neu mit Asylpaket I). Ihre Sozialleistungen richten sich nach dem abgesenkten Niveau des Asylbewerberleistungsgesetzes (s. u.). In den ersten drei Monaten erhalten sie keine Arbeitserlaubnis (insbesondere für Personen aus ‚sicheren Herkunftsstaaten' ist dies unbefristet möglich; § 60a IV AufenthG) und unterliegen der Residenzpflicht im jeweiligen Bundesland. Viele treibt das in die

Illegalität, wo sich ihre Lage ohne Inanspruchnahme von Krankenschutz noch verschlechtert (Frings 2015, S. 238). Obendrein ist die Dauer einer Duldung unbestimmt. Eigentlich nur für drei Monate erteilt, wird sie häufig mehrfach verlängert. Um die Situation für gut integrierte Ausländer*innen zu verbessern und die stark angestiegene Zahl von Duldungen zu reduzieren, sind in der Vergangenheit verschiedene *Bleiberechtsregelungen* eingeführt worden (§§ 104a, b, 25a, b AufenthG), die eine AE vorsehen.

Sozialleistungen für Ausländer*innen

Ausländer*innen mit einem Aufenthaltstitel haben grundsätzlich Zugang zu den allgemeinen sozialen Sicherungssystemen. Für Geduldete und Asylbewerber*-innen ist das zentrale Leistungsgesetz das *Asylbewerberleistungsgesetz* (AsylbLG).

Rechtsschutz

Der Rechtsschutz richtet sich nach der Art der Entscheidung.

1. Ablehnung/Erteilung/Verlängerung eines Aufenthaltstitels:
   Gegen die Versagung des Aufenthaltstitels und damit drohende Abschiebung nach Ablauf der Ausreisefrist kann zwar innerhalb eines Monats ab Bekanntgabe Widerspruch bei der Ausländerbehörde und bei Zurückweisung innerhalb eines weiteren Monats Verpflichtungsklage beim Verwaltungsgericht erhoben werden. An der termingerechten Ausreiseverpflichtung ändert dies jedoch nichts, da Widerspruch und Klage keine aufschiebende Wirkung haben (§ 84 I Nr. 1 AufenthG). Um den Aufenthalt ohne langwierige Rechtsverfahren schnellstmöglich zu beenden, kann der/die Ausländer*in damit trotz laufenden Widerspruchs- oder Klageverfahrens abgeschoben werden. Um dies zu verhindern, muss zusammen mit dem Widerspruch bzw. der Klage ein Antrag auf Anordnung der aufschiebenden Wirkung an das Verwaltungsgericht gerichtet werden (§ 80 V VwGO). Sofern die Ablehnung des Titels nicht offensichtlich rechtmäßig war, gibt es ihm statt, so dass die Abschiebung solange nicht durchgeführt werden darf, bis in der Hauptsache abschließend über die Klage entschieden ist.
2. Ausweisung:
   Widerspruch und Klage gegen die Ausweisung haben grundsätzlich aufschiebende Wirkung (vgl. § 84 I, II AufenthG), so dass eine Abschiebung erst nach erfolglosem Ablauf des Widerspruchs- bzw. Klageverfahrens möglich wäre. Etwas anderes gilt nur, wenn die Behörde zusätzlich in dem Bescheid oder später die sofortige Vollziehung (§ 80 II Nr. 4 VwGO) angeordnet hat. Die sofortige Vollziehung der Ausweisung kann im Ausweisungsbescheid aber nur dann angeordnet werden, wenn die Abschiebung in absehbarer Zeit auch tatsächlich möglich ist. Dies ist z. B. nicht der Fall, wenn der/die Straftäter*in aufgrund der Verurteilung, die zur Ausweisung führt, zunächst mehrere Jahre Strafhaft verbüßen muss. In diesem Fall wird die sofortige Vollziehung nicht in der Ausweisung, sondern später, wenn sich der Entlassungstermin nähert,

separat nachträglich angeordnet. Zur Vermeidung der baldigen Abschiebung ist es hier auch dringend geboten, den Antrag auf Wiederherstellung der aufschiebenden Wirkung beim Verwaltungsgericht zu stellen (siehe 1.).

1.2 Das Asylrecht

Im Asylrecht sind politische, völkerrechtliche und humanitäre Gründe für die Erteilung eines Aufenthaltsrechts sowie die damit verbundenen Rechtsfolgen und das Verfahren geregelt.

Wichtig

Um ein Experte in diesem Bereich zu sein, bedarf es nicht nur fundierter juristischer Kenntnisse, sondern auch intensiver Praxiserfahrung. Da mit bestimmten Einlassungen – insbesondere im Rahmen der Anhörung – im Asylverfahren schnell unabänderbare Fakten geschaffen werden, die zu Lasten der Asylbewerber*in gehen können, wird hier dringend von einer Beratung der Schutzsuchenden im Interesse dieser abgeraten. Bei Fragen und Problemen sollte unbedingt der Rat eines erfahrenen Fachanwalts eingeholt werden.

Das Asylrecht unterliegt einer ständigen, z. T. sehr raschen Dynamik. In jüngster Zeit wurde es nachhaltig durch die Asylpakete I (24. Oktober 2015) und II (17. März 2016) geändert.

Rechtsgrundlagen

Art. 16a GG: Grundrecht auf Asyl

- Im fünften Abschnitt des Aufenthaltsgesetzes sind politische, völkerrechtliche und humanitäre Gründe für die Erteilung eines Aufenthaltsrechts geregelt.
- Das Asylgesetz regelt die Voraussetzungen für die Aufenthaltsrechte aus politischen, völkerrechtlichen und humanitären Gründen, das Verfahren, in dem über das Vorliegen dieser Gründe entschieden wird, sowie die Rechtsstellung der Personen in dem Verfahren.
- Die *Integrationskursverordnung* regelt die Durchführung von Integrationskursen.

Daneben haben auch die einzelnen Bundesländer Gesetzgebungskompetenzen in diesem Bereich, so dass es auf Landesebene unterschiedliche Regelungen gibt. Darüber hinaus besteht seit 2013 in der Europäischen Union ein *gemeinschaftliches EU-Asylsystem*, das in mehreren Verordnungen und Richtlinien geregelt ist. Weitere wichtige internationale Rechtsgrundlagen sind die *Genfer Flüchtlingskonvention* sowie die *Europäische Menschenrechtskonvention*.

Schutzgründe

Ein*e *Asylsuchende*r* ist ein Mensch, der/die nach Deutschland gekommen ist, um Asyl zu suchen. Sobald er/sie beim Bundesamt für Migration und Flüchtlinge (BAMF) Asyl beantragt, wird er/sie zum/zur *Asylbewerber*in*. Kann von der betroffenen Person nachgewiesen werden, dass eine politische Verfolgung im Herkunftsland vorliegt, erhält die Person Asyl und ist dann asylberechtigt.

Wird im Asylverfahren entschieden, dass keine Asylberechtigung vorliegt, aber das Recht auf Flüchtlingsschutz gewährt werden kann, wird die Person als Flüchtling anerkannt.

Subsidiär Schutzberechtigte sind die Menschen, die weder als Asylberechtigte noch als Flüchtlinge anerkannt sind, deren Leben jedoch im Herkunftsland bedroht ist.

Es gibt verschiedene rechtliche Schutzgründe mit unterschiedlich hohen Anforderungen:

- *Grundrecht auf Asyl*: Nach Art. 16a GG genießen politisch Verfolgte Asyl. *Politisch* ist eine Verfolgung dann, wenn sie dem Einzelnen in Anknüpfung an seine politische Überzeugung, seine religiöse Grundentscheidung oder an für ihn unverfügbare Merkmale, die sein Anderssein prägen, gezielt Menschenrechtsverletzungen zufügt, die ihn ihrer Intensität nach aus der übergreifenden Friedensordnung der staatlichen Einheit ausgrenzen. Das Asylrecht dient dem Schutz der Menschenwürde in einem umfassenderen Sinne.

  Berücksichtigt wird grundsätzlich nur *staatliche* Verfolgung, also Verfolgung, die vom Staat ausgeht. Ausnahmen gelten, wenn die nichtstaatliche Verfolgung dem Staat zuzurechnen ist oder der nichtstaatliche Verfolger selbst an die Stelle des Staates getreten ist (*quasistaatliche Verfolgung*). Notsituationen wie Armut, Bürgerkriege, Naturkatastrophen oder Perspektivlosigkeit sind damit als Gründe für eine Asylgewährung ausgeschlossen.

  Bei einer *Einreise über einen sicheren Drittstaat* ist eine Anerkennung als Asylberechtigte*r ausgeschlossen. Dies gilt auch, wenn eine Rückführung in diesen Drittstaat nicht möglich ist.
- *Flüchtlingsschutz*: Nach § 3 Abs. 1 AsylG werden Antragsteller*innen als *Flüchtlinge* anerkannt, wenn sie sich aus begründeter *Furcht vor Verfolgung* wegen ihrer Rasse, Religion, Nationalität, politischen Überzeugung oder Zugehörigkeit zu einer bestimmten sozialen Gruppe außerhalb des Herkunftslandes befinden, dessen Schutz sie nicht in Anspruch nehmen können oder wegen dieser Furcht nicht in Anspruch nehmen wollen. Es kommt nicht darauf an, ob die Antragsteller*innen tatsächlich die Merkmale aufweisen, die zur Verfolgung führen, sofern ihnen diese Merkmale von ihren Verfolgern zugeschrieben werden. Welche Handlungen als Verfolgung gelten, ist in § 3a AsylG geregelt.

  Ausgehen kann diese Verfolgung vom *Staat*, von Parteien oder Organisationen, die den Staat oder wesentliche Teile des Staatsgebiets beherrschen (*staatsähnliche Akteure*) oder von nichtstaatlichen Akteuren, sofern staatliche oder staatsähnliche Akteure, einschließlich internationaler Organisationen, erwiesenermaßen nicht in der Lage oder nicht willens sind, Schutz vor der landesweit drohenden Verfolgung zu bieten (§ 3c AsylG).

Die Flüchtlingseigenschaft wird nicht zuerkannt, wenn der/die Antragsteller*in in einem anderen Teil des Herkunftslandes vor Verfolgung sicher ist (§ 3e AsylG).

- *Subsidiärer Schutz*: Auf *subsidiären Schutz* nach § 4 AsylG können Drittstaatsangehörige oder Staatenlose Anspruch haben, denen weder durch die Zuerkennung der Flüchtlingseigenschaft noch durch das Asylrecht Schutz gewährt werden kann. Subsidiäre Schutzberechtigung wird anerkannt, wenn stichhaltige Gründe für die Annahme vorgebracht sind, dass dem/der Antragsteller*in im *Herkunftsland ein ernsthafter Schaden droht*. Als ernsthafter Schaden gilt: die Verhängung oder Vollstreckung der Todesstrafe, Folter oder unmenschliche oder erniedrigende Behandlung oder Bestrafung oder eine ernsthafte individuelle Bedrohung des Lebens oder der Unversehrtheit einer Zivilperson in Folge willkürlicher Gewalt im Rahmen eines internationalen oder innerstaatlichen bewaffneten Konflikts.
- *Kontingent-Flüchtlinge*: Darüber hinaus können die Bundesregierung sowie die Landesregierungen aus völkerrechtlichen oder dringenden humanitären Gründen sowie zur Wahrung besonders gelagerter politischer Interessen der BRD einzelnen ausländischen Staatsangehörigen oder Ausländergruppen eine Aufenthaltserlaubnis erteilen (§§ 22, 23 AufenthG). Allerdings entscheiden die zuständigen Behörden in diesen Fällen allein aufgrund ihrer hoheitlichen Erwägungen. Auf die Erteilungen einer so begründeten Aufenthaltserlaubnis besteht kein Rechtsanspruch. Aufgrund einer solchen Aufnahmeanordnung wurden z. B. 2014 20.000 syrische Bürgerkriegsflüchtlinge aufgenommen.
- *Abschiebungsverbote und Duldung*: Auch, wenn ein*e Ausländer*in keinen Aufenthaltstitel besitzt, also grundsätzlich die BRD verlassen muss, kann die *zwangsweise Durchsetzung* der Ausreise, also die Abschiebung, verboten sein. Die Gründe, aus denen sich Abschiebeverbote ergeben, sind in § 60 AufenthG geregelt. Darüber hinaus kann die Abschiebung eines/einer Ausreisepflichtigen nach § 60a AufenthG aus unterschiedlichen Gründen ausgesetzt werden.
- *Familiennachzug*: Grundsätzlich können zur Wahrung der Familieneinheit Angehörige von anerkannten Schutzberechtigten ebenfalls ein Aufenthaltsrecht erhalten (§ 26 AsylG; §§ 27ff. AufenthG).

  Allerdings ist der Familiennachzug für *Personen mit subsidiärem Schutz* derzeit für zwei Jahre ausgesetzt. Dennoch können Eltern von minderjährigen Flüchtlingen über die Aufnahme von Familienmitgliedern aus humanitären Gründen nach den §§ 22, 23 AufenthG (*Härtefälle*) nach Deutschland nachziehen.

Das Asylverfahren

Für die Durchführung des Asylverfahrens ist allein das Bundesamt für Migration und Flüchtlinge (BAMF) zuständig (§ 5 AsylG). Es registriert den/die Bewerber*in, nimmt Fingerabdrücke, führt Gespräche und entscheidet am Ende über den Asylantrag.

Die *Länder* betreiben *Erstaufnahmeeinrichtungen*, in denen Asylbewerber*-innen bis zu drei Monate wohnen. Anschließend werden sie auf die Kommunen verteilt. Für die *Unterbringung und Versorgung* der Asylbewerber*innen sind dann die Städte und Landkreise zuständig. Meist übernimmt diese Aufgabe die Ausländerbehörde oder das Sozialamt. Die Kommunen müssen auch sicherstellen, dass abgelehnte Bewerber*innen Deutschland wieder verlassen. Abschiebungen werden zusammen mit der (Bundes-)Polizei durchgeführt, da nur diese zur Anwendung von Zwangsmaßnahmen befugt ist.

Zusammenarbeit des Bundesamtes mit anderen Behörden Asylverfahren

Die *Ausländerbehörden* der Bundesländer sind zuständig für Angelegenheit des Aufenthaltsrechts wie Unterbringung und Verpflegung der Asylbewerber*innen. Daher muss das Bundesamt die Ausländerbehörden insbesondere informieren, wenn ein Antrag auf Asyl gestellt oder ein Asylverfahren abgeschlossen wird.

Wenn Asyl beantragt wird, gibt das Bundesamt Daten in das Ausländerzentralregister ein. Das *Bundesverwaltungsamt* nutzt diese Daten für Aufgaben im Auftrag des Bundesamtes.

Wenn Ausländer*innen an der Grenze Asyl beantragen wollen, wenden sie sich an die *Bundespolizei*. Sie entscheidet, ob der Asylsuchende an eine Erstaufnahmeeinrichtung weitergeleitet wird oder ob ihm die Einreise verweigert werden muss. Auf Flughäfen, die am ‚Flughafenverfahren' teilnehmen (s. u.), leitet die Bundespolizei die Asylsuchenden an das Bundesamt weiter.

Das BAMF arbeitet mit den *Sicherheitsbehörden des Bundes und der Länder* zusammen. Das Bundeskriminalamt bspw. wertet die Fingerabdrücke von Asylsuchenden aus.

Ausländer*innen, die Schutz vor Verfolgung suchen, müssen sich persönlich als Asylsuchende in einer *Erstaufnahmeeinrichtung* melden (§ 13 III AsylG). Dort kann dann auch die Unterbringung und Versorgung stattfinden.

Die Erstaufnahmeeinrichtung informiert die nächstgelegene *Außenstelle des Bundesamts für Migration und Flüchtlinge* (BAMF). Bei dieser hat der/die Schutzsuchende den Antrag persönlich zu stellen (§§ 13ff., 23 AsylG). Es erfolgt eine Registrierung und die Abnahme der Fingerabdrücke (§§ 7, 8, 16 AsylG). Der/die Schutzsuchende ist zur Mitwirkung im Verfahren, insbesondere auch bei der Feststellung seiner/ihrer Identität, verpflichtet (§ 15 AsylG).

Mit der Antragstellung erhält der/die Schutzsuchende für die Durchführung des Asylverfahrens eine *Aufenthaltsgestattung* (§ 55 AsylG). Diese Aufenthaltsgestattung ist *räumlich* auf den Bezirk der Erstaufnahmeeinrichtung *beschränkt* (§ 56 AsylG). Während der/die Schutzsuchende verpflichtet ist, in einer Aufnahmeeinrichtung zu wohnen, darf keine *Erwerbstätigkeit* ausgeübt werden (§ 61 II AsylG). Nach drei Monaten gestattetem Aufenthalt kann die Ausübung einer Beschäftigung erlaubt werden, wenn entweder die Bundesagentur für Arbeit zustimmt oder aufgrund einer Rechtsverordnung die bestimmte Beschäftigung ohne Zustimmung erlaubt ist (§ 61 II AsylG). Dies gilt nicht für Personen aus ‚sicheren Herkunftsstaaten': Während des Asylverfahrens darf ihnen keine Beschäftigung erlaubt werden (§ 61 II Satz 4 AsylG).

Asylsuchende, die in Deutschland ankommen und registriert werden, erhalten neuerdings einen *Ankunftsnachweis* (sogenannter Flüchtlingsausweis, § 63a AsylG). Das Dokument ist Voraussetzung für die vollen Unterstützungsleistungen. Bei der Registrierung werden auch Daten zu medizinischen Untersuchungen oder zur Schul- und Berufsausbildung erhoben. Diese Informationen sind für alle zuständigen öffentlichen Stellen in einer Datenbank abrufbar, um die Flüchtlinge jederzeit identifizieren zu können und Mehrfachregistrierungen zu vermeiden.

Der/die Ausländer*in muss bei der Anhörung selber die Gründe vortragen, aus denen er/sie Schutz sucht (§ 25 AsylG). Wenn möglich, sollen Beweise vorgelegt werden. Diese *Anhörung* entscheidet darüber, ob Asyl oder eine andere Form des Schutzes gewährt wird. Mit jedem Antrag wird automatisch sowohl die Anerkennung als Asylberechtigter als auch die Zuerkennung der Flüchtlingseigenschaft beantragt (§ 13 II AsylG). Er kann auf die Zuerkennung der Flüchtlingseigenschaft beschränkt werden.

Die Entscheidung über den Antrag ist ein *Verwaltungsakt* (Bescheid) und wird schriftlich mitgeteilt. Die Mitteilung enthält eine Begründung sowie eine *Rechtshilfebelehrung*. Falls Schutzsuchende nicht durch einen Bevollmächtigten vertreten sind, ist der Mitteilung auch eine Übersetzung beigelegt. Die Übersetzung ist in einer Sprache verfasst, bei der man davon ausgehen kann, dass der/die Asylbewerber*in sie versteht. Für den Fall, dass kein Asyl gewährt wird, enthält das Schreiben eine Aufforderung zur Ausreise und eine *Abschiebungsandrohung*. In diesem Fall muss Deutschland verlassen werden. Falls dieser Aufforderung nicht nachgekommen wird, droht die Abschiebung. Doch die Antragsteller*innen können auch vor dem Verwaltungsgericht gegen die Ablehnung klagen.

Wer nur geringe Chancen auf Asyl oder Flüchtlingsschutz hat (insbesondere Personen aus sogenannten ‚sicheren Herkunftsstaaten'), wird in einer *besonderen Aufnahmeeinrichtung* untergebracht (§ 5 V AsylG). Diese Einrichtung ist für den gesamten Antrag – von der Registrierung bis zur Entscheidung – zuständig. Das Verfahren wird beschleunigt durchgeführt (§ 30a AsylG). Es soll nicht länger als eine Woche dauern (§ 30a II AsylG). Wird gegen eine Ablehnung des Antrags geklagt, soll auch dieses juristische Verfahren innerhalb von zwei Wochen abgeschlossen sein. Eine Abschiebung kann dann direkt aus der Aufnahmeeinrichtung erfolgen (§ 30a III AsylG).

Gegen eine ablehnende Entscheidung des Bundesamtes steht dem/der Asylbewerber*in der Weg zu den Verwaltungsgerichten offen (§ 74ff. AsylG). Ein Widerspruchsverfahren findet nicht statt. Die *Klage* muss grundsätzlich binnen kurzer Zeit erhoben werden (§ 74 I AsylG). Die Klage hat nur in besonderen Fällen aufschiebende Wirkung (§ 75 I AsylG), so dass in der Regel die Beantragung einer einstweiligen Anordnung nach § 80 V VwGO ratsam ist. Dabei sollte unbedingt ein erfahrener Anwalt hinzugezogen werden.

Besonderheiten im Asylverfahren

In bestimmten Fällen gelten Besonderheiten für das Asylverfahren.

‚Sichere Herkunftsstaaten'
Ist ein Land als ‚sicheres Herkunftsland' qualifiziert worden, gilt die sogenannte *Regelvermutung*, dass *keine Verfolgungsgefahr* vorliegt. Wenn der Sachvortrag zur Widerlegung der Regelvermutung nicht ausreichend ist, *entfallen Beweiserhebungen und Sachverhaltsaufklärungen*. Der Asylantrag wird als ‚offensichtlich unbegründet' abgelehnt (§ 29a I AsylG), und es gelten verkürzte Klagefristen (§ 36 III, 74 I AsylG). Die Betroffenen können innerhalb von vier Wochen ab der Antragstellung direkt aus der Aufnahmeeinrichtung in ihre Herkunftsländer abgeschoben werden (§ 36 AsylG).

Antragstellende aus sicheren Herkunftsländern sind verpflichtet, bis zur Entscheidung des Bundesamtes in der für ihre Aufnahme zuständigen Aufnahmeeinrichtung zu wohnen (*Wohnverpflichtung*; §§ 5 V, 30a AsylG). In dieser Zeit darf die Person auch *keine Erwerbstätigkeit* ausüben.

Das Flughafenverfahren
Für Einreiseversuche auf dem Luftweg gilt im Falle einer Asylbeantragung ein Sonderverfahren, das sogenannte Flughafenverfahren (§ 18a AsylG). Hier wird das Asylverfahren vor der Entscheidung der Bundespolizei über die Einreise – also noch *im Transitbereich* – durchgeführt, wenn die Person sich bei Äußerung des Schutzersuchens nicht mit einem gültigen Pass oder Passersatz ausweisen kann oder aus einem ‚sicheren Herkunftsstaat' kommt.

Das gesamte Flughafenverfahren steht unter dem sogenannten *Unverzüglichkeitsgrundsatz*: Innerhalb von *zwei Tagen* ab förmlicher Entgegennahme des Asylantrages muss die Personen angehört und entschieden werden, ob die Einreise zu gestatten oder der Asylantrag als ‚offensichtlich unbegründet' abzulehnen ist. Im letzteren Fall verweigert die Bundespolizei die Einreise. Dann hat die Person *drei Tage* Zeit, Eilrechtsschutz vor dem Verwaltungsgericht einzulegen. Sie erhält kostenlose Rechtsberatung durch unabhängige Rechtsanwälte. Eine weitere Begründungsfrist von vier Tagen kann das Verwaltungsgericht auf Antrag gewähren. Wenn das Verwaltungsgericht dem Eilantrag stattgibt oder innerhalb von 14 Tagen nicht darüber entschieden hat, darf die Person einreisen. Bis das Verwaltungsgericht über das Eilverfahren entschieden hat, muss die Person im Transitbereich des Flughafens bleiben. Bei einer ablehnenden Gerichtsentscheidung wird die Person entweder zu ihrem Abflugort oder in ihr Heimatland zurückgeschickt.

Das Dublin-Verfahren
Die Dublin-III-Verordnung regelt, dass Asylbewerber*innen in dem Land zu registrieren sind, in dem sie die Europäische Union betreten. Dieser EU-Staat ist auch für den Asylantrag zuständig. Dieses Verfahren soll sicherstellen, dass jeder Asylantrag nur von einem Mitgliedstaat inhaltlich geprüft wird.

Stellt sich im Gespräch mit dem/der Asylsuchenden heraus, dass der Asylantrag in einem anderen Mitgliedstaat zu bearbeiten ist, wird dieser Staat gebeten, den/die Antragsteller*in zu übernehmen. Stimmt der Mitgliedstaat zu, erhält der/die Antragsteller*in hierüber einen Bescheid. Die Mitgliedstaaten vereinbaren die Modalitäten der Überstellung. Wird die Überstellung nicht binnen sechs Monaten durchgeführt, geht die Zuständigkeit für das Verfahren an den ersuchenden Mitgliedstaat über. Taucht der Antragsteller unter oder befindet er sich in Strafhaft, kann sich diese Frist verlängern.

Unbegleitete minderjährige Flüchtlinge
Kinder und Jugendliche unter 18 Jahren, die ohne Begleitung eines verantwortlichen Erwachsenen als Flüchtlinge einreisen oder nach der Einreise ohne Begleitung zurückgelassen werden, werden durch das örtlich zuständige *Jugendamt* zunächst vorläufig in Obhut genommen (§§ 42ff SGB VIII). Anschließend werden sie – sofern keine Gründe dagegensprechen – bundesweit verteilt. Das Verteilungsverfahren wird innerhalb von 14 Tagen durchgeführt. Bei der Durchführung der Verteilung ist sichergestellt, dass die Kinder und Jugendlichen auf dem Weg zum zugewiesenen Jugendamt begleitet und einer Fachkraft dieses Jugendamts übergeben werden (vgl. den Beitrag von Schmieglitz und Schwille in diesem Band).

Ist ein Asylverfahren nach Abklärung und Abwägung mit dem Minderjährigen nicht erfolgsversprechend, kann durch die zuständige Ausländerbehörde eine Duldung ausgestellt werden. Falls dies auch nicht in Frage kommt, berät die Ausländerbehörde über andere aufenthaltsrechtliche Möglichkeiten. Nach deutschem Recht sind Asylsuchende *unter 18 Jahren* im Rahmen des Asylverfahrens nicht handlungsfähig (§ 12 I AsylG). Das bedeutet bei unbegleiteten Minderjährigen, dass sie selbst keinen Asylantrag beim Bundesamt stellen können. In diesen Fällen ist der Asylantrag *vom Jugendamt oder vom Vormund schriftlich zu stellen.*

Die Entscheidung über den Asylantrag und ihre Folgen

Aufenthaltserlaubnis
Antragsteller*innen, die als *Asylberechtigte* anerkannt oder denen die *Flüchtlingseigenschaft* zuerkannt worden ist, erhalten von der Ausländerbehörde eine *Aufenthaltserlaubnis* für *drei Jahre*. Sie dürfen uneingeschränkt als Beschäftigte arbeiten oder einer selbständigen Tätigkeit nachgehen. Nach den drei Jahren wird eine unbefristete *Niederlassungserlaubnis* erteilt, wenn das Bundesamt für Migration und Flüchtlinge der Ausländerbehörde mitgeteilt hat, dass die Asylberechtigung bzw. die Flüchtlingsfeststellung nicht zu widerrufen oder zurückzunehmen sind. Ein *Widerruf* oder eine *Rücknahme* der positiven Entscheidung kann auch später noch erfolgen.

Wer als *subsidiär Schutzberechtigte/r* anerkannt wird, erhält von der Ausländerbehörde eine *Aufenthaltserlaubnis* für *ein Jahr*, die für jeweils zwei Jahre *verlängerbar* ist. Auch sie dürfen uneingeschränkt als Beschäftigte arbeiten oder einer selbständigen Tätigkeit nachgehen. Nach sieben Jahren kann eine unbefristete *Niederlassungserlaubnis* erteilt werden, sofern weitere Voraussetzungen (wie z. B. die Sicherung des Lebensunterhalts und ausreichende Kenntnisse der deutschen Sprache) erfüllt sind.

Aufenthaltsbeendigung
Für den Fall, dass Asylbewerber*innen nicht als Asylberechtigte oder Flüchtlinge anerkannt werden, ihnen weder subsidiärer Schutz gewährt noch ein Abschiebungsverbot festgestellt wird und auch kein sonstiger Grund (z. B. Eheschließung) für einen Aufenthaltstitel vorliegt, erlässt das Bundesamt zusammen mit der Entscheidung über den Asylantrag eine *Ausreiseaufforderung* mit *Abschiebungsandrohung*. Die Ausreisefrist liegt für gewöhnlich bei 30 Tagen. Bei einer Ablehnung des Asylantrages als unbeachtlich oder als ‚offensichtlich unbegründet' beträgt die Ausreisefrist dagegen nur *eine Woche*.

Ist ein *Abschiebungsverbot* festgestellt, darf keine Abschiebung in den Staat erfolgen, für den dieses Abschiebungsverbot gilt. Die Abschiebung wird für grundsätzlich *maximal drei Monate* ausgesetzt (*Duldung*; § 60a AufenthG). Personen, die dies betrifft, haben nur mit Genehmigung der Ausländerbehörde sowie der örtlichen Bundesagentur für Arbeit Zugang zum Arbeitsmarkt.

Einreise- und Aufenthaltsverbote
Für Asylsuchende, die nach einer negativen Entscheidung im Asylverfahren *nicht freiwillig* ausreisen, sondern abgeschoben werden müssen, tritt ein *gesetzliches Einreise- und Aufenthaltsverbot* für maximal *fünf Jahre* in Kraft. Ein Einreise- und Aufenthaltsverbot kann auch dann angeordnet werden, wenn eine Person die ihr gesetzte Frist zur freiwilligen Ausreise erheblich und schuldhaft überschritten hat. Eine Besonderheit gilt für *Staatsangehörige* aus ‚sicheren Herkunftsstaaten'. Wird ihr Asylantrag abgelehnt, kann das Bundesamt ein *Einreise- und Aufenthaltsverbot zusätzlich* anordnen und befristen. D. h., es wird auch dann wirksam, wenn die Person freiwillig ausreist.

Ein Einreise- und Aufenthaltsverbot kann in bestimmten Fällen aufgehoben oder die Frist verkürzt werden. Hierzu hat die Ausländerbehörde im Einzelfall zu prüfen, ob die Anordnung noch erforderlich ist. Sie berücksichtigt dabei, ob bei der betroffenen Person schutzwürdige Umstände vorliegen, die es rechtfertigen, die Frist zu verkürzen oder das Verbot aufzuheben.

Asylbewerberleistungsgesetz

Für geduldete Ausländer*innen sind Leistungen nach dem Sozialgesetzbuch II oder XII grundsätzlich ausgeschlossen (vgl. § 7 I 2 Nr. 3 SGB II; § 23 II SGB XII). Sie können aber Leistungen nach dem SGB VIII beanspruchen, wenn sie ihren gewöhnlichen Aufenthalt im Inland haben (§ 6 II SGB VIII; Frings 2015, S. 242). Im *Asylbewerberleistungsgesetz* (AsylbLG) ist die Versorgung für Asylbewerber, Ausreisepflichtige (z. B. Inhaber von Duldungen) und für andere Ausländer*innen, die sich nur vorübergehend in Deutschland aufhalten dürfen, geregelt. Folgende Leistungen sind vorgesehen:

- Grundleistungen für Ernährung, Unterkunft, Heizung, Kleidung, Gesundheits- und Körperpflege, Gebrauchs- und Verbrauchsgüter im Haushalt;
- Taschengeld für persönliche Bedürfnisse im Alltag;
- Leistungen bei Krankheit, Schwangerschaft und Geburt;
- bei besonderen Umständen auch weitere Leistungen, die vom Einzelfall abhängen.

Die Grundleistungen werden als *Sachleistungen* bereitgestellt. Hiervon kann abgewichen werden, wenn Asylsuchende nicht in einer Aufnahmeeinrichtung (Gemeinschaftsunterkunft) untergebracht sind. Alleinstehende erhalten dann derzeit 216 Euro monatlich für die Grundbedürfnisse.

Mit dem sogenannten Asylpaket II wurde der Geldbetrag für den persönlichen Bedarf (‚Taschengeld') gekürzt. Alleinstehende erhalten nur noch maximal 135 Euro für ihren persönlichen Bedarf.

Bevor Asylbewerber*innen Leistungen bekommen, müssen sie grundsätzlich *eigenes Vermögen oder Einkommen aufbrauchen*. Dazu zählt auch das Einkommen oder Vermögen der Familienangehörigen, die im selben Haushalt leben. Für das Vermögen gilt ein Freibetrag von 200 Euro pro Familienmitglied. Wer in einer Flüchtlingsunterkunft wohnt und Einkommen oder Vermögen hat, muss der Kommune die Kosten für die Unterbringung, Verpflegung und andere Sachleistungen erstatten.

Asylsuchende erhalten Leistungen erst, nachdem sie in der Erstaufnahmeeinrichtung angekommen sind, die ihnen zugewiesen wurde. Geldleistungen werden höchstens einen Monat im Voraus ausgezahlt. Wer das Land in Kürze verlassen muss, erhält die Leistungen für Ernährung, Unterkunft und Körperpflege nur bis zum vorgegebenen Ausreisedatum.

Medizinische Leistungen können Asylbewerber*innen nur in Anspruch nehmen, wenn sie akut krank sind. Um Krankheiten vorzubeugen, erhalten sie auch Schutzimpfungen. Einige Bundesländer haben eine Gesundheitskarte für Asylsuchende eingeführt, um die Abrechnung der Leistungen zu vereinfachen.

Das Asylpaket I hat zum 24. Oktober 2015 für mehrere Gruppen von Ausländer*innen gravierende Leistungskürzungen auf das im Einzelfall unabweisbar gebotene Maß bzw. Sachleistungen eingeführt. Dies wird z. T. als verfassungswidrig angesehen, weil das menschenwürdige Existenzminimum unterschritten werde und die Regelung zum Zwecke der Abschreckung erlassen worden sei (Frings 2015, S. 239f.).

Integrations- und Sprachkurse

In den *Integrationskursen* lernen Zuwander*innen die deutsche Alltagssprache. Sie bekommen Orientierung über die deutsche Rechtsordnung, Kultur und Gesellschaft. In daran anschließenden berufsbezogenen *Sprachkursen* werden Arbeitssuchende kontinuierlich auf den Arbeitsmarkt vorbereitet. Die Sprachförderung ist vor allem für Flüchtlinge mit einer guten Bleibeperspektive vorgesehen. Wer an den Sprachkursen teilnimmt, entscheiden die Arbeitsagenturen und Jobcenter. Arbeitsuchende mit Aufenthaltsgestattung können in einer Eingliederungsvereinbarung vom Jobcenter zur Teilnahme verpflichtet werden. Wer bereits erwerbstätig ist, muss einen Kostenbeitrag zu den Sprachkursen leisten. Kinderbetreuungskosten können in Ausnahmefällen übernommen werden.

Zum Weiterlesen

Weiterführende Informationen zum Ausländer- und Asylrecht sind insbesondere auf den Webseiten des Bundesamts für Migration und Flüchtlinge (BAMF) (www.bamf.de) und des Flüchtlingsrats (www.fluechtlingsrat.de) zu finden.

Literatur

Frings, D. & Tießler-Marenda, E. (2015): Ausländerrecht für Studium und Beratung. Frankfurt a. M.: Fachhochschulverlag.

Hailbronner, K. (2014): Asyl- und Ausländerrecht. Stuttgart: Kohlhammer.

Harbou, F. von (2016): Der Zugang Asylsuchender und Geduldeter zu Erwerbstätigkeit und Bildung. In: Neue Zeitschrift für Verwaltungsrecht 35 (7), S. 421–426.

Marx, R. (2015): Zur Reform des Ausweisungsrechts. In: Zeitschrift für Ausländerrecht und Ausländerpolitik 35 (8), S. 245–253.

Schwarze-Müller, D. (2015): Zusammenfassende Synopse zum sogenannten Asylpaket II. In: Neue Zeitschrift für Verwaltungsrecht. Beilage 1, S. 5–16.

Thym, D. (2016): Die Auswirkungen des Asylpakets II. In: Neue Zeitschrift für Verwaltungsrecht 35 (7), S. 409–415.

Verfasserin und Verfasser

Prof. Dr. Helen Ahlert (helen.ahlert@fh-kiel.de), Fachhochschule Kiel; Arbeitsschwerpunkte: Kinder- und Jugendhilferecht, Ausländer- und Asylrecht, Sozialrecht.

Prof. Dr. Mario Nahrwold (mario.nahrwold@fh-kiel.de), Fachhochschule Kiel; Arbeitsschwerpunkte: Grundlagen des Rechts, Ausländer- und Asylrecht, Verwaltungsrecht.

2 Sozialstruktur von Menschen mit Migrationsgeschichte in Deutschland

Andrea Janßen

Unter dem Begriff der Sozialstruktur versteht man die „dauerhaften, grundlegenden Wirkungszusammenhänge einer Gesellschaft […], in die die Individuen eingebunden sind […] und die auf die individuellen (persönlichen) und kollektiven Verhaltensmöglichkeiten […] fördernd oder begrenzend einwirken“ (Schubert & Klein 2016). Dieser Beitrag beschäftigt sich mit der sozialstrukturellen Analyse, also der Frage nach der Einbindung von Menschen mit Migrationsgeschichte in verschiedene gesellschaftliche Teilbereiche. Nach einer einführenden Diskussion über den Begriff der Integration und der Frage nach der diesbezüglichen Relevanz von Sozialstrukturanalysen werden inhaltliche Dimensionen der Sozialstruktur herausgearbeitet, aus denen Hinweise über den Stand der Integration von Menschen mit Migrationsgeschichte abgeleitet werden können. Diese Dimensionen werden mittels aktueller Daten beschrieben.

2.1 Warum Sozialstrukturanalysen?

Sozialstrukturanalysen sind unweigerlich mit der Aufbereitung, Berechnung und Darstellung einer Vielzahl von Daten und Zahlen verbunden. Es werden Mittelwerte, Prozentwerte, Quoten etc. ermittelt und interpretiert. Nun stellt sich die Frage: Was ist der Sinn solcher Zahlen und Analysen und was können sie leisten?

Sozialstrukturanalysen sind kein Selbstzweck. D. h., wer sich mit Sozialstrukturanalyse beschäftigt, sollte dies anhand einer *Fragestellung* tun. Welche Fragestellungen eignen sich nun?

Sozialstrukturanalysen können helfen,

- Fragestellungen zur sozialen Ungleichheit zu untersuchen. Mit sozialer Ungleichheit ist dauerhafte, systematische Ungleichbehandlung und Schlechterstellung bestimmter Bevölkerungsgruppen gemeint (Geißler 2014). Es wird unterschieden zwischen *vertikaler Ungleichheit*, bei der die jeweiligen relevanten Merkmale der Gruppen direkt mit der Positionierung zusammenhängen (wie bspw. Bildung, Beruf, Einkommen) und *horizontaler Ungleichheit* (Hradil 2012). Bei der horizontalen Ungleichheit werden ursprünglich neutrale Merkmale zu relevanten Merkmalen in Bezug auf die Positionierung in einer Gesellschaft. Migrationshintergrund oder Migrationsgeschichte ist ein solches Merkmal; ebenso Geschlechtszugehörigkeit und Alter.
- die Chancen und Möglichkeiten von Bevölkerungsgruppen besser zu verstehen und nachzuvollziehen. Menschen mit insgesamt niedriger Bildungsbeteiligung haben weniger Chancen auf einen gut bezahlten und sicheren Arbeitsplatz und Menschen, die unterhalb der Armutsgrenze leben, haben kaum Möglichkeiten zur sozialen und kulturellen Teilhabe. Aus den Ergebnissen von Sozialstrukturanalysen lassen sich somit Schlussfolgerungen bzw. Thesen in Bezug auf die Lebensbedingungen und Chancenstrukturen der betroffenen Gruppen ableiten.
- Aussagen oder Mutmaßungen über die Integration von Menschen mit Migrationsgeschichte zu formulieren. Beschäftigt man sich mit der Lebenssituation von Menschen mit Migrationsgeschichte im Aufnahmeland, so ist eine Auseinandersetzung mit konkreten Daten unerlässlich, die Hinweise zur Integration geben können. Hier stellt sich die Frage, welche Daten der Sozialstruktur sich eignen könnten, eben solche Hinweise zu geben. Diese Frage ist unweigerlich mit der Definition des Begriffs ‚Integration' verbunden.

Was bedeutet ‚Integration'?

Die Verwendung von Begrifflichkeiten zur Eingliederung von Zuwander*innen in die Aufnahmegesellschaft ist in der wissenschaftlichen Diskussion nicht eindeutig geklärt: *Integration*, *Assimilation*, *Inklusion* werden nicht einheitlich oder z. T. gegensätzlich verwendet (vgl. z. B. Esser 2001, Treibel 2008, Portes & Rumbaut 2001). Gegenstand der Diskussion ist dabei meist die Frage, welche der beteiligten Gruppen – also Zuwander*innen oder Aufnahmegesellschaft –

welchen Beitrag bei der Eingliederung zu leisten habe. Um ein Beispiel zu nennen: Im klassischen Ansatz des „race-relation-cycle“ nach Robert E. Park bedeutet Assimilation die gegenseitige Annäherung von Zuwander*innen und Aufnahmegesellschaft, die schließlich im „melting pot“ endet, in dem die einzelnen Gruppen zu etwas Neuem verschmelzen; in neueren Ansätzen wird Assimilation dagegen überwiegend als einseitige Anpassung der Zuwander*innen an die Aufnahmegesellschaft verstanden (vgl. Park 1950, Pries 2006). Hier soll ein Begriff der Integration verwendet werden, der als *Fehlen systematischer Unterschiede* bei der Verteilung gesellschaftlicher Chancen und Ressourcen verstanden wird (vgl. Esser 2001, Gestring, Janßen & Polat 2005, Heckmann 2015). Somit ist Integration erreicht, wenn eine ethnische Zugehörigkeit für die Chance, eine bestimmte Position in der Gesellschaft zu erreichen, keine Rolle mehr spielt. Voraussetzung für einen solchen Zustand ist einerseits die Leistung der Zuwander*-innen selbst wie bspw. das Erlernen von Sprache, kulturellen Besonderheiten etc. und andererseits die Leistung der Aufnahmegesellschaft, die Zugänge in die relevanten Teilbereiche ermöglichen muss und Offenheit und Toleranz für gesellschaftliche Veränderungen durch Menschen mit Migrationsgeschichte zeigen sollte.

Durch die Kopplung der Positionierung von Menschen mit Migrationsgeschichte an die Struktur der Aufnahmegesellschaft ist Integration hier ein relativer Begriff, d. h., er bezieht sich in seiner Bewertung immer auf die Ausgangslage der Aufnahmegesellschaft, was für die Interpretation der Lebenslagen von Migrant*innen in reichen Aufnahmeländern wie Deutschland inhaltlich aber meist unproblematisch ist. Anders z. B. aktuell in Spanien: Im Jahr 2015 betrug die dortige Jugendarbeitslosigkeit, also der Anteil der Arbeitslosen im Alter von 15 bis 24 Jahre in Bezug auf die Erwerbspersonen dieser Altersgruppe, 43,9 %. In Anwendung des oben verwendeten Integrationsbegriffs gälte demnach eine Migrantengruppe mit einer vergleichbaren Quote als ‚integriert‘, d. h. in diesem Fall, sie hätte ebenso katastrophale Chancen auf dem Arbeitsmarkt wie Einheimische (vgl. Statista 2016).

Das Verhältnis von Sozialstrukturanalysen und Integration

Empirische Analysen zur Integration von Menschen mit Migrationsgeschichte beruhen somit auf einem systematischen Vergleich eben dieser Gruppen mit der Mehrheits- oder Gesamtbevölkerung. Die Benennung und Untersuchung konstruierter Gruppen birgt sowohl in der Soziologie als auch in der Sozialen Arbeit zumindest zwei Problematiken: Zunächst einmal muss die zu betrachtende Gruppe definiert werden, was beim Thema Migration die berechtigte Frage aufwirft, wer sinnvollerweise als Migrant*in bezeichnet werden kann und in welcher Zuwanderungsgeneration sich der Status als solche*r eigentlich verliert. Zweitens liegt der Fokus der Betrachtung eher auf den Unterschieden zwischen den Gruppen als auf deren Gemeinsamkeiten und die Gruppe erscheint ‚fremder‘ als sie tatsächlich ist. Die Gefahr des *Othering*, der Klassifizierung gesellschaftlicher Gruppen als ‚andersartig‘, um die Kohärenz innerhalb der Mehrheitsgesellschaft zu steigern, besteht insbesondere im Migrationsdiskurs (vgl. den Beitrag von Lingen-Ali und Mecheril in diesem Band).

Jedoch sind Sozialstrukturanalysen im Bereich Integration unerlässlich, um systematische Benachteiligung von Migrant*innen festzustellen. Der sogenannte ‚PISA-Schock' der ersten PISA-Studie aus dem Jahr 2000, in dessen Zuge sich nicht nur ein starker Einfluss der sozialen Herkunft, sondern auch der Migrationsgeschichte auf den Bildungserfolg der Schüler*innen herausstellte, ist ein prominentes Beispiel (Starnat et al. 2003, S. 57f.). Sozialstrukturanalysen können Hinweise auf den aktuellen Stand der Integration einer Migrant*innengruppe geben. Auch hier ist eine Auseinandersetzung mit den Daten kein Selbstzweck, sondern gibt Anlass für weitergehende Fragestellungen nach den Ursachen für bestehende Ungleichheiten oder auch Integrationserfolge.

Inhaltliche Dimensionen der Sozialstrukturanalyse

Dem Ansatz Essers (2001) folgend lässt sich Integration in die inhaltlichen Bereiche Akkulturation, Platzierung, Integration in soziale Netzwerke und Identifikation mit dem Aufnahmeland untergliedern. Da subjektive Einschätzungen wie Identifikation und die Einbindung in soziale Netze nicht in den Bereich der Sozialstruktur fallen und zudem nicht eindeutig zu interpretieren sind – wer wollte schon ernsthaft davon ausgehen, die sozialen Beziehungen von Menschen mit Migrationsgeschichte sollten sich z. B. in Hinsicht auf ethnische Herkunft nicht von denen der Mehrheitsgesellschaft unterscheiden – sind es die Bereiche der Akkulturation und der Platzierung, die mit Hilfe von Sozialstrukturanalysen untersucht werden können. Mit der Akkulturation ist das Erlangen von Fähigkeiten und Wissen wie Sprache etc. in Bezug auf das Aufnahmeland gemeint; die Platzierung bezieht sich auf die Positionierung in relevanten Teilbereichen der Gesellschaft. Hier ist vor allem die Bildungsbeteiligung von Interesse, da sie eine wesentliche Voraussetzung zur Integration auf dem Arbeitsmarkt darstellt; die Integration auf dem Arbeitsmarkt wiederum wird durch Erwerbstätigkeitsquoten und das Einkommen untersucht. Die Betrachtung von Armut und Armutsquoten bildet den Abschluss der Sozialstrukturanalysen.

2.2 Neuere Erkenntnisse zur Sozialstruktur von Menschen mit Migrationsgeschichte

Der folgende Abschnitt stellt exemplarische Ergebnisse bezüglich der Platzierung von Menschen mit Migrationsgeschichte vor und erläutert sie. Dabei werden die Besonderheiten der jeweiligen Datenquellen kurz skizziert und Bezüge zu möglichen weiterführenden Fragestellungen hergestellt.

Schul- und Ausbildungsbeteiligung

Die Abbildung beschäftigt sich mit der Bildungsbeteiligung von nicht-deutschen Schüler*innen; Grundlage der Berechnungen ist die amtliche Schulstatistik, die lediglich nach Staatsangehörigkeit, nicht aber nach Migrationshintergrund differenziert. Da nach der Staatsangehörigkeitsrechtsform im Jahr 2000 in Deutschland geborene Kinder nicht-deutscher Eltern unter bestimmten Voraussetzungen automatisch bei der Geburt die deutsche Staatangehörigkeit erlangten, wird hier das Schuljahr 2007/2008 betrachtet, da die Schüler*innen, die zu diesem Zeitpunkt eine Schulform der Sekundarstufe I besuchten, noch nicht von der Reform profitieren konnten. Die amtliche Schulstatistik hat den Vorteil, dass sie alle Schüler*innen erfasst, so dass Kemper für seine Analysen die Daten von allein 539.290 Schüler*innen zur Verfügung standen und somit auch kleinere Migrant*innengruppen untersucht werden konnten (vgl. Kemper 2015, S. 319)[3]. Diese Daten bilden ebenfalls die Grundlage der folgenden Grafik:

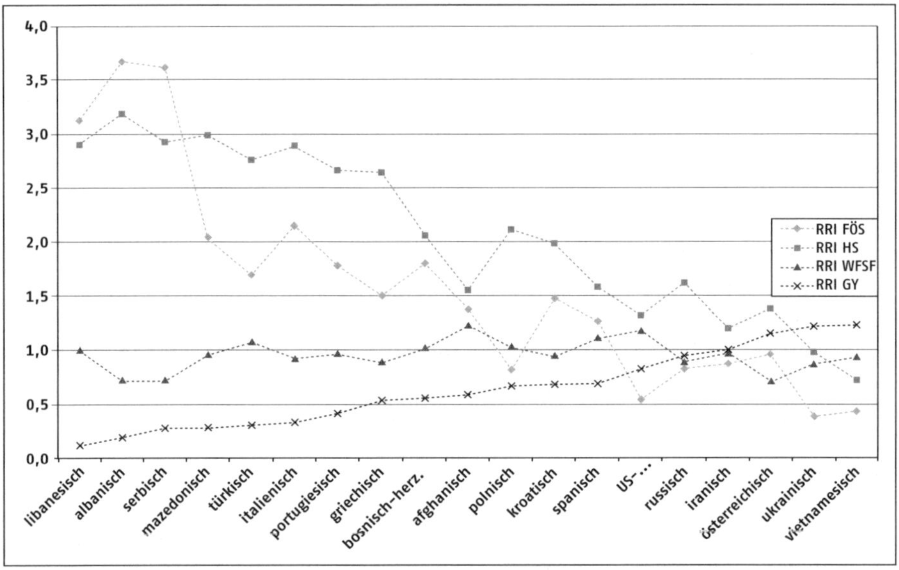

Abb.: RRIs (relative risk increase) des Schulformbesuchs von Schüler*innen nach Staatsangehörigkeit gegenüber deutschen Schüler*innen (für Deutschland insgesamt); Legende: FÖS = Förderschule, HS = Hauptschule, WFSF = sonstige weiterführende Schulform, GY = Gymnasium

Die Grafik zeigt das relative Besuchsrisiko von Schüler*innen verschiedener ausländischer Staatsbürgerschaften für verschiedene Schulformen an (RRI = relative risk increase). Diese Indexwerte werden aus den tatsächlichen Schulbesuchen berechnet und geben an, wie viel häufiger bzw. seltener eine Migrant*innengruppe einer bestimmten Nationalität im Vergleich zu deutschen Schüler*innen eine bestimmte Schulform besucht. Als Beispiel eine Erläuterung zur in der Grafik zuerst abgebildeten Datenreihe: a) Libanesische Schüler*innen besuchen 3,1 mal so häufig wie deutsche Schüler*innen eine Förderschule (FÖS), b) sie besuchen 2,9 mal häufig wie deutsche Schüler*innen eine Hauptschule (HS), c) mit einem

3 Ich danke Thomas Kemper und dem Waxmann-Verlag für die Abdruckgenehmigung.

Wert von eins besuchen sie genauso häufig wie deutsche Schüler*innen eine sonstige weiterführende Schulform (SFFS) und d) sie besuchen mit einem RRI von 0,12 über zehnmal seltener ein Gymnasium als deutsche Schüler*innen (GY). Diese Grafik zeigt vor allem, wie unterschiedlich sich die Bildungsbeteiligung der Schüler*innen je nach Staatsangehörigkeit gestaltet. Während neben libanesischen Schüler*innen auch albanische, serbische, mazedonische und türkische Schüler*innen erheblich häufiger auf der Förder- oder Hauptschule und wesentlich seltener auf dem Gymnasium anzutreffen sind als deutsche Schüler*-innen, zeichnet sich bei anderen Nationalitäten dagegen ein größerer Bildungserfolg ab als bei der deutschen: So besuchen österreichische, iranische und vietnamesische Schüler*innen häufiger das Gymnasium als deutsche und übertreffen somit jene Vorstellung, die ein Fehlen systematischer Unterschiede in Bezug auf die Verteilung gesellschaftlicher Positionen und Chancen als Zeichen geglückter Integration ansieht. Insgesamt gibt die Grafik Anlass zur Überlegung, welche Ursachen diese großen Differenzen in der Bildungsbeteiligung haben könnten. Klassische Ansätze zur Erklärung finden sich mit dem Kapitalansatz bei Bourdieu (1983) und mit dem Konzept der Herkunftseffekte bei Boudon (1974); eine Zusammenfassung relevanter Forschungsergebnisse, die u. a. auch den Faktor der sozialen Herkunft berücksichtigen, hat der Sachverständigenrat deutscher Stiftungen für Migration und Integration veröffentlicht (SVR 2016).

Berufliche Ausbildung

Eine möglichst hohe berufliche Bildung gilt als Voraussetzung für eine gute Platzierung auf dem Arbeitsmarkt. Tabelle 2 dokumentiert einige Zahlen zu Berufsabschlüssen von Migrant*innen, Nicht-Migrant*innen und Personen ausgewählter ethnischer Herkunft. Datenbasis ist der Mikrozensus, eine amtliche Statistik, die jährlich erhoben wird und als Stichprobe jeweils 1 %, d. h., 830.000 Personen umfasst (vgl. www.destatis.de oder www.gesis.org/missy). Dies hat für Integrationsanalysen den wichtigen Vorteil, dass auch relativ kleine Migrant*innengruppen in ausreichender Anzahl im Datensatz vorhanden sind. Mit den Migrant*innengruppen türkischer und italienischer Herkunft wurden zwei Vertreter der klassischen ehemaligen ‚Gastarbeitermigration' und mit den Gruppen der polnisch- und rumänischstämmigen Migrant*innen Vertreter der in der jüngeren Vergangenheit Zugewanderten gewählt.

Tab. 1: Berufliche Abschlüsse 2014 nach Migrationshintergrund in Prozent der jeweiligen Bevölkerungsgruppe (Quelle: Statistisches Bundesamt, 2015, Fachserie 1, Reihe 2.2, Bevölkerung und Erwerbstätigkeit, z. T. eigene Berechnungen)

	ohne Abschluss		mit berufsqualifizierendem Abschluss[4] (gesamt)		Lehre		Techniker/ Meister/ Fachschulen		Bachelor/ Master/ Diplom		Promotion	
Geschlecht	w	m	w	m	w	m	w	m	w	m	w	m
Alle	**18,1**	**10,3**	**61,1**	**66,9**	**42,6**	**43,3**	**6,5**	**7,7**	**11,3**	**14,4**	**0,6**	**1,3**
Personen ohne Migrationshintergrund	15,7	7,2	66,4	73,2	47,1	47,2	7,2	8,9	11,2	15,5	0,6	1,4
Personen mit Migrationshintergrund[5]	22,5	28,0	39,9	43,1	24,3	28,4	3,3	3,2	11,7	10,6	0,5	0,9
davon derzeitige oder frühere Staatsbürgerschaft												
Italienisch	36,5	34,8	33,2	39,4	23,7	29,6	2,5	3,0	4,2	3,9	/[6]	/
Türkisch	43,9	34,3	19,0	27,9	14,7	22,1	1,6	1,5	2,3	3,7	/	/
Polnisch	19,5	12,6	56,5	58,7	37,0	41,7	6,1	7,3	13	8,8	/	/
Rumänisch	26,4	16,3	51,2	57,9	31,7	39,0	4,0	5,0	11,9	10,0	/	/
Personen mit Migrationserfahrung	38,2	30,4	51,9	57,5	30,8	36,7	4,3	4,2	15,9	15	0,7	1,3
Personen ohne deutsche Staatsbürgerschaft	45,8	37,0	42,5	49,1	21,2	28,9	2,8	3,0	17,5	15,5	0,8	1,3

Die Daten sind nach Geschlecht getrennt ausgewiesen und zeigen einerseits einen im Vergleich zur Gesamtgruppe höheren Anteil an Menschen mit Migrationshintergrund ohne beruflichen Abschluss – dabei sind die Anteile bei Frauen durchgängig höher als bei Männern – und andererseits auffällige Unterschiede zwischen den einzelnen Gruppen: Eine insgesamt eher niedrige Bildungsbeteiligung weisen die Vertreter*innen der ehemaligen Anwerbeländer Italien und Türkei auf, während polnisch- und rumänischstämmige Personen häufiger über einen Ausbildungs- oder Studienabschluss verfügen. Hier müssen allerdings die unterschiedlichen Altersverteilungen der Bevölkerungsgruppen berücksichtigt werden, da Personen in Schul- oder Berufsausbildung in der Tabelle nicht enthalten sind. Dieser Anteil beläuft sich insgesamt auf etwa 20 %, bei Personen türkischer Herkunft dagegen auf über 30 % (vgl. Statistisches Bundesamt 2015, S. 284, e. B.). Auffällig sind außerdem die z. T. im Vergleich zur gesamten Population höheren Anteile der nicht-deutschen Personen und der Personen mit Migrationserfahrung in Bezug auf Studienabschlüsse.

Interessant wäre an dieser Stelle eine weitere Differenzierung der beruflichen Ausbildung nach Alter, da der Anteil derjenigen ohne berufliche Ausbildung – insbesondere bei den Frauen – in höheren Alterskohorten steigt (vgl. ebd., S. 289). Für die jüngeren Alterskohorten stellt sich die Frage, wie Ausbildungsentscheidungen getroffen werden und wie sie umgesetzt werden können. Eine Analyse, die die Übergänge von Schule in Ausbildung und Beruf betrachtet und dabei die Relevanz subjektiver Entscheidungen berücksichtigt, findet sich bei Held, Bröse, Rigotti & Donat (2014).

Erwerbslosigkeit, Einkommen und Armut

Tabelle 2 (vgl. Höhne & Schulze Buschoff 2015, S. 350)[7] bildet geschätzte Wahrscheinlichkeiten der Erwerbslosigkeit verschiedener Migrant*innengruppen ab. Nach der *International Labour Organization* (ILO)- Definition gilt eine Person als erwerbslos, die nicht erwerbstätig und arbeitssuchend ist und eine Arbeit innerhalb von vier Wochen aufnehmen könnte (vgl. www.destatis.de).

4 Die Frage nach der Berufsausbildung wird im Mikrozensus Personen ab 15 Jahren gestellt. Die zu 100 % fehlende Differenz der Kategorien ‚ohne Ausbildung' und ‚mit Ausbildung' umfasst diejenigen Personen ab 15 Jahren, die sich zurzeit in Ausbildung befinden (vgl. Statistisches Bundesamt 2015, S. 282ff).

5 Die Definition ‚Menschen mit Migrationshintergrund' umfasst hier „alle Ausländer und eingebürgerte ehemalige Ausländer, alle nach 1949 als Deutsche auf das heutige Gebiet der BRD Zugewanderte, sowie alle in Deutschland als Deutsche Geborene mit zumindest einem zugewanderten oder als Ausländer in Deutschland geborenen Elternteil" (Statistisches Bundesamt 2015, S. 5).

6 In den Fachserien des Statistischen Bundesamtes werden Fallzahlen, die bei der Hochrechnung unter 5000 liegen, wegen des zu hohen Standardfehlers nicht ausgewiesen (vgl. Statistisches Bundesamt 2006, S. 7).

7 Ich danke Jutta Höhne, Karin Schulze Buschoff und dem WSI für die Abdruckgenehmigung.

Tab. 2: Geschätzte Wahrscheinlichkeiten von Erwerbslosigkeit in Prozent für das Jahr 2012 (Quelle: Höhne & Schulze Buschoff 2015, S. 350)

	Männer			Frauen		
	ohne berufsqualifizierenden Abschluss	**mit abgeschlossener Lehre/ Berufsausbildung**	**Hochschul- bzw. Fachhochschulabschluss**	**ohne berufsqualifizierenden Abschluss**	**mit abgeschlossener Lehre/ Berufsausbildung**	**Hochschul- bzw. Fachhochschulabschluss**
Geschätzte Wahrscheinlichkeit von Erwerbslosigkeit						
Personen ohne Migrationshintergrund	14,3	4,1	1,8	12,2	4,0	1,6
Geschätzte Differenz in der Erwerbslosigkeit, nach Herkunft und Generation (in Prozentpunkten)						
Aussiedler 1. Generation	-2,0 *	2,9 *	3,3 *	-2,9 *	2,0 *	3,4 *
sonstige Drittstaaten 1. Generation	3,4 *	7,6 *	6,1 *	2,3 *	5,5 *	8,3 *
Türkei 1. Generation	3,4 *	4,9 *	3,8 *	1,4 ns	2,4 *	1,1 ns
ehemaliges Jugoslawien 1. Generation	1,3 ns	3,8 *	2,8 ns	-1,5 ns	2,4 *	5,5 *
EU-Süd 1. Generation	-3,3 *	2,0 *	0,6 ns	-1,4 ns	1,5 ns	3,4 ns
EU-Ost 1. Generation	-6,1 *	2,1 *	3,6 *	-0,7 ns	3,5 *	4,1 *
Nord- und Westeuropa 1. Generation	-9,1 *	-0,2 ns	0,6 ns	-5,6 *	-0,6 ns	-1,0 ns
Türkei 2. Generation	13,8 *	5,6 *	5,8 *	11,8 *	5,5 *	2,2 ns
Ehemaliges Jugoslawien 2. Generation	11,9 *	2,0 ns	7,4 ns	-8,6 *	0,4 ns	2,6 ns
EU-Süd 2. Generation	4,8 ns	1,9 *	1,0 ns	4,7 ns	0,7 ns	1,4 ns

Hier wurden nach Männern und Frauen getrennte Analysen durchgeführt, zudem sind die einzelnen Migrant*innengruppen nach ethnischer Herkunft und

Generationsstatus differenziert. In der ersten Zeile werden geschätzte Wahrscheinlichkeiten für Personen ohne Migrationshintergrund abgebildet; diese dienen als Referenz, von denen die Werte der weiteren Personengruppen abweichen. Als Beispiel: Männliche Personen ohne Migrationshintergrund und mit einer abgeschlossenen Berufsausbildung haben eine geschätzte Wahrscheinlichkeit der Erwerbslosigkeit von 4,1 %; bei einem türkischstämmigen Mann mit derselben Qualifikation liegt diese Wahrscheinlichkeit um 5,6 Prozentpunkte höher und somit bei 9,7 %. Differenzen mit * sind auf dem 95-prozentigen Niveau signifikant; dunkel unterlegte Felder verdeutlichen signifikante negative Abweichungen vom Prozentwert der Referenzgruppe ohne Migrationshintergrund. Die Tabelle zeigt, dass die Wahrscheinlichkeiten von Erwerbslosigkeit sehr stark zwischen einzelnen Migrant*innengruppen variieren: Während die Migrant*innen türkischer Herkunft (und hier insbesondere die zweite Generation) auch im Vergleich zu anderen Migrant*innen besonders häufig erwerbslos sind, sind andere Gruppen wie z. B. Migrant*innen aus Nord- und Westeuropa und Aussiedler*innen der ersten Generation signifikant seltener erwerbslos. Da bei vielen Migrant*-innengruppen auch bei einer höheren Bildung die Gefahr der Erwerbslosigkeit deutlich höher ist als bei der Vergleichsgruppe, stellt sich hier die Frage, inwieweit Migrant*innen systematisch, z. B. durch Diskriminierung auf dem Arbeitsmarkt, benachteiligt werden. Studien, die im Rahmen von Feldexperimenten das Antwortverhalten von Arbeitgebern auf Bewerbungen von Migrant*innen untersuchen, können hier wichtige Hinweise geben (vgl. SVR 2014).

Einkommen

Mit dem Einkommen werden die Ressourcen gemessen, die einer Person regelmäßig als finanzielle Mittel zur Verfügung stehen. Der Aspekt, welche Ausgaben mit dem Einkommen bestritten werden müssen, bleibt dabei unberücksichtigt. Der genaue Wortlaut der Frage im Mikrozensus lautet: „Wie hoch waren Ihr persönliches Nettoeinkommen und Ihr Haushalts-Nettoeinkommen (Summe aller Einkünfte) im letzten Monat?" (vgl. http://www.gesis.org/missy/) Die folgende Tabelle umfasst einige Angaben zum Nettoäquivalenzeinkommen, anhand dessen auf Personenebene ein Einkommen ermittelt wird, das jeweils nach Haushaltsgröße unterschiedlich große Einsparungseffekte einberechnet. Ausgegangen wird dabei von der Annahme, dass sich in einem Mehrpersonenhaushalt nicht die Ausgaben nach Anzahl der Personen vervielfachen, sondern sich bestimmte Ausgaben wie Strom, Heizung, Miete etc. nur zu einem Bruchteil pro weiterer Person im Haushalt erhöhen. So wird nach der neuen OECD-Skala die erste Person mit eins gewichtet, jede weitere Person ab 14 Jahren mit 0,5 und jede Person unter 14 Jahren mit 0,3 (vgl. www.destatis.de). Je nachdem, in welcher Höhe diese Einsparungseffekte angesetzt werden, verändern sich die Ergebnisse zum Einkommen (vgl. Burzan 2008, S. 29ff.). Von Interesse ist hier vor allem der Median, also der Wert, der die Einkommensverteilung in zwei Teile teilt, so dass 50 % über diesem Wert und 50 % unter diesem Wert liegen. Eine Verwendung des arithmetischen Mittels (also des Durchschnitts) ist bei Einkommensanalysen unüblich, da durch einzelne hohe Einkommensangaben der Wert nach oben verzerrt wird.

Tab. 3: Monatliches Nettoäquivalenzeinkommen nach Migrationsstatus auf Personenebene 2011 in Euro[8] (Quelle: FDZ der statistischen Ämter des Bundes und der Länder, Mikrozensus 2011, eigene Berechnungen)

Bevölkerungsgruppe	Median	N = Personen
Gesamt	**1382,43**	**442.363**
Bevölkerung ohne Migrationshintergrund	1423,41	364.230
Personen ohne deutsche Staatsbürgerschaft mit Migrationserfahrung	1020,65	24.202
Spätaussiedler*innen und deutsche Zuwander*innen ohne Einbürgerung	1191,81	17.887
Eingebürgerte mit Migrationserfahrung	1165,54	9649
Personen ohne deutsche Staatsbürgerschaft ohne Migrationserfahrung	1273,23	6658
Deutsche mit Migrationshintergrund ohne Migrationserfahrung	1349,48	19.737
Ethnische Herkunft (d. h. ausländisch oder eingebürgert nach folgender Staatsbürgerschaft):		
Italienisch, davon:	1242,76	3266
in Deutschland geboren	1312,17	1450
im Ausland geboren	1219,51	1816
Türkisch, davon:	976,87	11875
in Deutschland geboren	1006,91	4664
im Ausland geboren	951,06	7211
Polnisch, davon:	1282,40	6024
in Deutschland geboren	1142,98	267
im Ausland geboren	1296,22	5757
Rumänisch, davon:	1381,76	2225
in Deutschland geboren	1325,22	75
im Ausland geboren	1382,60	2150

Es ergibt sich ein deutlicher Unterschied im mittleren Einkommen nach den einzelnen Personengruppen: Die Gruppe ohne Migrationserfahrung oder -hintergrund ist diejenige mit dem höchsten Einkommen, die Gruppe der Zugewanderten ohne deutsche Staatsangehörigkeit ist die mit dem niedrigsten. Bei den Deutschen, die zwar keine Migrationserfahrung, aber einen Migrationshintergrund haben, ist die Differenz zum allgemeinen mittleren Einkommen am geringsten ausgeprägt. Aufgrund der hohen Fallzahlen im Mikrozensus können au-

8 Die Angaben zum Einkommen sind in Anlehnung an Boehle (2015) berechnet.

ßerdem differenzierte Unterscheidungen betrachtet werden. Es zeigt sich, dass im Ausland geborene Personen türkischer Herkunft von den betrachteten ethnischen Gruppierungen mit einigem Abstand über das niedrigste Einkommen verfügen, während das Einkommen rumänischstämmiger Personen am wenigsten Abstand zum gesamten mittleren Einkommen aufweist. Dies belegt ein weiteres Mal die Notwendigkeit differenzierter Analysen und Ursachenforschung. Es stellt sich die Frage, ob es – analog zum *Gender Pay Gap* – auch ein *Migration Pay Gap* gibt, also eine Ungleichheit in der Entlohnung, die auf keine weiteren Faktoren wie Bildung, Berufserfahrung etc. zurückzuführen ist. Hinweise auf die Existenz einer solchen Lohnlücke geben Aldashev, Gernandt & Thomsen (2008).

Armut und Armutsgefährdung

Das in Abschnitt 5.4 ermittelte mittlere Einkommen bildet die Grundlage für die Berechnung von Armuts- oder Armutsgefährdungsquoten. Allgemein wird in der amtlichen Statistik, aus der diese Daten stammen – wiederum auf Basis des Mikrozensus berechnet –, von einer Armutsgefährdung gesprochen, wenn die jeweiligen Personen weniger als 60 % des mittleren Einkommens (Median) zur Verfügung haben. Ab 50 % des Medians wird von Armut, ab 40 % von strenger Armut gesprochen (vgl. Burzan 2008, S. 35). In den Fachserien des Statistischen Bundesamtes werden umfangreiche Berechnungen veröffentlicht, aus denen Tabelle 4 einen Auszug präsentiert:

Tab. 4: Armutsgefährdungsquoten[9] 2014 in Prozent der Bevölkerung. Datenbasis: Mikrozensus (Quelle: Statistisches Bundesamt 2015, Fachserie 1, Reihe 2.2, Bevölkerung und Erwerbstätigkeit)

	Gesamt	**Paare mit Kindern**	**Alleinerziehende**	**Personen ohne Schulabschluss**	**Personen mit Abitur**
Alle	**15,4**	**13,1**	**39,8**	**44,7**	**11,0**
Personen ohne Migrationshintergrund	12,5	7,3	36,1	40,6	8,8
Personen mit Migrationshintergrund[10] davon derzeitige oder frühere Staatsbürgerschaft:	26,7	26,2	50,9	46,9	19,6
Italienisch	21,5	16,6	51,5	36,5	14,8

9 Bedarfsgewichtes Äquivalenzeinkommen nach der neuen OECD-Skala, Armutsgrenze bei 60 % des Medians auf Bundesebene.

10 Zur Definition ‚Menschen mit Migrationshintergrund' vgl. Tabelle 1.

Tab. 4: Armutsgefährdungsquoten 2014 in Prozent der Bevölkerung. Datenbasis: Mikrozensus (Quelle: Statistisches Bundesamt 2015, Fachserie 1, Reihe 2.2, Bevölkerung und Erwerbstätigkeit) – Fortsetzung

	Gesamt	Paare mit Kindern	Alleinerziehende	Personen ohne Schulabschluss	Personen mit Abitur
Türkisch	34,5	33,5	56,4	48	22,9
Polnisch	18,5	19,3	48,9	34,9	12,4
Rumänisch	18,1	16,8	40,4	41,7	12,6
Personen mit Migrationserfahrung	27,2	28,1	51,5	46,9	20,2
Personen ohne deutsche Staatsbürgerschaft	33,0	35,1	56,4	48,9	24,2

Die Tabelle zeigt deutlich höhere Armutsgefährdungsquoten bei Personen mit Migrationshintergrund; interessant sind hier nicht nur die Unterschiede zwischen den einzelnen ethnischen Gruppen – so sind Personen polnischer oder rumänischer Herkunft relativ selten von Armut bedroht, türkischstämmige Personen mit fast 35 % dagegen sehr häufig – sondern auch die Differenzen nach der Schulbildung: Während in der Kategorie ‚Personen ohne Schulabschluss' die Armutsgefährdungsquoten von Personen mit Migrationshintergrund lediglich um etwas mehr als 2 Prozentpunkte vom Gesamtdurchschnitt abweichen (44,7 % vs. 46,9 %), liegt die Armutsgefährdungsquote bei Personen mit Migrationshintergrund und Abitur um 8,6 Prozentpunkte höher als bei der Vergleichsgruppe ohne Migrationshintergrund. Bei den türkischstämmigen und ausländischen Personen mit Abitur liegt die Armutsgefährdung im Vergleich zum Durchschnitt mehr als doppelt so hoch. Hier stellt sich die Frage, warum sich hohe (Schul-) Bildung auf so unterschiedliche Weise auf das Einkommen auswirkt. Eine Studie, die sich anhand von SOEP-Daten mit Armut und Migration beschäftigt, wurde von Böhnke & Heizmann (2014) veröffentlicht.

Welche (vorläufige) Antwort gibt die Sozialstrukturanalyse auf die Frage nach Integration?

Eine Zusammenfassung der vorgelegten Daten zur Sozialstrukturanalyse könnte wie folgt lauten: Eine Integration bei der Platzierung im Sinne einer Auflösung systematischer Gruppenunterschiede scheint bis auf wenige Ausnahmen noch nicht erreicht. Da es sich hier aber um Querschnitts- und Massendaten handelt, lässt sich daraus nicht ableiten, dass die Integration in Bezug auf die Platzierung in die relevanten Teilbereiche der Gesellschaft überhaupt nicht stattfindet: Zum einen geben die Daten eine generelle Tendenz an und können Abweichungen und damit individuelle Integrationserfolge von dieser Tendenz nicht abbilden, zum zweiten werden mit den Querschnittsdaten Momentaufnahmen präsentiert, die etwas über den Stand der Integration, aber wenig über ihren

Verlauf z. B. über mehrere Migrant*innengenerationen hinweg aussagen können. Eine solche Analyse würde den Rahmen des Aufsatzes sprengen; jedoch zeigen verschiedene Studien, dass im Generationenvergleich insgesamt von einem positiven Verlauf ausgegangen werden kann (vgl. zusammenfassend: Heckmann 2015, S. 279ff.). Dennoch belegen die Daten die Notwendigkeit differenzierter Analysen, da sich bereits bei diesen recht einfachen, rein deskriptiven Werten deutliche Unterschiede zwischen einzelnen Migrant*innengruppen und Eingebürgerten und ausländischen Personen zeigen.

Aufmerksamkeit erregen sollten diejenigen Ergebnisse, die auf massive, systematische Unterschiede zwischen einzelnen Migrant*innengruppen und der Gesamtbevölkerung hinweisen: Darunter fallen die wesentlich schlechtere Bildungsbeteiligung von Kindern libanesischer, albanischer, serbischer, mazedonischer und türkischer Herkunft und die höheren Armutsgefährdungsquoten von Menschen mit Migrationsgeschichte, die eine hohe Schulbildung haben. Hier scheint es naheliegend, dass gesellschaftliche Mechanismen wie Diskriminierung für die Ungleichheit in der Sozialstruktur verantwortlich sind, was wiederum auf gesellschaftlichen Handlungsbedarf hinweist.

☞ *Zum Weiterlesen*

Wie dieser kleine Überblick zeigt, sind es vor allem Daten der amtlichen Statistik und hier vor allem des Mikrozensus, die eine Vielzahl von Auswertungsmöglichkeiten bieten. Für Forschungszwecke ist es möglich, Mikrozensusdaten auszuwerten; einen Überblick über bereits veröffentlichte Forschungen geben der Sowiport http://sowiport.gesis.org/ oder MISSY http://www.gesis.org/missy/materials/MZ/literatur/suf. Zudem sind über https://www.destatis.de/DE/Publikationen/Thematisch/Fachserie_1.html Fachserien mit sehr detailliertem Datenmaterial zugänglich. Des Weiteren ist das Sozioökonomische Panel von Interesse, das durch seine längsschnittliche Struktur vor allem für Fragestellungen der Entwicklung geeignet ist. In der Datenbank https://www.diw.de/en/diw_02.c.221182.en/publications_with_soep_data.html kann nach Literatur auf Basis des SOEP recherchiert werden. Darüber hinaus fassen regelmäßig erscheinende Datensammlungen wie der Datenreport (https://www.destatis.de/DE/Publikationen/Datenreport/Datenreport.html) oder der Bericht der Beauftragten für Migration, Flüchtlinge und Integration (https://www.bundesregierung.de/Content/DE/Artikel/IB/Artikel/Allgemein/2014-10-29-10-lagebericht.html) aktuelle Zahlen und Befunde zusammen.

Literatur

Aldashev, A., Gernandt, J. & Thomsen, S. (2008): The Immigrant Wage Gap in Germany. ZEW-Discussion Paper 08-089.

Boehle, M. (2015). Armutsmessung mit dem Mikrozensus. Gesis-Papers 2015/16. URL: www.gesis.org/fileadmin/upload/forschung/publikationen/gesis_reihen/gesis_papers/GESIS-Papers_2015-16.pdf: 12.09.2016.

Böhnke, P. & Heizmann, B. (2014). Die intergenerationale Weitergabe von Armut bei MigrantInnen zweiter Generation. In: Weiss, H., Schnell, P. &Ates, G. (Hrsg.): Zwischen den Generationen. Transmissionsprozesse in Familien mit Migrationshintergrund. Wiesbaden: VS, S. 137–166.

Boudon, R. (1974): Education, Opportunity, and Social Inequality – Changing Prospects in Western Society. New York: John Wiley & Sons.

Bourdieu, P. (1983): Ökonomisches Kapital, kulturelles Kapital, soziales Kapital. In: Kreckel, R. (Hrsg.), Soziale Ungleichheiten (S. 183–198). Göttingen: Schwartz.

Burzan, N. (2008): Quantitative Forschung in der Sozialstrukturanalyse. Wiesbaden: VS.

Esser, H. (2001): Integration und ethnische Schichtung. Arbeitspapiere Nr. 40. Mannheim: Mannheimer Zentrum für Europäische Sozialforschung.

Geißler, R. (2014): Die Sozialstruktur Deutschlands (7., überarb. Aufl.). Wiesbaden: VS.

Gestring, N., Janßen, A. & Polat, A. (2005): Zwischen Integration und Ausgrenzung. Wiesbaden: VS.

Heckmann, F. (2015): Integration von Migranten. Wiesbaden: VS.

Held, J. Bröse, J. Rigotti, C. & Donat, D. (2014): Jugendliche im Übergang von Schule zum Beruf: Berufsorientierung junger Menschen mit Migrationsgeschichte. Olladen, Toronto & Berlin: Budrich Press.

Höhne, J. & Schulze Buschoff, K. (2015): Die Arbeitsmarktintegration von Migranten und Migrantinnen in Deutschland. Ein Überblick nach Herkunftsländern und Generationen. WSI-Mitteilungen 5 (15), S. 345–354.

Hradil, S. (2012): Soziale Ungleichheit. Bundeszentrale für politische Bildung. URL: www.bpb.de/politik/grundfragen/deutsche-verhaeltnisse-eine-sozialkunde/138437/grundbegriffe: 12.09.2016.

Kemper, T. (2015): Bildungsdisparitäten von Schülern nach Staatsangehörigkeit und Migrationshintergrund. Eine schulformspezifische Analyse anhand von Daten der amtlichen Schulstatistik. Münster: Waxmann.

Park, R. E. (1950): The Nature of Race Relations. In: Park, R. E. (Hrsg.): Race and Culture. Glencoe: The Free Press, S. 137–166.

Portes, A. & Rumbaut, R. G. (2001): Legacies: The Story of the Immigrant Second Generation. Berkeley: University of California Press.

Pries, L. (2006): Verschiedene Formen der Migration – verschiedene Formen der Integration. Neue Praxis: Zeitschrift für Sozialarbeit, Sozialpädagogik und Sozialpolitik, Sonderheft 8, S. 19–28.

Sachverständigenrat deutscher Stiftungen für Integration und Migration (SVR) (Hrsg.) (2014): Diskriminierung am Ausbildungsmarkt. URL: http://www.svr-migration.de/wp-content/uploads/2014/11/SVR-FB_Diskriminierung-am-Ausbildungsmarkt.pdf: 12.09.2016.

Sachverständigenrat deutscher Stiftungen für Integration und Migration (SVR) (Hrsg.) (2016): Doppelt benachteiligt? Kinder und Jugendliche mit Migrationshintergrund im deutschen Bildungssystem. URL: http://www.svr-migration.de/wp-content/uploads/2016/05/Expertise-Doppelt-benachteiligt.pdf: 12.09.2016.

Schubert, K. & Klein, M. (2016): Das Politiklexikon (6., aktual. u. erw. Aufl.). Bonn: Dietz. URL: www.bpb.de/nachschlagen/lexika/politiklexikon/: 12.09.2016.

Starnat, P., Artel, C., Baumert, J., Klieme, E., Neubrand, M., Prenzel, M., Schiefele, U., Schneider, W., Schümer, G., Tillmann, K. & Weiß, M. (2003): PISA und PISA-E: Zusammenfassung der bereits vorliegenden Befunde. In: Deutsches PISA-Konsortium (Hrsg.): PISA 2000. Ein differenzierter Blick auf die Länder der Bundesrepublik Deutschland. Opladen: Leske + Budrich, S. 61–75.

Statista. (2016): Europäische Union: Jugendarbeitslosenquoten in den Mitgliedsstaaten im Juli 2016. URL: statista.com/statistik/daten/studie/74795/umfrage/jugendarbeitslosigkeit-in-europa: 02.09.2016.

Statistische Ämter des Bundes und der Länder. (2011): Mikrozensus 2011. Stichprobenerhebung über die Bevölkerung und den Arbeitsmarkt. URL: www.gesis.org/missy/files/documents/MZ/MZ2011_Erhebungsbogen_01_USP.pdf: 23.09.2016.

Statistisches Bundesamt. (2006): Mikrozensus. Qualitätsbericht. Wiesbaden.

Statistisches Bundesamt. (2015): Fachserie 1, Reihe 2.2, Bevölkerung und Erwerbstätigkeit. Bevölkerung mit Migrationshintergrund – Ergebnisse des Mikrozensus. Wiesbaden.

Statistisches Bundesamt. (2016a): Erwerbslosigkeit. URL: www.destatis.de/DE/ZahlenFakten/GesamtwirtschaftUmwelt/Arbeitsmarkt/Methoden/Erwerbslosigkeit.html;jsessionid=AFDBE096438D27E25588B58C93EC5CC3.cae3: 23.09.2016.
Statistisches Bundesamt. (2016b): Der Mikrozensus stellt sich vor. URL: www.destatis.de/DE/ZahlenFakten/GesellschaftStaat/Bevoelkerung/Mikrozensus.html: 23.09.2016.
Statistisches Bundesamt (2016c): OECD-Skala. URL: https://www.destatis.de/DE/ZahlenFakten/GesellschaftStaat/Soziales/Sozialberichterstattung/Glossar/OECDSkala.html: 23.09.2016.
Treibel, A. (2008): Migration in modernen Gesellschaften. Soziale Folgen von Einwanderung, Gastarbeit und Flucht 4. Aufl. Weinheim und München: Juventa.

✎ *Verfasserin*

Prof. Dr. Andrea Janßen (andrea.janssen@hochschule-esslingen.de), Hochschule Esslingen; Arbeitsschwerpunkte: Stadtsoziologie, Migrationssoziologie, Soziologie der Exklusion, empirische Sozialforschung und Statistik.

TEIL II HALTUNGSKOMPETENZEN

Was Sie in diesem Abschnitt lernen können

Konkrete Wissensbestände über die Rahmenbedingungen, die für die Lebenslagen der Adressat*innen der sozialen und pädagogischen Arbeit von Relevanz sein können, sind für das berufliche Können unerlässlich. Da Fachkräfte auch ‚nur' Menschen sind, steht hinter jeder Handlung nicht nur Wissen, sondern auch eine persönliche Haltung. Es gibt einen engen Zusammenhang zwischen Haltungen und Handlungen bzw. Konzepten. Aus diesem Grunde müssen professionelle Akteur*innen kontinuierlich an ihren Haltungen arbeiten und diese reflektieren. Dieser Abschnitt beschäftigt sich daher mit den folgenden Fragen:

1. Welches Professionsverständnis und welche Haltungskompetenzen sind in der Arbeit mit Menschen mit Migrationsgeschichte von besonderer Bedeutung?
2. Wie können diese Haltungskompetenzen erworben werden?
3. Welche Aufgaben und Anforderungen müssen Institutionen und Organisationen der Sozialen Arbeit und Pädagogik im Kontext von zunehmender Pluralisierung durch Migration erfüllen?
4. Inwieweit können Ansätze der interkulturellen Öffnung und des ‚Verbündet-Seins' zu Veränderungen von Haltungen und Herangehensweisen auf institutioneller und individueller Ebene beitragen?

DIVERSITÄTSBEWUSSTE SOZIALE UND PÄDAGOGISCHE ARBEIT IN DER MIGRATIONSGESELLSCHAFT

1 Stärkung von Haltungskompetenzen

Josef Freise

In der Wissenschaft der Sozialen Arbeit werden die Haltungskompetenzen, neben den Wissens- und Handlungskompetenzen, immer deutlicher in den Blick genommen. Dieser Beitrag zu den Haltungskompetenzen der Sozialen Arbeit in der Migrationsgesellschaft gliedert sich in drei Abschnitte: Der erste Abschnitt geht darauf ein, dass Haltungskompetenzen eine möglichst unvoreingenommene professionelle Wahrnehmungsfähigkeit voraussetzen. Haltungen beinhalten eine bestimmte Einstellung zu sich selbst. Diese Einstellung zu sich selbst wird mit den Begriffen der Achtsamkeit und der Spiritualität umschrieben. Des Weiteren wird Emmanuel Lévinas' philosophischer Zugang zu Achtsamkeit und Spiritualität erläutert. In einem zweiten Abschnitt werden die für professionelle Arbeit in sozialen Berufsfeldern wichtigen Haltungen *Respekt*, *Empathie*, *Authentizität* und *Unvoreingenommenheit* vorgestellt. An einzelnen Beispielen wird erläutert, wie die Haltungskompetenzen im Kontext der Migrationsgesellschaft zum Tragen kommen. Der dritte Abschnitt zeigt auf, wie solche Haltungskompetenzen eingeübt und gestärkt werden können.

1.1 Das ‚Ruhen-in-Sich' als Voraussetzung für Wahrnehmungsfähigkeit

Wahrnehmung und Reflexion

Nach Martin Buber (1962) und Emmanuel Lévinas (1998) können zwei Weisen von ‚Ich-Aktivität' unterschieden werden, die die Kommunikation prägen: Wahrnehmung und Reflexion. Die Bedeutung der Wahrnehmung wird oft unterschätzt. Die Trias Sehen – Urteilen – Handeln werden ebenso wie die handlungswissenschaftliche Variante Exploration – Analyse – Aktion häufig als eine in ihrer Wichtigkeit aufsteigende Linie gesehen: Exploration ist die Vorarbeit, theoretische Analyse ist zentral und am wichtigsten ist die (reflektierte) Aktion. Dem ‚Sehen' wird auch im Studium der Sozialen Arbeit nicht viel Platz eingeräumt. Für die Entwicklung von Haltungen ist Wahrnehmung jedoch zentral. Philosophisch hat die Phänomenologie mit ihrem Begründer Edmund Husserl und u. a. mit seinem Schüler Emmanuel Lévinas das Verhältnis von Wahrnehmung und Reflexion beschrieben. Wahrnehmung ist ein passiver Akt des Gewahrwerdens von Realität durch die verschiedenen Sinne des Menschen: durch Sehen und Hören, Riechen, Schmecken und Fühlen sowie durch das Spüren von Freude und Schmerz, Angst, Wut und Trauer. Wahrnehmung wird im Englischen als *awareness* übersetzt und *awareness* steht auch für Achtsamkeit; ein anderes Wort für Achtsamkeit ist *mindfullness*. Wahrnehmung geht einher mit Begegnung.

Demgegenüber ist Reflexion aktives Denken über jemanden oder etwas. Der, die, das Andere wird zum (Denk-)Objekt: Ich trete in (innere) Distanz zum Objekt und kann sogar mich selbst zum Objekt machen, zu mir selbst Abstand nehmen.

In der Phänomenologie geht es darum, wie jenseits der Phänomene, die das Bewusstsein des Menschen erkennt, die gedacht und reflektiert werden können, ein Zugang zum Sein möglich ist. Lévinas kritisiert die in der europäischen Philosophie vorherrschende Dominanz der Reflexion gegenüber der Wahrnehmung. Dem Denken stellt er das Staunen und Schauen gegenüber, das dem Fremden gerechter wird, weil es das Fremde fremd sein lässt. Wenn ich dem Anderen ins Antlitz schaue, dann verliert das Bewusstsein – also das Denken – seine erste Stelle: „Das Bewusstsein wird durch das Antlitz in Frage gestellt" (Lévinas 1998, S. 221).

Besonders im Blick auf die Migrationsgesellschaft erhält dieser phänomenologische Zugang, das Fremde fremd sein zu lassen und ihm respektvoll zu begegnen, eine besondere Bedeutung.

Spiritualität

Spiritualität ist ein Begriff, der sich auf das Ruhen-in-Sich bezieht, auf die Sehnsucht nach dem Absoluten und der bedingungslosen Liebe, nach kosmischer Einheit. In der Spiritualität wird ein transreflexiver Weg der Wirklichkeitsdurchdringung und des Zugangs zum Unbedingten und Transzendenten gesucht, der wegen seines transreflexiven Charakters an sprachliche Grenzen stößt. Transreflexivität von Spiritualität deutet darauf hin, dass hierbei jenseits der Fähigkeit des Menschen zur verstandesmäßigen Durchdringung eine andere Kommunikationsebene angesprochen ist, nämlich die der Wahrnehmung, des Schauens und Staunens. Dabei geht es um die Wahrnehmung kosmischer Einheit jenseits der Einzelphänomene. Man kann reflexiv an einem Fluss sitzen und den Fluss analysieren: seine Breite, die Fließgeschwindigkeit, die Farbe des Wassers und die ökologische Beschaffenheit der Wasserqualität; oder man kann spirituell den Fluss auf sich wirken lassen: die Atmosphäre, die er ausstrahlt, die Verbindung, die sich zwischen ihm und meiner inneren Gestimmtheit ergibt.

> *Spiritualität* ist ein von Wahrnehmung, Schauen, Meditieren und – in einer religiösen Form – vom Gebet geprägter Zugang zum Unbedingten, zu der inneren Mitte des Lebens, die unsagbar, transzendent bleibt. Dieses Geheimnis, wie Lévinas es nennt, kann ein Mensch spüren, aber nicht reflexiv voll erfassen. Eine spirituelle Lebenseinstellung ist oft, aber nicht immer, religiös und muss nicht konfessionell an eine Glaubensinstitution gebunden sein. Spiritualität drückt sich auch aus in Literatur, Kunst, Malerei und Musik.

Sowohl für eine säkulare, als auch für eine religiös geprägte Spiritualität der Sozialen Arbeit geben Martin Buber und Emmanuel Lévinas verschiedene Impulse: So wichtig es ist, Empathie zu entwickeln, müssen Sozialpädagog*innen und Sozialarbeiter*innen doch damit rechnen, dass ihnen die Menschen, mit denen sie arbeiten, fremd bleiben. Diese Fremdheit spiegelt, so Lévinas, das „Geheimnis" und das Geheimnis ist der Ausdruck der Würde des Menschen. Menschen sollen nicht umfassend kategorisiert, verstanden, beurteilt werden. Soziale Arbeit lebt von dem Impuls der selbstlosen Verantwortlichkeit. Die Fachkraft stellt sich den Menschen, die Unterstützung brauchen, zur Verfügung; es besteht eine asymmetrische Beziehung. Natürlich müssen Situationen, in denen Menschen Unterstützung benötigen, analysiert werden, aber vor aller Analyse ist es wichtig, die Menschen und ihre Umgebung anzuschauen und unvoreingenommen wahrzunehmen und anzunehmen. „Alles wirkliche Leben ist Begegnung" (Buber 1983, S. 18). In belastenden Situationen kann das Anschauen des Gegenübers den Sozialarbeiter oder die Sozialpädagogin darauf hinweisen, sich auf das ursprüngliche Motiv der beruflichen Arbeit zurückzubesinnen und neue Kraft zu schöpfen. In der Sozialen Arbeit mit unbegleiteten minderjährigen Geflüchteten bspw., müssen die Sozialpädagog*innen natürlich kritisch analysieren, ob die Jugendlichen ihre Angaben zum Alter, zur Herkunft und zu den Fluchtwegen wahrheitsgemäß machen oder ob sie Geschichten konstruieren, mit denen sie glauben, so am besten ihr Ziel erreichen zu können. Vor aller Analyse ist es aber von zentraler Bedeutung, dass sie die Jugendlichen unvoreingenommen, respektvoll und wertschätzend als Menschen wahrnehmen und annehmen.

Achtsamkeit

Achtsamkeit ist eine spezifische Form der ungestörten Aufmerksamkeit, die es ermöglicht, ganz präsent zu sein, ganz da zu sein – sowohl bei sich selbst, als auch beim Gegenüber und bei der Umwelt. Im Alltag sind wir oft abgelenkt und lassen uns stören. Belastungen lassen uns innerlich abwesend sein. Ungestörte Achtsamkeit wird in Übungen und Meditationen gelernt, in denen die Störungen wahrgenommen, zugelassen und angenommen werden – um sie dann ‚ziehen lassen' zu können. Sie werden nicht verdrängt. Aber weil sie angenommen werden und einen Platz haben, verlieren sie ihre beherrschende Macht. Eine Lehrerin drückt dies so aus:

> *„Ich lasse morgens in einer ruhigen halben Stunde alles ‚hochkommen', was mich belastet und was mich bedrückt. Ich schaue es mir an und wenn ich vor dem Klassenzimmer meinen Mantel an die Garderobe hänge, hänge ich auch diese Sorgen, die zu mir gehören, dorthin. Dann bin ich frei für die Kinder im Klassenraum. Die Sorgen warten draußen."*

Achtsam gehen, achtsam essen, achtsam atmen und meditieren: Im Hinduismus und Buddhismus gibt es vielfältige Traditionen solcher Übungen, und es ist von daher nicht erstaunlich, dass der Achtsamkeitsboom aus dem asiatisch-buddhistischen Kontext nach Europa herübergekommen ist. Für Achtsamkeit gibt es auch westliche Wurzeln in den mystischen Traditionen des Christentums: das

Eins-Sein mit Gott zu spüren, sich angenommen zu wissen und seine Sorgen auf Gott werfen zu können. Die Mehrzahl der Achtsamkeitsliteratur jedoch bezieht sich auf fernöstliche Traditionen (z. B. Thích-Nh t-H nh 2008). Der Bezug zu fernöstlichen Traditionen rührt auch daher, dass der Hinduismus und der Buddhismus keine scharfe Trennung zu Agnostikern ziehen: Es geht in beiden religiösen Traditionen darum, menschliche Vorstellungen und selbst die Gottesvorstellungen zu überwinden, um ganz in die Tiefe des Seins vorzudringen, die letztlich undenkbar und unaussprechbar ist. Der Dalai Lama betont, dass Achtsamkeit auch nicht-religiösen Menschen zugänglich ist und Teil des Menschseins ist (vgl. Dalai Lama 2015).

Für das Verständnis von Achtsamkeit ist zu beachten, dass das Label Achtsamkeit auch missbraucht wird. Menschen sollen in effizienten Kompaktkursen beruflich fit und stressresistent gemacht werden. Achtsamkeit ist aber mehr als eine Technik. Achtsamkeit ist eine Haltung, die durch Meditation und regelmäßiges achtsames Tun eingeübt werden kann.

1.2 Haltungen in der Sozialen Arbeit

Im Folgenden werden verschiedene Haltungen vorgestellt, die sich aus einer achtsamen und spirituellen Lebenseinstellung ergeben: *Respekt*, *Empathie*, *Authentizität* und *Unvoreingenommenheit.*

Respekt

Respekt ist eine Haltung, die jedem Menschen gebührt, unabhängig davon, was er denkt, tut und fühlt. Respekt ist Ausdruck der Würde, die jedem Menschen zukommt. Würde ist ein „Ausdruck der Achtung, die Menschen aufgrund ihres Menschseins sich selbst entgegenbringen" (Margalit 1997, S. 72). Menschen gebührt diese unbedingte Achtung und Würde, *weil* sie Menschen sind. Respekt zu empfinden gegenüber Menschen, die ich sehr gut kenne, die ich liebe und die ich verstehe, ist nicht so schwer, doch wie kann ich Respekt empfinden gegenüber einem Menschen, dessen Handeln mir fremd und unverständlich erscheint, vielleicht sogar abstoßend? In der Migrationsgesellschaft stoßen bspw. bestimmte Formen der Kleidung muslimischer Frauen oder auch die Art der Begrüßung, wenn konservative muslimische Männer Frauen nicht die Hand geben, auf Unverständnis. Unverständnis gilt es zuerst einmal auszuhalten oder es kann, wenn die Situation es erlaubt, als Frage respektvoll thematisiert werden. Unverständnis darf aber niemals in Respektlosigkeit münden. Ein achtsamer Blick kann helfen, hinter den fremden Gewohnheiten und Erscheinungsformen den Menschen in seiner menschlichen Würde wahrzunehmen. Aus psychoanalytischer Sicht gilt dann auch, das Unverstandene, Geheimnisvolle, manchmal auch Ärgerliche und Nervende in der eigenen Person auszuhalten und zu respektieren.

Fremdheit aus psychoanalytischer Sicht

Menschen drängen unter bestimmten Bedingungen schwierige Kindheits- und Lebenserfahrungen in das Unbewusste ab, weshalb Sigmund Freud das Unbewusste als das innere Ausland bezeichnet. Es gilt, auch da, wo man sich selbst fremd ist, respektvoll mit sich umzugehen, die Fremdheit in sich wahrzunehmen und anzunehmen. Nur wer mit sich selbst respektvoll umgeht, kann auch andere mit Respekt behandeln. Wer das Fremde, Schwierige in seiner Person nicht als das Eigene, zu ihm Gehörige akzeptiert, verdrängt es und projiziert es auf Andere. Projektion des innerlich Abgelehnten auf andere Menschen führt zur Abgrenzung und Kontaktvermeidung. Die moderne amerikanische Vorurteils- und Rassismusforschung macht deutlich: Die konsequente Vermeidung von Kontakten mit Menschen anderer Herkunft stellt den ersten Baustein für die Entstehung von Antipathie, innerer Ablehnung, gruppenbezogener Menschenfreundlichkeit und Rassismus dar (vgl. Zick 1997, S. 151). Wenn wir Fremde bekämpfen, kämpfen wir gegen unser Unbewusstes (vgl. Kristeva 1990, S. 208). Die Fremdheit in sich selbst aufzuspüren und anzunehmen, „das ist vielleicht die einzige Art, sie draußen nicht zu verfolgen" (ebd., S. 209).

Empathie

Empathie bezeichnet die Fähigkeit, seine eigenen Gedanken, Gefühle und Bedürfnisse eine Zeit lang zurückzustellen und in dieser Zeit ganz beim Anderen zu sein und dessen Gedanken, Gefühle und Bedürfnisse wahrzunehmen. Carl R. Rogers machte deutlich, dass Empathie keine beliebig einsetzbare und zeitweise verzichtbare Technik ist, sondern eine persönliche Haltung und Einstellung darstellt. Sie korrespondiert mit Echtheit und Authentizität. Empathisch ist, wer sich aufrichtig, um nicht wertendes Verstehen bemüht, das von einem tiefen Respekt gegenüber dem Anderen gekennzeichnet ist. Es ist der Versuch, in der Lebenswelt des Anderen heimisch zu werden. Der Andere macht dann die Erfahrung, wirklich gehört zu werden. Dabei werden die eigenen Wertevorstellungen nicht aufgegeben, die eigene Position tritt jedoch zurück, um dem Anderen Raum zu geben (vgl. Emme 1996, S. 144). Dies kann nur im Kontext von Authentizität und Ehrlichkeit geschehen.

Fallbeispiel für emphatisches Vorgehen
Es ist möglicherweise für eine feministisch geprägte deutsche Sozialarbeiterin nicht leicht, mit Männern aus Gesellschaften zu arbeiten, die sehr stark patriarchalisch geprägt sind. Wenn in einem Beratungsgespräch ein türkischer Vater über seine Erziehungsmethoden gegenüber den Töchtern berichtet, die der Beraterin sehr rigide erscheinen, kann es sinnvoll sein, dass die Beraterin ihre eigene Irritation thematisiert: „Mir fällt es schwer, Sie zu verstehen, aber vielleicht können Sie mir erklären, warum Sie so denken". Es geht um eine *ehrlich anteilnehmende Neugier*, die es gestattet, sich von sich selbst und den eigenen Vorstellungen zu lösen (vgl. von Schlippe et al., 2003, S. 95). Sich von den eigenen Vorstellungen zu

lösen und sich ganz auf den Anderen einzulassen, fällt aber dann schwer, wenn in einer Situation Stress, Aggressions- oder Angstgefühle übermächtig sind. Wir verlieren unsere Fähigkeit, uns in andere Menschen hineinzuversetzen, wenn wir in eigenen Bildern und Gefühlen gefangen sind. Deshalb ist es für Fachkräfte in der Sozialen Arbeit so wichtig, dass eine Auseinandersetzung mit den eigenen Prägungen und Gefühlen stattfindet und dass die aus der Lebensgeschichte herrührenden Belastungen aufgearbeitet werden. Der Supervision kommt diesbezüglich im Studium wie im Berufsleben eine wichtige Rolle zu.

Authentizität

Authentizität bezeichnet die Fähigkeit, einen Zugang zur eigenen Wahrnehmung zu finden, die eigenen Gefühle zu erkennen und die eigenen Bedürfnisse zu spüren und ausdrücken zu können. Das zu können, ist keineswegs selbstverständlich, denn die gesellschaftlichen Normen blockieren und versperren oft den direkten Zugang zu dem eigenen Inneren, weil mich die Differenz zwischen dem, was in mir an Gefühlen und Wünschen, Ängsten und Bedürfnissen ist, und dem, was an Anforderungen von außen an mich gestellt wird, in Bedrängnis und Konflikte stürzen kann. *Authentizität geht einher mit Konfliktfähigkeit.* Konfliktfähigkeit bezeichnet die Bereitschaft, mit dem Gegenüber in eine ehrliche Auseinandersetzung zu treten, unangenehme Dinge zu sagen und für die eigene Position einzustehen. Dies soll im Respekt und mit Empathie der anderen Person gegenüber geschehen. Empathie und Konfliktfähigkeit bilden eine Einheit: „Empathie und Klarheit, die den Mut zur Konfrontation miteinschließt, sind keine Gegensätze, sondern gehören untrennbar zusammen" (Emme 1996, S. 356). Zur Konfliktfähigkeit gehört auch die Bereitschaft, in der Auseinandersetzung mit anderskulturellen Partnern das Risiko einzugehen, missverstanden zu werden. Auf der Basis von gewachsenen Vertrauensbeziehungen kann man dem Partner unangenehme Sichtweisen zumuten. Probleme werden dann nicht tabuisiert.

Der populistische Versuch von Politiker*innen, die Kriminalität von Menschen mit deren Migrationsbiografie und darüber hinaus mit der Religion des Islam in Verbindung zu bringen und dies dann zum Wahlkampfthema zu machen, muss scharf kritisiert werden. Zu Konfliktfähigkeit gehört hierbei, dass gegen eine, besonders in den Medien häufig anzutreffende, Kulturalisierung von sozialen Problemen klar Stellung bezogen wird. Dies darf aber nicht dazu führen, dass Probleme tabuisiert werden, was auch in Teilen der wissenschaftlichen Öffentlichkeit geschieht, wenn bspw. argumentiert wird, Jugendkriminalität habe nichts mit dem Migrationshintergrund zu tun, sondern sei ausschließlich von der sozialen Herkunft her zu deuten. Eine Migrationsbiografie mit der Erfahrung von Diskriminierung und Ausgrenzung kann im Zusammenhang mit anderen Faktoren (z. B. bei einem Elternhaus mit autoritären Erziehungsmustern) einen Risikofaktor für Kriminalität darstellen. Eine rigide Haltung der ‚*political correctness*' kann auch im Wissenschaftsbetrieb zur Verdrängung von Konflikten führen. Konfliktfähigkeit beinhaltet Mut zur Ehrlichkeit. Notwendig ist gleichzeitig eine ‚Fehlerfreundlichkeit' mit der Bereitschaft, sich im Verlauf eines Konflikts zu korrigieren und sich ggf. für verletzende Äußerungen und für Fehlverhalten zu entschuldigen.

Unvoreingenommenheit

Unvoreingenommenheit ist die Fähigkeit, Situationen und Menschen wahrzunehmen, ohne sie sofort in Schubladen zu stecken, Nicht-Wissen und unterschiedliche Deutungen auszuhalten, ohne vorschnell eine Erklärung zu geben, die ungenügend wäre. Absolute Unvoreingenommenheit ist unmöglich, weil wir Menschen unsere Umwelt immer schon vor dem Hintergrund vorher gesehener Realität wahrnehmen. Jede Wahrnehmung wird verarbeitet, kategorisiert u. a. nach gut und schlecht, schön und gefährlich. Unvoreingenommenheit meint hier relative Offenheit, und sie wird auch mit dem Begriff der Ambiguitätstoleranz beschrieben, als Fähigkeit, Dinge von zwei Seiten (*ambo*: lateinisch für zwei) zu sehen und die Unsicherheit auszuhalten, welcher der beiden Seiten jetzt der Vorrang zu geben sei. In der Migrationssozialarbeit haben Unvoreingenommenheit und Ambiguitätstoleranz einen besonderen Stellenwert, weil hier die Gefahr vorschneller und einseitiger Deutungen besonders groß ist.

Dies beginnt bei der Sprache: Gleiche Wörter und Begriffe haben möglicherweise sehr unterschiedliche Bedeutungen. ‚Krankheit' wird im westeuropäischen Kontext vorrangig als eine in der Person liegende endogene Störung wahrgenommen. Einzelne Menschen afrikanischer Herkunft deuten Krankheiten möglicherweise anders: als Ausdruck zwischenmenschlicher Konflikte, als Störung von Beziehungen, oder sie sehen diese Störung z. B. durch den ‚bösen Blick' verursacht (vgl. Haasen & Yagdiran 2000, S. 19). Ambiguitätstoleranz berücksichtigt, dass Menschen verschiedener Herkunft ihr Leben nach ihren eigenen Maßstäben gestalten und dass die Wertemuster der Fachkräfte nicht einfach auf sie übertragen werden können. Wenn die eigenen Normen zu schnell zur Bewertung von Menschen unterschiedlicher Herkunft herangezogen werden, wird man diesen Menschen nicht gerecht. Soziale Arbeit erfordert eine besondere Anstrengung, Diagnosen und Lösungen nicht vorschnell einzuführen. In dieser Anstrengung steckt auch eine Chance. Durch spezifisches Nachfragen in der Beratung bspw. („Was würde in ihrer Familie in einem solchen Fall getan werden?") werden neue Möglichkeiten eröffnet: „Das Fremde lädt dazu ein, etwas Fremdes einzuführen und im speziellen Bedeutungsrahmen der jeweils anderen Kultur zu nutzen" (von Schlippe et al. 2003, S. 157).

1.3 Vorschläge zur Einübung kultursensibler Haltungen

Landläufig gibt es die Auffassung, jemand habe bestimmte Haltungen oder er habe sie eben nicht. Für die Soziale Arbeit gilt, dass Fachkräfte bestimmte Grundhaltungen wie die der Empathie und der Konfliktfähigkeit von vorne herein mitbringen müssen. Diese Fähigkeiten hat man aber nicht ein für alle Mal; es ist wichtig, sie zu pflegen, zu vertiefen und zu erweitern.

Wahrnehmungsschulung

Auf Soziale Arbeit bezogen bedeuten die bisherigen Überlegungen zuerst einmal, dass Wahrnehmung und Achtsamkeit den Ausgangspunkt für Haltungskompetenzen bilden: Genau hinschauen, respektvoll wahrnehmen und mit Achtsamkeit Beziehungen aufzubauen ist ein erster zentraler Schlüssel.

Offene Wahrnehmung einer Situation erfordert Empathie, ein Sich-Einfühlen in die Situation, das Zurückstellen der eigenen Gedanken, Gefühle und Bedürfnisse, um ganz beim Gegenüber und bei dessen Gedanken, Gefühlen und Bedürfnissen zu sein. Diese Situationswahrnehmung als ein *Sich-Einfinden in der Lebenswelt des Gegenübers* ist am ehesten möglich, wenn sie nicht gestört wird durch sich aufdrängende eigene Gefühle und Ängste. Für Soziale Arbeit heißt dies, dass genaues Hinschauen und Wahrnehmen mehr Platz haben muss. Wege der Wahrnehmungsschulung muss jede*r für sich finden. Es geht darum, die eigenen persönlichen Belastungen hintenanstellen zu können, ohne sie zu verdrängen, und eine Präsenz ganz beim Gegenüber zu haben. Rituale können helfen: tief durchatmen, Prozesse unterbrechen, eine Pause einlegen, wenn ich unruhig werde. Jede*r einzelne muss für sich herausfinden, wie ein Rejustieren, ein Sich-Einfinden in die Aufmerksamkeit am besten gelingt: durch einen Spaziergang, Musik hören, auf den eigenen Atem achten. Religiöse Menschen suchen das Gebet. Exerzitien sind eine intensive Zeit der Wahrnehmungsschulung. Straßenexerzitien sind eine Form, ohne Handlungsdruck seinen Tag auf der Straße in der Begegnung mit Menschen unterschiedlicher Herkunft zuzubringen, einfach nur hinzuschauen und zuzuhören: mit bettelnden Menschen in der Einkaufsstraße ins Gespräch zu kommen, beim Café Asyl geflüchteten Menschen zuzuhören und sich bei den Notschlafstellen für drogenabhängige Menschen mit den dortigen Besuchern in ein Gespräch verwickeln zu lassen (vgl. Herwartz et al. 2016).

Meditation

Die psychische Belastung ist in der Sozialen Arbeit, wie auch in vielen anderen Arbeitsfeldern, oft sehr groß. Meditation als eine zumeist, aber nicht immer, religiös geprägte Form der inneren Sammlung und ein möglicher Weg zur Verhinderung des Burn-out-Syndroms. Sie kann zu einer achtsamen Haltung beitragen. Durch die Beobachtung des eigenen Atems und stilles Sitzen wird der Meditierende sich zuerst der eigenen Zerstreutheit bewusst. Indem er sich sanft von den eigenen Gedanken und Gefühlen löst und das Bewusstsein auf die innere Mitte (im religiösen Sinne auch: auf Gott) richtet, entwickelt sich eine Haltung der Achtsamkeit, eine ausgeprägte Sensibilität allem gegenüber, was in der eigenen Umgebung geschieht. Eine meditative Haltung kann ebenfalls durch andere Erfahrungen, wie bspw. durch das bewusste Erleben der Natur, durch Musizieren und Musik Hören gefördert werden. Die beruflichen oder persönlichen Belastungen werden in der Meditation geläutert, losgelassen und ‚abgegeben'. Dadurch wird der Weg des Bewusstseins frei für tiefer liegende Quellen des Mitgefühls, der Dankbarkeit, der Zufriedenheit und des Glücks. Meditation eröffnet einen Weg für die Erfahrung des Eins-Seins.

Seit einigen Jahren wird das Meditieren in seiner Bedeutung für die Wahrnehmung auch neurowissenschaftlich untersucht (vgl. Singer & Ricard 2008). Das öffentliche Interesse an der Meditation bleibt oft oberflächlich und konzentriert sich vorrangig auf die praktischen Fähigkeiten des Abschaltens, Umschaltens und der bewusstseinsmäßigen Flexibilität (vgl. Benedikter 2006). Eine Einführung in die Meditation als fester Bestandteil der Studiengänge für pädagogische und psychosoziale Arbeit macht aus dargestellter Perspektive mehr Sinn. Der Jesuit Franz Jalics empfiehlt allen, die professionell mit Menschen arbeiten, regelmäßige tägliche Meditation von einer halben Stunde, denn das helfe:

> *„Ganz Ohr zu sein. Ganz dabei zu sein. Nicht nur mit dem Verstand zuzuhören, sondern mit dem ganzen Körper, mit ganzer Seele. Zuhören bedeutet, mit großer Ehrfurcht in die Einzigartigkeit des Gegenübers hineinzuhorchen […]". (Jalics 2005, S. 394)*

Der Sozialphilosoph Hans Joas bezieht sich auf den Begründer des Pragmatismus und der Psychologie in den USA, William James, der den Begriff des ‚idealen sozialen Selbst' entwickelt hat. Jeder Mensch, so James, sucht in seinem Allerinnersten ein Gegenüber als das absolute Ideale. Mit diesem absoluten Selbst führt der Mensch in seinem Innern Gespräche. Von hierher kommt William James dann auch auf den Begriff des Gebets. *Der gläubige Mensch erkennt Gott als das absolute Gegenüber in seinem Inneren.* Das Beten kann laut James historisch nicht verschwinden; er nimmt an, dass wir beten, weil „wir nicht anders können, als zu beten" (Joas 2012, S. 227), um uns dieses absolut idealen Anderen zu vergewissern. Das Gebet ist das Herz einer religiösen – christlichen, muslimischen oder andersreligiösen – Spiritualität, weil hier der Einzelne in Beziehung mit der göttlichen Wirklichkeit tritt. Ehrenamtliche Helfer*innen in der Arbeit mit geflüchteten Menschen berichten davon, wie Geflüchtete das Gebet als eine wichtige Ressource auf ihrem Fluchtweg bezeichnen. Franz Jalics benennt Formen des Gebets und beschreibt das kontemplative Gebet als die intensivste Ausdrucksform der Einheit des Menschen mit Gott (vgl. Jalics 2005). In der mystischen Kontemplation, dem Schweigen und dem Hinhören auf die innere Mitte, auf Gott, machen muslimische Sufis wie jüdische, hinduistische, buddhistische und christliche Mönche frappierend ähnliche Erfahrungen und drücken sie in Bildern und Erkenntnissen aus, die auf gemeinsame Wurzeln des Spirituellen in den unterschiedlichen Religionen schließen lassen.

Einübung gewaltfreier Kommunikation

Marshall Rosenberg hat mit seinem Ansatz der gewaltfreien Kommunikation (vgl. Rosenberg 2013) einen Weg eröffnet, wie Haltungskompetenzen des Respekts, der unvoreingenommenen Wahrnehmung, der Authentizität und Empathie für eine Konfliktbearbeitung in Gesprächen genutzt werden können. Zum Menschenbild von Marshall Rosenberg gehört die Erkenntnis, *dass hinter jeder verletzenden und gewaltvollen Aussage ein unerfülltes Bedürfnis steht.* Gewaltfreie Kommunikation beinhaltet wertschätzenden Umgang mit sich selbst und mit dem jeweiligen Gegenüber. Anstatt Menschen zu beurteilen und zu verurteilen, fokussiert gewaltfreie Kommunikation auf möglichst unvoreingenommene Wahrnehmung und sie benennt Gefühle und Bedürfnisse – die eigenen und die des Gegenübers.

Unsere alltägliche Kommunikation ist geprägt von Bewertung und Abwertung, durch Vorwürfe und Schuldzuweisungen. Regelmäßiges Üben ist notwendig, um aus den eingeübten Mustern gewalthaltiger Kommunikation auszusteigen.

Wer sich den eigenen Gefühlen und Bedürfnissen bewusst wird, kann sich leichter von automatischen Reaktionsmustern des Kritisierens, Abwertens und Verurteilens befreien und Handlungsspielraum gewinnen. „Für offene, vertrauensvolle Beziehungen ist es förderlich, auf Vorwürfe, Urteile und Bewertungen zu verzichten und Gefühle auf die eigenen Bedürfnisse zu beziehen" (de Haen & Hardieß 2015, S. 44). Im Rahmen des Studiums der Sozialen Arbeit sollten Übungsseminare zur gewaltfreien Kommunikation zum Kernprogramm des Curriculums gehören.

Wer mit sich selbst achtsam umgeht, wird offener für die aufrichtige und wertschätzende Kommunikation mit anderen: sich aufrichtig mitzuteilen, empathisch zuzuhören, Feedback zu geben und anzunehmen, Ärger in Bedürfnisse zu übersetzen, Grenzen zu setzen und Wertschätzung auszudrücken.

1.4 Fazit

Für eine professionelle Soziale Arbeit ist es wichtig, Menschen frei von eigenen Zwängen, Ängsten oder Blockierungen zu begegnen und die Verbindung mit allen und allem zu suchen, ohne irgendjemanden auszugrenzen. Es ist Aufgabe der Sozialen Arbeit, in der Migrationsgesellschaft Felder der Begegnung zwischen Menschen unterschiedlicher Herkunft zu schaffen, um Dialogfähigkeit, Toleranz und gegenseitigen Respekt einzuüben. Integration in die deutsche Gesellschaft ist dabei keine Einbahnstraße: Wenn Einheimische keinen tiefer gehenden Kontakt zu Menschen mit Migrationshintergrund haben, dann sind auch sie nicht in die von Vielfalt geprägte deutsche Gesellschaft integriert. Nur wenn sich Einheimische und Zugewanderte respektvoll begegnen und wenn sie das Gespräch miteinander suchen, kann Integration in die von Vielfalt geprägte Gesellschaft gelingen. Zur Anregung solcher Prozesse ist bei Sozialarbeitern und Sozialpädagoginnen Achtsamkeit gefordert sowie eine Pflege der Spiritualität, um so die eigenen Haltungen des Respekts, der Empathie, der Authentizität und der Unvoreingenommenheit kontinuierlich zu stärken. Wenn Soziale Arbeit von diesen Haltungen geprägt ist, kann eine innere Verbindung mit den Menschen wachsen, die benachteiligt sind, isoliert und diskriminiert leben. Ziel ist, dass alle teilhaben können an der Fülle des Lebens. Wenn sich Menschen unterschiedlichster Prägungen in der von Migration geprägten Gesellschaft respektvoll und vielleicht sogar freundschaftlich begegnen, tragen sie zu einem friedlichen Miteinander bei.

Literatur

Benedikter, R. (2006): Der gegenwärtige Trend physiologischer Erforschung der Meditation: Öffentliche Legitimierungsstrategie oder tieferes Interesse? Zur Kritik einer Mode in der aktuellen entwicklungsphysiologischen Forschung. In: Marburger Forum. Beiträge zur geistigen Situation der Gegenwart 7 (2).

Buber, M. (1962): Ich und Du. Das dialogische Prinzip. Heidelberg: Schneider.

Buber, M. (1983): Ich und Du. 11. durchgesehene Aufl. Heidelberg: Schneider.
Dalai Lama (2015): Der Appell des Dalai Lama an die Welt, mit Franz Alt „Ethik ist wichtiger als Religion“, Wals bei Salzburg: Benevento.de.
Haen, N. V., Hardieß, T. (2015): 30 Minuten gewaltfreie Kommunikation, Offenbach: Gabal.
Emme, M. (1996): „Der Versuch, den Feind zu verstehen“. Ein pädagogischer Beitrag zur moralisch-politischen Dimension von Empathie und Dialog. Frankfurt a. M.: IKO.
Haasen, C. & Yagdiran, O. (2000): Beurteilung psychischer Störungen in einer multikulturellen Gesellschaft. Freiburg: Lambertus.
Herwartz, C., Jans-Wenstrup, M., Prinz, K., Tollkötter, E. & Freise, J. (Hrsg.) (2016): Im Alltag der Straße Gottes Spuren suchen. Persönliche Begegnungen in Straßenexerzitien. Neukirchen-Vluyn: Neukirchener Verlagsgesellschaft.
Huether, G. (2011): Was wir sind und was wir sein könnten – ein neurobiologischer Mutmacher. Frankfurt a. M.: S. Fischer Verlag.
Jalics, F. (2005): Kontemplative Exerzitien. Eine Einführung in die kontemplative Lebenshaltung und in das Jesusgebet. 9. Aufl. Würzburg: echter.
Kristeva, J. (1990): Fremde sind wir uns selbst. Frankfurt a. M.: edition suhrkamp.
Lévinas, E. (1998): Die Spur des Anderen, Studienausgabe. Freiburg und München: Alber.
Margalit, A. (1997): Politik der Würde. Über Achtung und Verachtung. Berlin: Fest.
Rosenberg, M. (2013): Gewaltfreie Kommunikation – Eine Sprache des Lebens. 11. Aufl. Paderborn: Junfermannverlag.
Schlippe, A. v., El Hachimi, M. & Jürgens, G. (2003): Multikulturelle systemische Praxis. Ein Reiseführer für Beratung, Therapie und Supervision. Heidelberg: Carl-Auer-Systeme-Verlag.
Thích-Nh t-H nh (2008): Das Wunder der Achtsamkeit. Einführung in die Meditation [Neubearb.: Karen Siebert]. Stuttgart: Theseus-Verlag.
Zick, A. (1997): Vorurteile und Rassismus: eine sozialpsychologische Analyse. Münster und New York: Waxmann.

✎ *Verfasser*

Prof. Dr. Josef Freise (j.freise@katho-nrw.de), Katholische Hochschule Nordrhein-Westfalen; Arbeitsschwerpunkte: Soziale Arbeit in der Migrationsgesellschaft und interreligiöse Pädagogik.

2 Interkulturelle Orientierung und Öffnung von Institutionen Sozialer Arbeit und Pädagogik – Grundlagen und Herausforderungen

Hubertus Schröer

Dieser Beitrag beschäftigt sich damit, dass in der Migrationsgesellschaft für ein erfolgreiches Handeln von Fachkräften der Sozialen Arbeit und Pädagogik nicht nur individuelle Wissens-, Haltungs- und Handlungskompetenzen notwendig sind. Berufliches Handeln wird in und durch Organisationen ermöglicht. Jene Fähigkeiten, die als interkulturelle Kompetenz bezeichnet werden, müssen übertragen werden auf die Institutionen, in der Sozialarbeiter*innen sowie Pädagog*-innen tätig sind. Funktionale Strukturen bestimmen maßgeblich berufliche Praxis: nach innen gegenüber den Mitarbeitenden als Voraussetzung für ein befriedigendes und professionelles Arbeiten, nach außen im Blick auf Nutzer*innen als Bedingung für deren Entfaltungsmöglichkeiten und die angestrebten Wirkungen sozialen und pädagogischen Handelns. Es geht in diesem Kapitel um Wissen über das Wesen von Organisationen, um Wissen über die Veränderungen von Institutionen und um Wissen über die strategischen Veränderungsansätze der interkulturellen Orientierung und Öffnung als Grundlage für entsprechende individuelle Haltungskompetenzen.

2.1 Die Bedeutung der Organisation

Organisation bedeutet wörtlich ursprünglich „ein Werkzeug zur Erreichung von Zielen". Soziologisch wird darunter „eine Festlegung von Regeln" verstanden, „wie Menschen, Informationen und Sachmittel zusammenwirken, um bestimmte Aufgaben zu erfüllen" (Glatz & Graf-Götz 2007, S. 16). Organisationen sind für das Handeln von Menschen von entscheidender Bedeutung: Sie geben Regeln vor, gestalten die Kultur und Struktur für individuelles und kollektives Handeln. Sie setzen Ziele und Zwecke, die ausdrücklich oder unausgesprochen dieses Handeln bestimmen. Sie formulieren damit Erwartungen an die Mitglieder, sich zielorientiert, effektiv und effizient zum Wohl der Organisation zu verhalten. Sie setzen personelle und materielle Ressourcen ein, die für die Zielerreichung in einem ausgewogenen Kosten-Nutzen-Verhältnis stehen sollen. Kurz: Sie setzen den Rahmen für gelingendes Handeln von Menschen.

Organisationsveränderung

Interkulturelle Öffnung zielt auf Organisationsveränderung, es geht um Veränderungsprozesse in den Organisationen der sozialen und pädagogischen Arbeit. In einem systemischen Verständnis von Organisation richtet sich die Aufmerksamkeit auf das Zusammenwirken der verschiedenen Elemente eines Systems. Das kennt die Soziale Arbeit aus systemischen Beratungsansätzen. Wie aber entstehen und verändern sich Organisationen (vgl. für das Folgende ausführlicher Handschuck & Schröer 2012, S. 61ff.)? In Anlehnung an systemtheoretische und konstruktivistische Überlegungen werden Organisationen nicht als etwas objektiv Gegebenes betrachtet, sondern als Ergebnis sozialer Konstruktionen (vgl. Kieser 2002, S. 303). Organisationsmitglieder kommunizieren und interagieren miteinander, interpretieren die Regeln, setzen sich mit Zielen auseinander, vereinbaren Handlungen, verteilen Ressourcen. Das alles setzt einen kommunikativen Austausch voraus. Organisationen werden in dieser Sichtweise als Kommunikationssysteme verstanden, deren wesentliche Elemente nicht die mitarbeitenden Menschen oder die nachfragenden Nutzer*innen sind, sondern diese Kommunikationsleistungen, die für die Aufgabenerfüllung (z. B. Jugendhilfeplanung betreiben oder eine Hilfe zur Erziehung vereinbaren) notwendig sind.

> *„Dementsprechend ist eine Entwicklung neuer organisatorischer Lösungen nur über Kommunikation unter Organisationsmitgliedern möglich – über*

Kommunikation, in der es eben nicht um die Erfassung und Konzipierung objektiver Tatbestände geht, sondern um das Verständnis der Organisationsmitglieder vom Funktionieren ihrer Organisation.“ (Ebd., S. 297)

Aus systemtheoretischer Sicht sind Menschen vor allem in ihrer Funktion für die Organisation von Interesse. Als Personen nehmen sie eine Rolle ein, die die zu erwartenden Kommunikationsleistungen definiert: führen, entscheiden, verhandeln, planen, Wissen zur Verfügung stellen. Menschen erwarten Gegenleistungen wie Anerkennung, Lebensstandard, Entwicklungsmöglichkeiten. Wegen dieser Rollenfunktionen sind Menschen zwar wichtig, aber prinzipiell austauschbar. Jede andere qualifizierte Person kann die von ihr erwarteten Kommunikationsleistungen ebenso erbringen.

Die spezifische Rolle des Organisationsmitglieds prägt auch dessen Perspektive auf die Gesamtorganisation. Das, was beobachtet wird, ist abhängig vom Standort und von der Rolle des Beobachters, der Beobachterin. Basis, mittleres oder oberes Management, Finanzverantwortliche, Konzeptentwicklerinnen oder Sachbearbeitende sehen ihre jeweils spezifischen Aspekte. Jede in der Organisation handelnde Person konstruiert die soziale Wirklichkeit aus ihrer Beobachtungsperspektive. Erst die Kommunikation darüber, der Austausch über die unterschiedlichen Sichtweisen, ergibt ein Bild des gesamten Systems.

Organisationen sind also das Ergebnis kollektiver Konstruktionen. Ihre Kultur, ihre Spielregeln, ihre Strukturen, ihre Identität, ihre Muster sind Konstrukte, die durch Kommunikation der Organisation zum gemeinsamen Bild und damit zur gemeinsam geteilten Wirklichkeit werden. „Veränderungen von Organisationen werden daher durch Veränderungen von Konstrukten angeregt: Neue Konstruktionen schaffen neue Organisationen“ (Seliger 2008, S. 32). Das kann nicht einfach durchgesetzt oder angeordnet werden, sondern entsteht aus einem Prozess der Selbstorganisation. Weil lebende Systeme autonom und von außen nur bedingt beeinflussbar sind, werden die Akteure durch geeignete Methoden angeregt, sich in eigener Verantwortung am Veränderungsprozess zu beteiligen. Dafür müssen und können Menschen ins Gespräch gebracht werden, und zwar so, dass die Kommunikationssettings neue Konstruktionen durch neue Perspektiven ermöglichen.

Hier z.B. setzen Großgruppen-Methoden oder präziser, wie Seliger (ebd., S. 15) betont, Organisationskonferenzen an. Sie sind vor dem Hintergrund einer systemtheoretischen Orientierung ein Setting, das Organisationskommunikation ermöglicht und darüber das ganze System in einen Dialog bringt. Für unser Thema bedeutet das, interkulturelle Orientierung und Öffnung auf allen Ebenen kulturell, strukturell und personell parallel anzugehen.

2.2 Interkulturelle Orientierung und Öffnung

Soziales und pädagogisches Handeln in der Migrationsgesellschaft findet in einer sich radikal verändernden Gesellschaft statt. Migration, Transmigration, Einwanderungsprozesse über Jahrzehnte haben zu einer „postmigrantischen Gesellschaft“ (Foroutan 2015) geführt, in der – nach der erfolgten Migration – lösungsorientierte Aushandlungsprozesse für eine erfolgreiche Inklusion in die Teilsysteme der Gesellschaft, also in Wohnen, Bildung, Arbeit, Gesundheit, Kultur usw. organisiert werden müssen. Das kann erfolgreich sein, wenn die Organisationen, die diese Inklusionsprozesse unterstützen, also öffentliche Verwaltungen, Sozialverbände, Non-Profit-Organisationen, aber auch Handwerk und Industrie, sich parallel zu den gesellschaftlichen Transformationsprozessen entwickeln, um den neuen Anforderungen gerecht zu werden. Es gilt anzuerkennen, dass sich die politische Kultur, die gesellschaftlichen Institutionen und die Struktur der Organisationen verändern müssen, um Ausgrenzungen und Barrieren abzubauen und Teilhabe und Teilnahme zu ermöglichen. Dafür ist die Strategie der interkulturellen Orientierung und Öffnung entwickelt worden, das sind die Ziele von Integration und Inklusion. Es geht darum, die jeweiligen Organisationen mit allen ihren Elementen für notwendige Veränderungsprozesse zu öffnen: die Kultur der Organisation, also die Regeln und Normen; die Ziele und Strategien der Organisation, also ihre grundsätzliche Ausrichtung und ihr systematisches Vorgehen; das Personal der Organisation, also dessen Zusammensetzung und interkulturelle Verständigungsfähigkeit; die Ressourcen der Organisation, also deren materiellen Mittel oder räumliche Gestaltung (vgl. Terkessidis 2010, S. 142ff.).

Die Forderung nach der interkulturellen Öffnung von Organisationen hat sich vor etwa 20 Jahren aus einer selbstkritischen Reflexion der Sozialen Arbeit und Pädagogik über ihren professionellen Umgang mit eingewanderten Familien, Kindern und Jugendlichen entwickelt. Dabei standen die grundsätzlichen Positionen und die fachlichen Inhalte der Profession ebenso in der Kritik wie die institutionalisierte Form der sozialen Versorgung durch exklusive Sonderdienste der Wohlfahrtsverbände statt durch die kommunale Regelversorgung. Als Ergebnis hat sich das Paradigma der interkulturellen Arbeit herausgebildet mit der Forderung nach interkultureller Kompetenz der handelnden Personen und der interkulturellen Orientierung und Öffnung der dieses Handeln bestimmenden Institutionen.

Dem in Interkulturalität enthaltenen Kulturbegriff liegt ein dynamisches Verständnis von Kultur zugrunde. Eine Definition von Georg Auernheimer hat weitgehende Zustimmung gefunden:

> *„Kultur ist das Orientierungssystem, das unser Wahrnehmen, Bewerten und Handeln steuert, das Repertoire an Kommunikations- und Repräsentationsmitteln, mit denen wir uns verständigen, uns darstellen, Vorstellungen bilden." (Auernheimer 1999, S. 28)*

In diesem weiten Verständnis reduziert sich Interkulturalität nicht auf das Verhältnis zwischen Menschen unterschiedlicher Herkunft. Es gilt vielmehr für das Verhältnis zwischen unterschiedlichen Lebensformen und umfasst Unterschiede des Geschlechtes, des Alters, der Religion, der sexuellen Identität, der körperlichen Ausstattung, der sozioökonomischen Lage.

Interkulturelle Orientierung

Interkulturelle Orientierung soll als

> *„eine sozialpolitische Haltung von Personen beziehungsweise Institutionen verstanden werden, die anerkennt, dass unterschiedliche Gruppen mit unterschiedlichen Interessen in einer Stadtgesellschaft leben und dass diese Gruppen sich in ihren Kommunikations- und Repräsentationsmitteln unterscheiden." (Handschuck & Schröer 2002, S. 512)*

Interkulturelle Orientierung zielt auf Anerkennung und bildet damit die Grundlage dafür, dass Gruppen und Individuen ihre jeweiligen Interessen vertreten, dass die Beteiligten eine selbstreflexive Haltung gegenüber der eigenen Kultur einnehmen können und dass dadurch eine gleichberechtigte Begegnung ermöglicht wird. Auf dieser Basis bietet interkulturelle Orientierung die Chance, das Verhältnis zwischen Mehrheit und Minderheit und die damit verbundene Definitionsmacht und die ungleiche Verteilung von Ressourcen zum Thema zu machen.

> *Interkulturelle Orientierung* kann als Organisationsphilosophie und strategische Ausrichtung bezeichnet werden, die sich in der Vision einer Organisation, im Leitbild einer Institution niederschlägt, die sich in den jeweiligen Zielen konkretisiert und die die Organisation auf die Querschnittsaufgabe interkultureller Öffnung verbindlich verpflichtet (Handschuck & Schroer 2012, S. 43).

Interkulturelle Öffnung

Interkulturelle Öffnung ist dann die Konsequenz einer solchen neuen Orientierung, die handelnde Umsetzung der strategischen Ausrichtung einer Organisation durch Organisation-, Personal- und Qualitätsentwicklung. Öffnung richtet sich gegen Geschlossenheit, gegen bewusste oder unbewusste Ausgrenzungsmechanismen. Das berührt Interessen und Machtstrukturen, provoziert Konflikte mit Gewinnern und Verlierern. Wenn man sich die Dienste und Einrichtungen, die für die Versorgung der Bürger*innen zuständig sind, kritisch anschaut, lassen sich vielfältige Barrieren (von Sprachproblemen über fehlendes muttersprachliches Personal bis zu den Routinen deutscher Institutionen) für die Zugänglichkeit zu diesen Dienstleistungen für Menschen mit Migrationshintergrund analysieren.

Interkulturelle Öffnung soll diese Strukturen mit ihren Ausschließungen verändern. Dazu gehört die interkulturelle Qualifizierung des Personals durch Aus-, Fort- und Weiterbildung und die Einstellung von Fachkräften mit Migrationshintergrund. Diese Veränderungsprozesse sind als kontinuierliche Aufgabe zu verstehen.

> Interkulturelle Öffnung kann verstanden werden als ein bewusst gestalteter Prozess, der (selbst-)reflexive Lern- und Veränderungsprozesse von und zwischen unterschiedlichen Menschen, Lebensweisen und Organisationsformen ermöglicht,

wodurch Zugangsbarrieren und Abgrenzungsmechanismen in den zu öffnenden Organisationen abgebaut werden und Anerkennung ermöglicht wird (Schröer 2007, S. 83).

Ein wichtiges Element dieser kritischen Reflexion ist es auch, in den sozialpädagogischen Handlungsfeldern nicht nationale, ethnische oder religiöse Zugehörigkeiten zu konstruieren und damit soziale Probleme oder ökonomische Benachteiligung zu ethnisieren und zu kulturalisieren. Vor einer solchen Gefahr warnt Hamburger (1999, S. 38), weil sie „kulturelle Identifikationen in einem Maße verstärkt, dass neue Probleme entstehen und Konflikte verschärft werden". Er fordert, nicht beabsichtigte Wirkungen und Folgen einer interkulturell orientierten Arbeit zu berücksichtigen und damit zu einer „reflexiven Interkulturalität" zu kommen.

Interkulturelle Öffnung ist also ein querschnittspolitischer Ansatz, der sich gegen bewusste und unbewusste Ausgrenzungsmechanismen von Organisationen richtet. In der Praxis geht es um die subjektiven und objektiven Zugangsbarrieren für Menschen mit Migrationshintergrund. Im Kern handelt es sich um ein Prinzip, das sich – im weitesten Sinn – an politische Institutionen richtet, also kommunale, Länder- und Bundesverwaltungen, aber auch an Verbände, Vereine, Gewerkschaften oder Bildungsinstitutionen.

2.3 Paradigmenwechsel

Interkulturelle Öffnung ist als ein Ansatz der Organisations- und Personalentwicklung zu verstehen und umzusetzen. Mit dieser neuen Strategie sind grundlegende Paradigmenwechsel verbunden.

Von der Defizit- zur Ressourcenorientierung

Die alte Ausländern- beziehungsweise Migrationssozialarbeit offenbarte schon begrifflich ihre paternalistische Grundhaltung. Der Ausländerstatus machte Eingewanderte per se zu Objekten Sozialer Arbeit, als ob ausländische Familien von vornherein hilfebedürftig seien. Menschen mit Migrationshintergrund werden jetzt nicht mehr als vorwiegend defizitäre Wesen gesehen, denen mit kompensatorischen Maßnahmen geholfen werden muss. Stattdessen wird wahrgenommen, dass sie durch den herausfordernden Prozess der Wanderung und durch ihre z. T. erfolgreiche Platzierung in der neuen Gesellschaft ihre Fähigkeiten, Stärken und Ressourcen unter Beweis gestellt haben. Sie und ihre Organisationen sind gleichberechtigte Partner*innen in den Prozessen interkultureller Verständigung.

Von der Fokussierung auf Minderheiten zum Blick auf die Mehrheitsgesellschaft

Die jahrzehntelange Ausländerpolitik in Deutschland war vorwiegend Arbeitsmarkt- und kaum Integrationspolitik. Selbst wenn von Integration die Rede war, standen vorwiegend die Eingewanderten in der Verantwortung. In der interkulturellen Orientierung bleibt der Blick nicht allein auf irgendwie zu integrierende Eingewanderte gerichtet. Er nimmt im Rahmen einer gemeinsamen gesellschaftlichen Verantwortung die autochthone Mehrheitsgesellschaft in den Fokus. Alle interkulturellen Maßnahmen richten sich in gleicher Weise an alle Bürger*innen.

Von der Integration zur Inklusion

Mit der interkulturellen Orientierung gerät der Integrationsbegriff zunehmend in Kritik. Das herkömmliche Integrationsverständnis zielt darauf ab, Eingliederung in erster Linie als Anpassungsleistung und als Erwartung der Gesellschaft an die Eingewanderten zu verstehen. Mit dem Inklusionsbegriff ist eine neue Haltung verbunden, die Zugehörigkeit zur Gesellschaft von Anfang an postuliert und mit ihrer menschenrechtlichen Verankerung auch eine besondere normative Qualität aufweist.

Von der Orientierung auf Personen zur Veränderung von Strukturen

Interkulturelle Sensibilisierung wurde bisher weitgehend als Maßnahme der Personalentwicklung gesehen. Mit der interkulturellen Öffnung wird die Perspektive erweitert. Es geht nicht allein um die Kompetenzen der handelnden Personen. Entscheidend ist eine Auseinandersetzung mit den Strukturen von Organisationen, die nicht nur mögliche Zugangshindernisse für Menschen mit Migrationshintergrund schaffen, sondern auch fördernde oder hindernde Rahmenbedingungen für interkulturell sensibles Handeln der Mitarbeitenden.

Von der Organisationsentwicklung zur Veränderung von Gesellschaft

Mit dem Paradigma der interkulturellen Öffnung waren zunächst nur wichtige gesellschaftliche Institutionen wie die Verwaltung angesprochen. Im politischen Feld scheint allmählich deutlich zu werden, dass interkulturelle Orientierung als grundlegende Haltung der Anerkennung eine gesamtgesellschaftliche Perspektive umfasst. Interkulturelle Orientierung und Öffnung werden zu einem die Gesellschaft verändernden Ansatz.

2.4 Vorgehen

Anknüpfend an die Eingangsüberlegungen zum hier vertretenen Organisationsverständnis ist es eine unabdingbare Gelingensbedingung für Veränderungsprozesse, Kommunikation im System sicherzustellen. Will sich eine Organisation interkulturell orientieren und öffnen, umfasst das einen längerfristigen Organisationsentwicklungsprozess, der in mehreren Etappen und bei mittleren und größeren Organisationen immer auch arbeitsteilig erfolgt, bspw. in Projektgruppen oder Qualitätszirkeln zu bestimmten Themen. Entscheidend ist es aus einer systemtheoretischen Perspektive heraus, Organisationskommunikation zu ermöglichen, um alle relevanten Stakeholder ins Gespräch zu bringen, um unterschiedliche Sichtweisen deutlich werden zu lassen, um eine selbstkritische Sicht auf die eigenen Konstruktionen zu ermöglichen und so zu einem gemeinsamen Bild von der eigenen Institution zu kommen und darüber die Notwendigkeiten von Veränderungen zu erkennen.

Ein dafür geeignetes Setting schaffen grundsätzlich methodische Ansätze mit Großgruppenverfahren und Organisationskonferenzen, wie sie als Open Space, World Café oder Zukunftswerkstätten bekannt sind. Entsprechende Tools finden sich in vielen Veröffentlichungen (Beispiele für interkulturelle Öffnungsprozesse etwa bei Handschuck & Schröer 2012, S. 111ff.). Großgruppenmethoden sind Verfahren, die mehr oder weniger standardisiert der partizipativen Erarbeitung von Zukunftsbildern und Veränderungszielen sowie deren Umsetzungsplanung dienen und einen systemischen Ansatz verfolgen. Sie berücksichtigen grundlegende Prinzipien wie: Führungsverantwortung, Selbstorganisation und Partizipation, Ziel- und Zukunftsorientierung, Lösungs- und Ressourcenorientierung, Prozessorientierung, Transparenz und Synergie. Durch den Einsatz von Großgruppenmethoden werden die Alltagsroutinen in einer Organisation durchbrochen. Großgruppenmethoden verändern die Kommunikation in der Organisation und bringen sie in Schwung. Sie sind animierender als traditionelle Tagungsformate wie bspw. Fachtage oder Symposien, da sie gemeinsame Erfahrungsprozesse initiieren und damit zu Gesprächen anregen, die nicht nur Meinungsbildung ermöglichen, sondern auch gemeinsames Wissen aufbauen und Handlungsperspektiven erschließen.

Gestaltung des Einstiegs

Innerhalb kurzer Zeit sollten alle Mitglieder der Organisation umfassend über das geplante Vorhaben informiert sein. Dafür müssen, wenn nicht bereits vorhanden, Strukturen etabliert werden, die einen Austausch der Organisationsmitglieder ermöglichen und fördern, die zum Dialog und damit zur Meinungsbildung einladen und die zu einem gemeinsamen Schaffensprozess motivieren. Wünschenswert ist, dass sich die Mitglieder der Organisation nicht nur auf den geplanten Veränderungsprozess einlassen, sondern diesen aktiv mitgestalten. Beteiligung ist erwünscht und wird anerkannt, das muss durch die Organisationsleitung glaubhaft vermitteln werden. Ein gelungener Auftakt ist dafür entscheidend.

Geeignet, den Prozess der interkulturellen Orientierung und Öffnung von Organisationen einzuleiten, sind große Auftaktveranstaltungen, die dem Thema Gewicht verleihen und ein deutliches Signal zum Aufbruch setzen. In den Auftaktveranstaltungen werden notwendige Informationen weitergegeben, Bezüge zur alltäglichen Praxis der Mitglieder der Organisation verdeutlicht, theoretische Inhalte vermittelt und Strategien zur Erreichung der angestrebten Ziele vorgestellt (Beispiele ebd., S. 117ff.).

Strategische Steuerung

Interkulturelle Öffnung bedeutet Organisationsveränderung. In Managementtheorien und Qualitätsmanagement ist das Vorgehen als ein Kreislauf der strategischen Steuerung dargestellt, der fünf wesentliche Elemente oder Schritte für einen erfolgreichen Prozess des organisatorischen Wandels benennt (vgl. für das Folgende ausführlicher Handschuck & Schröer 2012, S. 71ff.).

Erarbeitung eines Leitbildes
Die Entwicklung einer Vision für die Organisation, das gemeinsame Ringen um ein Leitbild, der Prozess der gemeinsamen Erarbeitung also und damit der partizipativen Vergewisserung über Zukunftsvorstellungen: Strategische Ziele und die kollektiv zu erbringenden Aufgaben sind die entscheidenden Elemente des Einstieges in einen Veränderungsprozess. Visionen, Leitbilder, Metaphern und Geschichten sind auch besonders effektive Mittel, Kommunikation zu ermöglichen und organisatorischen Wandel zu initiieren (vgl. Kieser 2002, S. 307). Für unser Thema bedeutet das, dass sich die Organisation Klarheit verschafft über ihren Umgang mit Vielfalt, dass im Leitbild und den Konzepten interkulturelle Orientierung als Haltung und interkulturelle Öffnung der eigenen Struktur als Ziele eindeutig formuliert sind. Das kann sehr erfolgreich mit Großgruppen-Methoden erfolgen, was positive Erfahrungen mit Zukunftswerkstätten und World Cafés belegen (Beispiele: Handschuck & Schröer 2012, S. 209ff.).

Analyse der Situation
Aus der Erfahrung in der Arbeit mit Institutionen, mit Gruppen und Teams hat sich als konstruktiv und zielorientiert herausgestellt, bei der Analyse der Ist-Situation sich zunächst die Stärken und Ressourcen bewusst zu machen, über die die Institution verfügt. Eine Defizit-Analyse, die reine Kritikphase demotiviert. Die Überraschung und der Stolz darauf, schon viel erreicht zu haben und nicht bei null anfangen zu müssen, sind immer wieder groß. Dann erst sollte die kritische Analyse folgen (Beispiele: ebd., S. 231ff.).

Festlegung von Zielen
Strategische Steuerung bedeutet ein planvolles, zukunftsorientiertes Vorgehen. Um Steuerung überhaupt zu ermöglichen, bedarf es konkreter Ziele, auf die hin das Vorgehen ausgerichtet wird, also die genaue Darstellung der Wirkungen und Ergebnisse, die man erreichen will. Ziele haben somit die wesentliche Funktion, Steuerung überhaupt erst zu ermöglichen. Das bedeutet, sich genau die künftig zu erreichenden Zustände vorzustellen und dafür spezifische, messbare, attraktive, realistische und zeitlich terminierte Ziele zu formulieren. An dieser Stelle ist Zeit und Raum für breite Beteiligungsmöglichkeiten nach innen und außen. Es ist immer wieder erstaunlich, wie schwer sich soziale und pädagogische Einrichtungen mit der Erarbeitung von Zielen tun, wie viele Workshop-Erfahrungen zeigen. Wie man Ziele formuliert, dafür hat z. B. Maja Heiner (1996) sehr hilfreiche Kriterien vorgeschlagen (Beispiele: ebd., S. 257ff.).

Identifizierung von Schlüsselprozessen und Festlegung von Standards
Anknüpfend an die Ressourcen und Fähigkeiten der Organisation geht es nach der Analyse der Zugangsbarrieren um die Frage, was denn Schlüsselprozesse für eine erfolgreiche interkulturelle Orientierung und Öffnung sein können. Ein Schlüsselprozess lässt sich definieren als mehrere, aufeinander folgende und sich wiederholende Aktivitäten, die für die Zielerreichung unabdingbar sind, wobei verschiedene Menschen, Ressourcen und Methoden systematisch zusammenwir-

ken. Diese Prozesse zu identifizieren und zum Hebel für den Öffnungsprozess zu machen, ist ein wesentlicher Erfolgsfaktor für gelingende Veränderungen. Klassische Schlüsselprozesse sind bspw. die Erstkontakte in der Beratung. Gelingt der Kontakt, entsteht Kommunikation, wird Vertrauen hergestellt und ist die Beratungsarbeit schon halb gelungen.

Nach der Festlegung der wichtigsten Schlüsselprozesse geht es um die Formulierung von Standards, die nicht nur die zu erwartende Fachlichkeit spiegeln, sondern die in besonderem Maße darauf gerichtet sind, die Nutzererwartungen von Menschen mit Migrationshintergrund aufzugreifen. Standards beschreiben die Beschaffenheit einer Leistung und gewährleisten, dass eine zuvor festgelegte Beschaffenheit erwartet werden kann. Sie garantieren die Qualität einer Leistung in Bezug auf die Struktur-, Prozess- und Ergebnisqualität. In unserem Zusammenhang geht es vor allem darum, interkulturelle Aspekte zu berücksichtigen. Solche Standards können sein: Es gibt mehrsprachiges Informationsmaterial, der Eingangsbereich der Beratungsstelle ist für Menschen unterschiedlicher Herkunft attraktiv gestaltet u. Ä.

Planung von Maßnahmen

Die Vergewisserung über die vorhandenen Ressourcen, die Analyse der Zugangsbarrieren, die Identifizierung von Schlüsselprozessen und die Festlegung von Standards sind dann die Basis für die Planung weiterer konkreter Maßnahmen. Der Prozess der interkulturellen Orientierung und Öffnung hat schon erfolgreich begonnen, wenn es gelingt, die Organisation und ihre Mitarbeiterschaft bei der Erarbeitung des Leitbildes, bei der Formulierung von Zielen oder bei der Festlegung von Standards umfassend zu beteiligen. Die angesprochenen Methoden sind geeignet, Organisationskommunikation herzustellen. Diesen Organisationsdialog aufrechtzuerhalten, d. h., immer wieder das ganze System methodisch zu aktivieren und damit das Erlebnis der Gemeinsamkeit bei der Entscheidungsfindung auf Dauer zu gewährleisten, führt zu nachhaltigen Ergebnissen im Sinne von Organisationslernen.

Es geht über die schon aus der Ist-Analyse und den Standards ersichtlichen Konsequenzen hinaus um folgende Maßnahmen.

- Überprüfung der Organisationsstruktur: Sind die Abläufe und Schnittstellen funktional? Braucht es eine institutionell festgelegte Verantwortung für den Öffnungsprozess?
- Überprüfung der Netzwerke: Sind die innerorganisatorischen Informations- und Austauschstrukturen für die interkulturelle Arbeit angemessen? Sind die wichtigsten Stakeholder deutscher wie nicht-deutscher Institutionen eingebunden?
- Überprüfung der Handreichungen: Gibt es für wichtige Schlüsselprozesse qualifizierte Handreichungen, z. B. hilfreiche Fragen für die Kommunikation oder für den Einsatz von Sprach- und Kulturmittlern? Werden alle wichtigen Angebote und Weichenstellungen der Hilfegestaltung, z. B. Unterschriften leisten, sprachlich so vermittelt, dass sie verstanden werden können?
- Überprüfung der Ausstattung: Sind Verwaltungswege verständlich gekennzeichnet, z. B. durch Piktogramme? Ist erkennbar, wer für wen zuständig ist

und wie die Mitarbeitenden heißen und angesprochen werden wollen? Sind die Besprechungsräume so ausgestaltet, dass eine angemessene Kommunikation möglich wird, z. B. durch Über-Eck-Gesprächsführung?
- Neben den organisationsbezogenen Überlegungen sind es Maßnahmen der Personalentwicklung, die für die interkulturelle Orientierung und Öffnung maßgebend sind: Wird bei der Personalrekrutierung darauf geachtet, interkulturelle Teams zu fördern? Werden Mitarbeitende mit Migrationshintergrund wertschätzend aufgenommen und ausreichend unterstützt? Gibt es Supervision und Coaching für die einzelnen Mitarbeiter*innen sowie die Teams? Gibt es gezielte Maßnahmen der interkulturellen Teamentwicklung? Werden durch regelmäßige Fortbildungsveranstaltungen Grundlagen für ein kultur- und migrationssensibles Handeln gelegt? Wird die kulturelle Kompetenz gefördert und interkulturelle Kompetenz vermittelt?

Umsetzung und Evaluation

Natürlich müssen die geplanten Maßnahmen auch umgesetzt werden. Um den Erfolg zu überprüfen, sind Indikatoren für die Ziele zu entwickeln, die anzeigen, ob man die Ziele erreicht hat oder ob man auf einem guten Weg ist. In größeren Organisationen wie Kommunen oder Verbänden ist es angezeigt, ein Berichtswesen festzulegen und regelmäßig alle zwei, drei Jahre dem Rat oder der Vorstandschaft ausführlich zu berichten.

Literatur

Auernheimer, G. (1999): Notizen zum Kulturbegriff unter dem Aspekt interkultureller Bildung. In: Gemende, M., Schröer, W. & Sting, S. (Hrsg.): Zwischen den Kulturen. Pädagogische und sozialpädagogische Zugänge zur Interkulturalität. Weinheim und München: Juventa, S. 27–36.

Foroutan, N. (2015): Die Einheit der Verschiedenen: Integration in der postmodernen Gesellschaft. In: URL: http://www.bpb.de/gesellschaft/migration/kurzdossiers/205183/integration-in-der-postmigrantischen-gesellschaft: 10.04.2016.

Glatz, H. & Graf-Götz, F. (2007): Handbuch Organisationen gestalten. Weinheim und Basel: Beltz.

Hamburger, F. (1999): Von der Gastarbeiterbetreuung zur Reflexiven Interkulturalität. In: Migration und Soziale Arbeit 3–4, S. 33–39.

Handschuck, S. & Schröer, H. (2002): Interkulturelle Orientierung und Öffnung von Organisationen. Strategische Ansätze und Beispiele der Umsetzung. In: Neue Praxis 5, S. 511–521.

Handschuck, S. & Schröer, H. (2012): Interkulturelle Orientierung und Öffnung. Theoretische Grundlagen und 50 Aktivitäten zur Umsetzung. Augsburg: Ziel.

Heiner, M. (1996): Qualitätsentwicklung durch Evaluation. Freiburg: Lambertus.

Kieser, A. (2002): Konstruktivistische Ansätze. In: Kieser, A. (Hrsg.): Organisationstheorien. 5. Aufl. Stuttgart: Kohlhammer.

Schröer, H. (2007): Interkulturelle Orientierung und Öffnung: ein neues Paradigma für die soziale Arbeit. In: Archiv für Wissenschaft und Praxis der sozialen Arbeit 3, S. 80–91.

Seliger, R. (2008): Einführung in Großgruppen-Methoden. Heidelberg: Carl-Auer.

Terkessidis, M. (2010): Interkultur. Berlin: Suhrkamp.

✎ *Verfasser*

Dr. Hubertus Schröer (info@i-iqm.de), Rechtswissenschaftler/Politologe, Institut Interkulturelle Qualitätsentwicklung München; Arbeitsschwerpunkte: Organisations-, Personal- und Qualitätsentwicklung, Managing Diversity, interkulturelle Orientierung und Öffnung.

3 Verbündet-Sein im Konzept ‚Social Justice und diskriminierungskritisches Diversity'

Leah Carola Czollek, Gudrun Perko

Angeregt durch das US-amerikanische Modell (Adams, Bell & Griffith 1997, 2007) konzipierten Leah Carola Czollek, Gudrun Perko und Heike Weinbach 2001 das Bildungskonzept *Social Justice und diskriminierungskritisches Diversity* für den deutschsprachigen Raum. Neben einzelnen Trainings werden seit 2006 Trainer*innenausbildungen im Hinblick auf unterschiedliche Diskriminierungsformen und deren Intersektionalitäten angeboten. Die Ausbildung wird angeboten in Kooperation mit IDA e. V., dem DGB-Bildungswerk, der Alice-Salomon-Hochschule Berlin und seit 2012 auch mit der Fachhochschule Potsdam. Der Fokus liegt dabei – neben der intensiven Vertiefung in theoretischen und historischen Grundlagen sowie gegenwärtigen Phänomenen – auf themen- und handlungsbezogenen Reflexionen von Diskriminierung sowie im Ausloten von Handlungsoptionen gegen Diskriminierungen jeder Art. Die Hervorhebung von *Diversity* als *diskriminierungskritisches Diversity* haben wir mit der Intention etabliert, die Auffassungen, Vielfalt als je eigene Bereicherung zu sehen, zu problematisieren, und um aufzuzeigen, dass Menschen aufgrund bestimmter Diversitätsmerkmale diskriminiert, andere wiederum privilegiert und bevorzugt werden. So geht es in dem Konzept darum, *Diversity* wieder ganz deutlich in den Kontext der Antidiskriminierung mit einem diskriminierungskritischen Blick auf Macht- und Herrschaftsverhältnisse zu Gunsten der Anerkennung von Pluralität, ungeachtet der vermeintlichen Nützlichkeit und Bereicherung, zu rücken. Die mittlerweile an die 400 Ausgebildeten, viele davon Sozialarbeiter*innen, wenden den spezifischen Ansatz des Konzeptes in unterschiedlichen Arbeitskontexten und mit verschiedenen Zielgruppen an (vgl. Czollek, Perko & Weinbach 2012; Czollek & Perko 2012; Perko 2016).[11]

In diesem Beitrag wird ein Aspekt des Konzeptes – Verbündet-Sein als spezifische Form von Solidarität – herausgegriffen, in dem Menschen ihre eigenen Privilegien reflektieren, sich für Rechte und Gerechtigkeit im Sinne von *Social Justice* einsetzen, auch auf das Risiko hin, dass sich ihr eigener privilegierter Status verändert.

---

11 Der Beitrag ist in veränderter Form erschienen in: Anne Broden & Paul Mecheril (Hrsg.), *Solidarität in der Migrationsgesellschaft. Befragung einer normativen Gruppe.* Bielefeld: IDA.

3.1 Social Justice als partizipative Anerkennungs- und Verteilungsgerechtigkeit

Zentral an der Theorie *Social Justice* ist die Verknüpfung von Anerkennungs- und Verteilungsgerechtigkeit. Das bedeutet einerseits, dass Mittel und Ressourcen einer Gesellschaft so aufgeteilt werden, dass alle Menschen daran partizipieren können, andererseits, dass niemand diskriminiert wird (vgl. Young 1990, 1996). Dabei wird strukturelle Diskriminierung als das Ineinandergreifen von Diskriminierung auf individueller, institutioneller und kultureller Ebene verstanden. Dies kann verschiedene Teilaspekte wie Ausgrenzung, Gewalt, Unterdrückung und Marginalisierung aufweisen und mit Stereotypisierung und Vorurteilsbildung einhergehen. So betriff Diskriminierung, neben individueller Alltagsdiskriminierung, in diesem Sinne sowohl mediale und wissenschaftliche Diskurse als auch Sprachhandlungen der Stigmatisierung und institutioneller Exklusionspraxen. In diesem Kontext verschiebt sich die Perspektive vom Individuum zu einer gesellschaftlichen bzw. staatlichen Verantwortung. Es geht darum Verhältnisse so zu gestalten, dass Ressourcen und Möglichkeiten zur Verfügung gestellt werden (ohne Zwang, sie auch annehmen zu müssen) und Partizipation und Teilnahme an gesellschaftlichen Prozessen überhaupt möglich ist (vgl. Czollek, Perko & Weinbach 2012, 2016).

Im Zentrum des Konzeptes *Social Justice und diskriminierungskritisches Diversity* steht die von uns ausgearbeitete Idee des Verbündet-Seins, der politischen Freundschaft, wo die Anliegen der Anderen die je eigenen Anliegen sind. Dabei ist kein identitäres Wir oder gemeinsame (identitätsrelevante) Merkmale als Bedingung für ein Verbündet-Sein gegeben: weder in Bezug auf Einzelpersonen noch in Bezug auf Gruppen hinsichtlich eines gemeinsamen Handelns. Die Idee des Verbündet-Seins als spezifische Form von Solidarität richtet sich gegen Macht- und Herrschaftsverhältnisse und die dadurch hergestellte Exklusion, strukturelle Diskriminierung und soziale Ungleichheit bestimmter Menschen aufgrund spezifischer *Diversity*-Kategorien wie Geschlecht, Alter, zugewiesener ‚Behinderung', kulturelle Herkunft, soziale Herkunft, Hautfarbe etc. (vgl. ebd.).

Social Justice und Verteilungsgerechtigkeit

Bei der Idee des *Social Justice* geht es explizit um die Verteilung und Teilhabe von und an Gütern in der Gesellschaft. Dabei bedeutet *Verteilungsgerechtigkeit*, eine Gesellschaft dahingehend zu gestalten, dass die Ressourcen so verteilt sind, dass alle Menschen physisch und psychisch in Sicherheit und Wohlbefinden leben können. *Anerkennungsgerechtigkeit* meint, eine Gesellschaft so zu gestalten, dass niemand individuell, institutionell und kulturell diskriminiert wird, sondern partizipativ anerkannt wird. Zugleich geht es um eine Erweiterung von Verteilung und Teilhabe hinsichtlich der Fragen, wer an welchen Stellen aus welchen Gründen über Entscheidungsvermögen und Anweisungsmacht verfügt, wie die Arbeit aufgeteilt ist und welche kulturellen Reproduktionsmechanismen dabei eine Rolle spielen (vgl. Young 1996). Young definiert im Kontext der *Social Justice*-Theorie Gerechtigkeit

„als das Vorhandensein von institutionellen/strukturellen Voraussetzungen, die es allen ermöglichen, befriedigende Fähigkeiten in sozialen Umfeldern zu erlernen und auszuüben; an Entscheidungsprozessen beteiligt zu sein und ihre Gefühle, Erfahrungen und Perspektiven, die sie auf das gesellschaftliche Leben und mit ihm haben, in Kontexten artikulieren zu können, in denen andere ihnen zuhören können." (Young 1994, S. 91, Übers. d. A.).

Nussbaum pointiert Gerechtigkeit im Kontext ihres *Capability Approach* als Befähigungsansatz bzw. Fähigkeiten-Ansatz oder Verwirklichungschancen-Ansatz, in dem sie eine Liste von Grundfähigkeiten (z. B. Leben, körperliche Gesundheit, kognitive Fähigkeiten, aber auch die Fähigkeit zur politischen Partizipation und Mitbestimmung) benennt, für deren Verwirklichungsmöglichkeit der Staat den institutionellen Rahmen zu stellen hat, in folgender Weise:

„Eine Gesellschaft gilt als sozial gerecht, wenn sie gewährleistet, dass Menschen die Grundfähigkeiten ausbilden können." (Nussbaum 2010, S. 48).

Das Konzept des Verbündet-Seins erscheint uns als eine sinnvolle pluralgesellschaftliche und damit auch migrationsgesellschaftliche Perspektive, insofern es nicht mein ‚Ich' ins Zentrum des Handelns stellt, sondern den Anderen, der mir nicht gleichen muss. Mit der jeweils eigenen Entscheidung, für Menschen Verbündete*r zu sein, wird zudem strukturelle Diskriminierung, der bestimmte Menschen ausgesetzt sind und über die sie verletzt werden, in den Blick des Handelns für Menschen gerückt. Dabei wird im Kontext des Verbündet-Seins auch Sprechen als (Sprech-)Handlung aufgefasst. Der Ansatz des Verbündet-Seins ist keine moralisch zu verallgemeinernde Anrufung eines bestimmten Tuns oder Handelns. Vielmehr steht die eigene Entscheidung für verbündete (Sprech-) Handlungen im Zentrum, deren Intention die Beendigung jeder Form von Diskriminierung und damit die Verwirklichung von *Social Justice* ist. Dieses Konzept kann im Kontext der Sozialen Arbeit im Hinblick auf den ethischen Codex als inhaltliche Konkretisierung der Aufforderung verstanden werden, dass Sozialarbeitende gegen Diskriminierung arbeiten und *Social Justice* fördern sollen sowie „die Pflicht haben, soziale Bedingungen zurückzuweisen, die soziale Exklusion, Stigmatisierung und Diskriminierung begünstigen, und auf eine inklusive Gesellschaft hinzuarbeiten (IFSW 2004, Abs. 4/2/5). Diese Aufforderung ist eingebettet in folgende Grundlage der Sozialen Arbeit: „Principle of human rights and social justice are fundamental of social work" (IFSW/IASSW 2004, Abs. 2).

3.2 Das Verhältnis von Solidarität und Verbündet-Sein

In der Beschreibung von Solidarität finden sich bei Mau (2008) folgende, hier kurz skizzierte, klassische Formen:

- *Eigennutzsolidarität* beschreibt eine besondere Form sozialer Kooperation, die aus gegenseitigen Abhängigkeiten von unterschiedlichen Interessen entsteht, z. B. wenn in Berlin Schulen in Neukölln unterstützt werden, um den sozialen Frieden zu erhalten.
- *Verbundenheitssolidarität* beschreibt Zusammengehörigkeitsgefühle zwischen Mitgliedern sozialer Gruppen bspw. aufgrund von Sympathie, Gefühlen, emotionaler Nähe, die die Grundlage für ein solidarisches Verhalten einzelner Mitglieder untereinander und für den Zusammenhalt der Gruppe bilden.
- *Bürger*innensolidarität* bezieht sich auf die Staatsbürgerschaft und die Rolle der Menschen als Staatsbürger*innen. Diese Art der Solidarität ist weitgehend verrechtlicht und damit entpersonalisiert (Solidarprinzip im Wohlfahrtsstaat).
- *Bewegungssolidarität* betrifft soziale und politische Bewegungen, deren Zusammenhalt z. B. identitätslogische Merkmale sind (z. B. Klassensolidarität).
- *Mitgefühlssolidarität* bezeichnet eine Solidarität aus freier Entscheidung aufgrund von Mitgefühl gegenüber Menschen (Einzelnen oder Gruppen), die in Not geraten sind.

Diesen Formen fügen wir das Verbündet-Sein als eine spezifische Form von Solidarität hinzu, dessen zentrales Merkmal darin besteht, dass alle Menschen an allen Ressourcen einer Gesellschaft partizipieren können sollen. Dabei ist nicht Voraussetzung, dass Menschen ein Opferstatus oder ein bestimmtes identitäres Merkmal zugeschrieben wird, um für sie Verbündete zu sein. Vielmehr geht es bei jenen, die Verbündete sind, um eine ethisch-politische Haltung, die – ungeachtet von Sympathie, emotionaler Nähe, Angehörigkeit zu einer Gruppe oder Eigennutz – Menschen das ermöglichen, was *Social Justice* ausdrückt. Die Intention von Verbündet-Sein ist letztlich die Sichtbar- und Hörbarmachung der Pluralität von Menschen, die bislang struktureller Diskriminierung und Exklusion erfahren bzw. ausgesetzt sind.

Verbündet-Sein im ‚eigenen' Kontext

Verbündete sind Menschen, die in bestimmten Kontexten zu privilegierten sozialen Gruppen gehören und ihre soziale Macht nutzen, um sich gegen Ungerechtigkeit und strukturelle Diskriminierung nicht privilegierter Menschen einzusetzen (vgl. Adams, Bell & Griffin 1997, 2007). So kann eine Person bspw. in Bezug auf soziale Herkunft zwar zur nicht privilegierten Gruppe, in Bezug auf Geschlecht und sexuelle Orientierung aber zur privilegierten Gruppe gehören. Aus dieser privilegierten Situation heraus, kann diese Person Verbündete sein für Menschen, die aufgrund ihres Geschlechts und/oder sexuellen Begehrens Diskriminierung erfahren. Dieses Beispiel veranschaulicht Verbündete im Kontext des Privilegiert-Seins. Das bedeutet, dass Menschen als Akteur*innen im ‚eigenen' Kontext (sich bspw. als Migrant*in für Migrant*innen einsetzen oder sich als Schwuler für die Rechte von Schwulen einsetzen) politische Akteur*innen sind. Verbündete gehören im Prozess des Verbündet-Seins weder dieser oder jener Gruppe an: Sie setzen sich ein für die Rechte und Belange von Menschen, die in anderer Weise nicht so privilegiert sind wie sie selbst. Hier zeigt sich der Unterschied zwischen Repräsentation und Handeln oder, wie Hakan Gürses das „Subjekt der Handlung" im Gegensatz zum „Subjekt der Repräsentation" beschreibt:

> *„Ich handle, und in diesem Moment bin ich ein Subjekt: Subjekt der Handlung. Ich stehe als Individuum hinter meiner Tat, ich bin der/die TäterIn hinter der Tat – ohne dafür einen kollektiven Namen annehmen zu müssen. Und ohne nur eine Anzeige (ein kollektives Subjekt) als Handlungsgrundlage wählen zu müssen. Ich muss mich nicht als schwul, Migrant oder Schwarzer bezeichnen, um als Individuum gemeinsam (oder manchmal auch nicht) mit anderen Individuen gegen die Macht (die im Subjekt der Repräsentation angezeigt wird) zu kämpfen: unabhängig davon, ob die anderen Individuen, die MitkämpferInnen, sich als schwul, MigrantIn oder Schwarze bezeichnen (bezeichnet werden)." (Gürses 2004, S. 151)*

Das *Subjekt der Repräsentation* hingegen

> *„zeigt eine Gruppe an, deren Mitglieder aufgrund einer Differenz (oder mehrerer Differenzen) Ausschluss, Diskriminierung, Benachteiligung oder Unterdrückung und Gewalt erfahren. Sie stehen ‚im Auge der Macht', werden von ihr geformt, oft auch vereinnahmt, jedenfalls als ‚Andere' definiert. Die eigentliche ‚Urerfahrung' all dieser Personen liegt darin, dass sie einer Gruppe der ‚Anderen' zugeschlagen wurden. Sie tragen in ihrem kollektiven Namen stets die Spur der sozialen Konstruktion." (Ebd., S. 149)*

Im Sinne des Handelns als bewusstem Akt, Bestehendes verändern zu wollen, können Verbündete sich daran beteiligen, ohne ein spezifisches Merkmal mit den Handelnden zu teilen. Die Auseinandersetzungen in Bezug auf Voraussetzungen oder nicht Voraussetzungen eines gemeinsamen Handelns sind nach wie vor divergierend. Im Kontext dekonstruktivistischen Denkens wird die Aufgabe von identitätspolitischen Merkmalen nicht gleich gesetzt mit dem Verlust des Politischen bzw. politischen Handelns.

Das (politische) Handeln ist eine mögliche Form des Verbündet-Seins; eine andere wäre das individuelle Tun oder Agieren.

Beispiel 1
Wird eine Sozialarbeiterin im Jugendclub von Jugendlichen gefragt, ob sie lesbisch sei, so wäre eine mögliche Antwort im Sinne des Verbündet-Seins, sich nicht als heterosexuell zu bezeichnen und damit nicht die normative Logik aufrechtzuerhalten. Verbündet-Sein würde bedeuten, die eigene Positionierung nicht ins Zentrum zu stellen, sondern in der Schwebe zu halten oder das Lesbisch-Sein (ohne es selbst sein zu müssen) zu bejahen.

Beispiel 2
Wird einem/einer Schüler*in ein Migrationshintergrund zugewiesen, zeigen die Analysen aus dem Bildungsbericht 2012, dass diese Schüler*innen deutlich weni-

ger Empfehlungen für weiterführende Schulen erhalten. Verbündet-Sein würde hier bedeuten, sich der gesellschaftlichen Strukturen bewusst zu werden und davon ausgehend tatsächlich gleiche Bewertungsmaßstäbe für alle Schüler*innen heranzuziehen, indem ein anonymisiertes Verfahren bei Bewertungen angewandt wird (beide Beispiele werden weiter unten nochmals im Hinblick auf mögliche Reflexionsebenen und Handlungsmöglichkeiten im Verbündet-Sein aufgegriffen).

Verbündete haben ein kritisches Bewusstsein für eigene sozial konstruierte Gruppenzugehörigkeiten und sozial konstruierte Identitäten. Mit ihrem Handeln bzw. Tun in ihrem jeweiligen Kontext übernehmen sie Verantwortung dafür, die Perspektiven von benachteiligten bzw. diskriminierten Gruppen sichtbar und Unterdrückungsmechanismen thematisierbar zu machen. Verbündet-Sein bezieht sich auf einzelne Menschen und auf Gruppen, die struktureller Diskriminierung ausgesetzt sind. Aus dem Wissen und der Erkenntnis struktureller Benachteiligung und Diskriminierung bspw. im schulischen Kontext heraus, können Verbündete dieser Diskriminierung individuell entgegenwirken. Dies setzt voraus, die Perspektiven von benachteiligten Menschen zu respektieren, wahrzunehmen, anzuerkennen und damit Interesse an den jeweiligen Lebensrealitäten von Menschen, die von Privilegiert-Sein oder nicht Privilegiert-Sein geprägt sind, zu zeigen. Insofern arbeiten Verbündete an der Umverteilung von Privilegien. Zwar ist es nicht möglich, den eigenen Status zu verteilen (eine Person mit deutscher Staatsbürgerschaft kann nicht die Staatsbürgerschaft an eine andere Person verschenken), doch ist es möglich, vorhandene Ressourcen für andere einzusetzen und/oder abzugeben: So können sich Lehrende dafür einsetzen, dass benachteiligte Schüler*innen eine Empfehlung für eine weiterführende Schule erhalten.

Im achtsamen Umgang mit eigenen Kräften geht es in Prozessen des Verbündet-Seins immer auch darum, Risiken und das breite Spektrum möglicher Konsequenzen in Kauf zu nehmen. Z. B.: Ich kann geoutet werden, wenn ich mich nicht als heterosexuell positioniere; ich kann Mobbing und den Verlust der Anerkennung erfahren, wenn ich mich für benachteiligte Menschen einsetze; und schließlich kann ich auch das Risiko eingehen, dass sich der eigene privilegierte Status verändert. Risiken basieren darauf, Rassismus, Migratismus (als eine spezifische, aber eigenständige Form von Rassismus), Antisemitismus, Antiromaismus, Antisintiismus, Heterosexismus, Homo- und Transmiseoismus (Miseoismus, d. i. Hass und Feindschaft gegen Lesben, Schwule und Trans*personen in Abgrenzung zu Homo- und Transphobie als Angst vor Lesben, Schwulen und Trans*personen) etc. zu benennen und im Sinne des Verbündet-Seins dagegen zu agieren und zu handeln. Das ist der Moment, in dem das individuelle Tun bzw. Agieren im Sinne des Verbündet-Seins zum politischen Moment des Sprechens und Handelns bzw. auch der Sprachhandlungen wird. Verbündete agieren gegen Ungerechtigkeit und strukturelle Diskriminierung, auch wenn spezifische Inhalte bzw. Gegenstände nicht in ihrem unmittelbaren Interesse liegen.

Wenngleich persönliche Motivationen für Verbündet-Sein sehr unterschiedlich sein können, geht es weder um Belohnung noch um Anerkennung der eigenen Person. Vielmehr ist es darum zu tun, sich immer wieder mit eigenen Verhaltensmustern sowie mit gesellschaftlichen Macht- und Herrschaftsverhältnissen auseinanderzusetzen und an Veränderungen von Ungerechtigkeit und Diskriminierungsstrukturen in den je eigenen und möglichen Kontexten zu arbeiten. Insofern ist das Konzept des Verbündet-Seins an die Idee von *Social Justice* gebunden, bei der es um partizipative Anerkennung *und* Verteilungsgerechtigkeit (vgl. Young 1996) und um das Begreifen von Capabilities als soziale Güter geht, die ebenso fair verteilt werden müssen wie ökonomische Güter (vgl. Nussbaum 1999, 2010). Das Konzept des Verbündet-Seins unterscheidet sich von einer paternalistischen Haltung anderen Menschen gegenüber, insofern es Personen und ihre Entscheidung ins Zentrum rückt und Ressourcen zur Verfügung stellt.

Beim Verbündet-Sein geht es immer um das Verhältnis zwischen Menschen mit Privilegien in einem bestimmten Kontext und Menschen, die in diesem Kontext keine Privilegien besitzen. Es ist auf die individuelle Ebene (Verhalten und Tun) ebenso gerichtet wie auf die institutionelle Ebene (z. B. im Sinne der Mitgestaltung einer barrierefreien Institution) und auf die kulturelle Ebene (z. B. die Einmischung in Diskurse und Normverankerungen, Vermittlung pluraler Werte etc.). Verbündet-Sein ist mit der Erkenntnis verbunden, dass die Auseinandersetzung mit Benachteiligung und struktureller Diskriminierung ein lebenslanger Prozess ist und kein einmaliges Ereignis. In diesem Kontext können Verbündete sich immer auch mit anderen Verbündeten verbünden, um ihre Wirkungsmöglichkeit in Bezug auf die individuelle, die institutionelle und die kulturelle Ebene des Handelns und/oder Tuns zu verstärken.

Verbündet-Sein, ohne Gebundenheit an identitätslogische Merkmale, kann im affirmativen Sinne formuliert werden als Verbündet-Sein, wo die Anliegen der Anderen die je eigenen Anliegen sind. Das Konzept des Verbündet-Seins setzt keine identitätslogischen Merkmale zwischen den Verbündeten und den unterstützten Menschen voraus und ist charakterisiert als spezifische Form von Solidarität. Analog zu Identitätspolitiken sind Identitätslogiken immer einem Einschluss- und Ausgrenzungsverfahren geschuldet. Am weitesten in der Mathematik ausgearbeitet, basiert identitätslogisches Denken auf Binaritäten, die innerhalb der griechisch-okzidentalen Philosophie mit Inhalten gefüllt und hierarchisiert wurden: Wirklichkeit/Fiktivität, Geist/Körper, Kultur/Natur, Ordnung/Chaos, Reinheit/Unreinheit, Mann/Frau, Gut/Böse, Weiß/Schwarz, wir/ihr etc. Diese Polarisierungen werden hierarchisch eingeteilt und bewertet: Der jeweilig erst genannte Begriff wird als das Bessere, höher Stehende und Ursprüngliche gesetzt. Diese Setzung kann sich z. B. auf Fragen der Mitgliedschaft bzw. Nicht-Mitgliedschaft beziehen, wie Paul Mecheril, rekurrierend auf die Flüchtlingsgespräche von Berthold Brecht, schreibt:

> *„Weil natio-ethno-kulturelle Kontexte soziale Wirklichkeiten der Differenzierung zwischen jenen und solchen sind [jenen mit Pass und jenen ohne Pass, Anm. d. A.], operieren sie mit dem Prinzip der Mitgliedschaft. Die Gleichartigkeit, die natio-ethno-kulturelle Mitgliedschaft in einem grundlegenden Sinne anzeigt, verdankt sich dem Umstand, dass natio-ethno-kulturelle Mitgliedschaft ein Phänomen ist, das in einem binär kodierten Rahmen kodiert und praktiziert wird. […] Dem binären Organisationsprinzip von Mitgliedschaft zufolge bin ich entweder Mitglied oder Nicht-Mitglied. Kann ich*

die bedeutsamen Merkmale vorweisen, bin ich Mitglied. Vermag ich dies nicht, bin ich kein Mitglied.“ (Mecheril 2012, S. 32)

Würde sich eine gegenseitige Unterstützung jeweils auf ‚Mitglied zu Mitglied‘ beschränken, so verhielte sich das diametral zum Konzept des Verbündet-Seins. Eine Unterstützung für Menschen ohne identitätslogische Gebundenheit zwischen Verbündeten und Unterstützten erfordert das Verlassen einer Logik, in der die Kategorie der Gleichheit als relative Übereinstimmung zwischen Menschen im Zentrum steht. In diesem Prozess des Verbündet-Seins rückt das oben beschriebene Interesse an Veränderung und zugleich das Interesse am Anderen als Anderer (nicht als Alter Ego) ins Zentrum: Verbündete unterstützen nicht, weil sie das identitätslogische Merkmal A oder B mit anderen teilen; sie unterstützen Andere in ihrer Vielfalt und Unterschiedlichkeit in ihrem jeweiligen So-Sein. In abstrakter Weise ausgedrückt, basiert das Konzept des Verbündet-Seins auf Momenten pluraler Logiken: Es geht von einer Mehrdimensionalität aus und rekurriert auf Möglichkeiten der Gleichzeitigkeit von Privilegiert-Sein in bestimmten Kontexten und diskriminiert zu sein in einem anderen Kontext. In diesem Sinne fokussiert Verbündet-Sein jeweils kontextualisierend die Frage von Privilegien und Nicht-Privilegien im Zusammenhang mit Benachteiligung, Exklusion und struktureller Diskriminierung.

3.3 Reflexionsebenen und Handlungsmöglichkeiten im Verbündet-Sein

Hier greifen wir die zwei oben genannten Beispiele nochmals auf, um zu fragen, welche Reflexionsebenen im Sinne des Verbündet-Seins sinnvoll wären.

Intention des verbündeten Handelns kann hier sein, keine normative Logik aufrechtzuerhalten, sondern die Anerkennung von Lesbisch-Sein als eine mögliche Form der Lebensweise und der Alchemie des Begehrens zu vermitteln (vgl. Beispiel 1).

Tab. 1: Was kann ich als Sozialarbeiter*in reflektieren (Beispiel 1)?

Kulturell-gesellschaftliche Ebene	Institutionelle Ebene	Individuelle Ebene
• Normalitätskonstruktionen heterosexuellen Begehrens; • Heteronormativität; • Gewalt.	• empirische Fakten zur Diskriminierung von Lesben; • Adoptionsrecht, Institution der Ehe, Steuerrecht etc.; • Situation von Jugendlichen im Coming Out etc.	• Einfluss der kulturellen, gesellschaftlichen und institutionellen Ebenen auf mein professionelles Sprechen und Handeln (kulturell geprägte Genderbrille).

Eine Handlungsmöglichkeit wäre, ausgehend von der Reflexion, bspw. nicht mit der Aussage zu reagieren: „Nein, ich bin nicht lesbisch, aber …“. Damit würde ich mich auf die Seite der vermeintlichen Normalität des Begehrens stellen und Lesbisch-Sein abermals viktimisieren, in dem ich vermeintliche Normalität und Lesbisch-Sein in ein bewertendes hierarchisches Verhältnis bringe. Dagegen wären Aussagen wie: „Ja, ich bin es …“ (ohne es zu sein) oder „Warum ist es für Dich wichtig, das zu wissen …“ oder „Komm in der Pause zu mir, um darüber zu reden …“ eine Möglichkeit, der normativen Logik entgegenzutreten und sich damit explizit gegen Diskriminierung zu Gunsten der Anerkennung von Lesbisch-Sein zu verhalten.

Intention des verbündeten Handelns kann hier sein, gegen strukturelle Einflüsse und Wirklichkeiten zu entscheiden und mehr Partizipation zu ermöglichen (vgl. Beispiel 2).

Tab. 2: Was kann ich als Lehrende reflektieren (Beispiel 2)?

Kulturell-gesellschaftliche Ebene	Institutionelle Ebene	Individuelle Ebene
Prozesse und Mechanismen des *Othering* als Prozess, in dem Menschen im negativen Sinn zu Anderen gemacht werden (z. B. aufgrund von kultureller (und sozialer) Herkunft und Aussehen.	Empirische Fakten zu Diskriminierung von Migrant*innen an Schulen und Institutionen. Kein gleicher Zugang zur Bildung, zum Arbeitsmarkt etc.	Einfluss der kulturellen, gesellschaftlichen und institutionellen Ebenen auf mein professionelles Sprechen und Handeln (kulturell und Gender geprägte Brille).

Eine Handlungsmöglichkeit wäre, ausgehend von der Reflexion, über ein anonymisiertes Verfahren der Bewertung von Kenntnissen und Fähigkeiten von Schüler*innen nachzudenken, um von Stereotypen und Zuschreibungen Abstand zu nehmen und ein gerechtes Beurteilungssystem zu etablieren. Das kann sowohl institutionell erfolgen als auch individuell im eigenen Lehrraum.

Mögliche Dilemmata im Verbündet-Sein

Wenngleich das Konzept des Verbündet-Seins auf keine Polarisierung oder bewertende Addition von Diskriminierungsformen abzielt, sondern jede Diskriminierung gleich ernst genommen und sie zugleich in ihrer jeweiligen Einzigartigkeit und Verbundenheit mit anderen Diskriminierungen (Intersektionalität) wahrgenommen wird, zeigt sich auch darin ein Dilemma. Verbündete sind eingebunden in ihre jeweils eigenen biografischen und gesellschaftlichen Kontexte, die den Blick auf die Welt bestimmen und färben. Dieser Blick kann gefärbt sein durch Kontexte der Privilegierung und Kontexte der Nicht-Privilegierung. Insofern kann gerade die Annahme von Nicht-Hierarchisierung von Diskriminierung sehr schmerzlich sein: Sind meine Geschichte, meine Erfahrungen etc. bspw. geprägt von Klassismus, dann kann es herausfordernd sein, meinen Blick auf andere Diskriminierungsformen so zu richten, dass ich diese gleich ernst nehme wie jene, die ich persönlich erfahren habe.

Die (vermeintliche) Übereinstimmung von Denken, Empfinden, Wahrnehmen und Handeln usf. ist ein Moment von identitätslogischen Merkmalen. Im Konzept des Verbündet-Seins kann sich dieses Moment in Dilemmata zeigen, weil die Inhalte von Denken, Empfinden, Wahrnehmen und Handeln vielfältig sein können und damit nicht bestimmbar. Auch der Umgang mit Ressourcen, die zur Verfügung gestellt werden, ist nicht bestimmbar. Ein weiteres Dilemma kann sich darin zeigen, dass potenziell Verbündete nicht in jedem Fall als Verbündete handeln und ihr Verbündet-Sein auch nicht forderbar ist.

3.4 Fazit

Verbündet-Sein ist eine Anrufung an den/die je Einzelne*n. Wir sehen – um mit Levinas (1999) zu sprechen – in das Antlitz des/der Anderen, das uns in seiner Verletzlichkeit provozieren kann zur Gewalt, aber auch sagt, ‚Du sollst mich nicht töten'. Das Antlitz des Anderen ist so auch eine Anrufung zum Verbündet-Sein, das mit der von Hannah Arendt beschriebenen „politischen Freundschaft" (Arendt 1967, S. 238) verglichen werden kann, in dem das Interesse an den Anderen, das Interesse an der Welt, im Mittelpunkt steht.

Literatur

Arendt, H. (1967): Vita Activa oder vom tätigen Leben. München: Piper.

Adams, M., Bell, L. A. & Griffin, P. (Hrsg.) (2007): Teaching for Diversity and Social Justice. A Sourcebook. New York und London: Routledge.

Bildungsbericht des Bundesministeriums für Bildung und Forschung (2013): Bildung in Deutschland 2012. URL: http://www.bildungsbericht.de/de/bildungsberichte-seit-2006/bildungsbericht-2012/excel-bildungsbericht-2012: 05.05.2016.

Broden, A. & Mecheril, P. (Hrsg.) (2014): Solidarität in der Migrationsgesellschaft. Befragung einer normativen Gruppe. Bielefeld: IDA.

Deutscher Bundestag (2012): Bericht über E-Partizipation. URL: http://www.dip21.bundestag.de/dip21/btd/16/125/1612509.pdf: 05.05.2013.

Czollek, L. C., Perko, G. & Weinbach, H. (2012): Praxishandbuch Social Justice und Diversity. Theorien, Training, Methoden, Übungen, München und Weinheim: Beltz und Juventa (überarbeitete Fassung im Druck 2016).

Gürses, H. (2004): Das „untote" Subjekt, die „ortlose" Kritik, in: Perko, G. & Czollek, L. C. (Hrsg.): Lust am Denken: Queeres jenseits kultureller Verortungen. Das Befragen von Queer-Theorien und queerer Praxis hinsichtlich ihrer Übertragbarkeit auf andere Sphären als Sex und Gender. Köln: Papy Rossa.

IFSW/IASSW (International Federation of Social Workers/International Association of Schools of Social Work) (2004): Ethics in Social Work, Statement of Principles. URL: http://www.lienkamp-berlin.de/resources/IFSW-IASSW*Ethics*in*Social*Work*2004*engl-dt.pdf: 10.6.2016.

Levinas, E. (1999): Die Spur des Anderen. Untersuchungen zur Phänomenologie und Sozialphilosophie, München: Karl Alber.

Mau, S. (2008): Europäische Solidaritäten. In: Bundeszentrale für politische Bildung (Hrsg.): Aus Politik und Zeitgeschichte. Schwerpunkt: Internationale Solidarität 21. URL: http://www.bpb.de/apuz/31218/europaeische-solidaritaeten?p=all: 08.06.2013.

Mecheril, P. (2012): Ästhetische Bildung. Migrationspädagogische Anmerkungen. In: Institut für Auslandsbeziehungen (Hrsg.): Kunstvermittlung in der Migrationsgesellschaft. Reflexion einer Arbeitstagung 2011. Stuttgart. URL: http://www.ifa.de/fileadmin/pdf/edition/kunstvermittlung*migrationsgesellschaft.pdf: 06.09.2013.

Nussbaum, M. C. (1999): Gerechtigkeit oder das gute Leben, Frankfurt a. M.: Suhrkamp.

Nussbaum, M. C. (2010): Die Grenzen der Gerechtigkeit, Frankfurt a. M.: Suhrkamp.

Perko, G. (2016): Pluralität – Konfliktpotentiale – Maßnahmen. Leitfaden für die Umsetzung von Diversity an Hochschulen, Reihe: Atmosphäre der Anerkennung. Gleichstellungsrat der Fachhochschule Potsdam, Potsdam.

Young, I. M. (1990): Justice and the Politics of Difference. Princeton und New York: University Press.

Young, I. M. (1996): Fünf Formen der Unterdrückung, in: Nagl-Docekal, H. & Pauer-Studer, H. (Hrsg.): Politische Theorie, Differenz und Lebensqualität. Frankfurt a. M.: Suhrkamp.

✎ *Verfasserinnen*

Leah Carola Czollek (info@czollek-consult.de), Mediatorin, Supervisorin, freiberufliche Trainerin, Leiterin und Mitbegründerin des Instituts *Social Justice und Diversity* Berlin; Arbeitsschwerpunkte: Interkulturelle Mediation, Dialog, *Social Justice* und *Diversity* Training.

Prof. Dr. Gudrun Perko (perko@fh-potsdam.de), FH Potsdam, Begründerin und Ausbilderin für *Social Justice* und *Diversity* Trainings (www.social-justice.eu); Arbeitsschwerpunkte: Gender und Diversity.

TEIL III HANDLUNGSKOMPETENZEN: HANDLUNGSZIELE UND METHODISCHE ANSÄTZE

Was Sie in diesem Abschnitt lernen können

Handlungs- und Methodenwissen gehören für die unmittelbare Zusammenarbeit mit Adressat*innen zu den Kernkompetenzen von Fachkräften. Gemeint sind damit Grundfertigkeiten des methodischen Handelns. Diese müssen arbeitsfeldspezifisch sein und sich aus den Wissens- und Haltungskompetenzen ableiten lassen bzw. damit im engen Zusammenhang stehen.

Dieser Abschnitt beschäftigt sich daher mit den folgenden Fragen:

1. Welche Handlungsziele und methodischen Ansätze lassen sich aus den in den Abschnitten I und II formulierten Erkenntnissen für die Soziale Arbeit in der Migrationsgesellschaft ableiten?
2. Welche Handlungsansätze und Methoden haben sich in der sozialen und pädagogischen Arbeit in der Migrationsgesellschaft bewährt?
3. Wie und wodurch kann den spezifischen Anforderungen entsprochen werden? Welche Beispiele gibt es hierfür?

Dazu werden neben Ansätzen aus Deutschland auch Projekte aus dem Ausland vorgestellt. Hierbei handelt es sich zum einen um den Beitrag von Mohammed Baobaid aus Kanada, der am Beispiel der Arbeit des *Muslim Resource Centre for Social Support and Integration* auf die Kooperation mit Migrantenselbstorganisationen in der Familienhilfe eingeht. Zum anderen geht es um sozialraumorientierte Ansätze der Gesundheitsförderung in der Stadt Groningen, die in dem Beitrag von Han Stoffer und Ben Boog vorgestellt werden.

Da eine Berücksichtigung aller relevanten Arbeitsbereiche der sozialen und pädagogischen Arbeit den Umfang dieses Bandes sprengen würde, wird exemplarisch auf die Arbeit mit den folgenden Zielgruppen eingegangen:

- Kinder und Jugendliche mit Migrationsgeschichte,
- Familien mit Migrationsgeschichte,
- ältere Menschen mit Migrationsgeschichte,
- geflüchtete Menschen.

Die Zielgruppe der geflüchteten Menschen wird in diesem Abschnitt ausführlicher behandelt, da die Arbeit mit ihnen in der Praxis eine immer relevantere Rolle spielt und zugleich bei vielen Institutionen und Fachkräften ein hoher Bedarf an Wissens- und Handlungskompetenzen wahrnehmbar ist.

DIVERSITÄTSBEWUSSTE ARBEIT MIT KINDERN UND JUGENDLICHEN

1 Vorurteilsbewusste Bildung und Erziehung mit jungen Kindern

Petra Wagner

In der Frühpädagogik werden Bildungsprozesse als subjektive Aneignungstätigkeiten verstanden, mit denen sich ein Kind von Geburt an ein Bild von der Welt macht (vgl. Berliner Bildungsprogramm 2014, S. 13). Diese Weltentdeckungen verweisen auf die individuellen Eigenaktivitäten eines jeden Kindes wie auch auf ihre gesellschaftliche Einbettung. Je nach sozialem Kontext unterscheiden sich Erfahrungsmöglichkeiten der jungen Kinder und auch die Informationen, die sich ihnen zutragen und aus denen sie ihr Weltwissen konstruieren. Dabei gewinnen Kinder nicht nur ihr Bild davon, nach welchen Gesetzmäßigkeiten die Welt funktioniert, sondern auch ihr Bild von sich selbst und ihre Bilder von anderen Menschen. Die Verarbeitungen junger Kinder zeigen ihre Auseinandersetzung mit soziokultureller Diversität und deren gesellschaftlicher Bewertung. In der Migrationsgesellschaft beziehen sich die Bewertungen auf das, was Eingewanderten zugeschrieben wird: phänotypische Merkmale, Religion, Sprache(n), Familienkonstellation, Familienkultur. Für Kinder verbinden sich diese Zuschreibungen und Bewertungen mit anderen, entlang weiterer Differenzlinien wie Geschlecht, Behinderung, sozioökonomischem Status etc. gebildeten und beeinflussen ihre Bildungsprozesse.

1.1 Hintergrund und Begriffsbestimmungen

Soziokulturelle Diversität und Dominanzkultur

Menschen unterscheiden sich also nicht nur individuell, sondern auch nach Zugehörigkeiten zu sozialen Gruppen und kulturellen Wertesystemen. Ihre sozialen Bezugsgruppen sind diejenigen, deren kulturelle Wertesysteme sie teilen. Die soziokulturellen Unterschiede stehen nicht gleichberechtigt nebeneinander. Sie unterliegen Bewertungen, die gesellschaftliche Hierarchien stützen.

In den Selbstbildern von Kindern und in ihren Vorstellungen über andere Menschen zeigt sich, dass sie auf die gesellschaftliche Realitäten Bezug nehmen, deutlich in Äußerungen bereits ab dem dritten Lebensjahr (siehe Beispiele):

- „Behinderte sind wie Babys, die können nicht sprechen, nicht laufen."
- „Frauen können keine Bestimmer sein, Männer sind Bestimmer!"
- „Du kommst nicht in die Vorschule, du kannst kein Deutsch!"
- „Jamaya ist braun, sie kann nicht Dornröschen sein!"
- „Zwei Männer können nicht heiraten, nur ein Mann und eine Frau."

Kinder nehmen Bewertungen entlang bestimmter Identitätsmerkmale vor und verweisen darauf beim Aushandeln von Spielinteressen und bei ihren Präferenzen für Spielpartner*innen. Differenzlinien, auf die sie Bezug nehmen, überschneiden sich: Sie argumentieren als Junge oder Mädchen, mit oder ohne Migrationshintergrund, nehmen Bezug auf Alter, Sprache, Behinderung, auch auf Religion, Familienkonstellationen, später im Grundschulalter auch verstärkt auf sozioökonomische Unterschiede der Familien und sexuelle Orientierung.

Das gesellschaftliche Wissen, das Kinder bereits in frühen Jahren zeigen, ist ein Wissen um die in ihrer Lebenswirklichkeit vorherrschende Dominanzkultur, in die sie sich selbst und andere einordnen. Dominanzkultur bedeutet, „dass unsere ganze Lebensweise, unsere Selbstinterpretationen sowie die Bilder, die wir von anderen entwerfen, in Kategorien der Über- und Unterordnung gefasst sind“ (Rommelspacher 1995, S. 22). Über- und Unterordnung, Höherbewertung und Geringschätzung, viel oder wenig Einfluss sind Informationen über soziale Bezugsgruppen in der Gesellschaft, die Kinder in frühesten Jahren tangieren. Es sind Informationen, mit denen sie bereits in den Kindergarten kommen und die sie im Weiteren im Kindergarten und in anderen Erziehungs- und Bildungseinrichtungen aufnehmen.

Louise Derman-Sparks, die Mitbegründerin des Anti-Bias-Approach, eines Ansatzes gegen Diskriminierung für Kinder ab zwei Jahren, spricht von „Vor-Vorurteilen“ (pre-prejudices), die Kinder aus den bewertenden Botschaften ihrer Umgebung eigensinnig und kreativ entwickeln. Vor-Vorurteile sind deshalb relevant für Bildungsprozesse, weil sie gesellschaftliche Diskriminierungsstrukturen festigen, die für Kinder und ihre Familien mit Privilegien oder Benachteiligungen verbunden sind.

Vorurteile junger Kinder

Kinder lernen aktiv und beobachten aufmerksam, was sich um sie herum ereignet. Gerade Unterschiede zwischen Menschen machen sie neugierig, und sie haben früh ihre eigenen Theorien darüber, wie solche Unterschiede entstehen. Sie verarbeiten dabei unmittelbare Vorurteile genauso wie subtile Mitteilungen. Sichtbares und Unsichtbares gibt ihnen Aufschluss darüber, wie wichtig etwas oder jemand ist. Die Quellen sind vielfältig: die Werbung, die Konsumwelt, Bilderbücher, Filme, Aufdrucke auf T-Shirts und Caps, Nachrichten, Zeitschriften, Diskurse in ihrem Umfeld. Kinder konstruieren aus all diesen Quellen Vorurteile über Gruppen von Menschen, noch bevor sie jemanden von ihnen kennengelernt haben: „Man lernt Vorurteile aus dem Kontakt mit den vorherrschenden Einstellungen in einer Gesellschaft, nicht aus dem Kontakt mit Einzelnen“ (Derman-Sparks 1998, S. 6).

In einer Meta-Analyse von internationalen Untersuchungen zur Vorurteilsentwicklung bei Kindern und Jugendlichen (im Hinblick auf Hautfarbe, Ethnie, Nationalität, sexuelle Orientierung, Behinderung, Geschlecht, Alter und Körperform) zeigt Raabe (2010), dass die Vorurteilsentwicklung in Bezug auf Hautfarbe und Ethnie nach dem sozialen Status der Kinder unterschieden werden muss. So nehmen z. B. bei weißen Kindern Vorurteile gegenüber Schwarzen ab zwei

Jahren zu, erreichen mit sieben Jahren einen Höhepunkt und gehen danach zurück, sofern es Kontakte zu Schwarzen Kindern gab. Schwarze Kinder zeigen ab zwei Jahren zunächst keine negativen Vorurteile, sondern sogar eine Bevorzugung der statushöheren Gruppe der Weißen und erst ab acht bis zehn Jahren negative Vorurteile (Raabe 2010, S. 147).

Ähnliches zeigte sich auch in Bezug auf andere ethnische Majoritäts-/Minoritätsverhältnisse, z. B. mit amerikanischen und australischen Ureinwohner*innen als statusniedrigeren Gruppen (ebd., S. 63). Während Kontakte mit Kindern der statusniedrigeren Gruppe bei Kindern der statushöheren Gruppe zu einer Verminderung von Vorurteilen führte, war dies umgekehrt bei Kindern der statusniedrigen Gruppe nicht der Fall. In einer Längsschnittstudie zeigte sich sogar, dass mit den Kontaktmöglichkeiten zu Weißen die Vorurteile der schwarzen Kinder zunahmen (Raabe 2010, S. 155). Eine Erklärung ist, dass Kinder sozialer Minoritäten in von der Majorität dominierten Gesellschaften aufwachsen und sich früh als Mitglieder der von der Majorität dominierten Gesellschaft wahrnehmen. Eine andere Erklärung zieht die Beobachtung heran, dass sich junge Kinder noch nicht sicher einer Bezugsgruppe zuordnen können und in der Präferenz für die statushohe Gruppe zum Ausdruck bringen, dass sie Kenntnis über die soziale Wertigkeit der dominanten Gruppe haben, der sie angehören wollen (ebd., S. 64).

Vorurteile

> *„Vorurteile sind negative Orientierungen gegenüber Individuen oder Gruppen von Individuen, aufgrund deren Gruppenzugehörigkeit. Sie zeigen sich in der Zuschreibung negativer Eigenschaften, in negativen Empfindungen und in ablehnenden Verhaltensweisen." (Ebd., S. 17)*

Vorurteile der Kinder sind Schlussfolgerungen aus sozialen Ungleichheiten und Informationen darüber, welchen Gruppen von Menschen welcher Platz im gesellschaftlichen Gefüge zugedacht ist. Die Auswirkungen dieser Bewertungen unterscheiden sich danach, welcher sozialen Gruppe ein Kind angehört. Ob Bestätigung als Kind der statushöheren Majorität oder Abwertung als Kind der statusniedrigeren Minorität – die Botschaften spielen eine wichtige Rolle bei der Identitätsentwicklung von Kindern und beeinflussen ihre Möglichkeiten, lernend auf die Welt zuzugehen.

Vorurteile als soziale Konstruktionen

Bewertende Botschaften in den Vorurteilen über Gruppen von Menschen sind kein Abbild tatsächlicher Differenzen, sondern gesellschaftlich ‚gemacht'. Natürlich gibt es Unterschiede zwischen Menschen, in Bezug auf Geschlecht, Herkunft, Hautfarbe, soziale Klasse, körperliche Fähigkeiten, Behinderungen, sexuelle Orientierung usw. Entscheidend ist die Verknüpfung der Unterschiede mit Verallgemeinerungen und Unterstellungen, mit denen gleichzeitig die gesellschaftliche Ungleichheit und damit die Benachteiligung bestimmter Gruppen ‚erklärt‘ werden. Dabei sind nicht die Unterschiede zwischen Menschen die Ursachen der Ungleichheit, es ist umgekehrt: Die Bezugnahme auf Unterschiede fungiert als effektive und machtvolle Rechtfertigung für den ungleichen Zugang von Menschen und Gruppen zu gesellschaftlichen Ressourcen und Positionen. Sie wird gestützt von diskriminierenden Ideologien wie Sexismus, Rassismus, Antisemitismus, Adultismus, Heteronormativität usw., die jeweils die Höherwertigkeit der einen vor der anderen Gruppe behaupten.

Vorurteile und Bildungsbenachteiligung

Kinder wachsen in einem spezifischen soziokulturellen Kontext auf, der zunächst geprägt ist von ihrer Familienkultur. Was das Kind hier erfährt, bildet für seine ersten Lebensjahre den Horizont seines Denkens, Fühlens und Handelns. Es ist das, was ihm selbstverständlich und ‚normal‘ erscheint. Auch in der existenziellen Angewiesenheit auf seine Familie liegt seine Identifikation mit ihr als erste soziale Bezugsgruppe begründet. Ein junges Kind kann nicht anders, als seiner Familie zugehörig und verbunden zu sein.

Familienkultur

Familienkultur wird verstanden als das jeweils einzigartige Mosaik von Gewohnheiten, Deutungsmustern, Traditionen und Perspektiven einer Familie, in das auch ihre Erfahrungen mit Herkunft, Sprache(n), Behinderungen, Geschlecht, Religion, sexueller Orientierung, sozialer Klasse, mit Ortswechsel, mit Diskriminierung oder Privilegierung eingehen.

Bestätigt die institutionelle Kultur einer Kita die gesellschaftlich dominanten Wertsetzungen, so trägt sie dazu bei, dass Kinder früh Vor- oder Nachteile aus ihren sozialen Identitäten ziehen. Kinder, deren Familienkulturen viel Übereinstimmung mit der institutionellen Kultur aufzeigen, können in der Regel einfach auf die Bildungsgelegenheiten zugreifen, die ihnen die Kita bietet, wohingegen sich Kindern Barrieren auftun können, die nichts Vertrautes vorfinden und zusätzlich verunsichert oder entmutigt sind, weil ihre Familienkultur nicht vorkommt oder abgewertet wird.

Studien belegen, dass in Deutschland der Bildungserfolg von Kindern und Jugendlichen in hohem Maße von ihrer sozialen Herkunft abhängig ist: Kinder aus armen und eingewanderten Familien sind besonders benachteiligt und erleben alltägliche und strukturelle Diskriminierung (siehe Bertelsmann Stiftung 2013). Aus der ‚Vielfalt‘ der Lebensverhältnisse werden für einen Teil der Kinder Bildungs-Hindernisse produziert.

Anliegen von Bildungseinrichtungen muss es sein, das Recht jedes Kindes auf Bildung und sein Recht auf Schutz vor Diskriminierung zu gewährleisten. Der Anspruch auf Gleichheit (alle Kinder haben gleiche Rechte) gehört verbunden mit der Tatsache der Differenz (Kinder und ihre Lebenswelten sind verschieden). Die Beschäftigung mit ‚Vielfalt‘ lässt sich nicht trennen von der Beschäftigung mit Fragen zu Bildungsgerechtigkeit.

Der Abbau von Bildungs-Barrieren erfordert Veränderungen auf allen Ebenen des Bildungssystems, auf struktureller, institutioneller und professioneller Ebene.

Ein Handlungsfeld von vielen ist die pädagogische Praxis in Kitas. Sie müsste so gestaltet werden, dass Kindern die „Unerwünschtheit von Vorurteilen und die Wertschätzung von Vielfalt“ erfahrbar werden (Raabe 2010, S. 187). Der Ansatz der Vorurteilsbewussten Bildung und Erziehung leistet hierzu einen Beitrag.

1.2 Der Ansatz vorurteilsbewusster Bildung und Erziehung

Der Ansatz Vorurteilsbewusste Bildung und Erziehung wurde seit 2000 im Berliner Institut für den Situationsansatz entwickelt und in mehreren Kinderwelten-Projekten erprobt und verbreitet, in Kitas und in Grundschulen. Grundlage ist der US-amerikanische Anti-Bias Approach, ein frühpädagogischer Ansatz für Bildungsgerechtigkeit und Inklusion (Derman-Sparks & Olsen 2010).

Der Ansatz ist mit seinen Zielen, Prinzipien und Methoden geeignet, um Prozesse der inklusiven Qualitätsentwicklung in Kitas zu strukturieren (Wagner 2013, S. 22f). Er bezieht alle Vielfaltsaspekte ein, die im Leben von Kindern bedeutsam sind, und orientiert sich auf vier Ziele (vgl. Derman-Sparks & Olsen 2010):

Vier Ziele vorurteilsbewusster Bildung und Erziehung

- Ziel 1: Alle Kinder in ihren Identitäten stärken
  Jedes Kind findet Anerkennung und Wertschätzung, als Individuum und als Mitglied einer bestimmten sozialen Gruppe. Dazu gehören Selbstvertrauen und ein Wissen um seinen eigenen Hintergrund.
- Ziel 2: Allen Kindern Erfahrungen mit Vielfalt ermöglichen
  Auf der Basis einer gestärkten Ich- und Bezugsgruppen-Identität wird Kindern ermöglicht, aktiv und bewusst Erfahrungen mit Menschen zu machen, die anders aussehen und sich anders verhalten als sie selbst, so dass sie sich mit ihnen wohl fühlen und Empathie entwickeln können.
- Ziel 3: Kritisches Denken über Gerechtigkeit und Fairness anregen
  Das kritische Denken von Kindern über Vorurteile, Einseitigkeiten und Diskriminierung anzuregen heißt auch, mit ihnen eine Sprache zu entwickeln, um sich darüber verständigen zu können, was fair und was unfair ist.
- Ziel 4: Aktivwerden gegen Unrecht und Diskriminierung
  Kritisch denkende Kinder werden ermutigt, sich aktiv und gemeinsam mit anderen für Gerechtigkeit einzusetzen und sich gegen einseitige oder diskriminierende Verhaltensweisen zur Wehr zu setzen, die gegen sie selbst oder gegen andere gerichtet sind.

Die Ziele bauen aufeinander auf. Sie setzen an Alltagserfahrungen von Kindern und Familien an und realisieren sich im Alltag. Vorurteilsbewusste Arbeit ist „wie eine Linse, durch welche alle Interaktionen, Lehrmaterialien, Aktivitäten geplant und betrachtet werden müssen“ (Derman-Sparks 2001, S. 15).

Louise Derman-Sparks geht es darum, die Spannung fruchtbar zu machen zwischen dem „Respektieren von Unterschieden“ und dem „Nicht-Akzeptieren von Vorstellungen und Handlungen, die unfair sind“ (1989, S. X). Dies ist insbesondere eine Aufforderung an die Erwachsenen, ihren Umgang mit Unterschieden kritisch zu reflektieren und für Einseitigkeiten, Vorurteile, Diskriminierung und deren Folgen sensibler zu werden.

Korrespondierende Ziele der Lernprozesse von pädagogischen Fachkräften

Um Kinder in ihren Identitäten und Familienkulturen zu unterstützen, brauchen pädagogische Fachkräfte ein positives Verhältnis und Bewusstheit über ihre eigene Identität und über ihre familienkulturellen Prägungen. Kindern eine aktive Auseinandersetzung mit Vielfalt zu ermöglichen geht nur, wenn Fachkräfte selbst wissen, mit welchen Aspekten von Vielfalt sie sich leichter und schwerer tun, wo ihre eigenen Vorurteile liegen und welche frühen Botschaften über Menschen sie selbst verinnerlicht haben.

Kritisches Denken über Unrecht bei Kindern zu unterstützen erfordert kontinuierliche Klärungen des eigenen Gerechtigkeitsbegriffs und eine kritische Reflexion der eigenen pädagogischen Routinen und Vorstellungen im Hinblick auf gerechte Teilhabe und Antidiskriminierung. Das Aktivwerden gegen Einseitigkeiten und Unfairness bei Kindern zu ermutigen, ist gebunden an die Reflexion eigener Erfahrungen mit Widerstand und an die Reflexion des Unbehagens und der Ängste beim ‚Nein‘-Sagen.

Wie man selbst und wie die eigene Praxis zur Ungleichheit und zu Ausgrenzung beiträgt, ist Gegenstand laufender Selbst- und Praxisreflexion. Die Verknüpfung von Diversitätsbewusstsein mit Diskriminierungskritik als Qualifikationsanforderung ist gebunden an den fachlichen Austausch in Teams. Ohne die vielfältigen Perspektiven und Erfahrungen anderer kann es nicht gelingen, seine jeweils für selbstverständlich und ‚normal‘ gehaltenen eigenen Sichtweisen zu hinterfragen. Am besten im ganzen Team einer Einrichtung geht es darum, schrittweise und systematisch den Prozess von vorurteilsbewusster Qualitätsentwicklung zu organisieren und dabei organisationales und individuelles Lernen zu verknüpfen.

Notwendige Handlungskompetenzen der pädagogischen Fachkräfte

Neben kontinuierlicher Selbst- und Praxisreflexion und dem Wissen über Diversität und Diskriminierung und deren Wirkungen auf die Identitätsentwicklung junger Kinder brauchen pädagogische Fachkräfte methodisch-didaktische Kompetenzen zur Umsetzung der Ziele vorurteilsbewusster Bildung und Erziehung:

> *„Es reicht nicht aus, keine Vorurteile zu haben, was außerdem höchst unwahrscheinlich ist. Es reicht auch nicht aus, alles nur zu beobachten. Wir müssen die Leitziele der Anti-Bias Pädagogik durchgängig beherzigen, auf dem gesamten Bildungsweg der Kinder, und auf eine Weise, die der Entwicklung von Kindern angemessen ist.“ (Derman-Sparks & Olsen 2010, S. VII)*

Methodisch-didaktische Handlungskompetenz besteht nicht im Übernehmen von vorgegebenen Praxistipps. Sie erfordert, Ziele auf den konkreten Kontext zu beziehen, in dem die pädagogische Praxis stattfindet. Hilfestellung geben Prinzipien, die im Ansatz vorurteilsbewusster Bildung und Erziehung das ‚Wie' der Gestaltung pädagogischer Praxis orientieren. Im Folgenden sind einige der Prinzipien auf die vorurteilsbewusste Gestaltung in vier Handlungsfeldern pädagogischer Praxis in Kitas exemplarisch ausgeführt. Es handelt sich um die Handlungsfelder Lernumgebung, Interaktion mit Kindern, Zusammenarbeit mit Eltern und Zusammenarbeit im Team (vgl. ISTA 2016).

Zusammenarbeit im Team
Die vorurteilsbewusste Analysebrille lässt pädagogische Praxis mit einem geschärften Blick auf ‚Diversitätsbewusstsein' und ‚Diskriminierungskritik' überprüfen. Pädagogisches Handeln wird so ausgerichtet, dass Respekt für Unterschiede ebenso deutlich wird wie ein klares Nein zu Ausgrenzung. Gemeinsame Lern- und Reflexionszeiten sind unabdingbar, um sich im Team die vorurteilsbewusste Werteorientierung zu erarbeiten und sie in aktuellen Situationen immer wieder neu auszuhandeln. Auch, um sich kennenzulernen und die vielfältigen Erfahrungen und Kompetenzen im Team nutzbar zu machen. Ein didaktisches Prinzip ist, bei der Wertschätzung jedes Einzelnen zu beginnen, bevor auf Unterschiede eingegangen wird. Aus den Darstellungen der Einzelnen ergibt sich ein Bild der Verschiedenheit, das alle beteiligt. Das Vorgehen fördert Empathie und Perspektivenübernahme. Es baut Vertrauen auf, um sich wechselseitig auf Einseitigkeiten, Verkürzungen und Ausgrenzungsmuster hinweisen zu können. Ein Aspekt ist die Auseinandersetzung mit den möglichen ‚Fallen' vorurteilsbewusster Arbeit. Gemeint sind dysfunktionale Vorgehensweisen im Umgang mit Vielfalt, die weit verbreitet sind: Differenzleugnung und Differenzfixierung (vgl. ISTA 2016, Band 2, Kap. 9).

Gestaltung der Lernumgebung
Kitakinder gehen von folgender Voraussetzung aus: Was sich in der Kita befindet, haben Erzieher*innen ausgesucht, also ist es wichtig. Was fehlt, hat keine Bedeutung. Fehlt die primäre Bezugsgruppe eines Kindes, nämlich seine Familie, so wird das Kind auch diese Information in seine Konstruktion sozialer Wirklichkeit einbauen, möglicherweise zusammen mit Entmutigung, was seine aktive Beteiligung an diesem Ort angeht. Ein didaktisches Prinzip im Ansatz Vorurteilsbewusster Bildung und Erziehung ist: Jedes Kind erkennt sich selbst in der Lernumgebung Kita, mit seinen körperlichen Merkmalen, seiner Familienkonstellation und Familienkultur, mit seinen Interessen, seinen Fähigkeiten und seiner Weltsicht.

Pädagogische Fachkräfte analysieren, welche Vielfaltaspekte in ihrer Gruppe repräsentiert sind und ob diese Vielfalt in der Lernumgebung dargestellt ist. Sie überprüfen, ob die Lernumgebung genügend Anregungen zur Auseinandersetzung mit Unterschieden und Gerechtigkeitsfragen gibt und ob die Darstellungen von Menschen respektvoll und korrekt sind. Sie entfernen stigmatisierende und stereotype Darstellungen und ergänzen die Ausstattung laufend um Materialien, die eine Auseinandersetzung mit Unterschieden unterstützen.

Beispiel Methodenkompetenz: Die Lernumgebung inklusiv gestalten
Bei der Überprüfung ihrer Räume trauen Erzieher*innen ihren Augen nicht: Diese Weltkarte mit überaus stereotypen Abbildungen von Menschen hängt seit Jahren im Eingangsbereich ihrer Kita! Sie sind täglich achtlos daran vorbeigegangen und haben nicht bemerkt, dass diese ‚Weltkarte für Kinder' äußerst problematische Informationen gibt: Bauchtänzerin und fliegender Teppich in der Türkei, wandelnde Bierkrüge in Deutschland, rassistische Kannibalismus-Motive in Ländern Afrikas. Die Kolleg*innen entscheiden sofort, die Weltkarte abzunehmen. Sie hoffen, dass Kinder ihrer Einrichtung der Weltkarte auch keine Beachtung geschenkt haben. Wenn doch, dann heben sie eine Menge von Stereotypen und Vorurteilen über Menschen ‚gelernt' – entgegen der Absicht, Kindern mit einer Weltkarte Informationen über diese Welt und neues Weltwissen zu vermitteln! Die Erzieher*-innen verabreden, sich künftig kritische Rückmeldungen zu geben, wenn ihnen in der Lernumgebung der Kita einseitige oder abwertende oder diskriminierende Darstellungen von Menschen auffallen.

Interaktion mit Kindern
Interaktion findet stets in einem spezifischen gesellschaftlichen Kontext statt und transportiert kulturelle Normvorstellungen ebenso wie gesellschaftliche Hierarchien und Machtunterschiede. In Interaktionsprozessen finden Ein- und Ausschlüsse, Auf- und Abwertungen von Menschen oder Menschengruppen statt. Soziale Interaktionen sind also nicht neutral. Ihr zentrales Medium ist die Sprache. In sprachliche Bezeichnungen sind gesellschaftliche Normvorstellungen eingewoben: Aussagen wie „Güngör hat nur eine Mutter" oder „Aleyna hat eine vollständige Familie" enthalten die gesellschaftliche Vorstellung davon, wie eine Familie zu sein hat.

Dass Kinder mit unterschiedlichen Merkmalen gemeinsam in einer Gruppe sind, reicht nicht aus, um Kompetenzen im Umgang mit Vielfalt zu erwerben. Es braucht ein bewusstes Ansprechen der Unterschiede in einer respektvollen Sprache. ‚*Beschreiben statt Zuschreiben*' ist die Devise.

Ein didaktisches Prinzip im Ansatz vorurteilsbewusster Bildung und Erziehung lautet: Thematisiere Unterschiede, indem du ausgehend von einer Gemeinsamkeit, die alle Kinder teilen, Raum für die Darstellung der jeweiligen individuellen Versionen gibst. Gespräche, die so gestaltet sind, dass jedes Kind beitragen kann, vermitteln Kindern Selbstwirksamkeit und die Sicherheit, gesehen und gehört zu werden. Eine wirksame Methode ist die Arbeit mit Persona Dolls, biografischen Puppen, die aus ihrem Leben berichten (Azun et al. 2009).

Beispiel Methodenkompetenz: Die Interaktion mit Kindern vorurteilsbewusst gestalten
Heute ist die Persona Dolls Yunus zu Gast in der Kindergruppe. Die Erzieherin stellt ihn vor: „Das ist Yunus. Er ist acht Jahre alt. Er lebt mit seiner Mutter, seinem Vater, seiner älteren Schwester und seinem jüngeren Bruder zusammen. Yunus' beste Freundin Pelin wohnt im selben Haus wie er und sie gehen jeden Morgen zusammen zur Schule."

Die Erzieherin: „Yusuf möchte euch gerne erzählen, was er neulich mit Pelin erlebt hat, seid ihr einverstanden?" Die Kinder sind interessiert. „Yunus und Pelin sprechen miteinander Türkisch und Deutsch. Das haben sie neulich auch gemacht, als sie im Treppenhaus waren. Da hat ein Nachbar sie angeschrien: ‚Hört auf mit dem türkischen Gequassel!' Yunus und Pelin sind sehr erschrocken und haben nicht verstanden, warum er sauer auf sie war."

Die Kinder steigen in das Gespräch ein: Manche haben auch schon erlebt, dass Erwachsene sie angeschrien haben. Oder dass jemand nicht wollte, dass sie ihre Sprachen sprechen, sogar hier im Kindergarten. Ob Deutsch besser ist als andere Sprachen? Nein, bekräftigt die Erzieherin, dafür gebe es keinen Grund, jede Sprache sei richtig und wertvoll. Die Kinder beratschlagen, was Yunus tun kann, wenn der Nachbar mal wieder so schimpft: den Eltern Bescheid sagen; sagen, dass Türkisch kein „Gequassel" ist und dass jede Sprache richtig ist.

Zusammenarbeit mit Eltern

Erforderlich ist eine Zusammenarbeit, die auf die Heterogenität der Lebensverhältnisse und Erziehungsvorstellungen interessiert eingeht. Dies heißt, alle Eltern willkommen zu heißen: Einen Willkommensbrief schicken, ein mehrsprachiges Handbuch erstellen, in dem Eltern die Kita erklärt wird, per Interviews die Bezugspersonen des Kindes herausfinden, das Aufnahmeformular so verändern, dass es für alle Eltern passt; eine Ecke für Eltern einrichten usw.

Gemeinsamer Bezugspunkt ist das Wohl des Kindes und die Unterstützung seiner Bildungsprozesse, die Ebene der Verständigung ist seitens der pädagogischen Fachkräfte die pädagogisch-fachliche. Wichtig ist, als Fachkraft den Dialog zu initiieren und dabei zu beachten, dass die vorhandenen Machtunterschiede den Dialog erschweren können. Von Differenzen zwischen der Kitakultur und Familienkulturen ist auszugehen. Sie fordern pädagogische Fachkräfte auf, ihre eigene kulturelle Zentriertheit in Frage zu stellen. Und gleichzeitig ihre Orientierung ‚Vielfalt respektieren, Ausgrenzung widerstehen' zu verteidigen. Idealerweise eröffnet sich dann bei Konflikten ein ‚Dritter Raum', ein neuer Weg, der bisher so nicht gedacht war. Louise Derman-Sparks empfiehlt hierfür ein Vorgehen nach den ‚Drei A' (Acknowledge – Ask – Adapt, Derman-Sparks 2013a): Anerkenne, dass eine Irritation vorliegt und finde heraus, was dich stört, welche deiner Wertvorstellungen tangiert sind. Gehe davon aus, dass die Eltern ihre Wertvorstellungen und guten Gründe haben, warum sie auf ihrem Vorgehen bestehen und frage sie danach. Finde mit ihnen einen Weg, der ihre Anliegen berücksichtigt und auch deine, ohne dass eine Seite auf ihrem Vorgehen besteht.

Beispiel Methodenkompetenz: Die Zusammenarbeit mit Eltern vorurteilsbewusst gestalten

Eine Erzieherin fordert die Mutter eines Kindes auf, ihrem Sohn aus Unfallschutzgründen das Amulett abzunehmen, das er um den Hals trägt. Die Mutter weigert sich, es sei sehr wichtig, dass ihr Sohn es trage. Die Erzieherin fragt nach und erfährt etwas von der spirituellen Bedeutung des Amuletts, die ebenfalls dem Schutze des Kindes dient. Mit der Mutter findet sich eine Lösung: Das Kind trägt das Amulett nicht mehr um den Hals, sondern in der Hosentasche. Mit dieser Entscheidung können beide Seiten gut leben.

1.3 Fazit

Die Handlungskompetenzen für eine vorurteilsbewusste Praxis, die gekennzeichnet ist von Respekt für Diversität und einer klaren Positionierung gegen Ausgrenzung und Diskriminierung, sind voraussetzungsvoll. Das methodisch-didaktische Repertoire hierzu lässt sich nicht ohne Wissenserweiterung und kontinuierliche Prozesse der Selbst- und Praxisreflexion zu Diversität und Antidiskriminierung entwickeln. Und es lässt sich nicht reduzieren auf Aspekte von Diskriminierung und Diversität, die im engeren Sinne mit der Einwanderungsgesellschaft in Verbindung gebracht werden, denn Kinder entwickeln ihre Identitäten inmitten der Gesamtheit gesellschaftlicher Einflüsse, die von zahlreichen Differenzlinien und Diskriminierungsmustern durchzogen sind.

Literatur

Azun, S., Enßlin, U., Henkys, B., Krause, A. & Wagner, P. (Hrsg.) (2009): Mit Kindern ins Gespräch kommen. Das Praxisheft. Vorurteilsbewusste Bildung und Erziehung mit Persona Dolls. Berlin: ISTA/Fachstelle Kinderwelten.

Senatsverwaltung für Bildung, Jugend und Wissenschaft (Hrsg.) (2014): Berliner Bildungsprogramm für Kitas und Tagespflege. Berlin: Verlag das Netz.

Bertelsmann Stiftung et al. (Hrsg.) (2013): Chancenspiegel 2013. Zur Chancengerechtigkeit und Leistungsfähigkeit der deutschen Schulsysteme mit einer Vertiefung zum schulischen Ganztag. Gütersloh. URL: http://www.chancen-spiegel.de/downloads-und-presse.html?no_cache=1: 08.08.2016.

Derman-Sparks, L. (1989): Anti-Bias-Curriculum: Tools for Empowering Young Children. Washington, DC: NAEYC.

Derman-Sparks, L. (1998): „Education without prejudice" – Goals and Principles of Practice. Vortrag in Irland, Manuskript.

Derman-Sparks, L. (2001): Culturally Relevant Anti-Bias-Education with Young Children. Manuskript.

Derman-Sparks, L. & Olsen Edwards, J. (2010): Anti-Bias Education for Young Children and Ourselves. Washington, DC: NAEYC.

Derman-Sparks, L. (2013): Anti-Bias Education for Everyone – Vorurteilsbewusste Bildung und Erziehung für alle. In: Wagner, P. (Hrsg.): Handbuch Inklusion. Freiburg: Herder.

Derman-Sparks, L. & Olsen Edwards, J. (2013a): Developing Culturally Responsive Caregiving Practices: Acknowledge, Ask and Adapt. In: Virmani, E. A. & Mangione, P. L. (Hrsg.): A Guide to Culturally Sensitive Care. 2. Aufl. Sacramento, CA: California, Department of Education, S. 68–94.

ISTA Institut für den Situationsansatz/Fachstelle Kinderwelten (Hrsg.) (2016): Inklusion in der Kitapraxis. 4 Bände. (Band 1: Die Zusammenarbeit mit Eltern vorurteilsbewusst gestalten, Band 2: Die Lernumgebung vorurteilsbewusst gestalten, Band 3: Die Interaktion mit Kindern vorurteilsbewusst gestalten, Band 4: Die Zusammenarbeit im Team vorurteilsbewusst gestalten.). Berlin: Wamiki.

Raabe, T. (2010): Entwicklung von Vorurteilen im Kindes- und Jugendalter. Eine Meta-Analyse zu Altersunterschieden. Dissertation Friedrich-Schiller-Universität Jena. URL: http://www3.db-thueringen.de/servlets/DerivateServlet/Derivate-20694/Raabe/Dissertation.pdf: 08.08.2016.

Rommelspacher, B. (1995): Dominanzkultur: Texte zu Fremdheit und Macht. Berlin: Orlanda.

Wagner, P. (2014): Was Kita-Kinder stark macht: Gemeinsam Vielfalt und Fairness erleben. Berlin: Cornelsen.

Wagner, P. (Hrsg.) (2013): Handbuch Inklusion. Grundlagen vorurteilsbewusster Bildung und Erziehung. Freiburg: Herder.

✎ *Verfasserin*

Petra Wagner (ista@ina-fu.org), Dipl.-Pädagogin, Mitbegründerin und seit 2000 Leiterin der Kinderwelten-Projekte, Direktorin des Instituts für den Situationsansatz/Internationale Akademie Berlin INA gGmbH; Arbeitsschwerpunkte: Interkulturelle und vorurteilsbewusste Bildung und Erziehung im Elementar- und Grundschulbereich.

2 Jugendarbeit in der Migrationsgesellschaft – Vereine und Verbände junger Menschen mit Migrationshintergrund (VJM) als jugendpolitische Akteure der Jugendverbandsarbeit

Yasmine Chehata

Seit vielen Jahren scheint die interkulturelle Öffnung der Jugendarbeit eine ‚wichtige Antwort' auf die Anerkennung einer Migrationsgesellschaft zu sein. Projekte zur interkulturellen Öffnung können als Reaktion auf die gesellschaftliche Realität der Migrationsgesellschaft gedeutet werden. Die Forderungen zielen dabei vorrangig auf qualitativ verbesserte Angebote für Migrant*innen und einen Abbau von Zugangsbarrieren. Dabei verweist die Programmatik der ‚interkulturellen Öffnung' vor allem auf einen Zustand sozialen Ausschlusses – bestimmte Gruppen können nicht teilhaben. Dies schließt den Umstand mit ein, dass die Jugendarbeit selbst eigene Formen der sozialen Ausschließung erzeugt und in der täglichen Praxis reproduziert (vgl. Chehata & Thimmel 2015) oder über pädagogische Praktiken ‚den Anderen', wie ‚den Ausländer' immer wieder hervorbringt (vgl. den Beitrag Lingen-Ali und Mecheril in diesem Band). Ein Beispiel für Formen des sozialen und institutionellen Ausschlusses ist der erschwerte bis verhinderte Zugang der interessierten Vereine und Verbände junger Menschen mit Migrationshintergrund (VJM) zum jugendpolitischen System (gemeint sind mit dem Terminus institutionalisierte Formen des Zusammenschlusses von jugendpolitischen Organisation).

Die These, die diesem Beitrag zugrunde liegt ist, dass der Ausschluss von VJM eine systematische Folge des jugendpolitischen Systems selbst ist, welches spezifische Ordnungen des ‚Fremden' konstituiert. An dieser Stelle wird auf den kulturellen Bias der interkulturellen Öffnung verwiesen. Die Programmatik erhält vermeintlich kulturelle und herkunftsbezogene Differenzlinien als zentrale Unterscheidungskategorien weiter aufrecht, statt die herrschaftsförmige Konstituierung des Arbeitsfeldes selbst zu bearbeiten. Diese Annahme bildet den Anlass, von einer „diskriminierungskritischen Öffnung" zu sprechen (vgl. Broden & Mecheril 2010). Was dies bedeutet und eröffnet, soll am Beispiel der Forderung auf politisches Selbstvertretungsrecht von VJM aufgezeigt werden. Die Grundannahme der folgenden Ausführungen ist, dass Migration als gesellschaftliche Realität hier nach wie vor institutionell negiert wird. Es soll aus einer rassismuskritischen Perspektive aufgezeigt werden, wie auch in jugendpolitischen Vertretungssystemen Ausschlüsse (re-)produziert werden.

Am Beispiel des Bayrischen Landesjugendring wird der Frage nachgegangen, wo es aus welchen Gründen Ausschlüsse gibt und welche Konsequenzen sich aus einer diskriminierungskritischen Öffnung durch die eingeführte ‚Sonderstimmrechtregelung' für VJM im Bayrischen Jugendring ergeben. Die Anerkennung des Engagements von jungen Menschen in VJM im Sinne einer strukturellen Teilhabe am jugendpolitischen System, inklusive seiner Fördermöglichkeiten sowie die Anerkennung als politische Subjekte, bilden damit den zentralen Moment des Beitrags im Sinne einer Weiterentwicklung einer *Jugendarbeit in der Migrationsgesellschaft*.

2.1 Vereine und Verbände Jugendlicher mit Migrationshintergrund (VJM)

Die Bezeichnung ‚Vereine und Verbände Jugendlicher mit Migrationshintergrund' (VJM) wird für den Zusammenschluss Jugendlicher mit Migrationsgeschichte verwendet. Jedoch ist die Bezeichnung von Jugendorganisationen als VJM nicht unstrittig und geht einher mit Zuschreibungen einer vermeintlichen zentralen Identifikation. Daher gibt es auch Vereine und Verbände, die die Bezeichnung VJM ablehnen, da ihnen dadurch die Relevanz einer (vermeintlichen) Migrationsgeschichte von außen zugewiesen und eine Differenz zu anderen Jugendorganisationen hergestellt wird. Andere Organisationen wiederum nutzen die Bezeichnung, um auf ihre migrationsbezogene Gründungsgeschichte zu verweisen; wieder andere, um die marginalisierte Positionierung von VJM im jugendpolitischen System zu thematisieren. Die Verwendung in diesem Beitrag dient vor allem der letztgenannten Begründung, wodurch möglicherweise auch von mir gesetzte Zuweisungen als ‚VJM' nicht dem Selbstverständnis der angesprochenen Organisationen entsprechen. Der Beitrag beschränkt sich daher auf Beispiele, die selbst mit der Bezeichnung ‚VJM' arbeiten, und nimmt im Hinblick auf die Notwendigkeit der Thematisierung jugendpolitischer Ausschlüsse ‚in Kauf', dass die hier vorgenommene Beschreibung dualistische Kennzeichnungen reproduziert.

Eine häufig synonym verwendete Bezeichnung für Vereine Jugendlicher mit Migrationshintergrund ist Migrantenjugendselbstorganisation (MJSO). Diese hat sich aus der Bezeichnung MSO (Migrantenselbstorganisation), die den Erwachsenenverbänden zugewiesen wird, entwickelt (zur Problematisierung der Bezeichnungen siehe Jagusch 2007). Einige MSO haben ihren Ursprung in der Zeit der sogenannten Ausländervereine der Gastarbeiter*innen. Die nachfolgenden Generationen entwickelten z. T. eigene Jugendorganisationen. Der Bund der alevitischen Jugend (BDAJ) bspw. gründete sich 1993 als eigenständige Jugendorganisation aus der Alevitischen Gemeinde Deutschland e. V. und emanzipierte sich vom Erwachsenenverband. Mit ca. 33.000 Mitgliedern ist der BDAJ der größte Jugendverband in Deutschland, der als VJM bezeichnet werden kann und als selbstständiger VJM erstes Vollmitglied im Deutschen Bundesjugendring wurde (vgl. Dogan 2013, S. 155f.).

Eine der wenigen schon lange in der Jugendpolitik etablierten Jugendverbände mit Migrationsbezug ist die djo – Deutsche Jugend in Europa. Sie gründete sich 1951 für sogenannte heimatvertriebene Kinder und Jugendliche und war zunächst als inoffizielle Nachwuchsorganisation der Heimatvertriebenen an den Bund der Vertriebenen (BdV) angebunden. Mit den Jahren versuchte vor allem die Nachfolgegeneration, die selbst nicht mehr Vertriebene waren, eigene Identifikationen und Positionen zu finden, was vor allem Debatten um die politische Ausrichtung des Verbandes auslöste. Im Jahr 1974 änderte die djo ihren Namen von ‚Deutsche Jugend in Osteuropa' in ‚Deutsche Jugend in Europa'. Dies galt programmatisch als deutliches Zeichen an die noch aktiven nationalistischen Gruppierungen im eigenen Verband. Die djo schloss sich nach dem Mauerfall mit einigen Jugendverbänden aus der ehemaligen DDR zusammen und erklärte ihren Austritt aus dem BdV. Dieser warf dem Jugendverband vor, sie seien „Deserteure in der eigenen Sache" (Spiegel 1991/15). Die djo setzte damit ein deutliches politisches Zeichen in ihrem Selbstverständnis.

Im Jahr 2000 öffnete sich die djo für weitere VJM und wurde so zu einem der wichtigsten Dachverbände für VJM und MJSO. Sie versteht sich heute als Interessenvertretung für „alle vertriebenen und unterdrückten Volksgruppen in Europa" (Homepage djo-Bundesverband). Über die Mitgliedschaft in der djo können VJM am jugendpolitischen Fördersystem partizipieren, das ihnen sonst verwehrt bliebe. Die djo ist als Bundes- und Landesverband in den meisten Jugendringen vertreten und damit ein zentraler jugendpolitischer Akteur.

Die hier nur kurz skizzierte Geschichte der genannten Organisationen soll die enge Verbindung der Gründung und Entwicklung von eigenen Verbänden und Vereinen junger Menschen mit Migrationsgeschichte in der jeweiligen Zeit und den historisch spezifischen gesellschaftlichen Umgang mit Migration in Deutschland aufzeigen. VJM sind demnach auch ein Ort dieser politischen Auseinandersetzung.

Die Angebote an Jugendarbeit von VJM sind ebenso breit und vielfältig wie (familiäre) Herkunftsländer und Werteorientierungen. Sie gehen von sportlichen Aktivitäten über kulturelle Angebote, religiöse Themen, bildungspolitische Angebote, internationale Begegnungen bis Hausaufgabenbetreuung und vielem mehr. In der Jugendarbeit selbst spielt die Orientierung an den Herkunftsländern nur eine untergeordnete Rolle. Jagusch zufolge sind VJM außerdem ein wichtiger Sozialisationsort, denn sie bieten den jungen Menschen die Möglichkeit, Handlungsstrategien zu entwickeln, um Ausgrenzungs- und Rassismuserfahrungen zu verarbeiten (vgl. Jagusch 2014).

Es hat sich also eine vielfältige und lebendige Szene von Jugendverbänden entwickelt, die von Jugendlichen mit Migrationsgeschichte gegründet, geleitet und genutzt werden. VJM repräsentieren einen Ausschnitt deutscher Jugendverbandsarbeit ebenso wie die Falken, das Deutsche Rote Kreuz oder andere – häufig in Abgrenzung zu VJM bezeichnet – „etablierte Jugendverbände". Allerdings wird die Formulierung „anerkannte Jugendverbände" an dieser Stelle bevorzugt, da die Formulierung auf die gesellschaftspolitische Dimension der Unterscheidung verweist (vgl. ebd.).

Der politische und öffentliche Umgang mit VJM war und ist weiterhin höchst ambivalent. Neben der Zubilligung, wichtige Jugendarbeit zu leisten, wird einigen VJM-Organisationen, insbesondere mit muslimischer Ausrichtung, Skepsis entgegengebracht. In der Anerkennung als Akteure der Jugendarbeit müssen VJM zudem nicht selten als gute Beispiele sogenannter integrierter Migrant*innen einstehen oder übernehmen wichtige „Brückenfunktionen" im Integrationsprozess (vgl. BAMF 2013). Diese Betrachtung als ‚Integrationslotsen' wird dem Selbstverständnis einiger VJM nicht gerecht. Die aktuellen Bestrebungen einzelner VJM verweisen vor allem auf das Ziel aus dem Bereich der Integrationspolitik in den jugendpolitischen Bereich zu wechseln.

In den Veranstaltungen und Projekten zur interkulturellen Öffnung der verbandlichen Jugendarbeit tauchen VJM nicht selten nur als Kooperationspartner auf oder als neue Zielgruppe, um die sich die anerkannten Jugendverbände nun im Rahmen ‚ihrer interkulturellen Öffnung' bemühen müssen. In Kritik an dieser Form fordern die MJSO/VJM hingegen die Anerkennung als Interessenvertretung und als kompetente Akteure, die für sich selbst sprechen dürfen, wie die Stellungnahme *Nicht über uns, sondern mit uns!* eines MJSO Bündnisses deutlich macht. Hierbei geht es zentral um die Forderung politischer Mit- und Selbstbestimmung: „MJSO sind relevante jugendpolitische und zivilgesellschaftliche Akteure in der Jugendverbandsarbeit" (Iran Jawadi, LJR Berlin 2015, S. 46). Die Aussage, die hier einer Forderung gleichkommt, verweist darauf, dass MJSO/VJM bisher von zentralen jugendpolitischen Entscheidungsprozessen ausgeschlossen sind. Ihre Verortung und Finanzierung erfolgt zumeist über integrationspolitische Programme. Dem Bündnis geht es um die Anerkennung als Jugendverband, um ihr politisches Selbstvertretungsrecht im jugendpolitischen System einlösen zu können. Im Folgenden soll dazu eingeladen werden, der Forderung nach politischer Selbstvertretung, u. a. in Form der Anerkennung als jugendpolitische Akteure der Jugendverbandsarbeit und dem darin auch enthaltenen Verweis auf institutionelle Diskriminierung zu folgen.

2.2 Das jugendpolitische Mandat der Jugendverbände in Deutschland

Die dargelegte Forderung betrifft das jugendpolitische Mandat, welches die Jugendverbände in Deutschland innehaben. Im SGB VIII heißt es dazu: „Durch die Jugendverbände und ihre Zusammenschlüsse werden Anliegen und Interessen von jungen Menschen zum Ausdruck gebracht und vertreten" (§ 12 II SGB VIII).

Einfach gesprochen, geht es in der Jugendpolitik um die Gestaltung der Lebensverhältnisse und Bedingungen von Jugendlichen unter Berücksichtigung ihrer Anliegen. Diese werden in den verschiedenen Ebenen (Bund, Land, Kommune) und zuständigen Ministerien, Gremien und Ämtern verhandelt. Die Jugendverbände sind nun über die sogenannten Jugendringe in diese jugendpolitischen Entscheidungsstrukturen eingebunden. Hier übernehmen die Jugendringe die Außenvertretung auf den verschiedenen Ebenen, bspw. in den Jugendhil-

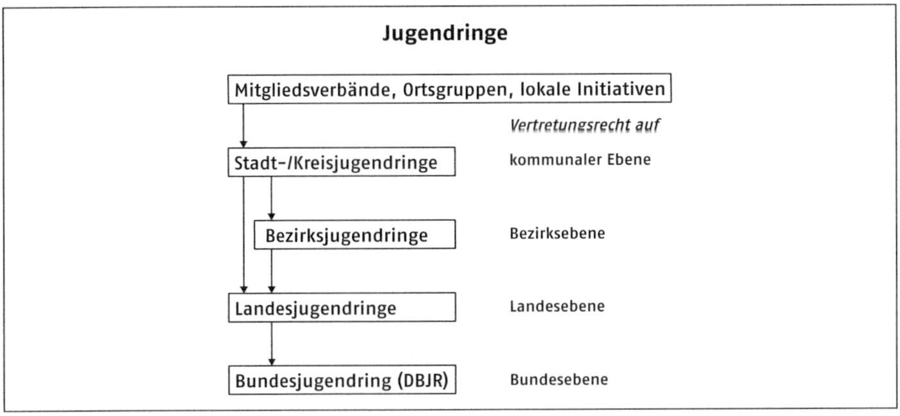

Abb.: Aufbau und Struktur der Jugendringe

feausschüssen (siehe Abb. zur Struktur der Jugendringe). Dort vertreten sie nicht nur die Interessen von Kindern und Jugendlichen in Politik und Verwaltung, sondern gestalten auch die Rahmenbedingungen der Jugendarbeit mit. Sie verstehen sich als politisches Sprachrohr von Kindern und Jugendlichen in Selbstvertretung, d. h., die jungen Menschen, die sich organisieren, übernehmen in der Regel auch das Vertretungsrecht als gewählte Mitglieder in den Jugendringen.

Im Rahmen verschiedener Projekte zur interkulturellen Öffnung der Jugendverbandsarbeit ist es einigen wenigen VJM gelungen, Vertretungsrechte in Jugendringen zu erhalten. Die Anzahl der Mitgliedschaften von VJM nimmt in ländlicheren Regionen jedoch deutlich ab. Auch sind auf den Landes-, Bezirks- und der Bundesebene die Mitgliedschaften von VJM nur noch vereinzelt zu finden. Die Forderung der VJM als jugendpolitische Akteure anerkannt zu werden, bezieht sich also auch auf die politische Selbstvertretung, d. h., als stimmberechtigtes Mitglied des eigenen Jugendverbands in den Jugendringen an politischen Entscheidungsprozessen teilzuhaben. Aufgrund der Regelungen im Kinder- und Jugendhilfesystem und des damit verbundenen Subsidiaritätsprinzips ist mit einer Mitgliedschaft auch der Zugang zu Ressourcen (u. a. finanzielle Förderungen der eigenen Jugendarbeit) und ein Zugewinn an Entscheidungsmacht über Ressourcenverteilung verbunden. Außerdem geht es um die Mitwirkung an politischen Entscheidungsprozessen zur Ausgestaltung und Schwerpunktsetzung der Jugendarbeit in der jeweiligen Region.

Die Betrachtung der Forderung der VJM auf Anerkennung als jugendpolitische Akteure und vor allem der Hinweis auf institutionelle Diskriminierung kann mit drei Begriffen in den Blick genommen werden. Nämlich mit der Frage nach der Ausstattung von VJM mit *Rechten, Ressourcen und Voice-Optionen* im Sinne von Stimmrecht und Stimmfähigkeit (Flam 2007, S. 34, zitiert nach Mecheril 2007, S. 15). Hiernach lässt sich fragen: Wann erhält ein Verband als stimmberechtigtes Mitglied politisches Vertretungsrecht in den Jugendringen? Und auch: Wie kommt die Stimmlosigkeit von VJMs zu Stande? Diese Perspektive ermöglicht aus meiner Sicht, rassistische Diskurs- und Diskriminierungsmuster zu analysieren und konkret zu benennen. Doch zunächst sei die Frage erlaubt, wie es zu der Situation kommt, dass Forderungen auf Rechte, Ressourcen und Voice formuliert werden müssen?

2.3 Die Forderung von VJM in diskriminierungs- und machtkritischer Perspektive

Wie erwähnt, ist es einigen VJM gelungen, sich Vertretungsrechte und zeitlich befristete finanzielle Förderungen über Projekte zur interkulturellen Öffnung der Jugendverbandsarbeit zu erarbeiten. Allerdings hält der Begriff der interkulturellen Öffnung die Dichotomie von ‚wir' – das etablierte und anerkannte Jugendverbandssystem – und ‚den Anderen' – den VJM – aufrecht und reproduziert damit einen kulturalisierenden Bias, der das Verständnis von Kultur auf ein Verständnis von Andersartigkeit reduziert. Die eingelagerten Normalitätsvorstellungen von ‚wir und den anderen' werden wiederholt und damit bestehende Machtverhältnisse nicht in Frage gestellt. Die Programmatik der interkulturellen Öffnung enthält zumindest die *Möglichkeit*, an dieser Normalitätsvorstellung verbandlicher Jugendarbeit festzuhalten, die sich zwar öffnen, also ein Stück weit verändern soll, gleichzeitig aber bestehende Strukturen nicht grundsätzlich in Frage stellt.

Eine diskriminierungskritische Öffnung hingegen fordert, rassistische Diskriminierungsmuster anzusehen und zu bearbeiten sowie Normalitätsvorstellungen in Frage zu stellen (vgl. Messerschmidt 2011, 2007). Stewart Hall, als ein Vertreter postkolonialistischer Theorien, beschäftigte sich u. a. mit Nachwirkungen und Fortbestehen kolonialer Herrschaft. Hall betrachtet in seinem Artikel *Der Westen und der Rest* (2008) die Konstruktion des Anderen als den kolonialen Diskurs Europas über den Rest der Welt. In der Abgrenzung zum ‚Anderen' ginge es eben nicht nur um dessen Konstruktion und Abwertung, sondern gleichzeitig auch immer um die Bestimmung eines positiv besetzten westlichen, europäischen Selbst (Hall 2008, S. 138f.). Rassismus als Strukturierungsgröße von Gesellschaft anzunehmen bedeutet, davon auszugehen, dass wir alle mit diesen Wahrnehmungs- und Bewertungskategorien arbeiten und mit der Praxis des Trennens und Hierarchisierens konfrontiert sind. Broden und Mecheril verdeutlichen die Verknüpfung von Imagination und Rassismus in Rückgriff auf Hall: „Die [weißen] Engländer sind nicht deshalb rassistisch, weil sie die Schwarzen hassen, sondern weil sie ohne die Schwarzen nicht wissen, wer sie sind" (Hall 1999, S. 93, zitiert nach Broden & Mecheril 2010, S. 11). *Wir-Imagination* ist demnach die Vorstellung darüber, wer *wir* und wer *die Anderen* sind. Dies stelle ein analytisches Bestimmungsstück des Rassismus dar: „Rassismus ist wichtig, damit eine Mehrheit weiß wer sie ist" (Mecheril 2007, S. 7). Problematisch sei hierbei die fehlende Thematisierung dessen, wer dieses ‚Wir' ist und wie dieses zu Stande kommt.

Diesen Prozessen ist ein weiteres Element hinzuzufügen. Étienne Balibar verweist auf die Vermeidung des Rassismusbegriffs in der Konstruktion des Wir und des Anderen durch dessen Kulturalisierung:

„Ideologisch gehört der gegenwärtige Rassismus, der sich bei uns um den Komplex der Immigration herum ausgebildet hat, in den Zusammenhang eines ‚Rassismus ohne Rasse' [...]: eines Rassismus, dessen vorherrschendes Thema nicht mehr die biologische Vererbung, sondern die Unaufhebbarkeit der kulturellen Differenz ist." (Balibar 1990, S. 28)

Wir brauchen demnach den Begriff *Rasse* nicht mehr, um rassistische Bewertungen vorzunehmen. Der Begriff *Kultur* ist in der Lage selbiges hervorzubringen. Das vordergründige Argument ist hierbei die Unaufhebbarkeit der kulturellen Differenz, sprich die „Unvereinbarkeit von Lebensweisen" (ebd.). Die Kategorien ‚Migrant*in, Ausländer*in oder Migrationshintergrund' sind demnach zu einer dauerhaften *Othering*-Markierung geworden, die rassistische Bewertungen ermöglicht, indem Kategorien wie Nationalität, Religion oder Kultur gebraucht, vermischt und abgewertet werden (vgl. den Beitrag Lingen-Ali und Mecheril in diesem Band).

Die mit dieser De-Thematisierung des Wissens einhergehende Praxis konstituiert und stabilisiert Herrschafts- und Machtverhältnisse. Foucault versteht Diskurse als Praktiken, die „systematisch die Gegenstände bilden, von denen sie sprechen" (Foucault 1988, S. 74). Dies schließt auch die Dinge ein, von denen nicht gesprochen wird. Das Sicht- und Sagbare umfasst auch das Unsichtbare und Nicht-Sagbare. In den Blick gerät die Verflechtung von Macht und Wissen. Machtsysteme sind so als Kräfteverhältnisse zu verstehen, die soziale Lebensweisen begründen, Subjektpositionen bestimmen und mit institutioneller Privilegierung besonderer Wissensformen und Subjektpositionen einhergehen.

Diese Privilegierung ist jedoch nur in Differenz zu einer Nicht-Privilegierung von Lebensweisen und Subjekten denkbar. Die Konstruktion von Differenz stellt zunächst an sich noch kein Problem dar. In rassismustheoretischer Leseart geht die Konstruktion des Wir und des Anderen allerdings mit dessen Abwertung einher (vgl. Hall 2000, 2004). Praktiken der Ausschließung können im Sinne Foucaults als Machtpraktiken begriffen werden, die dazu dienen, Herrschaft im Sinne historisch-spezifisch geronnener Machtverhältnisse zu etablieren, als eine dauernd asymmetrische, starre Beziehung (vgl. Foucault 2006 [1979]). Als *geronnene Machtverhältnisse* können etablierte gesellschaftliche und institutionalisierte Ausschließungspraktiken begriffen werden.

Vor diesem Hintergrund kann angenommen werden, dass der Ausschluss von VJM aus dem jugendpolitischen System auch eine Folge institutionalisierter Ausschließungspraktiken ist. Für das jugendpolitische Vertretungssystem ist demnach zu fragen: Wer erlangt Vertretungsrecht als stimmberechtigtes Mitglied in den Jugendringen, wer nicht und welche Normalitätsvorstellungen liegen den Regularien zugrunde?

2.4 Zugänge und Ausschlüsse im jugendpolitischen Vertretungssystem der Jugendringe am Beispiel des Bayrischen Jugendring

Die Regularien für Mitgliedschaften und Vertretungsrechte in den Jugendringen ist in den jeweiligen Bundesländern und auf regionaler Ebene unterschiedlich ausgestaltet. Um die Problematik anhand eines Beispiels aufzuzeigen, wird folgend der Bayrische Jugendring (BJR) exemplarisch ausgewählt, der bereits Projekte zur interkulturellen Öffnung durchführt und Maßnahmen für eine Teilhabe von VJM getroffen hat. Von Juli 2015 bis Juni 2018 führt der BJR das Projekt *Potential Vielfalt* durch, ein Kooperationsprojekt des Bayerischen Jugendrings mit der Jugendgruppe der Föderation Demokratischer Arbeitervereine (DIDF-Jugend), dem Assyrischen Jugendverband Mitteleuropa (AJM) und der Alevitischen Jugend in Bayern (BDAJ Bayern). Ziel ist es, die interkulturelle Öffnung strukturell in der Jugendverbandsarbeit zu verankern. In den drei kooperierenden Organisationen leisten eigene Projektmitarbeiter*innen sowohl politische als auch administrative Arbeit mit dem Ziel, die Strukturen in den drei VJM auf- und auszubauen. Ein weiteres Ziel ist die „interkulturelle Öffnung nach innen". Hier geht es um Prozesse und Maßnahmen zur interkulturellen Öffnung der Jugendringe in Bayern, wie die Projektbeschreibung formuliert.

Die Ausgangsbedingungen der drei beteiligten VJM sind sehr verschieden. Der AJM Bayern sowie die DIDF-Jugend Bayern haben noch keine Landesstrukturen aufbauen können. Ihr Ziel im Rahmen des Projektes ist daher der Aufbau von Ortsgruppen sowie einer Landesebene der Verbände in Bayern und einer Landesgeschäftsstelle, die die Grundlage für einen weiteren Ausbau der Jugendverbandsarbeit bilden. Im Rahmen eines Vorläuferprojektes (*Go together*) konnte der BDAJ bereits seine Verbandsstrukturen auf Landesebene in Bayern ausbauen und verfügt über mehrere Regionalgruppen. Im Rahmen der dreijährigen Förderung einer Geschäftsstelle konnte die Ortsgruppenzahl des BDAJ in Bayern auf 24 erweitert werden, von denen 14 Mitglied in Kreis- und Stadtjugendringen (SJR/KJR) sind mit insgesamt sieben Vertretungen in Vorständen der SKJ/KJR (Stand 03/2016). Für das laufende Projekt strebt der BDAJ das Vertretungsrecht im Hauptausschuss des Bayerischen Jugendrings an, welches das höchste Gremium der Jugendarbeit in Bayern darstellt. Die stimmberechtigte Mitgliedschaft im Hauptausschuss bildet damit das höchste Vertretungsrecht.

Für ein Stimmrecht im Bayrischen Jugendring muss eine Organisation „landesweite Bedeutung" vorweisen. Hier zeigt sich ein deutliches strukturelles Hindernis: Denn ein Verband entspricht erst dem Kriterium „landesweiter Bedeutung", sobald dieser in vier Bezirksjugendringen vertreten ist. Für die Vertretung in einem Bezirksjugendring muss ein Verband in mindestens fünf KJR/SJR eines Bezirkes mitarbeiten und Vertretungsrecht erlangen. Am Beispiel des BDAJ wird dieses Hindernis besonders deutlich, denn obwohl der Verband durch Projektförderungen seine Strukturen aufbauen konnte und mit 33.000 Mitgliedern der größte VJM in Deutschland ist, ist eine Mitgliedschaft im Hauptausschuss des Bayrischen Jugendrings nur schwer möglich. Der BDAJ wird in absehbarer Zeit der einzige VJM mit Chancen auf eine reguläre Mitgliedschaft im Bayrischen Jugendring sein.

So sinnvoll und notwendig die strukturelle Förderung von VJM ist, um ihre Verbände aufzubauen, kann dies nicht ausreichen, wenn es bspw. um die Frage der Ausstattung mit Voice-Optionen geht. Stimmberechtigtes und stimmfähiges Mitglied im Hauptausschuss des Bayrischen Landesjugendrings zu sein, bedeutet nicht nur die Möglichkeit der politischen Selbstvertretung, sondern auch den

Zugang zu Ressourcen (bspw. Landesförderungen) und zu relevanten Netzwerken. Auch die Frage der Ausgestaltung der Jugendarbeit liegt im Verantwortungsbereich des Jugendrings, wodurch ein stimmberechtigtes Mitglied auch Entscheidungsmacht über die zukünftige Ausgestaltung der Jugendpolitik und Jugendarbeit in Bayern erhält.

Die Kriterien, als VJM „landesweite Bedeutung“ zu erhalten, sind demnach über Quantität (Anzahl der Ortsgruppen und Vertretungen) und die geografische Verteilung (vier Bezirksvertretungen in Bayern) definiert. Die Erfüllung dieser Kriterien ist für die meisten VJM migrationsbedingt nicht möglich. Zum einen haben VJM mit einem geringeren Anteil an der Gesamtbevölkerung zu tun und zum anderen führen die lokalen Wohnschwerpunkte, bspw. der alevitischen oder assyrischen Community dazu, dass in manchen Regionen die Gründung von Ortsjugenden unrealistisch bis unmöglich ist. Dies hängt bspw. mit den Siedlungsbewegungen im Kontext der sogenannten ‚Gastarbeiter*innen‘-Anwerbung zusammen. Mehr als zwei Drittel der Menschen lebten in den Ballungszentren, bis heute sind es mehr als 50 % der Menschen mit Migrationsgeschichte, die in sogenannten Ballungsgebieten oder Großstädten leben (vgl. BAMF 2013, Statistisches Bundesamt 2015). Die räumliche Verteilung der Menschen, die nach Deutschland migrierten, erfolgte bspw. in den 1960er Jahren von Süd nach Nord, und häufig wurden die Arbeiternehmer*innen in der unmittelbaren Umgebung der Unternehmen und Betriebe untergebracht. Die lokale Verteilung der Menschen aus den ehemaligen Anwerbestaaten hat sich über die Jahrzehnte strukturell kaum verändert, da auch neu zuziehende Migrant*innen Kernstädte häufig als ersten Wohnort wählen, sofern ihnen die Bewegungsfreiheit und Wahl rechtlich zugestanden wird.

Betrachtet man nun die Regularien für die Erlangung des Stimmrechts im Hauptausschuss, wird deutlich, dass diese die historische, migrationsbedingte Spezifität der Bevölkerungsstrukturen in Deutschland nicht berücksichtigen und die damit verbundene Normalitätsvorstellung, die Realität einer Migrationsgesellschaft, negieren. Das Ergebnis ist eine institutionelle und strukturelle Diskriminierung der Interessensvertretungen von jungen Menschen, die nicht den Normalitätsvorstellungen oder Normalverteilungen entsprechen. Dies betrifft nicht nur VJM, sondern auch andere Jugendorganisationen, die ihre Jugendortsgruppen tendenziell nur in größeren Gebieten oder Städten haben und aufbauen können, wie bspw. der Lambda Bayern, der Dachverband der LesBiSchwulen und Trans-Jugendgruppen. Entgegen einer reinen Beschreibung der Zugänge und Barrieren für VJM und andere institutionell diskriminierte Organisationen, sollten in der Perspektive einer diskriminierungskritischen Öffnung die zugrundeliegenden Diskriminierungsmuster in den jugendpolitischen Strukturen und die damit verbundenen Normalitätsvorstellungen und Machtverhältnisse thematisiert und bearbeitet werden.

Auch der Bayrische Jugendring ist sich als jugendpolitisches Organ durchaus der Hindernisse der bestehenden Vertretungsvoraussetzungen für VJM bewusst. Daher gilt seit einer Satzungsänderung des BJR im Jahr 2011 die „Sonderregelung“ eines geteilten Stimmrechts für VJM (vgl. Beschluss 139. Hauptausschuss des BJR). Das Sondervertretungsrecht teilt sich eine Arbeitsgemeinschaft von sechs VJM: JUNOST, DITIB, Islamische Jugend Bayern, DIDF, AJM und BDAJ. Der Vorsitz für die gemeinsame Stimme wechselt alle zwei Jahre den Verband. Obwohl die Schwerpunkte, Werteorientierungen und in Teilen auch politischen Positionen der Organisationen verschieden sind, müssen sie sich in der Vertretung der Stimme auf eine Position einigen. Die institutionelle Diskriminierung wird im geteilten Stimmrecht zu einer gemeinsamen Position deklariert, die nun als ‚eine Stimme' sprechen muss.

Diese Regelung konstruiert die verschiedenen Verbände zu einer Gruppe, deren Kennzeichnung als VJM mit dem Merkmal der Migration als geteilte Position aufscheint. Die Arbeitsgemeinschaft der VJM kann sich nun nur im Sinne einer ‚gemeinsamen Sache' konstituieren, wodurch Pluralität negiert wird. Diese *gemeinsame Sache* ist zudem von außen auferlegt und konstituiert sich in der institutionellen Diskriminierung und nicht über das Selbstverständnis der Verbände. Die Regelung des gemeinsamen Stimmrechts verlagert damit das strukturelle Problem in die Arbeitsgemeinschaft und hebt die Schlechterstellung von VJM gegenüber den anerkannten Jugendverbänden nicht auf. Die Sprachfähigkeit der Arbeitsgemeinschaft der VJM wird dadurch eingeschränkt. Damit stellt die Regelung keine Antwort auf die Frage nach der Ausstattung mit Voice-Optionen dar. Zudem bleiben die bestehenden Machtverhältnisse im Landesjugendring selbst unangetastet. Dennoch nehmen die VJM der Arbeitsgemeinschaft das Stimmrecht wahr und sehen auch Vorteile in diesem Schritt. Beeindruckend ist hier durchaus die Solidarität der VJM angesichts der strukturellen Diskriminierung.

Die Teilnahme über das Sonderstimmrecht öffnet zwar ein kleines Fenster und ist für die beteiligten VJM auch ein leichter Zugewinn an Einflussnahme und den Zugang zu Fördermöglichkeiten, jedoch kann hier kaum von Öffnung gesprochen werden, da das reguläre Beteiligungssystem nicht in Frage steht. Die Einführung von ‚Sonderregelungen' reproduziert bestehende Machtverhältnisse, die auf den Ausschluss und die Minderstellung anderer beruhen. Die Möglichkeit der Teilhabe von VJM im Rahmen dieser Sonderregelung steht im Widerspruch zur Forderung der Anerkennung als jugendpolitische Akteure, da diese gleichsam das *Othering* von VJM reproduziert und stabilisiert, statt es aufzulösen. Die bereits skizzierte Sonderstellung der VJM im integrationspolitischen Bereich droht nun im jugendpolitischen Vertretungssystem fortgesetzt zu werden und Machtverhältnisse und Diskriminierungen im jugendpolitischen System gar zu verschleiern. Die Vorbehalte der anerkannten Verbände sind hier schon zu erahnen.

An den genannten Kriterien der Ausstattung mit *Rechten, Ressourcen und Voice-Optionen* wird deutlich, dass es bei dieser Entscheidung auch um Fragen der Machtverteilung geht. Eine diskriminierungskritische Öffnung hätte eine grundlegende Veränderung der Jugendverbandsstrukturen und Landesjugendringe zur Konsequenz. Ein Schritt wäre die Beteiligungsstrukturen und Regularien zur Stimmrechtvergabe der Jugendringe zu verändern, die zweifellos verbunden sind mit der Frage nach Verteilung und Zugang zu öffentlichen Förderungen. Die privilegierten Verbände müssten die bisherigen Verhältnisse und damit ihre eigenen Machtpositionen zu Gunsten einer neuen Ordnung aufgeben. Die Konfliktlinie, die sich hier auftut, liegt daher nicht alleinig zwischen VJM und anerkannten Verbänden, sondern zwischen denen, die an tradierten Verfahren und Verhältnissen festhalten – also an ihrem privilegierten Zugang auf der Grundlage des Ausschlusses ‚Anderer' –, und den Jugendverbänden, die bereit sind, dieses Privileg im Sinne einer strukturellen Öffnung aufzugeben, die institutionalisierte Diskriminierung bearbeitbar macht.

Hier ist meines Erachtens die Solidarität der VJM zu ergänzen um die Solidarität der jugendpolitischen Akteure und anerkannten Verbände. Mecheril spricht von einer notwendigen Solidarität in der Weltgesellschaft. Als Solidarität in der Weltgesellschaft bestimmt er u. a. den Moment, mein Gegenüber als politisches Subjekt anzuerkennen, das für sich sprechen kann und darf. Das Sonderstimmrecht löst zwar formal die Anerkennung als jugendpolitische Akteure einiger VJM ein, aber nicht die Anerkennung als politische Subjekte, denn in der Konstruktion als VJM-Kollektiv können die Jugendverbände auch nur als angesprochene Ordnung, also als das zugeschriebene ‚Andere' sprechen.

Literatur

Ataman, F. (2013): Au revoir, Migrantenverein – Die neuen Deutschen kommen. In: Drücker, A. (Hrsg.) (2013): Die interkulturelle Öffnung der Jugendverbandsarbeit. Bestandsaufnahme und Erfahrungen aus Projekten. Hrsg. im Auftrag des IDA e. V. Düsseldorf: Eigenverlag.

Balibar, E. (1990): Gibt es einen „Neo-Rassismus"? In: Balibar, E. & Wallerstein I.: Rasse, Klasse, Nation. Ambivalente Identitäten, Hamburg: Argument Verlag, S. 5–20.

Broden, A. & Mecheril, P. (Hrsg.) (2010): Rassismus bildet. Subjektivierung und Normalisierung in der Migrationsgesellschaft. Bielefeld: transcript.

Broden, A. & Mecheril, P. (Hrsg.) (2007): Re-Präsentationen. Dynamiken der Migrationsgesellschaft. Düsseldorf: Informations- und Dokumentationszentrum für Antirassismusarbeit in NRW. URL: www.ida-nrw.de/cms/upload/PDF_tagungsberichte/Tagungs¬doku_Alltagsrassismus.pdf: 20.04.2016.

Dogan, A. (2013): Standpunkt erfolgreiche Jugendintegrationsarbeit. In: Kaya, D. (Hrsg.): Deutschland neu erfinden. Impulse für die Neuausrichtung sozialdemokratischer Integrationspolitik. SPD-Landesverband. Berlin, S. 155–159.

Drücker, A. (Hrsg.) (2013): Die interkulturelle Öffnung der Jugendverbandsarbeit. Bestandsaufnahme und Erfahrungen aus Projekten. Hrsg. im Auftrag des IDA e. V. Düsseldorf: Eigenverlag.

Foucault, M. (1981): Archäologie des Wissens. Frankfurt a. M: Suhrkamp.

Foucault, M. (2006): Die Geburt der Biopolitik. Geschichte der Gouvernementalität II. Frankfurt a. M.: Suhrkamp.

Hall, S. (2000): Rassismus als ideologischer Diskurs. In: Räthzel, N. (Hrsg.): Theorien über Rassismus. Hamburg: Argument Verlag, S. 7–16.

Hall, S. (2008): Der Westen und der Rest. Diskurs und Macht. In: Hall S. (Hrsg.): Rassismus und kulturelle Identität. Ausgewählte Schriften 2. Hamburg: Argument-Verlag, S. 137–179.

Jagusch, B. (2007): Interkulturelle Öffnung der Jugendarbeit und Empowerment von MigrantInnenjugendorganisationen. In: Forum der Kulturen Stuttgart (Hrsg.): Dokumentation des 1. Bundesfachkongress Interkultur, Stuttgart 2007, S. 48–51. URL: http://¬www.idaev.de/cms/upload/PDF/Publikationen/jagusch_ik_oeffnung.pdf: 20.04.2016.

Jagusch, B. (2014): Interkulturelle Öffnung der Jugendverbände. In: Oechler, M. & Schmidt, H. (Hrsg.): Empirie der Kinder- und Jugendverbandsarbeit. Forschungsergeb-

nisse und ihre Relevanz für die Entwicklung von Theorie, Praxis und Forschungsmethodik. Wiesbaden: VS, S. 195–208.
Landesjugendring Berlin (2015): „Es ist extrem wichtig, dass wir hier sind" – Migrant_innenjugendselbstorganisationen im Spannungsfeld von hohem Engagement und geringer Anerkennung. Tagungsdokumentation. 24.11.2014. Berlin. URL: http://www.ljrberlin.de/sites/default/files/DOKU_MJSO_FACHTAG_DOWNLOAD.pdf: 18.04.2016.
Mecheril, P. (2007): Die Normalität des Rassismus. In: Broden, A. & Mecheril, P.: Re-Präsentationen. Dynamiken der Migrationsgesellschaft. Düsseldorf: Informations- und Dokumentationszentrum für Antirassismusarbeit in NRW. URL: www.ida-nrw.de/cms/upload/PDF_tagungsberichte/Tagungsdoku_Alltagsrassismus.pdf: 20.04.2016.
Mecheril, P. (2010): Migrationspädagogik. Bachelor/Master. Weinheim und Basel: Beltz. URL: https://www.beltz.de/fileadmin/beltz/kostenlose-downloads/9783407342058.pdf: 20.04.2016.
Thimmel, A. & Chehata, Y. (Hrsg.) (2015): Jugendarbeit in der Migrationsgesellschaft. Praxisforschung zur Interkulturellen Öffnung in kritisch-reflexiver Perspektive. Schwalbach T. s.: Wochenschau Verlag.

✎ *Verfasserin*

Yasmine Chehata (yasmine.chehata@th-koeln.de), Lehrkraft für besondere Aufgaben an der TH Köln; Arbeitsschwerpunkte: Soziale Arbeit, Jugendarbeit und Jugendpolitik, Diskurs- und Machttheorien.

DIVERSITÄTSBEWUSSTE ARBEIT MIT FAMILIEN UND ÄLTEREN MENSCHEN MIT MIGRATIONSGESCHICHTE

1 Beratungsarbeit mit Familien mit Migrationsbiografie am Beispiel der Arbeiterwohlfahrt – Anforderungen und Ansätze

Talibe Süzen

Migration stellt einen Aspekt des Lebens dar, der für einzelne Personen nicht immer ausschließlich positiv oder negativ verläuft. Außer erheblichen Veränderungen bringen Migrationsprozesse individuell unterschiedliche Erwartungen und Lebensweisen mit sich. Die Lebensentwürfe und -stile von Familien mit Migrationsbiografie wurden bis in die 1980er Jahre sehr lückenhaft und häufig unter defizitärem Blick auf „Kulturkonflikte“ hin untersucht. Interkulturelle Arbeiten in der Soziologie- und Familienforschung waren bis dahin selten (vgl. Süzen 2013, S. 317).

Erst im Jahr 2000 zeigte der sechste Familienbericht der Bundesregierung Unterschiede innerhalb der Migrantenpopulation auf sowie die unterschiedlichen Lebensstile und Einstellungen von Familien mit Migrationsbiografie (Deutscher Bundestag 2000). Später durchgeführte Studien hatten fortan die Heterogenität der Familien im Blick und berücksichtigten unterschiedliche Milieus und Lebensbiografien (SINUS 2015, BMFSFJ 2016). Es wurde dabei deutlich, dass das Herkunftsland, die Sozialisation hier oder im Herkunftsland, der Grad der Religiosität, der berufliche Status, der Bildungshintergrund oder gewohnte Familienmodelle für Familien mit Migrationsbiografie prägend sind. Auch der Einwanderungsgrund, die konkreten Migrationserfahrungen sowie die Milieuzugehörigkeit (SINUS 2015) bewirken Unterschiede in Bezug auf Bewältigungsstrategien und die Gestaltung des Lebensalltags. Auf der Grundlage der hieraus entstandenen Perspektiven werden in den Familien auch unterschiedliche Entscheidungen hinsichtlich der Erziehung und Bildungsbiografie ihrer Kinder getroffen (vgl. Süzen 2013, S. 317f.).

Vor diesem Hintergrund lässt sich zusammenfassend festhalten, dass es sich bei 16,4 Millionen Personen mit Migrationsbiografie (vgl. Statistisches Bundesamt 2015) nicht um eine homogene Gruppe handelt, sondern um Menschen mit unterschiedlichen Biografien und Prägungen (vgl. Treibel 2016, S. 95). Der Begriff ‚Migrationsbiografie‘ lässt kaum Rückschlüsse über ihre Lebenswelten zu. Gleichzeitig besteht jedoch Konsens darüber, dass auch nach über sechzig Jahren Migration viele eingewanderte Familien und ihre Kinder aufgrund ihrer sozialen und ethnischen Herkunft in Deutschland unter ungünstigen sozioökonomischen und gesellschaftlichen Bedingungen leben (Datenreport 2016). Mangelnde Bildung, fehlende Partizipationschancen, Armut, Rassismus, institutionelle Diskriminierung etc. erschweren Familien die gesellschaftliche Teilhabe sowie den Zugang zu bestehenden gesellschaftlichen Ressourcen. In der Sozialen Arbeit mit Familien mit Migrationsbiografie gilt es daher die individuellen biografischen Erfahrungen und Zugangschancen im jeweiligen Beratungssetting zu berücksichtigen.

1.1 Migrationsberatung am Beispiel der Arbeiterwohlfahrt – ein Rückblick

Bis in die 1970er Jahre wurde die Betreuung und Unterstützung von Migrant*-innen von der Regelversorgung nicht als Aufgabe oder als Gestaltungsauftrag verstanden und wahrgenommen. Die wenigen Maßnahmen und Angebote, wie Hausaufgabenhilfe und Sprachförderung, waren bis dahin defizitorientiert, nicht integrativ bzw. weit entfernt von den Gedanken der interkulturellen Ausrichtung (vgl. Cyrus & Treichler 2004, S. 16). Die Versorgung bzw. soziale Beratung und Betreuung von Menschen mit Migrationsbiografie wurde bis in die 1990er Jahre überwiegend an die nationalitätenspezifischen Sonderdienste ‚Ausländersozialberatung' delegiert, die hauptsächlich von Wohlfahrtsverbänden umgesetzt wurden (vgl. AWO Bundesverband 2002, S. 74). Die Caritas bekam die Zuständigkeit für Zugewanderte aus Italien, Spanien, Portugal sowie für katholische Migrant*innen aus dem ehemaligen Jugoslawien, die Diakonie war zuständig für Menschen aus Griechenland und die Arbeiterwohlfahrt für alle nichtchristlichen Zuwander*innen, wie bspw. aus der Türkei, Marokko, Tunesien und dem ehemaligen Jugoslawien. Im Jahr 1999 wurde die Zuweisung der Nationalitäten auf bestimmte Wohlfahrtsverbände aufgehoben. Die institutionalisierte Ausländersozialberatung hat sich seitdem zur Migrationssozialarbeit weiterentwickelt.

Seit den 1990er Jahren weist die Fachöffentlichkeit darauf hin, dass die Bedürfnisse der Eingewanderten viel komplexer sind, als bisher angenommen und durch die Maßnahmen der Migrationssozialarbeit alleine nicht mehr abgedeckt werden können, obwohl sich die Maßnahmen „von den Anfängen der Ausländersozialberatung vor allem im letzten Jahrzehnt stark ausdifferenziert [haben] und heute eine wichtige Grundlage für die Integration von Migranten in die Aufnahmegesellschaft [darstellen]" (Bosswick 2002). Daraus folgte die Forderung nach interkultureller Öffnung in den Regeldiensten, die immer lauter wurde und bis heute eine der großen Herausforderung für die Einrichtungen und Organisationen der Sozialen Arbeit darstellt.

Innerhalb der Arbeiterwohlfahrt wurde bereits 1993 eine stärkere Verknüpfung der Migrationssozialdienste mit den Fachdiensten des eigenen Verbandes gefordert, um gemeinsam Konzepte zur interkulturellen Öffnung der Regeldienste zu entwickeln. Dabei sollten die Zugangsbarrieren, die erheblichen gesellschaftlichen sowie sozialen Probleme, die Chancenungleichheit und gesellschaftliche Benachteiligung von Menschen mit Migrationsbiografie sichtbar gemacht werden.

> *„Für die Migrationssozialarbeit kommt es […] darauf an, wesentlich stärker die Probleme zu bearbeiten, denen Migrantinnen und Migranten aufgrund*

rassistischer Tendenzen und Vorurteile sowie Stereotypen innerhalb der bundesrepublikanischen Gesellschaft begegnen. Dies ist das zentrale Leitmotiv für die Ausrichtung der Migrationssozialarbeit der AWO in einer Einwanderungsgesellschaft." (AWO Bundesverband 2013, S. 3)

Dabei stellen die Angebote der zwei großen Bundesprogramme *Migrationsberatung für erwachsene Zuwanderer* (MBE) und *Jugendmigrationsdienste* (JMD) wichtige Säulen dar. Beide Programme haben in erster Linie die Aufgabe, mit dem Verfahren des Case Managements und den darauf basierenden Integrationsförderplänen erwachsene und junge Eingewanderte zu unterstützen und zu begleiten (vgl. AWO Bundesverband 2015, S. 24). Die Bundesprogramme werden bei der AWO durch Bezirks- und Kreisverbände umgesetzt.

Abb.: Die Organisationsstruktur des Bundesverbandes der Arbeiterwohlfahrt (AWO)

Sowohl MBE- als auch JMD-Beratungsstellen sind nach wie vor die ersten Anlaufstellen und richten sich sowohl an Neueingewanderte als auch an bereits länger in Deutschland lebende Eingewanderte, die einen entsprechenden Beratungsbedarf haben. Damit bilden sie eine wichtige Schnittstelle zu den Regeldiensten der Sozialen Arbeit.

Unter der Prämisse, dass Soziale Arbeit die Aufgabe hat, zu unterstützen und zu begleiten, aber auch ihren politischen Auftrag zu erfüllen (AWO Bundesverband 2011), ist die Arbeiterwohlfahrt als Anwältin für Einwander*innen und als Träger der Migrationssozialarbeit maßgeblich an der Entwicklung der interkulturellen Öffnung von Regeldiensten und migrationssensiblen Angeboten beteiligt. Die vielfältigen Aktivitäten und das Intervenieren in Netzwerken vor Ort haben jedoch bisher nicht ausgereicht, um heute von einer flächendeckenden interkulturellen Öffnung bzw. interkulturell ausgerichteten Sozialarbeit sprechen zu können.

Die Folge ist, dass selbst nach sechzig Jahren Migration nicht alle Angebote der Regeldienste Menschen mit Migrationsbiografie in ausreichendem Umfang erreichen. Zum einen existieren weiterhin Zugangsbarrieren zu vielen Einrichtungen sowie Informationsdefizite seitens der Eingewanderten über das Hilfesystem sowie den Nutzwert der Angebote. Zum anderen bestehen mangelhafte Kommunikationsmuster, Vorurteile, Rassismus sowie diskriminierende Strukturen.

1.2 Standards in der Beratungsarbeit mit Familien mit Migrationsbiografie

In der Beratungsarbeit gilt auch in Bezug auf eingewanderte Familien der Ansatz der lebensweltorientierten Sozialen Arbeit. Dieser erfordert migrationsspezifische Kenntnisse und Methoden – jeweils bezogen auf Handlungsfeld und Kontext. Die Aufgabe der Beratungsarbeit in einer Einwanderungsgesellschaft lautet in diesem Kontext, die Arbeitsmethoden und das Beratungssetting an die interkulturelle Realität der Einwanderungsgesellschaft anzupassen. Der damit verbundene Anspruch ist, Einwander*innen bei persönlichen, familiären, gesundheitlichen, sozialen und wirtschaftlichen Fragen lebensweltorientiert so zu beraten und zu begleiten, so dass sie in die Lage versetzt werden, ihre Wahl- und Wunschrechte wahrzunehmen und am sozialen, kulturellen, politischen und ökonomischen Leben teilnehmen zu können.

Folgende Strategien sind vor diesem Hintergrund für die Entwicklung von Standards und Methoden in der Beratungsarbeit mit Familien mit Migrationsbiografie maßgeblich:

- interkulturelle Kompetenzentwicklung,
- Identifizierung und Abbau von Zugangsbarrieren,
- Implementierung interkultureller Öffnung.

Interkulturelle Kompetenzentwicklung

Interkulturelle Kompetenz beinhaltet, dass die Fachkräfte die Fähigkeit erwerben,

> *„ein spezifisches, auf den Migrationszusammenhang bezogenes Wissen und allgemeine professionelle Kompetenzen so zu verschränken, dass berufliche Handlungskontexte auch unter migrationsspezifischen Fragestellungen betrachtet werden und eine Multiperspektive entsteht.“ (Fischer 2011, S. 353)*

Eine hohe Reflexionsfähigkeit hat sich als besonders fruchtbar für die interkulturelle Soziale Arbeit erweist. Erst wenn die Akteure und Akteurinnen der Sozialen Arbeit in der Lage sind, das eigene Weltbild und die Perspektiven nicht als Konsens für alle zu betrachten und Ratsuchende nicht als Träger einer bestimmten Kultur oder Nation begegnen, sind sie in der Lage, professionell zu handeln.

Identifizierung und Abbau von Zugangsbarrieren

In der Praxis werden häufig kulturelle Unterschiede als Hindernis bei der Arbeit mit Einwanderungsfamilien betrachtet. Jedoch stimmt diese Annahme insofern nicht, als die Lebenswelten vieler Einwander*innen weit komplexer als oft vermutet und ihre Probleme eher migrationsspezifisch bedingt sind. Migrationsspezifische Teilhabehindernisse gehen häufig auf strukturelle Benachteiligung bspw. im Bildungssystem oder auf dem Arbeitsmarkt zurück.

Vor diesem Hintergrund müssen bei der Identifizierung von Zugangsbarrieren sowohl die Institutionen als auch die Erwartungen der Ratsuchenden (z. B. in Form von Befragungen) analysiert werden. Bei einer Befragung der Nutzer*innen geht es vor allem darum, zu ermitteln, wie es den Familien mit Migrationsbiografie in den Institutionen der Sozialen Arbeit bzw. in deren Einrichtungen geht: Fühlen sie sich ernst genommen und verstanden? Welche Erwartungen und Wünsche richten sie an die Dienstleistungen der Sozialen Arbeit? Auf diese Weise können wichtige Erkenntnisse gewonnen werden und in die Konzeption der Beratungsarbeit Eingang finden. Dazu können einerseits Befragungen durchgeführt werden und andererseits die Expertise der Migrationsfachdienste bzw. der Migrationssozialarbeit in diesen Arbeitsprozess einbezogen werden.

Von grundlegender Wichtigkeit beim Abbau von Zugangsbarrieren sind interne und externe Sensibilisierungsmaßnahmen in Form von Antidiskriminierungstrainings. Diese befähigen die Mitarbeitenden zur Auseinandersetzung mit Vorurteilen sowie zu deren Abbau.

Interkulturelle Öffnung

Interkulturelle Öffnung als Veränderungsmodell kann nur mit einer Doppelstrategie erfolgsversprechend sein – mit einem ‚Top-Down-Ansatz' (Leitungsaufgabe) und gleichzeitig einem ‚Bottom-Up-Ansatz' (Personal- und Teamentwicklung). Die Verknüpfung der beiden Prozesse ist für eine nachhaltige Verankerung erforderlich. Grundsatzentscheidungen, die Antwort auf die Frage „Warum beschäftigen wir uns mit dem Thema der interkulturellen Öffnung?" sowie die Zielsetzung müssen im Leitbild verankert sein. Der Prozess der Organisationsentwicklung mit seinen sechs Arbeitsbereichen Leitbildentwicklung, Personalentwicklung, Kundenorientierung, Vernetzungsarbeit, Öffentlichkeitsarbeit und Qualitätsmanagement (QM) beginnt mit der Entwicklung eines Leitbildes.

Die jahrzehntelange Forderung nach interkultureller Öffnung als Strukturmaxime der Sozialen Arbeit in einer Einwanderungsgesellschaft bestätigte sich insbesondere durch die Einwanderungsentwicklungen der letzten Jahre noch einmal, da der Bedarf an interkulturellem Know-how seitens der Regeldienste ersichtlicher denn je geworden ist. Mit Blick auf die aktuelle Situation, in der viele Menschen flüchten, kommen auf die bestehenden Regeleinrichtungen von der Kita bis zur Altenhilfe besondere Aufgaben zu. Die grundlegende Herausforderung für die Regeldienste ist dabei die interkulturelle Öffnung. Die konsequente Umsetzung der interkulturellen Öffnung von Institutionen der Sozialen Arbeit ist ein offener Prozess, der sich permanent an die aktuellen Ereignisse der Einwanderungsgesellschaft anzupassen hat.

Im Folgenden Abschnitt wird exemplarisch ein Projekt der AWO-Kiel vorgestellt, welches die Teilhabemöglichkeiten von Familien mit Migrationsbiografie in Bildungs- und Erziehungsprozessen verbessern und zugleich zu interkulturellen Öffnungsprozessen in den Regeldiensten beitragen soll.

1.3 Mobile Kulturmittlerinnen – ein Praxisbeispiel

2007 wurde das Projekt *Mobile Kulturmittlerinnen* (*Mokumi*) in einer Kindertagesstätte der Stadt Kiel ins Leben gerufen, um Familien mit Migrationsbiografie bei der Inanspruchnahme von Hilfen zu unterstützen. Direkter Kooperationspartner des Projektes ist das Jugendamt der Stadt Kiel, die das Projekt auch finanziell unterstützt. Eine weitere Finanzierungsquelle ist der ‚Topf' *Kita Plus*, ein Bundesprogramm des Bundesministeriums für Familie, Senioren, Frauen und Jugend. Neben alltagspraktischer Unterstützung wollen Frühe Hilfen insbesondere einen Beitrag zur Förderung der Beziehungs- und Erziehungskompetenz von (werdenden) Müttern und Vätern leisten. Für Menschen mit Migrationsbiografie ist der Zugang zu solchen unterstützenden Angeboten oft erschwert. Die Orientierung im deutschen Gesundheits-, Erziehungs- und Bildungssystem stellt vielfach eine Herausforderung dar.

Damit Familien mit Migrationsbiografie die Systeme kennenlernen und von diesen Unterstützungsangeboten profitieren können, wünschen sich viele eine*n Ansprechpartner*in aus ihrem Milieu, der/die eine Lotsenfunktion übernimmt. Dabei gilt es nicht nur, sprachliche Hürden zu überwinden, sondern auch auf unterschiedliche Erwartungen, Werte und Haltungen eingehen zu können. Die mobilen Kulturmittlerinnen übernehmen diesen Brückenschlag zwischen den Familien und den Regeldiensten und helfen bei der Orientierung. Sie sind dazu ausgebildet, Familien ihres eigenen Sprach- und Kulturkreises über Hilfsangebote im Gesundheits- und Bildungsbereich (z. B. Ansprüche auf Hebammenbetreuung, Vorsorgeuntersuchungen für Kinder, Einschulungsuntersuchungen, kindliche Förderangebote) aufzuklären, sie ggf. dahin zu begleiten und sie in der Kommunikation mit offiziellen Stellen zu unterstützen. Sie vermitteln Informationen über Rechte und Pflichten von Eltern im deutschen Erziehungs- und Bildungssystem und überzeugen ggf. von der Relevanz des eigenen Spracherwerbs.

Nicht nur Familien holen sich Unterstützung bei den Kulturmittlerinnen, sondern auch die Institutionen. So gibt es Anfragen vom Jugendamt, den Kitas, Ärzten, Erziehungs- und Elternberatungsstellen, vom Jobcenter, von der Polizei, Anwälten und Schulen, die Übersetzerinnen bei Elternabenden oder den Jahresgesprächen benötigen. Die Herkunftsländer der Kulturmittlerinnen entsprechen im Wesentlichen den relevantesten Zuwanderungsgruppen in Deutschland. Wird eine Sprache über einen längeren Zeitraum benötigt, wird eine entsprechende mobile Kulturmittlerin gesucht und geschult.

Für Ihre Tätigkeit werden die Kulturmittlerinnen im Vorfeld drei Monate lang zu unterschiedlichen Themen wie Erziehungsfragen, finanzielle Hilfen und Anlaufstellen im sozialen Hilfesystem geschult. Das Thema ‚Schweigepflicht' wird ebenfalls berücksichtigt. Das Modell beinhaltet außerdem eine ‚Praktikum' bei einer erfahrenen Kulturmittlerin, die die neue Ehrenamtliche auf die Tätigkeit vorbereiten soll. Durch den Einbezug in das praktische Arbeiten, sollen die

Kulturmittlerinnen sich sicher fühlen, wenn es an ihren ersten Auftrag ohne Unterstützung geht. Alle Kulturmittlerinnen haben aber bereits schon Vorerfahrungen in diesem Bereich gesammelt und sich privat für andere engagiert und diese in unterschiedlichen Bereichen unterstützt.

Die Kulturmittlerinnen sind im Wesentlichen ehrenamtlich tätig. Ihre Tätigkeit wird mit einer geringfügigen Aufwandsentschädigung von maximal 80 Euro im Monat honoriert (eingeplant werden vier Einsätze im Monat). Außerdem erhalten sie eine Aufwandspauschale für Fahrt- und Telefonkosten. Das Projekt wird regelmäßig evaluiert.

Um das Projekt im Stadtteil bekannt zu machen, wurden u. a. mehrsprachige Flyer aufgelegt, die Institutionen und Multiplikator*innen informiert und Plakate ausgehängt. Auch das ‚Weitersagen' von Familie zu Familie spielt hier eine wichtige Rolle.

Die meisten der Frauen engagieren sich schon jahrelang in dem Projekt. Es lässt sich beobachten, dass die Kulturmittlerinnen viel für ihr eigenes Selbstwertgefühl aus der Arbeit ziehen können und die gemeinsame ehrenamtliche Tätigkeit zur Stärkung ihrer eigenen sozialen Netzwerke beigetragen hat. Waren viele der Kulturmittlerinnen zu Beginn noch im ALG II-Bezug, so arbeiten sie heute in ihren Ursprungsberufen als Krankenschwester oder Lehrerin oder haben ein Studium begonnen.

Die Erfahrung mit den mobilen Kulturmittlerinnen in den letzten Jahren zeigt die Notwendigkeit des Projekts. Die Kapazitäten der Ehrenamtlichen sind alleine in einem Stadtteil zu 200 % ausgelastet. Dies zeigt aber auch, dass die Regeldienste zwar durchgängig den Anspruch haben, ihre Leistungen und Angebote unabhängig von der Nationalität oder der Ethnie der Ratsuchenden anzubieten, es ihnen aber (noch) selten gelingt, sich personell, organisatorisch und inhaltlich auf die Bedarfe von Menschen mit Migrationsbiografie einzustellen.

Literatur

AWO Bundesverband e. V. (Hrsg.) (2002): Die Einwanderungsgesellschaft. Forderungen an das Jahrzehnt der Integration. Sozialbericht. Bonn.

AWO Bundesverband e. V. (Hrsg.) (2013): Leitlinien der fachlichen Arbeit – Arbeiterwohlfahrt Migrationssozialarbeit. Berlin. URL: http://grundsatzprogramm.awo.org/wp-content/uploads/2015/04/2013-AWO-Leitlinien-Die-Migrationssozialarbeit-der-AWO.pdf: 25.05.2016.

AWO Bundesverband e. V. (Hrsg.) (2010): Interkulturelle Öffnung der „Hilfen zur Erziehung" in den Diensten und Einrichtungen der Arbeiterwohlfahrt. Eine Handreichung für die Praxis. Berlin.

AWO Bundesverband e. V. (Hrsg.) (2015): Interkulturelle Öffnung der Bundesprogramme Migrationsberatung für erwachsene Zuwanderer und Jugendmigrationsdienste. Eine Praxishilfe. Berlin.

BAMF (Bundesamt für Migration und Flüchtlinge) (Hrsg.) (2015): Asylgeschäftsstatistik. Berlin. URL: http://www.bamf.de/SharedDocs/Anlagen/DE/Downloads/Infothek/Statistik/Asyl/201512-statistik-anlage-asyl-geschaeftsbericht.pdf?__blob=publicationFile: 02.06.2016.

BMAS (Bundesministerium für Arbeit und Soziales) (Hrsg.) (2013): Lebenslagen in Deutschland. Der Vierte Armuts- und Reichtumsbericht der Bundesregierung. Bonn. URL: http://doku.iab.de/externe/2013/k130307r15.pdf: 02.06.2016.

BMBF (Bundesministerium für Bildung und Forschung) (Hrsg.) (2016): Berufsbildungsbericht 2016. Berlin. URL: https://www.bmbf.de/pub/Berufsbildungsbericht_2016.pdf: 02.06.2016.
Bosswick, W. (2002): Strukturen künftiger Migrationssozialarbeit. In: DIE, Zeitschrift für Erwachsenenbildung IV (Internetausgabe), Bonn. URL: http://www.die-bonn.de/zeitschrift/42002/positionen0.htm: 25.05.2016.
BMFSFJ (Bundesministerium für Familie, Senioren, Frauen) (2016): Migration und Familie Kindheit mit Zuwanderungshintergrund. Gutachten des Wissenschaftlichen Beirats für Familienfragen beim BMFSFJ. Kurzfassung. Berlin. URL: http://www.bmfsfj.de/RedaktionBMFSFJ/Abteilung4/Pdf-Anlagen/kurzfassung-migration-und-familie-2016,property=pdf,bereich=bmfsfj,sprache=de,rwb=true.pdf: 02.06.2016.
Cinar, M., Otremba, K., Stürzer, M. & Bruhns, K. (2013): Kinder-Migrationsreport: Ein Daten- und Forschungsüberblick zu Lebenslagen und Lebenswelten von Kindern mit Migrationsbiografie. Hrsg. v. DJI (Deutsches Jugendinstitut e. V.). München.
Cyrus, N. & Treichler, A. (2004): Soziale Arbeit in der Einwanderungsgesellschaft: Von der Ausländerarbeit zur einwanderungsgesellschaftlichen Institutionen. In: Treichler, A. & Cyrus, N. (Hrsg.): Handbuch Soziale Arbeit in der Einwanderungsgesellschaft. Frankfurt a. M.: Brandes und Apsel, S. 11–22.
Datenreport (2016): Ein Sozialbericht für die Bundesrepublik Deutschland. Hrsg. v. Statistischem Bundesamt (Destatis). Wissenschaftszentrum Berlin für Sozialforschung (WZB). URL: https://www.destatis.de/DE/Publikationen/Datenreport/Downloads/Datenreport2016.pdf?__blob=publicationFile: 02.06.2016.
DBSH (Deutscher Berufsverband für Soziale Arbeit e. V.) (2014): Definition der Sozialen Arbeit. Neufassung an der Generalversammlung des IFSW Juli 2014 in Melbourne. URL: https://www.dbsh.de/beruf/definition-der-sozialen-arbeit.html: 02.06.2016.
Deutscher Bundestag (2000): Sechster Familienbericht. Familien ausländischer Herkunft in Deutschland Leistungen – Belastungen – Herausforderungen (Drucksache 14/4357).
Fischer, V. (2011): Interkulturelle Kompetenz. In: Fischer, V. & Springer, M. (Hrsg.): Handbuch Migration und Familie. Grundlagen für die Soziale Arbeit mit Familien. Schwalbach T. s.: Wochenschau, S. 334–358.
Grunwald, K. & Thiersch, H. (2008): Praxis lebensweltorientierter sozialer Arbeit. Handlungszugänge und Methoden in unterschiedlichen Arbeitsfeldern. Weinheim: Juventa.
Handschuck, S. & Schröer, H. (2011): Interkulturelle Orientierung und Öffnung. Theoretische Grundlagen und 50 Aktivitäten zur Umsetzung. Augsburg: ZIEL.
Schröer, H. (2011): Interkulturelle Orientierung und Diversity Ansätze. In: Fischer, V. & Springer, M. (Hrsg.): Handbuch Migration und Familie. Grundlagen für die Soziale Arbeit mit Familien. Schwalbach T. s.: Wochenschau, S. 307–322.
SINUS (Markt- und Sozialforschung GmbH) (2015): Informationen zu den Sinus-Milieus 2015. Heidelberg.
Statistisches Bundesamt (2015): Migration & Integration. URL: https://www.destatis.de/DE/ZahlenFakten/GesellschaftStaat/Bevoelkerung/MigrationIntegration/MigrationIntegration.html: 26.05.2016.
Süzen, T. (2013): Trennung und Scheidung als Herausforderung Sozialer Arbeit im Migrationskontext. In: Körner, W. & Irdem, G. (Hrsg.): Psychosoziale Beratung von Migranten. Stuttgart: Kohlhammer, S. 317–326.
SVR Sachverständigenrat deutscher Stiftungen (Hrsg.) (2016): Doppelt benachteiligt? Kinder und Jugendliche mit Migrationsbiografie im deutschen Bildungssystem. Eine Expertise im Auftrag der Stiftung Mercator. URL: www.stiftung-mercator.de/media/downloads/3_Publikationen/Expertise_Doppelt_benachteiligt.pdf: 02.06.2016.
Treibel, A. (2016): Integriert Euch! Plädoyer für ein selbstbewusstes Einwanderungsland. Bonn: Bundeszentrale für politische Bildung.

✎ *Verfasserin*

Dr. Talibe Süzen (Talibe.Suezen@awo.org), Diplom-Sozialpädagogin/Sozialarbeiterin, Referentin für interkulturelle Kinder- und Jugendhilfe, Arbeiterwohlfahrt Bundesverband e.V.; Arbeitsschwerpunkte: Migrationssozialarbeit, Interkulturelle Öffnung, Interkulturelle Bildung, Kinder- und Jugendhilfe.

2. Muslim Resource Centre for Social Support and Integration (MRCSSI): Ein kanadisches Beispiel für die Kooperation mit Migrantenselbstorganisationen in der Familienhilfe

Mohammed Baobaid

Der Beitrag beschäftigt sich damit, wie vorhandene Unterstützungs- und Präventionsmaßnahmen der Regeldienste im Umgang mit häuslicher Gewalt durch kultursensible Ansätze ergänzt werden können und damit potenzielle Lücken in der Erreichbarkeit von Familien, die kollektivistisch und traditionell sozialisiert sind, geschlossen werden können.

Dabei wird zunächst auf mögliche Faktoren für häusliche Gewalt innerhalb kollektivistisch sozialisierter Migrantenfamilien eingegangen. Daran anschließend werden Handlungsmöglichkeiten für den Umgang mit häuslicher Gewalt in Migrantenfamilien aufgezeigt. Der aufgezeigte Handlungsansatz geht auf die Methode des ‚Culturally Integrative Family Safety Response' (CIFSR) zurück, welche vom *Muslim Resource Centre for Social Support and Integration* (MRCSSI) in Kanada entwickelt wurde. Diese Methode basiert auf der Förderung einer Zusammenarbeit zwischen ethnischen Gemeinschaften bzw. Migrantenselbstorganisationen (MSO) und den Regeldiensten der Sozialen Arbeit zur frühen Identifizierung und Intervention bei häuslicher Gewalt. Der Beitrag möchte verdeutlichen, dass in der Gewaltprävention und der Erarbeitung von Lösungsansätzen stärker die Kooperation mit MSO gesucht werden kann und sollte, weil dadurch wichtige wechselseitige Denk- und Reflexionsprozesse angestoßen werden können. Die Voraussetzung ist, dass die Kooperation zwischen den Regeldiensten und den MSO professionell und kultursensibel angeleitet wird.

2.1 Der Nutzen kultursensibler Dienste für von häuslicher Gewalt betroffene Migrantenfamilien

In den letzten Jahren ist ein zunehmendes Interesse bei Organisationen und Diensten für kultursensible Handlungsansätze („multicultural approaches") in der Arbeit mit Minderheitenangehörigen festzustellen (vgl. Sokoloff 2008, S. 244). Dies beinhaltet die Nutzung von Dolmetscherdiensten oder den Einsatz von Fachkräften, die bilingual bzw. bikulturell sind, sowie die Ausweitung der

Öffentlichkeitsarbeit auf die Einrichtungen und Organisationen der ethnischen Minderheiten. Untersuchungen konnten allerdings aufzeigen, dass Handlungsansätze, die ausgehend von den Wert- und Normvorstellungen in individualistischen Gesellschaften entwickelt worden sind, zur Lösung von problematischen Situationen in Migrantenfamilien aus kollektivistischen Gesellschaften nicht ausreichend sind (vgl. Haj-Yahia 2011).

Während in individualistischen Gesellschaften viel Wert auf die Autonomie und Individualität des Einzelnen gelegt wird, ist in kollektivistischen Gesellschaften die Bindung zur Familie und zur sozialen Gruppe sowie das Ansehen der Familie und der Gruppe von besonderer Relevanz. Eine kollektivistische Einstellung kann entsprechend die Entscheidung von Frauen und Kindern, die von häuslicher Gewalt betroffen sind, beeinflussen. In einem Kontext, in dem Gehorsam und Konfliktvermeidung geschätzt werden und der Schutz von Familienbeziehungen Vorrang hat, können sich Frauen gezwungen fühlen, über die Gewalt in ihrem Haus zu schweigen – auch um nicht als rebellisch oder respektlos gesehen zu werden (vgl. Haj-Yahia & Sadan 2008). Bei bestehenden Problemen ist eher davon auszugehen, dass die betroffenen Frauen die Hilfe von Familienangehörigen oder respektierten Mitgliedern der ethnischen Gemeinschaft suchen und weniger die Regeldienste der Aufnahmegesellschaft in Anspruch nehmen. Mit dieser Form der Suche nach Konfliktlösungen werden kollektivistische Werte wie Schutz und Ansehen der Familie und der sozialen Gruppe gewahrt – auch wenn diese ‚Problemlösungsversuche' die Ohnmacht der betroffenen Frauen steigern können, da die offene Konfrontation vermieden wird (ebd.).

Die Frage, welche Hilfsangebote Migrantinnen aus kollektivistischen Gesellschaften eher in Anspruch nehmen, kann nur im Zusammenhang mit ihrer besonderen aktuellen Lebenssituation beantwortet werden. Während Frauen, die von religiöser Unterdrückung betroffen sind, nicht die Unterstützung von religiösen Gemeinden wünschen, suchen Frauen, die sich als religiös bezeichnen und für die ihr kulturelles/religiöses Erbe ein wichtiges Identifikationsmerkmal darstellt, eher die Unterstützung von religiösen Gemeinden bzw. anderen MSO (vgl. Baobaid & Ashbourne 2016). Ähnliche Auswahlpräferenzen können auch im Hinblick auf Vorstellungen von Geschlechterrollen, Ehe und Autorität festgestellt werden (vgl. Hancock, Ames & Behnke 2014). Hier ist es wichtig, darauf hinzuweisen, dass nicht alle Frauen aus kollektivistischen, muslimischen oder arabischen Gesellschaften, die von häuslicher Gewalt betroffen sind, die gleichen Motive für die Wahl von Unterstützungsangeboten haben. Die Bedürfnisse können sehr unterschiedlich sein.

Goodman und Epstein (2005) kritisieren, dass sich das gegenwärtige amerikanische Unterstützungssystem bei häuslicher Gewalt, unter dem Vorzeichen, dass der Staat keine Gewalt gegen Frauen toleriert, vornehmlich auf das Vorgehen gegen die Täter konzentriert (Verhaftung, Strafverfolgung, Therapien), hierbei aber die unterschiedlichen Bedürfnisse der Opfer von häuslicher Gewalt ausblendet. Diese enge Betrachtungsweise halten Goodman und Epstein im Hinblick auf die Bedürfnisse von Frauen aus Minderheitengruppen für sehr problematisch: „[N]o single response can meet the needs of every woman, and many responses that are well suited to one circumstances can worsen another" (Goodman & Epstein 2005, S. 481). Sie plädieren für alternative Vorgehensweisen, die durch die Kooperation und Vernetzung von verschiedenen Akteuren des Justiz- und Sozialsystems die Position der Opfer von Gewalt stärken sowie Führungspersonen von ethnischen bzw. religiösen Organisationen (MSO) im Umgang mit häuslicher Gewalt sensibilisieren und professionalisieren.

Um wirkungsvoll auf die Bedürfnisse von Opfern eingehen zu können, ist es wichtig die Ursachen für häusliche Gewalt zu kennen und die Dynamik innerhalb des Familienkollektivs zu verstehen. Auch ist im Hinblick auf eine stärkere Thematisierung von häuslicher Gewalt eine Veränderung in den ethnischen/religiösen Gemeinden erforderlich. Kultursensible Interventionsansätze sind nicht zwangsläufig traditionskonform; vielmehr kann eine Vorgehensweise implementiert werden, die ein tiefes Verständnis für kollektivistische Wert- und Normvorstellungen hat und zugleich versucht, gemeinsam mit Führungs- und Brückenpersonen aus MSO gute Lösungsansätze beim Problem häusliche Gewalt zu erarbeiten. Dort, wo Regeldienste Religion und Kultur selbst als Ursache für häusliche Gewalt betrachten, können innerhalb einer kollektivistischen Gemeinschaft Religion und Kultur auch eine Ressource zur Thematisierung von häuslicher Gewalt sein. Das setzt voraus, dass sie stärker in die Diskussionen über Intervention und Prävention bei häuslicher Gewalt involviert werden.

The Muslim Resource Centre of Social Support and Integration (MRCSSI) arbeitet seit geraumer Zeit erfolgreich mit einem kultursensiblen („culturally integrative") Ansatz zur Förderung des Sicherheitsempfindens in kollektivistischen Migrantenfamilien, in denen häusliche Gewalt auftritt bzw. Risikofaktoren existieren. Dieser Ansatz soll im Folgenden ausführlicher dargestellt werden.

2.2 Culturally Integrative Family Safety Responses (CIFSR): Ein Beispiel für einen kultursensiblen Handlungsansatz

‚Culturally Integrative Family Safety Response' (CIFSR) ist ein ressourcenorientierter Ansatz zur Abwehr von häuslicher Gewalt in Einwandererfamilien. Hierbei geht es um einen Prozess des gemeinsamen Suchens und Findens von Lösungsansätzen durch Mitarbeiter*innen des MRCSSI, die betroffenen Familien und ihre ethnische/religiöse Kollektivgemeinschaft. Durch diesen kooperativen Ansatz können sehr individuelle Lösungs- und Unterstützungsansätze erarbeitet werden. Die Sicherheit und Gesundheit in den Familien steht im Fokus der Aktivitäten. Dies soll durch die Identifizierung von frühen ‚Warnsignalen' für häusliche Gewalt und die Durchführung von gemeinsamen Strategien erreicht werden, die sich darauf konzentrieren, den Teufelskreis von Gewalt durch die Intervention von professionellen Akteuren und Mitgliedern der ethnischen/religiösen Gemeinde zu durchbrechen. Zu den bisherigen Ergebnissen des CIFSR-Ansatzes zählen: ein erweitertes Wissen über den kulturellen Kontext von Familien aus kollektivistischen Gemeinschaften, eine höhere Sensibilität und Verpflichtung von Regeldiensten für die vielfältigen Bedarfe von Migrantenfamilien und eine gemeinsame präventive Strategie im Umgang mit häuslicher Gewalt.

Der CIFSR-Ansatz hat vier wesentliche Bausteine, die für die erfolgreiche Durchführung notwendig sind.

Bausteine des CIFSR-Ansatzes

Kernfokus
Der Kernfokus des CSFR-Ansatzes ist die Vision, die Sicherheit und Gesundheit in Familien zu wahren und zu fördern. Der Fokus liegt auf Familien, die kollektivistisch sozialisiert sind und von häuslicher Gewalt betroffen sind bzw. bei denen ein erhöhtes Gewaltrisiko vorliegt. Dabei werden die Bedürfnisse aller Mitglieder der Familie wahrgenommen und sichergestellt, dass die Arbeit sich daran orientiert.

Kontext
Für den Erfolg des Ansatzes ist es wichtig, den ethno-kulturellen Kontext der Familien und die Zwangslage von misshandelten Frauen und Kindern zu verstehen. Als Zwangslage werden Situationen beschrieben, die die Betroffenen davon abhalten, Hilfe von außen in Anspruch zu nehmen. In Absprache mit den Betroffenen werden relevante Mitglieder der Familie sowie der Kollektivgemeinschaft (Community) durch die Mitarbeiter*innen des MRCSSI früh in den Klärungs- und Lösungsprozess einbezogen. Durch die professionell angeleitete Auseinandersetzung über Ursachen und Zusammenhänge für familiäre Konflikte besteht die Chance für eine kritische Reflexion kollektivistischer Auffassungen, die Ursache für häusliche Gewalt sein können.

Leitmotive
Der CIFSR-Ansatz arbeitet mit Leitbildern, um den Erfolg des gemeinschaftlichen Vorgehens zu erhöhen und zu unterstreichen. Die Leitmotive beinhalten *Flexibilität*, *Zusammenarbeit* und *Vertrauen*. Aufgrund der vielschichtigen Bedürfnisse von Familien ist es wichtig, eine Bereitschaft dafür aufzubringen, neben den formellen und standardisierten Formen der Unterstützung auch informelle und flexible Vorgehensweisen anzuwenden, um gezielter auf die Familien eingehen zu können.

Organisationen und Institutionen arbeiten alle innerhalb ihrer eigenen Mandate und Arbeitsprinzipien, weshalb es manchmal herausfordernd sein kann, informelle Kooperationen aufzubauen. Hierbei weisen die Organisationen eine unterschiedliche Bereitschaft für Kooperationen und flexible Vorgehensweisen auf. Um für die betroffenen Familien die besten Lösungsansätze bereithalten zu können, ist eine engagierte Zusammenarbeit zwischen allen Beteiligten die Voraussetzung. Dies berücksichtigt auch das Teilen von Wissen, Lernbereitschaft und die Akzeptanz des Ansatzes ‚Hilfe zu Selbsthilfe'. Dazu muss sich auch eine Vertrauensbasis unter den Beteiligten etablieren. Eine vertrauensvolle Zusammenarbeit ist abhängig davon, wie gut es den Beteiligten gelingt, sensibel und diskret mit vertraulichen Familienangelegenheiten umzugehen. Wie so oft kann der Aufbau einer Vertrauensbasis viel Zeit in Anspruch nehmen. Dieses Vertrauen entwickelt sich oft durch einen regelmäßigen Austausch und dem gemeinsamen Aufbau von Strukturen, die helfen sollen.

Schlüsselpartner

Als Schlüsselpartner sind in diesem Ansatz Familienmitglieder und Vertreter*innen von Regeldiensten, der koordinierenden Organisation (wie bspw. das MRCSSI) sowie der Kollektivgemeinschaft bzw. der MSO gemeint. Die Schlüsselpartner haben die Aufgabe den betroffenen Familien in Form einer ‚kollektivistischen Struktur' Hilfe anzubieten. Aufgabe der Regeldienste ist es, zusammen mit Vertretern aus der Kollektivgemeinschaft kultursensible Hilfsangebote für Migrantenfamilien bereitzustellen, die an die Bedarfe der Familien angepasst sind. Die Regeldienste der Familienhilfe können in den gesamten Prozess der Hilfemaßnahme involviert sein oder aber nur bei einzelnen Entscheidungsprozessen mitwirken.

Die Art der Hilfen hängt von vielen verschiedenen Faktoren wie Qualität des Kontaktes zur Familie, Zeit und personelle Ressourcen ab. In der Regel wird die Hilfe hauptsächlich durch die Organisation koordiniert, die bereits einen guten Kontakt zur Familie aufgebaut hat. Diese versucht dann, andere relevante Organisationen bzw. Personen einzubeziehen. Unterschiedliche zeitliche und personelle Ressourcen können jedoch dazu führen, dass Alternativen zur ursprünglich geplanten Kooperation gesucht werden müssen. Für die Koordinierungstätigkeit haben sich Personen bewährt, die eine Ausbildung in Sozialer Arbeit bzw. Psychologie absolviert haben und den kulturellen Kontext von kollektivistischen Gemeinschaften kennen. Diese ‚Integrationsberater*innen' arbeiten meistens für die Organisationen, die die kultursensible Beratung anbieten.

Die koordinierende Organisation ist dafür verantwortlich, den Hilfebedarf und mögliche Risikofaktoren abzuklären. Darüber hinaus ist sie auch für die Durchführung des CORT-Prozesses (wird im Folgenden noch näher beschriebenen) zuständig. Die Integrationsberater*innen fungieren als eine ‚Brücke' zwischen den Familien und den verschiedenen beteiligten Kooperationspartnern. Zur Familie zählt in diesem Zusammenhang nicht nur die Kernfamilie, sondern auch der erweiterte Familienkreis. Bei der Suche nach Kooperation mit Mitgliedern aus dem erweiterten Familienkreis ist es wichtig, sich Personen auszusuchen, die das gemeinsame Ziel der Verbesserung der Sicherheit und Gesundheit in den betroffenen Familien mit unterstützen wollen und können. Alternativ zu einem Familienmitglied können auch Angehörige der sozialen Gruppe und Kollektivgemeinschaft herangezogen werden, die bereit sind, sich als Mentoren im Konflikt zu engagieren. Das können Personen bzw. Geistliche aus kulturellen oder religiösen MSO sein oder ältere Menschen, die von der Gemeinschaft respektiert werden. Diese Personen sollten dazu ermutigt werden, Mitverantwortung für die Lösung der familiären Probleme zu übernehmen und Lösungsansätze aus dem Kontext der ethnischen Gemeinde heraus anzubieten. Die Kooperation zu den MSO ermöglicht Partizipation und einen Wissensaustausch zwischen formeller und informeller Hilfe. Auf diese Art können innerhalb der MSO Kapazitäten und Ressourcen aufgebaut werden, die für die Unterstützung der Mitglieder wichtig sein können und die Gemeinschaft stärken.

Wie funktioniert der CIFSR-Ansatz?

Ziel des CIFSR-Ansatzes ist es, das Sicherheitsempfinden in Migrantenfamilien zu stärken und die Risiken für häusliche Gewalt abzubauen. Dies beinhaltet auch die frühe Identifikation von Risikofaktoren und Konzipierung von Präventionsstrategien gegen häusliche Gewalt.

Prävention durch Engagement und Öffentlichkeitsarbeit
Die Präventionsstrategien konzentrieren sich auf den Dialog mit einer Kollektivgemeinschaft mit dem Ziel, durch kooperative Strukturen eine kritische Auseinandersetzung mit Grundannahmen und Überzeugungen, wie z. B. zur Familienehre zu fördern. Durch Öffentlichkeitsarbeit zum Thema häusliche Gewalt und die kooperative Zusammenarbeit mit Regeldiensten und MSO kann eine Sensibilisierung für häusliche Gewalt und deren Ursachen erreicht werden. Wachsende Kenntnisse über die Zusammenhänge zwischen häuslicher Gewalt und religiösen, kulturellen, migrationsspezifischen sowie sozioökonomischen Ursachen ermöglichen die Einbindung von MSO als Partner im Handeln gegen häusliche Gewalt. Zudem können Frauen in ihren individuellen Ressourcen gestärkt und ermutigt werden, bestehende Probleme anzusprechen. Durch Deeskalations-Maßnahmen sollen außerdem die Risiken für häusliche Gewalt reduziert werden (vgl. Baobaid 2015).

Für die Regeldienste ermöglicht die Kooperation die Erweiterung ihres Wissens über kulturelle, religiöse und soziale Aspekte von häuslicher Gewalt. Zugleich kann das Einbeziehen von Schlüsselpersonen aus MSO dazu beitragen, dass sich in der Kollektivgemeinschaft ein Bewusstsein dafür entwickelt, dass häusliche Gewalt nicht mit kulturellen und religiösen Werten zu legitimieren ist (Baobaid 2015). Die MSO können durch diese Herangehensweise in die Lage versetzt werden, sich Wissen zu den Ursachen von häuslicher Gewalt anzueignen und sich für die Lösung der bestehenden Probleme zu engagieren (vgl. Kuyek 2011).

Frühe Identifikation und frühe Interventionsmaßnahmen
Die frühe Kontaktaufnahme zu Familien, die Unterstützung suchen, ermöglicht auch eine frühe Identifikation von Problemen und deren Ursachen sowie ein frühes Eingreifen. Dies kann über unterschiedliche Wege geschehen: Es kann z. B. sein, dass Familien Hilfen in Anspruch nehmen, bei denen es um die psychische Gesundheit, rechtliche Beratung oder Familien- und Erziehungsberatung geht (wenn z. B. sichergestellt werden soll, dass Kinder ihren Eltern gehorchen oder Ehefrauen ihre Männer respektieren). In diese Beratungsangebote sind Fachkräfte aus Schulen sowie dem medizinischen oder sozialen Bereich eingebunden. Über diese Fachkräfte kann der Kontakt zu den Familien aufgebaut werden. Unabhängig davon, welche Probleme die Familien als Erstes ansprechen, ist es wichtig, ihnen möglichst früh Hilfsangebote anzubieten, die für sie annehmbar sind. Damit können die Ursachen und Risiken für häusliche Gewalt früh erkannt und die Ausgangbedingungen für Lösungsansätze erarbeitet werden. Dazu ist es wichtig, das ‚Gefährdungspotential' der Familien früh zu eruieren und sie in niedrigschwellige (Beratungs-)Angebote aufzunehmen.

Je nachdem welche Organisationen in das Hilfsangebot für die betreffende Familie eingebunden sind, sollten erste Maßnahmen die Risikofaktoren für häusliche Gewalt aufzeigen bzw. offenlegen. Dies kann in Form von individueller Beratung, Paar- und Familienberatung, Gruppenarbeit sowie Mediation geschehen, welche unterschiedliche und gegensätzliche Vorstellungen offenlegen können.

Prävention bedeutet aber auch die Identifizierung und Involvierung von verfügbaren Personen aus unterschiedlichen kulturellen Gemeinschaften und Organisationen, die als Mittler*innen zwischen den Regeldiensten und der Gemeinschaft fungieren können und somit Hemmnisse und Barrieren abbauen können. Dadurch können kreative Lösungen für die Familien und potenzielle Opfer für Gewalt entwickelt und sie darin unterstützt werden, Hilfe in Anspruch zu nehmen und sich in ihrer ‚neuen Realität' zurechtzufinden.

2.3 Four Aspects Screening Tool (FAST): Eine kultursensible Methode zur Identifizierung von Risiko- und Schutzfaktoren

Zur Identifizierung von Risiko- und Schutzfaktoren für häusliche Gewalt wird die ‚Four Aspects Screening Tool' (FAST)-Methode angewendet. Diese Methode wurde 2008 durch das MRCSSI als ein Hilfsmittel zur Bestimmung von Risiko- und Schutzfaktoren für häusliche Gewalt in kollektivistisch sozialisierten Migrantenfamilien entwickelt. Die FAST-Methode verknüpft herkömmliche Verfahren der Risikoeinschätzung für häusliche Gewalt mit kultur- und migrationsspezifischen Risikofaktoren. Dabei werden die folgenden vier Aspekte für Risikofaktoren näher betrachtet: migrationsspezifische, kulturspezifische, religionsspezifische und universelle Faktoren (die unabhängig von der ethnischen oder religiösen Herkunft einer Person gegeben sein können). Durch diese multiperspektivistische Herangehensweise sollen neben der Identifizierung von typischen Stressoren, problematischen Beziehungsdynamiken sowie Risikofaktoren auch potenzielle Ressourcen und Unterstützungsangebote für die Migrantenfamilien eruiert werden. Hierbei geht es nicht nur um Risikofaktoren innerhalb der familiären Dynamik, sondern auch im Zusammenhang mit außerfamiliären Beziehungen und äußeren Rahmenbedingungen. Daher ist es wichtig, zu wissen, welches Verständnis von häuslicher Gewalt bei den betroffenen Familien und ihrer Herkunftsgemeinschaft vorliegt und wie die Äußerungen und Sorgen von Opfern wahrgenommen werden.

Der Fokus des FAST-Ansatzes liegt bei der Erkundung der Relevanz von Religion für den Alltag der Familien und seinen Auswirkungen auf Risikofaktoren sowie Ressourcen. Für einige ethnische Gruppen ist Religion die Basis für ihre Wert- und Normvorstellungen zu Familie und Geschlechterbeziehungen. Für andere Gemeinschaften ist Religion weniger bedeutend. Daher ist es wichtig, die Relevanz von Religion in der Gemeinschaft und in den einzelnen Familien zu eruieren.

Die migrationsspezifischen Erfahrungen von Personen haben einen relevanten Einfluss auf ihr Verhalten. So wurde z. B. in aktuellen Studien hervorgehoben, dass die psychische Gesundheit von Personen stark von Erlebnissen und Erfahrungen abhängt, die sie vor der Migration erfahren haben (z. B. Traumata), den Stressoren, die mit der Migration und dem Druck der kulturellen Anpassung verbunden sind und ihren Fähigkeiten und Ressourcen, sich in dem Einwanderungsland zurechtzufinden (vgl. Dunlavy 2010). Daher sind ausreichende Informationen über Erfahrungen vor der Migration und nach der Migration zum Verständnis des Problems von besonderer Relevanz.

In Ergänzung zu den migrationsspezifischen Faktoren ist es wichtig, sich ein genaues Bild über die Wert- und Normvorstellungen der Familien zu machen, um dann besser einschätzen zu können, welche Faktoren eine Ressource darstellen können und welche als Risikofaktoren gesehen werden müssen. Dabei geht es nicht um ein verallgemeinertes Wissen über bestimmte Ethnizitäten bzw. (religiöse) Gemeinschaften, vielmehr geht es um die Aneignung von spezifischem Wissen über die sehr heterogenen Strukturen von ethnischen und religiösen Gemeinschaften.

Durch die FAST-Methode können auch wichtige Unterstützungsangebote innerhalb der Familie, der Gemeinschaft und anderen potenziellen Kooperationspartnern identifiziert und ein ‚Coordinated Organizational Response Team' (CORT) gebildet werden. Das CORT identifiziert auch die Schlüsselpersonen, die zur Lösung des Problems beitragen können.

2.4 Das CORT-Team: Ein koordiniertes Netzwerk gegen häusliche Gewalt

Zum CORT gehören neben Familienangehörigen Fachkräfte aus dem medizinischen oder psychosozialen Bereich, der Jugendhilfe, aus der Sozialen Arbeit, Polizei und Justiz, sowie Führungskräfte aus dem MSO und andere Personen, deren Erfahrung und fachliche Expertise zur Lösung der Probleme von Familien beitragen können. Ziel dieses Teams ist ein kultursensibles Hilfsangebot, welches sich an der Lebenswelt der Familien orientiert. Die Zusammensetzung des CORT ist abhängig von den individuellen Bedürfnissen der Familie, wenngleich das Kernteam in der Regel aus einem Vertreter der hauptverantwortlich koordinierenden Organisation, relevanten Angehörigen des erweiterten Familienkreises, dem Hausarzt, dem Vertreter einer MSO und Schulpersonal (wenn Kinder vorhanden sind) besteht.

Das Team verfolgt den Ansatz der Früherkennung und der frühen Intervention. Dabei wird zyklisch gearbeitet und das Vorgehen folgt einem kontinuierlichen Muster der Entwicklung und Planung von Hilfen sowie deren Umsetzung. Je nach den Bedürfnissen der Familien kann dieser zyklische Ansatz mehrere Male im Rahmen von Maßnahmen wiederholt werden. Das Hauptziel ist die frühe Intervention bei häuslicher Gewalt, um Gewalt-Eskalationen und kritischen Ereignissen in Familien vorzubeugen. Die gemeinsamen Maßnahmen sollen Risiken reduzieren und Gewaltspiralen verhindern bzw. andere Wege aufzeigen. Außerdem sollen Familienangehörige und Mitglieder der Gemeinschaft, die der Familie nahestehen, dazu befähigt werden, ihr Wissen und ihre Handlungskompetenz in kritischen Lebenslagen zu erweitern. Der CORT-Ansatz geht von der Überzeugung aus, dass Familien das Beste für ihre Familien wünschen. Die

Probleme können dann durch die unterschiedlichen Vorstellungen über das entstehen, was als ,das Beste' für den Einzelnen und die gesamte Familie wahrgenommen wird.

Häufig entsteht der erste Kontakt zu Migrantenfamilien, in denen häusliche Gewalt ein Thema ist, über die Integrationsberater*innen. Diese Fachkraft ist meistens dafür zuständig, die Maßnahmen für die betroffene Familie zu koordinieren. Das CORT-Team muss gemeinsam in einem transparenten Prozess einen Hilfeplan für die Familie entwickeln, um Risikofaktoren für häusliche Gewalt zu minimieren bzw. zu beheben. Die Planung der Hilfe orientiert sich am Case Management („case conferencing"). Während dieses dialogischen und kooperativen Verfahrens werden mit Hilfe der vorgestellten FAST-Methode die wesentlichen Probleme und Herausforderungen des Falles sowie Ansätze zur Lösung der Probleme besprochen.

Ergebnis der Planung sollte eine Vorgehensweise sein, die den Bedarfen der Probleme entspricht. Die Mitglieder des CORT sollten dazu ermutigt werden, ihre Handlungsspielräume zur Nutzung von ,Schattenbereichen' (,shadow zones') zu erweitern. Als Schattenbereiche sind Handlungsräume zu bezeichnen, die über die vorgefassten standardisierten Verfahren für Maßnahmen hinausgehen. Durch die Ausweitung dieser Grenzen (des Handelns) können den Familien bessere und abgestimmtere Hilfemaßnahmen unterbreitet werden. Durch dieses Modell sind reziproke Lernprozesse bei allen Beteiligten im Hinblick auf die Lebenswelt und die Lebenslagen der Migrantenfamilien gegeben. Die Arbeit in einem CORT beginnt, wenn mehr als zwei Vertreter von Institutionen und Organisationen in die Lösung des Problems involviert sind. Wenn durch die FAST-Methode festgestellt wird, dass zur Lösung des Gewaltproblems keine zusätzlichen Kooperationspartner erforderlich sind und somit auch kein CORT gebildet werden muss, werden individuelle Hilfsangebote gemacht.

Die Aufgaben und Verantwortlichkeiten der einzelnen Mitglieder des CORT werden zur Klärung der Strukturen für den Hilfeprozess schriftlich festgehalten. Das Team trifft sich in der Regel alle drei Monate, um sich über den Effekt und den Erfolg der Maßnahmen auszutauschen und zukünftige Vorgehensweisen abzustimmen. Je nach Bedarf der Familie können die Maßnahmen bis zu einem Jahr oder länger angeboten werden. Ggf. werden die Familienangehörigen zu weiteren unterstützenden Angeboten vermittelt.

2.5 Fazit

Die theoretischen Erkenntnisse und praktischen Erfahrungen von MRCSSI verdeutlichen, dass, wenn der Wunsch nach effektiven Hilfemaßnahmen besteht, wir unser Aufgabenverständnis im Hinblick auf die Integration von kultursensiblen Ansätzen erweitern und unsere Interventionsstrategien anpassen müssen. In dem Beitrag wurden der Ansatz des ,Culturally Integrative Family Safety Responses' und frühe Interventionsansätze in den Hilfen für Familien, die von häuslicher Gewalt betroffen sind, vorgestellt. Als die effektivsten Ansätze haben sich Hilfestrukturen herausgestellt, die die Zusammenarbeit zwischen den Regeldiensten und dem sozialen Umfeld der Familie vorsehen. Diese Strukturen umfassen die gesamte Familie, erkennen ihre kulturelle Realität an und berücksichtigen die Bedarfe von Familien, die kollektivistisch sozialisiert sind.

Anbieter von Hilfen und Maßnahmen sollten hierbei den Blick nicht nur auf Risiken richten, die durch die kollektivistische Sozialisation gegeben sind, sondern auch die Ressourcen in den Kollektivgruppen erkennen. Dieser Paradigmenwechsel kann einen signifikanten positiven Einfluss auf das Sicherheitsempfinden und die Gesundheit in vielen Migrantenfamilien in Kanada oder anderen Einwanderungsländern haben, die kollektivistisch sozialisiert sind. Es wäre daher sehr wünschens- und erstrebenswert, wenn Ansätze dieser Art eine breite Umsetzung in den bestehenden Hilfestrukturen für Familien finden könnten.

Übersetzung aus dem Englischen von Prof. Dr. Ayça Polat

Literatur

Baobaid, M. & Ashbourne, L. (2016) (im Erscheinen): Enhancing Culturally Integrative Family Safety Response in Muslim Communities. New York: Routledge Taylor & Francis.

Baobaid M. (2015): A Culturally Integrative Model of Domestic Violence Response for Immigrant and Newcomer Families of Collectivist Backgrounds. In: Johnson, H., Fisher, B. S., & Jaquier, V (Hrsg.): Critical Issues on Violence against Women. New York: Routledge Taylor & Francis, S. 154–165.

Baobaid, M. (2008): Guidelines for Service Providers: Outreach Strategies for Family Violence Intervention with Immigrant and Minority Communities London Ontario: Changing Ways.

Dunlavy, A., (2010): The Impact of Acculturation, Trauma, and Post-Migration Stressors on the Mental Health of African Immigrants and Refugees in Sweden (unveröffentlichte Dissertation). University of Pittsburgh, Pittsburgh.

Goodman, L. & Epstein, D. (2005). Refocusing on Women a New Direction for Policy and Research on Intimate Partner Violence. In: Journal of Interpersonal Violence 20 (4), S. 479–487.

Haj-Yahia, M. (2011): Contextualizing Interventions with Battered Women in Collectivist Societies: Issues and Controversies. In: Aggression and Violent Behavior 16 (4), S. 331–339.

Haj-Yahia, M. & Sadan, E. (2008): Issues in Intervention with Battered Women in Collectivist Societies. In: Journal of Marital and Family Therapy 34, S. 1–13.

Hancock, T. U., Ames, N. & Behnke, A. O. (2014): Protecting Rural Church-Going Immigrant Women from Family Violence. In: Journal of family violence 29 (3), S. 323–332.

Kia-Keating, M., Capous, D., Juang, L. & Bacio, G. (2016): Family Factors: Immigrant Families and Intergenerational Considerations. In: Psychotherapy for Immigrant Youth. Springer International Publishing, S. 49–70.

Kuyek, J. (2011): Community Organizing: A Holistic Approach. Nova Scotia, CA: Fernwood.

Sokoloff, N. J. (2008): Expanding the Intersectional Paradigm to Better Understand Domestic Violence in Immigrant Communities. In: Critical Criminology 16 (4), S. 229–255.

✎ *Verfasser*

Dr. Mohammed Baobaid (baobaid@mrcssi.com), Psychologe und Kriminologe, Gründer und Direktor des *Muslim Resource Centre for Social Support and Integration*, London Ontario, Kanada; Internetseite: www.mrcssi.com

3 Kultursensible Altenhilfe in der Migrationsgesellschaft

Marcus Wächter-Raquet

Weniger, älter und bunter. Mit diesen Begriffen kann die Bevölkerungsentwicklung der nächsten Jahrzehnte grob beschrieben werden. Schon jetzt erleben wir einen Bevölkerungsrückgang, der sich vor allem auf die ländlichen Regionen auswirkt, eine Verschiebung der Altersstruktur hin zu immer mehr älteren und weniger jungen Menschen sowie einen wachsenden Anteil von Menschen mit Migrationshintergrund in allen Altersgruppen. Die Einrichtungen der Altenhilfe, ambulante Pflegedienste und auch stationäre Pflegeeinrichtungen müssen sich auf eine zunehmende sprachliche und (sozio-)kulturelle Heterogenität ihrer Klient*-innen einstellen.

3.1 Demografische Alterung

In den nächsten Jahrzehnten wird die Bevölkerungsgruppe der älteren Menschen stark anwachsen. Bei einer kontinuierlichen demografischen Entwicklung und einer langfristigen Nettozuwanderung von 100.000 Personen pro Jahr wird der Anteil der Älteren (> 65 Jahre) an der Gesamtbevölkerung von jetzt 21 % auf 33 % ansteigen, wobei sich der zahlenmäßig größte Anstieg bis 2037 vollzogen haben wird. Das Statistische Bundesamt (2015, S. 19) rechnet mit 23 Millionen Personen über 65 Jahren (2013: 17 Millionen) im Jahr 2037, was einem Anstieg von 40 % entspricht. Zwischen 2037 und 2060 bleibt diese Altersgruppe – bei einer insgesamt sinkenden Bevölkerungszahl – fast unverändert. Die Anzahl der Hochaltrigen (> 80 Jahre) nimmt dagegen weiter kontinuierlich zu. Um 2050 wird sie ihr Höchstniveau mit rund 10 Millionen bei einer kontinuierlichen Entwicklung bzw. 11 Millionen bei einem starken Anstieg der Lebenserwartung erreichen (Statistisches Bundesamt 2015, S. 23).

Wird die ältere Bevölkerung nach Migrationshintergrund getrennt betrachtet, beträgt der Anteil der über 65-jährigen ohne Migrationshintergrund in 2014 24,4 % und der mit Migrationshintergrund 9,8 % (1,5 Millionen Personen) an der Bevölkerung. Mit einem Durchschnittsalter von 35,4 Jahren liegt die Bevölkerung mit Migrationshintergrund deutlich unter dem der Einheimischen (46,8 Jahre) (BMI 2016, S. 25). Aber auch vor der Bevölkerung mit Migrationshintergrund macht die demografische Alterung nicht halt. Im Jahr 2030 wird der Anteil der über 65-jährigen an der Bevölkerung mit Migrationshintergrund bei 15 % und 2050 voraussichtlich bei 31 % liegen (Schimany, Rühl, & Kohls

2012, S. 93). Die Bevölkerung mit Migrationshintergrund weist eine nahezu ausgeglichene Geschlechtsstruktur auf: 50,2 % Männer und 49,8 % Frauen (BMI 2016, S. 26).

In der Altersgruppe von 65 bis 75 Jahre sind Männer geringfügig stärker vertreten, was mit dem insgesamt höheren Anteil an Männern unter den sogenannten Gastarbeitern zusammenhängen dürfte. In der Altersgruppe der über 75-jährigen überwiegen jedoch deutlich die Frauen. Hier ist, ähnlich wie bei der Bevölkerung ohne Migrationshintergrund, eine ‚Feminisierung des Alters' festzustellen.

Wird nach Herkunftsländern unterschieden, so zeigt sich, dass insbesondere bei Personen mit ukrainischem und russischem Migrationshintergrund ein überproportionaler Frauenanteil vorherrscht, während bei der Bevölkerung mit italienischem, afrikanischem und griechischem Migrationshintergrund der Männeranteil deutlich überwiegt (ebd.).

Ein besonderes Merkmal der älteren Bevölkerung mit Migrationshintergrund ist die eigene Migrationserfahrung. Nahezu 98 % der über 50-jährigen Migrant*innen sind als Kind, Jugendlicher oder als Erwachsener selber nach Deutschland eingewandert. Wobei 90 % der über 65-jährigen Angehörigen aus den ehemaligen Anwerbeländern bereits seit mehr als 30 Jahren in Deutschland leben, während sich der Großteil der älteren Generation, die aus der Russischen Föderation und der Ukraine eingewandert sind, noch keine 20 Jahre in Deutschland aufhält (Schimany et al. 2012, S. 99).

3.2 Migrationsbiografien

Viele der älteren Migrant*innen sind zwischen den 1950er und 1970er Jahren als Arbeitsmigrant*innen aus südeuropäischen Ländern und der Türkei nach Deutschland gekommen. Eine weitere große Gruppe bilden die vor allem Anfang der 1990er Jahre zugewanderten Menschen aus der ehemaligen Sowjetunion. Viele der (Spät-)Aussiedler*innen und auch der sogenannten jüdischen Kontingentflüchtlinge waren zum Zeitpunkt der Einreise schon älter. Eine eher kleine Gruppe innerhalb der älteren Bevölkerung stellen die aus afrikanischen und asiatischen Ländern zugewanderten Menschen dar. Aber auch sie werden in den nächsten Jahren eine zunehmende Rolle in der Altenhilfe einnehmen. Die sehr unterschiedlichen Biografien der Eingewanderten und deren Nähe zu den Traditionen und Lebensweisen ihres Herkunftslandes beeinflussen die Wünsche, Vorstellungen und Möglichkeiten des Lebens im Alter.

Arbeitsmigrant*innen der 1950er bis 1970er Jahre

Viele derjenigen, die aufgrund der guten Möglichkeiten des deutschen Arbeitsmarktes in den 1950er bis 1970er Jahren nach Deutschland eingewandert sind, wollten nur für eine bestimmte Zeit in Deutschland leben. Auch der deutsche Staat hatte nicht das Interesse, dass sich die im Ausland angeworbenen Arbeitskräfte auf Dauer in Deutschland niederlassen. Dementsprechend war das Bemühen auf beiden Seiten, das Ankommen in Deutschland nachhaltig zu gestalten, eher gering ausgeprägt. Auch der Nachzug von Familienangehörigen änderte an der Vorstellung, im weiteren Verlauf des Lebens in das Heimatland zurückzukehren, nur wenig (Höhne, Linden, Seils & Wiebel 2014, S. 3). Die Folgen sind bis heute spürbar. Eine merkliche Anzahl der damals Eingewanderten hat nur geringe Kenntnisse der deutschen Sprache erworben und bewegt sich im Alter häufig in den Kontexten der eigenen Herkunftsgruppe. Das macht sich besonders durch die sogenannte Pendelmigration bemerkbar. Hierbei wechseln sich mehrmonatige Aufenthalte im Herkunftsland mit längeren Aufenthalten in Deutschland ab. Verhindern zunehmende Mobilitätseinschränkungen eine Pendelmigration, spielen Kulturvereine und Moscheegemeinden eine wichtige Rolle im Leben dieser Bevölkerungsgruppe.

Im Mittelpunkt des Lebens der damaligen Gastarbeiter*innen stand die Erwerbstätigkeit und damit verbunden die Unterstützung der Familie im Herkunftsland. Die Art der Arbeit war in der Regel körperlich belastend und bedurfte keiner umfangreichen Qualifizierung. Als in den 1970er Jahren der wirtschaftliche Abschwung einsetzte, stieg für diese Menschen das Risiko arbeitslos zu werden; längere Zeiten der Erwerbslosigkeit waren die Folge. Der im Vergleich zur deutschen Bevölkerung späte Eintritt in das System der Rentenversicherung, das insgesamt geringe Einkommen im erwerbsfähigen Alter verbunden mit längeren Abschnitten der Erwerbslosigkeit macht sich in den Rentenzahlungen stark bemerkbar (Schimany et al. 2012, S. 182).

Zuwanderung aus den Gebieten der ehemaligen Sowjetunion

Etwas anders gelagert ist die Biografie und damit auch die Lebenssituation der aus der ehemaligen Sowjetunion zugewanderten Personen. Deren Einreise nach Deutschland war von vornherein mit dem Ziel verbunden, sich dauerhaft in Deutschland niederzulassen. Spätaussiedler*innen und jüdische Kontingentflüchtlinge konnten bis zum Anfang der 1990er Jahre relativ unkompliziert die deutsche Staatsangehörigkeit erwerben. Zudem bestand für sie ein spezielles Eingliederungsprogramm.

Viele (Spät-)Aussiedler*innen fühlten sich noch während ihrer Zeit in der ehemaligen Sowjetunion als Teil der deutschen Bevölkerung. In Deutschland angekommen mussten sie feststellen, dass sie sich, was die Fremdheitserfahrungen anbetrifft, kaum von anderen Zugewanderten unterscheiden. Auch die Wahrnehmung vieler Spätaussiedler*innen in Deutschland nur selten als Deutsche akzeptiert und positiv angenommen zu sein, empfinden viele Ältere als eine Niederlage (Becker 2011, S. 11).

Das Leben in Sibirien oder dem heutigen Kasachstan – die Regionen, aus denen die meisten Spätaussiedler stammen – beschreiben viele als sehr entbehrlich. Auch war die deutschstämmige Minderheit in der ehemaligen Sowjetunion Repressalien ausgesetzt (Schenk, Meyer, Maier, Aronson & Gül 2011, S. 148). Die Sprache und die Religion der Deutschen blieben in der Öffentlichkeit verboten (Becker 2011, S. 13). Die Erlebnisse verfolgen die Menschen z. T. heute noch, was sich besonders im Alter bemerkbar macht.

Während Spätaussiedler*innen rentenrechtlich allen anderen deutschen Staatsbürger*innen gleichgestellt werden und ihre Erwerbstätigkeit im Ausland nach dem hiesigen Rentenversicherungsrecht anerkannt wird, haben andere Migrantengruppen, die aufgrund von Familienzusammenführungen nach Deutschland eingereist sind, keinen Anspruch auf Anrechnung von Beschäftigungszeiten im Ausland.

Die jüdischen Kontingentflüchtlinge stammen im Gegensatz zu den deutschstämmigen Ausgewanderten nicht aus ländlichen Regionen, sondern aus den Großstädten der ehemaligen Sowjetunion. Auch der Bildungsstand ist im Durchschnitt höher als der der Spätaussiedler (Schenk et al. 2011, S 152). Dennoch sind sie häufig von Arbeitslosigkeit betroffen (Haug 2005, S. 6). Durch gesetzliche Grundlagen wurde den jüdischen Zugewanderten verschiedene Privilegien zuteil. Bspw. erhielten sie ein dauerhaftes Bleiberecht in der BRD, uneingeschränkte Arbeitserlaubnis und Sozialleistungen mit Eingliederungsmaßnahmen wie Wohngeld, Kindergeld, Sprachkurse und BAföG.

Aus Asien und Afrika eingewanderte Menschen sind zahlenmäßig eine noch kleine Gruppe innerhalb der Bevölkerungsgruppe der älteren Migrant*innen. Einwanderungsgründe, Lebensbiografien und Bildungsstand dieser Zugewanderten sind sehr heterogen. Bspw. wurden in den 1970er Jahren Krankenschwestern aus Korea angeworben. Außerdem kamen Menschen aus Vietnam und aus einzelnen afrikanischen Staaten als politische Geflüchtete nach Deutschland bzw. in die ehemalige DDR.

3.3 Lebenssituation älterer Migrant*innen

Das Leben im Alter wird stark von der sozialen Lage, der gesundheitlichen Situation sowie vom Vorhandensein sozialer Netzwerke geprägt. All diese Größen hängen wiederum mit der Biografie zusammen, die bei älteren Zugewanderten durch den Akt der Immigration einen großen Bruch aufweist.

Hohes Risiko von Altersarmut

Bei der Betrachtung der Lebenssituation der älteren Zugewanderten fällt zunächst auf, dass sie überproportional häufig von Altersarmut betroffen sind. Davon sind insbesondere ältere Menschen, darunter besonders Frauen und nach 1990 zugewanderte Personen betroffen (Wrobs 2013, S. 21).

Die Armutsquote (Anteil der Personen, deren Einkommen weniger als 60 % des mittleren Einkommens aller Haushalte beträgt) der über 65-jährigen Migrant*innen liegt bei 32 %, während sie bei den Älteren ohne Migrationshintergrund nur bei 12 % liegt. Im Durchschnitt leben 44 % der 65-Jährigen mit Migrationshintergrund von weniger als 900 Euro im Monat (Parität 2016, S. 57). Eine Sonderauswertung der Deutschen Rentenversicherung aus dem Jahr 2012 zeigt, dass sich die Rentenhöhe der in Deutschland lebenden Rentenbezieher*innen mit ausländischer Staatsangehörigkeit, aber in Deutschland erworbenen Rentenansprüchen, von dem der deutschen Rentner*innen z. T. stark unterscheidet. Wichtige Einflussgrößen sind das Herkunftsland sowie das Geschlecht. Besonders stark von Altersarmut betroffen sind ältere türkischstämmige Migrantinnen. Sie waren eher selten selbst erwerbstätig und bekommen daher keine eigene Rente (Parität 2016, S. 59).

Wohnbedingungen

Die Höhe der Rente bestimmt die Wohnsituation der älteren Migrant*innen. So leben Migrant*innen aus den Anwerbeländern und Spätaussiedler*innen am häufigsten in Miet- und Sozialwohnungen in benachteiligten Stadtteilen bzw. strukturschwachen Regionen. Sie verfügen im Durchschnitt über weniger Wohnfläche, ihre Wohnungen haben seltener Balkon, Garten oder Terrasse und befinden sich häufiger in renovierungsbedürftigen Häusern (Olbermann, 2013, S. 5). Von allen Gruppen müssen Zugewanderte aus der Türkei und Ex-Jugoslawien mit 37 % den größten Teil des Netto-Haushaltseinkommens für die Bruttokaltmiete aufwenden. Zusammenfassend zeigt sich, dass die Wohnsituation berenteter Personen mit Migrationshintergrund schlechter ist als die von Einheimischen (FES 2016, S. 41).

Gesundheitliche Situation

Ältere Migrant*innen leiden aufgrund ungünstigerer Lebens- und Arbeitsbedingungen sowie migrationsspezifischen psychischen Belastungen häufiger und früher unter gesundheitlichen Einschränkungen und haben ein erhöhtes Hilfe- und Pflegebedürftigkeitsrisiko (Olbermann 2013, S. 3). Auch zeigen repräsentative Studien übereinstimmend, dass ältere Menschen mit Migrationshintergrund ihren Gesundheitszustand im Durchschnitt schlechter bewerten als einheimische Vergleichsgruppen (RKI 2008, S. 102). Experten rechnen mit bis zu einer 10 Jahre früher eintretenden Pflegebedürftigkeit als beim Bevölkerungsdurchschnitt.

Soziale Netzwerke

Ältere Migrant*innen sind in relativ umfangreiche soziale Netzwerke eingebunden (Baykara-Krumme, 2006, S. 23). Allerdings zeigt sich, dass die Ressourcen im Hinblick auf die Funktionen sozialer Beziehungen sehr unterschiedlich ausgeprägt sind und dass sie in der Regel nur über eine geringe Anzahl verlässlicher und vertrauensvoller Bezugspersonen verfügen (Olbermann 2012, S. 7). Eine herausragende Bedeutung haben innerethnische Beziehungen, also der Kontakt zu Angehörigen der eigenen Ethnie. Der gemeinsame kulturelle Hintergrund und die weitgehende soziale Homogenität ermöglichen den Aufbau von gleichberechtigten Beziehungen. Diese Kontakte können aber auch wesentliche Schutz- und Kompensationsfunktionen erfüllen, da sie Gefühle von Zugehörigkeit, Sicherheit und Kontinuität vermitteln und vor Abwertung und Stigmatisierung durch die Aufnahmegesellschaft schützen können. Damit tragen sie auch zur Erhaltung eines positiven Selbstbildes bei (Olbermann 2012, S. 7).

3.4 Implikationen einer Altenhilfe für ältere Migrant*innen

Wie gezeigt wurde, handelt es sich bei der älteren Bevölkerung mit Migrationshintergrund hinsichtlich der Herkunft, Migrationsgründe, Einreisealter, Aufenthaltsdauer, sozialer Status oder Bildungsstand um eine sehr heterogene Gruppe. Bei der Konzipierung von Maßnahmen müssen diese Unterschiede berücksichtigt werden.

Wohnortnahe Unterstützung

Eine besondere Bedeutung haben für ältere Menschen ihr Wohnquartier und die Angebotsstrukturen in Wohnortnähe. Das Wohnquartier ist der räumliche und soziale Mittelpunkt ihres Lebens. Dies hängt zum einen mit Mobilitätseinschränkungen zusammen, deren Ursachen gesundheitlicher Art sein können, oder aber mit geringen finanziellen Ressourcen (Delkic 2014, S. 18). Zum anderen haben ältere Menschen über viele Jahre hinweg eine emotionale Verbundenheit zu ihrem Quartier aufgebaut. (FES 2016, S. 45). Es ist daher eine wichtige Aufgabe, die Versorgungsstrukturen in diesen Quartieren zu verbessern und hier die Interessen und Wünsche der Bewohnerschaft zu berücksichtigen (FES 2016, S. 45). Eine Befragung älterer Migrant*innen zeigte, dass sie sich kostengünstige und niedrigschwellige Freizeitaktivitäten in Wohnortnähe wünschen.

Bei der Entwicklung von Angeboten für ältere Migrant*innen sollte auch Rücksicht auf kulturell geprägte Freizeitinteressen genommen werden. So konnte Delic bspw. feststellen, dass (ältere) Frauen aus muslimisch geprägten Ländern ihre Freizeit gerne im häuslichen und geschützten Rahmen verbringen, während Männer eher öffentliche Einrichtungen wie Cafés oder Kulturvereine aufsuchen (2014, S. 19). Auch die Tageszeit, an der Geselligkeit gewünscht wird, kann sich mitunter unterscheiden. Das aus dem Herkunftsland vertraute und gewohnte Freizeitverhalten wird im Einwanderungsland fortgeführt (FES 2016, S. 46). Eine wichtige Rolle spielen in diesem Zusammenhang Migrantenselbstorganisationen (MSO) und Religionsgemeinschaften. Diese Organisationen haben im Laufe der letzten Jahre eine Sensibilität hinsichtlich der zunehmenden Anzahl und auch Bedürfnisse der älteren Menschen entwickelt. Es lässt sich beobachten, dass die Angebote der MSO von vielen älteren Migrant*innen genutzt werden.

Familiale Pflegemodelle

Die Versorgung pflegebedürftiger älterer Eingewanderter wird häufig durch Angehörige erbracht. Professionelle Pflege sowie Angebote zur Entlastung und Unterstützung pflegender Angehöriger werden von Familien mit Zuwanderungsgeschichte kaum angenommen. Als Gründe werden die hohe moralische Verpflichtung zur familialen Pflege, Informationsdefizite sowie ein Mangel an kultursensiblen Pflegeangeboten genannt (BMG 2011, S. 60).

Berufliche und anderweitige familiäre Verpflichtungen führen dazu, dass die Umsetzung von familialen Pflegemodellen auch in Migrantenfamilien zunehmend schwieriger wird. In Folge der hohen Belastungen bei Übernahme von

Pflege leiden pflegende Angehörige nicht selten unter seelischen und körperlichen Erkrankungen. Des Weiteren besteht die Gefahr der sozialen Isolation. Und auch der Arbeitsplatz wird häufig aufgegeben, um die Pflege ausüben zu können (Schenk et al. 2011, S. 55). Daher ist mit einem Rückgang des familiären Solidar- und Unterstützungspotenzials zu rechnen (Schimany et al. 2012, S. 251). Ein 2014 erstelltes Gutachten zeigt, dass eine Unterstützung pflegender Angehöriger in Familien mit Zuwanderungsgeschichte sowohl in psychosozialer Hinsicht als auch im pflegerischen Bereich erforderlich ist. Weiterhin hat die Untersuchung Hinweise erbracht, dass es geboten ist, die Selbsthilfepotenziale pflegender Angehöriger zu stärken (Camino 2014, S. 2).

Unterstützung von pflegenden Angehörigen

Vor diesem Hintergrund wurde durch die Landesvereinigung für Gesundheit und Akademie für Sozialmedizin Niedersachsen e. V. ein Projekt zur Unterstützung pflegender Angehöriger in Familien mit einer Zuwanderungsgeschichte entwickelt. Im Rahmen des Projektes *Ortsbesuche* lernen Vertreter*innen von MSO und Religionsgemeinschaften Einrichtungen aus dem Gesundheits- und Pflegebereich sowie der Selbsthilfe kennen. Zudem erhalten Fachkräfte aus den oben genannten Bereichen die Möglichkeit, sich über die Lebenssituation von Familien mit Zuwanderungsgeschichte sowie über die Struktur und Funktion verschiedener MSOs und Religionsgemeinschaften zu informieren. Ziel ist es Pflegebedürftige und ihre Angehörigen über Möglichkeiten zur Unterstützung und Entlastung zu informieren, Zugangsbarrieren abzubauen und somit eine verbesserte Inanspruchnahme der Angebote zu erreichen. Zugleich werden die Fachkräfte hinsichtlich der Lebenssituation von Familien mit Zuwanderungsgeschichte sensibilisiert (Wächter-Raquet 2016, S. 19).

In der Umsetzung bedeutet dies, dass eine Gruppe, bestehend aus Vertretern von MSO und Religionsgemeinschaften, an einem Tag verschiedene Einrichtungen aus dem Gesundheits- und Pflegebereich besucht. Dies kann bspw. eine Selbsthilfekontaktstelle, ein Pflegestützpunkt oder eine Tagesbetreuung für Demenzkranke sein. Vor Ort werden die Teilnehmenden über das Angebot der jeweiligen Einrichtung informiert und lernen Mitarbeiter*innen. Die Gruppe wird so zusammengestellt, dass die Teilnehmenden aus demselben Sprachraum kommen und eine Person bei Bedarf übersetzt. Im Gegenzug besucht eine Gruppe, bestehend aus Vertretungen des Gesundheits- und Pflegebereichs, an einem Nachmittag zwei Einrichtungen einer MSO bzw. Religionsgemeinschaft. Vor Ort erfahren die Teilnehmer*innen etwas über das Leben der Community in Deutschland sowie die Funktion und Struktur der jeweiligen Organisation (ebd., S. 20).

Im Rahmen des Projektes wird bewusst das gegenseitige Aufsuchen in den Mittelpunkt gestellt. Ähnlich dem Ankommen in einem unbekannten Land ist das Aufsuchen einer nicht vertrauten Örtlichkeit mit dem Überschreiten einer Grenze verbunden. Das Bewegen in einer Gruppe Gleichgesinnter in Verbindung mit einer Person, die bereits mit der Örtlichkeit vertraut ist, erleichtert es Individuen, diese Barriere zu überschreiten. Vor Ort wird die Gruppe dann als Gast und nicht als Fremder empfangen. Der Gastgeber fungiert als Experte für seinen Bereich und darf sich auch so präsentieren. Durch die Wechselseitigkeit der Besuche bekommt jeder die Möglichkeit in die Rolle des Gastes sowie das Gastgebers zu schlüpfen. Daraus ergeben sich zwischen Fachkraft und Hilfesuchenden Begegnungen auf Augenhöhe, die in einen formalen Rahmen eingebunden sind (ebd.).

3.5 Ausblick

Eine kultursensible Ausrichtung der Altenhilfe wird in den kommenden Jahren eine noch größere Bedeutung erfahren. Dabei ist anzunehmen, dass die Deutung des Begriffs ‚kultursensibel' auch einem Wandel unterzogen sein wird. Kultur, verstanden als ein Orientierungsrahmen für Handlungen und Selbstverständnisse, kann heutzutage nicht als etwas Statisches und auf ein Volk bzw. eine Ethnie festgelegtes beschrieben werden, vielmehr ist es durch Migrations- und Modernisierungsprozesse ständigen Veränderungen unterworfen und wird durch viele individuelle und äußere Faktoren neu formiert. Vorgefertigte Bilder und Schablonen, die man auf Andere projiziert, werden den Lebensmustern von Einzelnen nicht gerecht. Dies gilt auch für die sehr unterschiedlich gestaltete Lebenswirklichkeit von älteren Migrant*innen in Deutschland. Erforderlich ist daher vielmehr Offenheit, Neugierde und Wissen über die jeweilige Lebenssituation von älteren Migrant*innen, um ihre Bedürfnisse zu erkennen und passende Unterstützungsstrukturen zu schaffen. Dies setzt die Bereitschaft für interkulturelle Öffnungsprozesse in der Altenhilfe voraus.

☞ *Zum Weiterlesen*

Zum interkulturellen Öffnungsprozess in der Altenhilfe finden sich konkrete Hinweise in dem Gutachten *Empfehlungen für eine kultursensible Pflege älterer Migrantinnen und Migranten*, das im Auftrag der Berliner Senatsverwaltung erstellt worden ist (URL: http://www.camino-werkstatt.de/sites/camino-2013.localhost/files/Camino%20Gutachten%20Interkulturelle%20Altenhilfe.pdf: 06.11. 2016).

🕮 *Literatur*

Baykara-Krumme, H. (2012): EinwanderInnen und ihre Familien: Generationenbeziehungen in der Lebensphase Alter. In: Heinrich-Böll-Stiftung (Hrsg.): Altern in der Migrationsgesellschaft. URL: https://heimatkunde.boell.de/2013/11/18/%C3 %BCber-das-dossier-24: 31.05.2016.

Becker, I. (2011): Pflegeberatung von russischsprachigen Migranten aus der Gemeinschaft Unabhängiger Staaten (GUS). Empfehlungen am Beispiel des Pflegestützpunktes Berliner Freiheit. Hamburg: Diplomica.

BMG (Bundesministerium für Gesundheit) (2011): Abschlussbericht zur Studie „Wirkungen des Pflege-Weiterentwicklungsgesetzes". URL: http://www.tns-infratest.com/SoFo/_pdf/2011_Abschlussbericht_Wirkungen_des_Pflege-Weiterentwicklungsgesetzes.pdf.: 31.05. 2016.

BMI (Bundesministerium des Inneren) (2016): Migrationsbericht des Bundesamtes für Migration und Flüchtlinge im Auftrag der Bundesregierung. Migrationsbericht 2014. URL:

https://www.bamf.de/SharedDocs/Anlagen/DE/Publikationen/Migrationsberichte/migrationsbericht-2014.pdf?__blob=publicationFile: 31. 05. 2016.

Camino (2014): Gutachten zu Bedarfen im Bereich der interkulturellen Altenpflege. Berlin: Werkstatt für Fortbildung, Praxisbegleitung und Forschung im sozialen Bereich gGmbH. URL: www.camino-werkstatt.de: 31.05.2016.

Delkic, E. (2014): Transkulturelle Pflege. Exemplarische Untersuchung der Angebotsstruktur für Migranten in Hamburg Billstedt. Masterarbeit. Hamburg: HafenCity Universität Hamburg. URL: https://www.socialnet.de/materialien/attach/273.pdf: 31.05.2016.

FES (Friedrich-Ebert-Stiftung) (2015): Auswirkungen des demografischen Wandels im Einwanderungsland Deutschland. URL: http://library.fes.de/pdf-files/wiso/11612.pdf: 31.05.2016.

Haug S. (2005): Jüdische Zuwanderer in Deutschland. Ein Überblick über den Stand der Forschung. Nürnberg: BAMF (Bundesamt für Migration und Flüchtlinge). URL: http://www.bamf.de/SharedDocs/Anlagen/DE/Publikationen/WorkingPapers/wp03-juedische-zuwanderer.pdf?__blob=publicationFile: 31.05.2016.

Höhne, J., Linden, B., Seils, E. & Wiebel, A. (2014): Die Gastarbeiter. Geschichte und aktuelle soziale Lage. WSI Report. Düsseldorf: Wirtschafts- und Sozialwissenschaftliches Institut der Hans-Böckler-Stiftung. URL: http://www.boeckler.de/pdf/p_wsi_report_16_2014.pdf: 31.05.2016.

Olbermann E. (2012): Gesundheitliche Situation und soziale Netzwerke älterer MigrantInnen. In: Heinrich-Böll-Stiftung (Hrsg.): Altern in der Migrationsgesellschaft. URL: https://heimatkunde.boell.de/2013/11/18/%C3 %BCber-das-dossier-24: 31.05.2016.

Olbermann E. (2013): Das Alter wird bunter. Lebenslagen älterer Menschen mit Migrationshintergrund und Handlungsbedarfe für Politik und Gesellschaft. Bonn: Friedrich-Ebert-Stiftung.

Paritätischer Gesamtverband (2016): Zeit zu handeln. Bericht zur Armutsentwicklung in Deutschland 2016. Berlin: Deutscher Paritätischer Wohlfahrtsverband Gesamtverband e. V. URL: http://www.der-paritaetische.de/index.php?eID=tx_nawsecuredl&u=0&g=0&t=1465458505&hash=6e364a52a950be169047aa2d83a4d6b74147cb16&file=fileadmin/dokumente/2016_armutsbericht/ab2016_komplett_web.pdf: 31.05.2016.

RKI (Robert Koch-Institut) (Hrsg.) (2008): Migration und Gesundheit – Schwerpunktbericht der Gesundheitsberichterstattung des Bundes. Berlin: Robert Koch-Institut. URL: https://www.rki.de/DE/Content/Gesundheitsmonitoring/Gesundheitsberichterstattung/GBEDownloadsT/migration.pdf?__blob=publicationFile: 31.05.2016

Schenk, L., Meyer, R., Maier A. S., Aronson P. & Gül, K. (2011): Rekonstruktion der Vorstellungen vom Alter und von Einstellungen zur (stationären) Pflege bei Personen mit Migrationshintergrund. Institut für Medizinische Soziologie / Charité – Universitätsmedizin Berlin. URL: https://www.zqp.de/upload/content.000/id00015/attachment01.pdf: 31.05.2016.

Schimany, P., Rühl, S. & Kohls, M. (2012): Ältere Migrantinnen und Migranten. Entwicklungen, Lebenslagen, Perspektiven. Nürnberg: Bundesamt für Migration und Flüchtlinge. URL: http://www.bamf.de/SharedDocs/Anlagen/DE/Publikationen/Forschungsberichte/fb18-aeltere-migranten.pdf?__blob=publicationFile: 31.05.2016.

Schubert, K. & Klein, M. (2016): Das Politiklexikon. Bonn: Dietz.

Statistisches Bundesamt (Hrsg.) (2015): Bevölkerung Deutschlands bis 2060. 13. koordinierte Bevölkerungsvorausberechnung. Wiesbaden. URL: https://www.destatis.de/DE/Publikationen/Thematisch/Bevoelkerung/VorausberechnungBevoelkerung/BevoelkerungDeutschland2060Presse.html: 31.05.2016.

Wrobs, S., Bund, E., Kohls, C. & Gostomski von, B. (2013): (Spät-)Aussiedler in Deutschland. Eine Analyse aktueller Daten und Forschungsergebnisse. Bundesamt für Migration und Flüchtlinge. URL: http://www.bamf.de/SharedDocs/Anlagen/DE/Publikationen/Forschungsberichte/fb20-spaetaussiedler.html?nn=1368566: 31.05.2016.

Wächter-Raquet, M. (2016): Projekt „Ortsbesuche": Verständnis fördern und Hemmschwellen abbauen. Pro Alter 2, S. 19–20.

✎ Verfasser

Marcus Wächter-Raquet (marcus.waechter@gesundheit-nds.de), Gesundheits- und Krankenpfleger, Dipl.-Pflegewirt, Landesvereinigung für Gesundheit und Akademie für Sozialmedizin Niedersachsen e. V.; Arbeitsschwerpunkte: Interkulturelle Öffnung im Gesundheitswesen, Kultursensible Pflege, Gesundheitsversorgung von Geflüchteten.

SOZIALE ARBEIT MIT GEFLÜCHTETEN

1 Aktuelle Herausforderungen und Ansätze in der Sozialen Arbeit – Arbeitsmarktpartizipation von Geflüchteten

Özlem Erdem-Wulff, Krystyna Michalski, Ayça Polat

Bis vor wenigen Jahren war die Flüchtlingspolitik davon geprägt, die Arbeitsmarktintegration von Geflüchteten zu verhindern (einen guten Überblick zur Historie der Beschäftigungsverbote für Geflüchtete gibt ein Beitrag von Thränhardt 2015). D. h., Flüchtlingspolitik wurde weitestgehend von arbeitsmarktpolitischen Maßnahmen getrennt und war entsprechend auch nicht Teil von Integrationskonzepten. Durch zunehmenden Druck von Wirtschaftsverbänden und mit Blick auf den demografischen Wandel in Deutschland wurden insbesondere seit 2014 relevante Maßnahmen ergriffen, die den Zugang von Geflüchteten in den Arbeitsmarkt verbessern sollen. Außerdem setzte sich vermehrt die Einsicht durch, dass durch Arbeitsverbote Fluchtmigration nicht zu verhindern ist (ebd., S. 15).

Im November 2014 ist das Arbeitsverbot für Geflüchtete von einem Jahr auf drei Monate verkürzt sowie der Zeitraum für die Nachrangigkeit beim Arbeitsmarktzugang (Vorrangprüfung) von vier Jahren auf 15 Monate reduziert worden. Im Rahmen der Vorrangprüfung wurde bisher geprüft, ob für eine Arbeitsstelle ein Deutscher, EU-Bürger oder mit diesen Gleichberechtigter zur Verfügung steht. Das Integrationsgesetz (vgl. den einführenden Beitrag von Polat in diesem Band) und die im August 2016 in Kraft getretene Beschäftigungsverordnung beinhalten im Wesentlichen für Geflüchtete und Geduldete mit einer sogenannten guten Bleibeperspektive eine möglichst schnelle Eingliederung in den Arbeitsmarkt. Für diese Gruppe ist die Vorrangprüfung in den meisten Bezirken der Bundesagentur für Arbeit (in 133 von 156) für drei Jahre vollständig ausgesetzt worden, d. h., sie können nach drei Monaten eine Arbeitserlaubnis erhalten (vgl. BMAS 2016). In den anderen Bezirken wird weiterhin innerhalb der ersten 15 Monate des Aufenthalts eine Vorrangprüfung durchgeführt. Dies betrifft insbesondere alle Bezirke in Mecklenburg-Vorpommern und einzelne in Bayern und Nordrhein-Westfalen. Auch wenn durch diese Neu-Regelungen für einen Teil der Schutzsuchenden der Arbeitsmarktzugang erleichtert werden soll, muss kritisch festgestellt werden, dass ein nicht unerheblicher Teil der Schutzsuchenden von diesen Regelungen ausgenommen sind und bei ihnen die Fehler der Vergangenheit fortgesetzt werden. Auch deshalb, weil sich in der Praxis gezeigt hat, dass die Mehrzahl derjenigen, denen eine schlechte Bleibeperspektive vorausgesagt wird, in Deutschland bleiben wird (vgl. Voigt 2016).

1.1 Relevanz der Arbeitsmarktteilhabe für Geflüchtete

Von den etwa einer Million Geflüchteten, die derzeit in Deutschland registriert sind, ist die überwiegende Mehrheit im erwerbsfähigen Alter und hat gute Aussichten auf einen Verbleib in Deutschland (vgl. BAMF 2016). Aus verschiedenen Studien, in denen Geflüchtete befragt wurden, wird deutlich, dass insbesondere die ersten Monate für die Entwicklung von Perspektiven wichtig sind (vgl. UNHCR 2014; ILO 2015; Thränhardt 2015). Im Rahmen einer eigenen Evaluationsstudie, in der Interviews mit Schutzsuchenden in einer Erstaufnahmeeinrichtung durchgeführt worden sind, verdeutlichen die Befragten immer wieder die außerordentliche Relevanz von Arbeit und Beschäftigung für ihre zukünftige Planung und die Frustration, die das Warten in ihnen auslöst:

> *„Weil, wenn man sitzt einfach so die ganze Zeit in seinem Zimmer und hat gar nichts zu tun, man bekommt manchmal Depressionen." (Nicht veröffentlichte Aussage eines Schutzsuchenden, Mai 2016)*

Die langen Asylverfahrenszeiten, das Fehlen von Sprachkursangeboten und einer Arbeitserlaubnis werden als sehr belastend und demotivierend wahrgenommen. Die Bearbeitungsdauer für Asylanträge betrug im Zeitraum August 2015 bis Juli 2016 durchschnittlich 7,5 Monate, bei den Folgeanträgen lag sie bei 10,4 Monate (BIAJ 2016). Auch im internationalen Vergleich liegt „Deutschland beim Bearbeitungsstau regelmäßig und mit weitem Abstand an der Spitze" (Thränhardt 2015, S. 19). Im Hinblick auf die langen Bearbeitungszeiten wird schon länger von Expert*innen empfohlen, neben einer personellen Aufstockung beim BAMF, eine generelle vorläufige Anerkennung aller syrischen Geflüchteten einzuführen und die Widerrufsprüfungen abzuschaffen (diese beinhaltet, dass nach drei Jahren die Asylentscheidungen noch einmal überprüft werden). Bislang hat sich diesbezüglich nichts verändert.

Das lange Warten und die auferlegte Passivität sind mit vielen Unsicherheiten verbunden, mit denen gerade junge Geflüchtete nur schlecht umgehen können. Fehlende Privatsphäre in den Unterkünften und beengte Verhältnisse stellen eine zusätzliche psychische Belastung dar. Familienväter leiden besonders unter der Tatsache, nicht – wie für sie üblich – die Ernährerrolle für ihre Familie einnehmen zu können und von Institutionen oder anderen Dritten abhängig zu sein.

Arbeitsverbote und fehlende Qualifikationsangebote wie z. B. Sprach- und Ausbildungsförderung haben nicht nur dysfunktionale Effekte für die Betroffenen, die kein selbstbestimmtes Leben gestalten und ihre Ressourcen und Fähigkeiten ausschöpfen können, sondern auch für die Migrationsgesellschaft, in der Abhängigkeiten von staatlichen Leistungen aufrechterhalten werden, die bedauerlicherweise im Rahmen des öffentlichen Diskurses für diffamierende und diskriminierende Äußerungen über Geflüchtete (die bspw. kein Interesse daran haben sollen, zu arbeiten) herangezogen werden.

Auch wenn sich in den letzten Jahren die Voraussetzungen für den Arbeitsmarktzugang von Geflüchteten verbessert haben, sind dennoch viele Einschränkungen und rechtliche Hürden für Schutzsuchende festzustellen. Auf diese Hürden soll im Folgenden genauer eingegangen werden.

1.2 Rechtliche Rahmenbedingungen

Ob und ggf. ab wann ein Arbeitsmarktzugang und Fördermöglichkeiten möglich sind, richtet sich nach dem Aufenthaltsstatus von Geflüchteten. Die Aufenthaltstitel sind mit sehr unterschiedlichen Rechten und Fristen verbunden, wie der folgenden Tabelle entnommen werden kann.

Tab. 1: ‚Aufenthaltstitel', die im Rahmen eines Asylverfahrens vergeben werden können

BÜMA (Bescheinigung über die Meldung als Asylsuchender)	Registrierung als Asylsuchender	immer befristet
Ankunftsnachweis	bescheinigt die Registrierung der Asylsuchenden in Deutschland	immer befristet
Aufenthaltsgestattung	zur Durchführung des Asylverfahrens	zunächst auf ein Jahr, dann auf drei bis zwölf Monate befristet
Duldung	nach Ablehnung des Asylantrags bei Ausreise- und Abschiebehindernissen	immer befristet auf einen Monat – drei Monate – sechs Monate
Aufenthaltserlaubnis aus völkerrechtlichen, humanitären oder politischen Gründen	nach Anerkennung des Anspruchs auf Asyl	immer befristet auf ein bis drei Jahre

Geflüchtete mit einer Aufenthaltsgestattung, Duldung oder befristeten Aufenthaltserlaubnis müssen immer eine Arbeitserlaubnis beantragen, wenn sie eine Beschäftigung aufnehmen wollen, auch wenn es sich dabei um ein unbezahltes Praktikum handelt. Ferner wird diese Arbeitserlaubnis nur für einen konkreten Arbeits- oder Praktikumsplatz erteilt. Dieses deshalb, weil die Bundesagentur von der Ausländerbehörde damit beauftragt wird, zu prüfen, ob die gesetzlichen Arbeitsmarktvorschriften eingehalten sind, z. B. der Mindestlohn gewährt wird. Wann diese Arbeitserlaubnis zu gewähren ist und wann die Prüfung über die Bundesagentur vorgenommen werden muss, ergibt sich aus Tabelle 2.

Außerdem ist zu beachten, dass es von dieser dargestellten Regelung auch zahlreiche Ausnahmen gibt. Die Zustimmung der Bundesagentur für eine Person mit Aufenthaltsgestattung und Duldung wird ohne Vorrangprüfung, aber mit Prüfung der Arbeitsbedingungen erteilt, wenn sie:

- einen anerkannten oder vergleichbaren ausländischen Hochschulabschluss besitzt und eine diesem Abschluss entsprechende Beschäftigung findet und diese Beschäftigung ein *Mangelberuf* ist oder
- einen deutschen qualifizierten Ausbildungsabschluss besitzt oder
- für eine diesem Abschluss entsprechende Beschäftigung oder

- einen ausländischen, als gleichwertig anerkannten Ausbildungsabschluss für eine diesem Abschluss entsprechende Beschäftigung besitzt und es sich um einen Engpassberuf aus der Positivliste der BA handelt oder
- für eine befristete praktische Tätigkeit, die für die Anerkennung eines ausländischen Berufsabschlusses oder für die Berufserlaubnis in einem reglementierten Beruf erforderlich ist.

Tab. 2: Aktuelle Rechtslage für den Zugang zum Arbeitsmarkt für Geflüchtete (Stand August 2016)

Personen mit Aufenthaltsgestattung/BÜMA/Ankunftsnachweis/Duldung	
1.–3. Monat	Wartefrist (§ 61 AsylG); Erwerbstätigkeit nicht gestattet;
4.–48. Monat	Erwerbstätigkeit nur nach Genehmigung durch die Ausländerbehörde gestattet; Prüfung der vergleichbaren Arbeitsbedingungen durch BA (§ 32 Abs. 5 Nr. 2 BeschV); wichtig: In einigen Agenturbezirken wird vom vierten bis fünfzehnten Monat die Vorrangprüfung durchgeführt;
49. Monat und folgende	ohne Zustimmung der BA; Erwerbstätigkeit gestattet.

Keiner Zustimmung und damit der Beteiligung der Bundesagentur bedarf die Beschäftigungserlaubnis für Personen mit Aufenthaltsgestattung und Duldung

- für ein Praktikum nach § 22 Abs. 1 Satz 2 Nr. 1 bis 4 des Mindestlohngesetzes;
- für eine Berufsausbildung in einem staatlich anerkannten oder vergleichbar geregelten Ausbildungsberuf;
- für eine Beschäftigung nach (§§ BeschV):
  - § 2 Abs. 1 (Hochqualifizierte, Blaue Karte EU, Hochschulabsolvent*innen);
  - § 3 Nr. 1–3 (Führungskräfte);
  - § 5 (Wissenschaft, Forschung und Entwicklung);
  - § 14 Abs. 1 (Freiwilligendienst, karitativ/religiöse Gründe);
  - § 15 Nr. 2 (Praktika im Rahmen eines EU-Programmes, in Schleswig-Holstein – *Mehr Land in Sicht!*);
  - § 22 Nr. 3–5 (Tagesdarbietungen, Berufssportler*innen, Fotomodelle);
  - § 23 (internationale Sportveranstaltungen);
  - für eine Beschäftigung von Ehegatten, Lebenspartnern, Verwandten und Verschwägerten ersten Grades eines Arbeitgebers in dessen Betrieb, wenn der Arbeitgeber mit diesen in häuslicher Gemeinschaft lebt.

Im Übrigen gelten die obigen Regelungen (siehe grauer Kasten) nicht für Asylbewerber*innen aus den sogenannten sicheren Herkunftsländern, wenn sie ihren Antrag auf Asylgewährung nach dem 31.8.2015 gestellt haben. Auch bei Praktika muss die Ausländerbehörde bei dieser Personengruppe eine Erlaubnis erteilen. Eine Ausnahme bilden Praktika nach § 22 Abs. 1 Satz 2 Nr. 1 bis 4 des Mindestlohngesetzes. Diese können nach § 32 Abs. 2 Nr. 1 der BeschVO ohne die Zustimmung der BA genehmigt werden, wenn sie z. B. im schulischen Kontext, während des Studiums, zur Orientierung für eine Ausbildung, zur Anerkennung des ausländischen Abschlusses abgeleistet werden. Auch Praktika nach § 15 Nr. 2 BeschVO bedürfen im Rahmen von EU-geförderten Programmen nach § 32 Abs. 2 Nr. 3 keiner Zustimmung der Bundesagentur.

Der Zugang zu Sprachkursen für Geflüchtete ist nach wie vor nur denjenigen möglich, die eine Aufenthaltserlaubnis erhalten haben, nachdem ihr Asylverfahren positiv beschieden wurde. Für Geflüchtete im laufenden Asylverfahren mit sogenannter guter Bleibeperspektive hat der Gesetzgeber im Oktober 2015 zwar eine Änderung des § 44 Abs. 4 Satz 2 Nr. 1 vorgenommen und den Zugang für die Personen zumindest theoretische eröffnet, allerdings findet eine Selektion statt, die für betroffenen Flüchtlinge nicht nachvollziehbar ist. Stand August 2016 handelt es sich bei Flüchtlingen aus den Staaten Syrien, Eritrea, Iran, Irak und Somalia um solche mit guter Bleibeperspektive. Flüchtlinge aus Afghanistan, die ebenfalls eine hohe Schutzquote haben und die als Geduldete häufig nicht abgeschoben werden, werden bei dem Sprachkurszugang aber ausgeschlossen.

Um einen Arbeitsplatz oder einen Ausbildungsplatz zu erhalten, ist es häufig notwendig, dass Förderungen nach dem SGB III oder SGB II gewährt werden. Hierbei muss geklärt werden, wer auf welche Förderungen einen Anspruch hat und wer dafür zuständig ist. Schon an diesen Fragen können Geflüchtete und deren Unterstützer scheitern. Selbst viele Mitarbeitende von Maßnahmenträgern können hier die Übersicht verlieren. Die folgende Tabelle soll die Zuständigkeiten veranschaulichen.

Tab. 3: Zuständigkeiten bei Hilfe zum Lebensunterhalt und der Arbeitsförderung

	Sozialamt für	**Jobcenter für**
Hilfe zum Lebensunterhalt	• Gestattung, • Duldung, • AE nach § 25 Abs. 4 Satz 1 AufenthG, • AE nach § 25 Abs. 5 AufenthG, wenn die Aussetzung der Abschiebung noch nicht 18 Monate zurückliegt.	• alle übrigen AE nach §§ 22–26 AufenthG, • auch AE nach § 25 Abs. 4 Satz 2 AufenthG, • auch AE nach § 25 Abs. 5 AufenthG, wenn die Aussetzung der Abschiebung seit mindesten 18 Monaten ausgesetzt ist.

Tab. 3: Zuständigkeiten bei Hilfe zum Lebensunterhalt und der Arbeitsförderung – Fortsetzung

	Agentur für Arbeit für	Jobcenter für
Arbeitsförderung	• Gestattung, • Duldung, • AE nach § 25 Abs. 4 Satz 1 AufenthG, • AE nach § 25 Abs. 5 AufenthG, wenn die Aussetzung der Abschiebung noch nicht 18 Monate zurückliegt.	• alle übrigen AE nach §§ 22–26 AufenthG, • auch AE nach § 25 Abs. 4 Satz 2 AufenthG, • Auch AE nach § 25 Abs. 5 AufenthG, wenn die Aussetzung der Abschiebung seit mindesten 18 Monaten ausgesetzt ist.

Die kurze Darstellung der rechtlichen Situation verdeutlicht, dass es für die Beratungspraxis z. T. immer noch sehr kompliziert ist, Geflüchteten bei der Integration in den Arbeitsmarkt Unterstützung zu leisten und Wege aufzuzeigen. Viele Maßnahmen sind noch von Reglementierungen geprägt, die die Arbeitsmarktintegration von Geflüchteten erschweren bzw. ganz verhindern.

1.3 Wie kann die Integration von Geflüchteten in den Arbeitsmarkt gelingen?

In ihren Empfehlungen verdeutlichen sowohl die ILO als auch der UNHCR, dass die Arbeitsmarktintegration der Geflüchteten eine wichtige Voraussetzung für ihre soziale Einbettung ist und somit auch zur Stärkung ihrer sozialen Netzwerke beiträgt (ILO 2015; UNHCR 2014). Auch Thränhardt weist darauf hin,

> *„dass Arbeit entscheidend für die integrative Verankerung von Geflüchteten in der Gesellschaft ist und dass dadurch am effektivsten Gemeinsamkeiten entstehen können, die sich nicht nur für die Betroffenen, sondern vor allem auch für die Kinder positiv auswirken, die in Deutschland aufwachsen." (Thränhardt 2015, S. 11)*

Vertovec, Direktor des Max-Planck-Instituts zur Erforschung multireligiöser und multiethnischer Gesellschaften, hebt den zugewiesenen Status und damit verbundene Rechte von Zuwander*innen hervor:

> *„Der jeweilige Status eines Zuwanderers hat Auswirkungen auf Einkommen, Gesundheit und Wohnverhältnisse, auf die Möglichkeiten, soziale Netzwerke zu bilden, auf die Integration im Wohnumfeld und die Familiendynamik. Er weist Menschen Lebenslagen zu, aus denen sie häufig nur sehr schwer wieder herauskommen. So trägt der zugewiesene Status wesentlich dazu bei, dass soziale Ungerechtigkeit entsteht." (Vertovec 2015, S. 2)*

Kritisiert wird das Festhalten an einem System, welches die Hilfsbedürftigkeit von Geflüchteten verstärkt und die Entwicklung von Ressourcen verhindert.

Nach wie vor existiert kein fundiertes und repräsentatives Wissen über die vorhandenen Abschlüsse, Qualifikationen, Erfahrungen und Berufswünsche von

Geflüchteten. Dominierend sind in der öffentlichen Debatte Vermutungen und Halb-Wissen über eine äußerst heterogene Gruppe von Menschen, die mit unterschiedlichen Bildungs- und beruflichen Hintergründen in Deutschland angekommen sind. Unabhängig von den Qualifikationshintergründen, die die Geflüchteten mitbringen, ist entscheidend, inwiefern die politischen und arbeitsmarktrelevanten Instrumente eines Systems bereit sind, sowohl die formalen als auch non-formalen Kompetenzen der Schutzsuchenden anzuerkennen. Priest hebt hervor, dass Bildung

> *„zwar eine zentrale Voraussetzung [ist], aber die Bereitschaft, eine Sprache zu lernen oder einen Beitrag z. B. im Erwerbssystem oder im bürgerschaftlichen Engagement zu leisten, hängt auch stark von der Anerkennung vorhandener Ressourcen und Fähigkeiten ab." (Priest 2014, S. 54)*

Damit das Leben von Geflüchteten in der Gesellschaft nicht von einer „organisierten Desintegration" (Täubig 2009, S. 12ff.) *geprägt* ist und sie auch als *Prägende* einer Gesellschaft aktiv werden können, ist eine Öffnung des deutschen Arbeitsmarktes und des Ausbildungssystems für weitere Flüchtlings- und Migrantengruppen notwendig. Auch sollte es möglich sein, dass jemand nach Ablehnung seines Asylantrags eine Aufenthaltsgenehmigung zum Zwecke einer Arbeitsaufnahme oder einer Ausbildung beantragen kann. Die darauf zu erwartenden Signale der Arbeits- und Wirtschaftsverbände dürften positiv sein (vgl. Brücker 2015).

Zu der Frage, wie die Arbeitsmarktintegration von Geflüchteten gelingen kann, gibt es bereits viele konkrete Empfehlungen und Beispiele. Thränhardt plädiert in der Studie *Die Arbeitsintegration von Geflüchteten in Deutschland* auf der Grundlage vieler Erfahrungswerte für eine „klar integrative Perspektive", die folgende Maßnahmen beinhaltet:

- *„Sprachkurse für alle von Anfang an, Anpassung der Sprachkurse an den Leistungsstand der Teilnehmer*
- *Frühe Erfassung des Ausbildungsstandes, der Arbeitserfahrungen und der Berufsperspektiven, Aufnahme in die Erfassungssysteme der Bundesagentur für Arbeit*
- *Koordination der Arbeitsvermittlung mit der örtlichen Wohnverteilung der Flüchtlinge*
- *Früher Übergang in normale Wohnsituationen*
- *Orientierung und Information der örtlichen Bevölkerung über die Aufnahme von Geflüchteten sowie*
- *Darstellung der Situation und Zusammenarbeit mit Kirchengemeinden, Vereinen, Schulen, Unternehmen und der Zivilgesellschaft insgesamt."*

(Thränhardt 2015, S. 38)

Zu ergänzen wäre diese Liste der Maßnahmen mit möglichst schnellen und effektiven Verfahren der Anerkennung der beruflichen Qualifikation der Geflüchteten. Das *Gesetz zur Verbesserung der Feststellung und Anerkennung im Ausland erworbener Berufsqualifikationen* sollte natürlich auch bei der Gruppe der

Geflüchteten schnelle Anwendung finden. Damit verbunden ist die Entwicklung von Verfahrensweisen, die Handlungsspielräume für die Anerkennung von Schul- und Hochschulabschlüssen weitestgehend ausschöpfen und somit für die Geflüchteten unnötig lange Ausbildungszeiten ersparen.

1.4 Beispiele aus der Praxis

Erfreulicherweise sind in der Praxis bereits viele kreative Wege zur Arbeitsmarktintegration von Geflüchteten erprobt worden. Dabei hat sich insbesondere die Vernetzung von relevanten Institutionen (Jobcenter, Agentur für Arbeit, Kommune/Landkreis, Berufs- und Migrationsberatung, Sprachkursträger, Kammern, Unternehmensverbände, Bildungsträger, Schulen) des Arbeitsmarktes als sehr effektiv herausgestellt. Durch die Vernetzung können Kompetenzen zusammengeführt und wichtige Informationen ausgetauscht werden. Hierbei geht es auch um die Sensibilisierung aller Beteiligten für die Anliegen und Bedarfe von Geflüchteten. Besonders effektiv sind Maßnahmen, die möglichst früh an die berufliche Praxis heranführen (z. B. in Form von Praktika) und mit berufsspezifischen Sprachkursangeboten sowie Abschlüssen verknüpft sind (vgl. BAMF 2014).

Auf Grundlage von Interviews mit lokalen Anbietern von Maßnahmen zur beruflichen Integration von Geflüchteten heben auch Wissenschaftler*innen des Berliner Instituts für Bevölkerung und Entwicklung in ihrer Studie *An die Arbeit* die Relevanz von regionalen Initiativen hervor (vgl. Woellert, Sievert, Neubecker & Klingholz 2016). Sie empfehlen

> *„Integrationsangebote so weit wie möglich parallel ablaufen zu lassen, um möglichst wenig Zeit zu verlieren. So können Flüchtlinge idealerweise schon während ihres Sprachunterrichts Teilzeitpraktika durchlaufen und das Gelernte schnell in der Praxis anwenden und vertiefen." (Ebd., S. 4)*

Betont wird auch die Bedeutung persönlicher Kontakte in Unternehmen und Behörden, die Abläufe beschleunigen können und den koordinierten Austausch der Initiativen untereinander.

Im Folgenden wird das Projekt *Mehr Land in Sicht! – Arbeit für Geflüchtete in Schleswig-Holstein* als Beispiel für eine effektive Vorgehensweise zur Verbesserung der Arbeitsmarktchancen von Geflüchteten vorgestellt.

‚Mehr Land in Sicht!' – Ein Praxisbeispiel zur Förderung der Arbeitsmarktchancen von Geflüchteten

Im Mai 2015 fand in Schleswig-Holstein unter der Regie der Landesregierung ein Flüchtlingsgipfel statt. Unter Beteiligung vieler Akteure aus Politik, der Landesverwaltung, der Landkreise und kreisfreien Städte, der Wohlfahrtsverbände und anderen Nichtregierungsorganisationen wurde der Flüchtlingspakt *Willkommen in Schleswig-Holstein! Integration vom ersten Tag an* geschlossen. In der Einleitung *Aus Sie wird Wir* im Abschnitt *Wir setzen rechtzeitig an* heißt es u. a.:

„Wie dringend wir eine Migrations- und Integrationsstrategie brauchen, zeigt sich aktuell. Für eine gelingende Integration ist von zentraler Bedeutung, dass wir bereits während des Asylverfahrens Zugang zu Sprache, medizinischer Versorgung und zu Ausbildung und Arbeit schaffen. Integration passiert und gelingt am besten vom ersten Tag an, an dem die Flüchtenden schleswig-holsteinischen Boden betreten." (Landesregierung Schleswig-Holstein 2015, S. 5)

Was den Zugang zu Arbeit angeht, sind die Regelungen, wie zuvor beschrieben, unübersichtlich und nicht nachvollziehbar. Es ist zum einen für die Geflüchteten, die arbeiten möchten, sehr schwer, die Vorschriften zu verstehen und sich ohne Hilfe und fundierte Beratung zurechtzufinden. Selbst Mitarbeitende der Agenturen und Jobcenter sind häufig überfragt. Die in der Beratungsarbeit tätigen Migrationsfachdienste und Koordinierungsstellen der Flüchtlingshilfe sowie die für Asylbewerberleistungen zuständigen Mitarbeitenden in Ämtern kennen die sich ständig ändernde Gesetzeslage nicht. Zuständigkeiten sind nicht klar geregelt, die Ausländerbehörden sind nicht erreichbar, Arbeitgeber*innen verunsichert, ob und wie sie Geflüchtete beschäftigen können. Das Vorhaben, möglichst frühzeitig den Zugang zum Arbeitsmarkt zu ermöglichen, kann also nur schwer umgesetzt werden.

Bereits seit 2002 gibt es in unterschiedlichen Ausführungen ESF-Bundesprogramme zur Arbeitsmarktintegration von Geflüchteten. Zu nennen sind an dieser Stelle die EU-Gemeinschaftsinitiative *Equal* und das sogenannte Bleiberechtsprogramm, das im Juni 2015 ausgelaufen ist. In Schleswig-Holstein hat das Netzwerk *Land in Sicht! – Arbeit für Geflüchtete in Schleswig-Holstein* das oben genannte Bleiberechtsprogramm umgesetzt.

Dieses neue Netzwerk setzt seit Juli 2015 bis Juni 2019 im Handlungsschwerpunkt ‚Integration von Asylbewerbern und Geflüchteten' (IvAF) die ‚ESF-Integrationsrichtlinie Bund' um (vgl. Integrationsrichtlinie Bund 2016). Finanziert wird das Programm vom ESF und dem Bundesministerium für Arbeit und Soziales sowie den jeweiligen Trägern der sechs Teilprojekte. Es erhält also keine Landesförderung.

Es gibt neben *Mehr Land in Sicht!* bundesweit noch weitere 40 IvAF-Landesnetzwerke, die alle die durch die ESF-Integrationsrichtlinie Bund vorgegebenen Ziele umsetzen (vgl. Liste der Netzwerke Integrationsrichtlinie 2016). Die Koordination von ‚Mehr Land in Sicht!' erfolgt durch den Paritätischen Wohlfahrtsverband Schleswig-Holstein e. V. und den Flüchtlingsrat Schleswig-Holstein e. V. Ziel der ESF-Integrationsrichtlinie Bund ist es mit den Programmen IvAF, Integration statt Ausgrenzung (IsA) und Integration durch Austausch (IdA) Personen mit besonderen Schwierigkeiten beim Zugang zu Arbeit oder Ausbildung stufenweise und nachhaltig in den Arbeitsmarkt zu integrieren.

Primärzielgruppen der IvAF-Netzwerke sind Asylbewerber*innen und aufenthaltsrechtlich geduldete Geflüchtete mit (zumindest nachrangigem) Arbeitsmarktzugang sowie Geflüchtete mit vorübergehendem Aufenthalt. Im Mittelpunkt stehen Maßnahmen der speziell auf diese Zielgruppe ausgerichteten Beratung, betriebsnahen Aktivierung und Qualifizierung sowie Vermittlung in Arbeit oder Ausbildung oder schulische Bildung.

Weiterhin werden auch Arbeitgeber*innen und andere Arbeitsmarktakteure beraten. Durch Schulungen von Mitarbeiter*innen von Arbeitsagenturen/Jobcenter wird erreicht, dass die Fördermaßnahmen nach dem SGB II und SGB III vermehrt Flüchtlingen angeboten werden. Es werden Schulungen von Personalleitern von Betrieben und in öffentliche Verwaltungen durchgeführt.

Das Netzwerk in Schleswig-Holstein setzt sich zusammen aus sechs Teilprojekten, wobei die Netzwerkkoordination als ein Teilprojekt gilt. Aufgabe der Koordination ist u. a. Kontakte und Kooperationen mit Arbeitsmarktakteuren zu schließen und diese insbesondere über die rechtlichen Rahmenbedingungen des Arbeitsmarktzugangs für Geflüchtete zu informieren. Die übrigen Teilprojekte sind folgende:

Tab. 4: Übersicht der Teilprojekte des Netzwerks *Mehr Land in Sicht!*

Operative Partner/Projekte	Träger
Ankommen Perspektive Job	Kreis Nordfriesland
Arbeitsmarktservice	UTS e. V. Rendsburg
Be In	ZBBS e. V. Kiel
Handwerk ist interkulturell	Handwerkskammer Lübeck
Interkulturelle Öffnung	Diakonisches Werk Hamburg West/Südholstein

In diesen Projekten findet Folgendes statt:

- Beratung und Unterstützung von Asylbewerber*innen, Personen mit Duldung und Geflüchteten;
- Vermittlung und Coaching in Arbeit, Ausbildung oder schulischer Bildung;
- Vermittlung in ESF-BAMF berufsbezogene Sprachkurse;
- regionale heterogene Vernetzung mit den relevanten Integrationsfachdiensten, Berufsbildungs- und Arbeitsmarktakteuren;
- Schulungen zur interkulturellen Öffnung von Arbeitsmarktakteuren und Institutionen.

Das Netzwerk *Mehr Land in Sicht!* baut auf einer Reihe von flüchtlingsintegrationsspezifischen heterogenen Netzwerken auf, für die der Flüchtlingsrat seit 2002 erfolgreich Förderung eingeworben und die er in nahtlos aufeinander folgenden Förderprogrammen koordiniert hat. Vor dem Hintergrund dieser langjährigen Erfahrung und erworbenen Expertise aller operativen Partner konnte das Netzwerk diese Förderprogramme gut in die Evaluierung dieser bundesweiten Bleiberechtsnetzwerk-Förderung des BMAS/ESF einbringen, die mit der 2015 erschienenen Bilanzbroschüre *Geflüchtete in Arbeit und Ausbildung – Potenziale für Wirtschaft und Gesellschaft* hinsichtlich ihrer Wirksamkeit untersucht worden ist (vgl. Bilanzpapier des ESF-Bundesprogramms 2015).

Das Netzwerk *Mehr Land in Sicht!* bietet demnach genau die Struktur und den Beratungsansatz, der oben als notwendig und sinnvoll beschrieben wird, nämlich die ganzheitliche, individuelle Beratung und Unterstützung des Geflüchteten unter Einbeziehung aller relevanten Beteiligten. Dies soll anhand eines konkreten reellen Fallbeispiels verdeutlicht werden.

Fallspeispiel: Arbeit des Netzwerks zur beruflichen Integration von Geflüchteten[12]

Seit März 2011 lebt das Ehepaar Nasir und Masoome Mohammadi (24 und 21 Jahre), das aus Afghanistan geflohen ist, in Schleswig-Holstein. Bereits in der Erstaufnahmeeinrichtung für Geflüchtete besuchen beide einen Deutschkurs und übernehmen einfache Hausmeistertätigkeiten. Nasir verfügt, aufgrund seiner beruflichen Laufbahn in Afghanistan, über Englischkenntnisse und ist eine große Hilfe als Dolmetscher. Im November 2011 erhält das Ehepaar einen Wohnsitz in einem Landkreis in Schleswig-Holstein und kann eine eigene Wohnung beziehen. Betreut werden sie, u. a., vom Netzwerkprojekt ‚Arbeitsmarktservice' des Vereins UTS e. V. (Gemeinnütziger Verein für Umwelt, Technik und Soziales). Eine Berufsausbildung hatten beide vorher nicht. In Afghanistan existiert kein Berufsausbildungssystem, welches mit dem deutschen System vergleichbar ist. Dort werden berufliche Erfahrungen nach dem Schulbesuch von den Älteren an die Jüngeren weitergegeben.

Dank ihres Lerneifers sind Nasir und Masoome nach kurzer Zeit in der Lage, sich selbständig um einen Praktikumsplatz zur Berufsorientierung zu kümmern. Obwohl ihre Deutschkenntnisse nicht ausreichend waren, bekommt Masoome einen Praktikumsplatz. Häufig werden Geflüchtete nicht einmal als Praktikant*innen aufgenommen, weil Betriebe den Mehraufwand fürchten, der durch die nicht ausreichend vorhandenen Sprachkenntnisse entstehen könnte. Im Fall der jungen Frau schien das Sprachproblem keine Hürde zu sein. Ein weiteres Problem ist für viele, dass selbst für ein Praktikum die aufenthaltsrechtlichen Bestimmungen geklärt sein müssen. Bei Fragen zum Thema Arbeitserlaubnis hat in diesem Fall das Projekt der UTS e. V. zur Seite gestanden und mit den Behörden gesprochen. Die Anstrengungen und der Einsatz aller haben sich in diesem Fall aber gelohnt. Die junge Frau hat im Februar 2016 ihre Ausbildung zur Kauffrau erfolgreich abgeschlossen und arbeitet nun als Vollzeitkraft im Angestelltenverhältnis in einer Einzelhandelsfiliale.

Auch Nasir hat schnell einen Platz in einer Tischlerei gefunden, nachdem die Mitarbeiterinnen des Projekts von UTS e. V. den Kontakt mit dem Betrieb hergestellt hatten. Nasir sagt rückblickend:

> *„Als man uns sagte, wir sollen uns erst einmal einen Praktikumsplatz suchen und später dann eine Ausbildung machen, haben wir einfach nur ‚ja' gesagt. Wir kannten die Begriffe gar nicht und haben uns dann erst einmal informiert, was sie bedeuten. Praktikum und Ausbildung in dieser Form gibt es in Afghanistan nicht. Man arbeitet einfach und wird mit der Berufserfahrung immer besser."*

---

12 Dieses Fallbeispiel ist in ähnlicher Form in der Zeitschrift ASADI (*Magazin für die Kommunikation von Zugewanderten untereinander und mit der Aufnahmegesellschaft*), Ausgabe Nr. 10/2016, dargestellt worden.

Diese Ausführungen machen deutlich, welche Bedeutung eine gute Beratung und Unterstützung hat, um Geflüchteten den Zugang in den Arbeitsmarkt zu ermöglichen. Aber auch Betriebe benötigen Unterstützung. „Besonders die gesetzlichen Vorschriften und Regeln sind für Arbeitgeber oft schwer zu verstehen und man ist froh über diese Hilfe", so die Geschäftsführer der Tischlerei über die gute Zusammenarbeit mit dem UTS e. V. als Vermittler und Ansprechpartner bei Fragen zur Beschäftigung von Geflüchteten. Nasir hat im Juli 2016 seine Ausbildung zum Tischler erfolgreich abgeschlossen und ergänzt nun den Mitarbeiterstamm als Tischlergeselle in der Tischlerei. Die ausnahmslos positiven Erfahrungen mit Nasir als Auszubildenden haben die Betriebsleiter darin bestätigt, auch zukünftig Geflüchteten einen Ausbildungs- und Arbeitsplatz anzubieten: „Wir freuen uns sehr auf unseren neuen Azubi aus Afghanistan, der im Sommer seine Ausbildung zum Tischler bei uns beginnen wird."

Zu einer Ausbildung gehört auch der Besuch der Berufsschule. Auch hierfür ist Hilfe und Unterstützung erforderlich. So wurden für das Ehepaar Nachhilfe und Deutschkurse organisiert und Fahrtkosten übernommen. Denn wegen der Ablehnung ihres Asylantrages leben Nasir und Masoome im Status der Duldung, was wiederum zur Folge hat, dass sie nicht an regelfinanzierten Deutsch- und Integrationskursen teilnehmen dürfen. Der Status der Duldung ist ferner aus dem Blickwinkel der Motivation ein weiteres Hindernis bei der Integration. Solange die Frage eines sicheren Aufenthalts nicht geklärt ist, ist es nicht nur für die Geflüchteten, sondern auch für die Betriebe schwer, sich auf die Ausbildungs- und Beschäftigungsverhältnisse einzulassen.

Nur ein gutes Netzwerk zwischen professionellen Beratungsstellen, Berufsschulen, Ausbildern und Betreuern und auch dem privaten Helferkreis kann die nachhaltige und sichere Eingliederung, beruflich und auch privat, fördern. Die Integration in den Arbeitsmarkt kann im Übrigen dazu führen, dass ein dauerhaftes Aufenthaltsrecht, unabhängig vom Asylbegehren, gewährt wird.

Literatur

BAMF (Bundesamt für Migration und Flüchtlinge) (2014): Jeder Mensch hat Potential. Arbeitsmarktintegration von Asylbewerberinnen und Asylbewerbern. URL: https://www.bamf.de/SharedDocs/Meldungen/DE/2014/20140403-mensch-potenzial.html: 16.08.2016.

BAMF (Bundesamt für Migration und Flüchtlinge) (2016): Aktuelle Zahlen zu Asyl. Ausgabe Juli 2016. URL: http://www.bamf.de/SharedDocs/Anlagen/DE/Downloads/Infothek/Statistik/Asyl/aktuelle-zahlen-zu-asyl-juli-2016.pdf: 17.08.2016.

BIAJ (Bremer Institut für Arbeitsmarktforschung und Jugendberufshilfe) (2016): BAMF-Asylentscheidungen. URL: http://biaj.de/images/2016-08-09_bamf-asyl-entscheidungen-bis-072016.pdf: 12.08.2016.

ESF-Bundesprogramm (2015): Bilanzpapier des ESF- Bundesprogramms zur arbeitsmarktlichen Unterstützung für Bleibeberechtigte und Flüchtlinge mit Zugang zum Arbeitsmarkt: „Flüchtlinge in Arbeit und Ausbildung- Potenziale für Wirtschaft und Gesellschaft. Berlin. URL: http://www.mehrlandinsicht-sh.de/nachrichten/artikel/news/potenziale-fuer-wirtschaft-und-gesellschaft: 27.08.2016.

BMAS (Bundesministerium für Arbeit und Soziales) (2016): Erleichterter Arbeitsmarktzugang für Flüchtlinge. URL: http://www.bmas.de/DE/Presse/Pressemitteilungen/2016/erleichterter-arbeitsmarktzugang-fluechtlinge.html: 12.08.2016

Brücker, H. (2015): Fiskalische Wirkungen der Zuwanderung. In: IAB. Aktuelle Berichte 6.
ILO (International Labour Organization) (2015): Refugees' Integration in the EU Labour Markets: Seizing the Opportunities – Tackling the Challenges. Background Note. Geneva: ILO.
Integrationsrichtlinie Bund (2016): ESF-Integrationsrichtlinie Bund. URL: http://www.esf.de/portal/DE/Foerderperiode-2014-2020/ESF-Programme/bmas/2014-10-21-ESF-Integrationsrichtlinie-Bund.html: 27.08.2016.
Landesregierung Schleswig-Holstein (2015): Flüchtlingspakt – Willkommen in Schleswig-Holstein! Integration vom ersten Tag an. URL: http://www.frsh.de/fileadmin/pdf/presseerklaerungen/2015/fluechtlingspakt-SH_20150506.pdf: 27.08.2016.
Liste der Netzwerke Integrationsrichtlinie (2016). URL: http://www.esf.de/portal/SharedDocs/PDFs/DE/Programme-2014-2020/BMAS/irl-projektliste.pdf;jsessionid=6CF86CDF9119EE2F42E5C7D9FAD1EA54?__blob=publicationFile&v=7: 27.08.2016.
Täubig, V. (2009): Totale Institution Asyl. Weinheim und München: Juventa.
Thränhardt, D. (2015): Die Arbeitsmarktintegration von Flüchtlingen in Deutschland. Humanität, Effektivität, Selbstbestimmung. Gütersloh: Bertelsmann Stiftung.
UNHCR (2014): Arbeitsmarktintegration. Die Sicht der Flüchtlinge und vorläufig Aufgenommenen in der Schweiz. Genf: UNHCR.
Vertovec, S. (2015): Was die Zuwanderung mit Deutschland macht? Süddeutsche Zeitung Online vom 28.10.2015. URL: http://www.sueddeutsche.de/politik/fluechtlinge-was-die-zuwanderung-mit-deutschland-macht-1.2710550: 27.08.2016.
Voigt, C. (2016): Bleibeperspektive. Kritik einer begrifflichen Seifenblase. URL: http://www.ggua.de/fileadmin/downloads/tabellen_und_uebersichten/bleibeperspektive.pdf: 26.08.2016.
Woellert, F., Sievert, S., Neubecker N. & Klingholz, R. (2016): An die Arbeit. Wie lokale Initiativen zur Integration von Flüchtlingen in den Arbeitsmarkt beitragen können. Berlin-Institut für Bevölkerung und Entwicklung. URL: http://www.berlin-institut.org/fileadmin/user_upload/An_die_Arbeit/An_die_Arbeit_Online.pdf: 17.08.2016.

✎ *Verfasserinnen*

Özlem Erdem-Wulff (MehrLiS@frsh.de), Fachanwältin für Sozialrecht, Paritätischer Wohlfahrtsverband Schleswig-Holstein; Arbeitsschwerpunkte: Koordination des Netzwerks *Mehr Land in Sicht" – Arbeit für Flüchtlinge in Schleswig-Holstein.*
Krystyna Michalski (michalski@paritaet-sh.org), Dipl.-Sozialökonomin, Paritätischer Wohlfahrtsverband Schleswig-Holstein; Arbeitsschwerpunkte: Fachreferentin für Flüchtlinge und Migration.
Prof. Dr. Ayça Polat (ayca.polat@fh-kiel.de), Fachhochschule Kiel; Arbeitsschwerpunkte: Diversitätsbewusste Soziale Arbeit, Diversity Mainstreaming.

2 Bildungsarbeit mit jungen Geflüchteten

Mona Golla

In einer Zeit, in der die Zahl der Geflüchteten in Deutschland innerhalb kurzer Zeit sprunghaft angestiegen ist, muss festgestellt werden, dass die Bildungssysteme in ihrem bisherigen Ausmaß und mit den bisherigen Konzepten an ihre Grenzen gekommen sind. Das betrifft zum einen quantitative Kapazitäten – es gibt nicht genug Schulplätze für alle jungen Geflüchteten – zum anderen aber auch die rechtlichen Rahmenbedingungen und die fachliche Ausrichtung der Bildungsinstitutionen für die Bedarfe junger Geflüchteter.

Zur Personengruppe ‚Junge Geflüchtete'" zählen Jugendliche zwischen 14 und 18 Jahren sowie junge Volljährige bis zum 27. Lebensjahr (§ 7 I Nr. 1, 2 SGB VIII). Das sind diejenigen mit dem Aufenthaltstitel BÜMA (Bescheinigung über die Meldung als Asylsuchender) und Aufenthaltsgestattung während der Durchführung des Asylverfahrens und diejenigen mit einer Duldung nach abgeschlossenem Asylverfahren mit negativem Ausgang.

§ 7 SGB VIII Begriffsbestimmungen (1):

Im Sinne dieses Buches ist

1. Kind, wer noch nicht 14 Jahre alt ist, soweit nicht die Abs. 2 bis 4 etwas anderes bestimmen;
2. Jugendlicher, wer 14, aber noch nicht 18 Jahre alt ist;
3. junger Volljähriger, wer 18, aber noch nicht 27 Jahre alt ist;
4. junger Mensch, wer noch nicht 27 Jahre alt ist.

Es gibt keine homogene Gruppe junger Geflüchteter. Sie kommen mit unzähligen unterschiedlichen Biografien nach Deutschland. Jeder und jede muss mit ihrem/seinem Hintergrund individuell betrachtet und begleitet werden.

Die meisten jungen Geflüchteten wollen sich in Deutschland eine Zukunft mit einer beruflichen Perspektive aufbauen und wissen, dass eine gute (Aus-)Bildung einer der wichtigsten Bausteine dafür ist. In ihrem Bestreben, dieses Ziel zu erreichen, stoßen sie jedoch auf viele Hürden, sowohl durch die rechtlichen Rahmenbedingungen, die Ausgestaltung der vorhandenen institutionellen Möglichkeiten als auch häufig durch individuelle (oftmals psychische) Problematiken.

Um in der Bildungsarbeit mit jungen Geflüchteten positive Ergebnisse zu erzielen, sind für Pädagog*innen mehrere Faktoren wichtig: Unabdingbar ist das Wissen über die ausländer- und arbeitsrechtlichen Rahmenbedingungen. Da sich die entsprechenden Gesetze in den letzten Jahren immer schneller ändern, bedarf es einer laufenden Aktualisierung der eigenen Kenntnisse. Darüber hinaus ist ein Verständnis der besonderen Lebenslagen junger Geflüchteter notwendig, um nachvollziehen zu können, warum z. B. Schule oder eine in Deutschland begonnene Ausbildung abgebrochen werden oder warum eine Arbeit im Niedriglohnsektor einer fundierten Ausbildung vorgezogen wird. Nur wer die besondere Situation und die daraus entstehenden Bedürfnisse der jungen Geflüchteten versteht, ist durch empathisches und einfühlsames Handeln in der Lage, einen positiven Bildungsweg mit ihnen zu entwickeln.

2.1 Lebenslagen junger Geflüchteter und die Auswirkungen im Kontext von Bildung

Das Asylverfahren

Dass ein ungesicherter Aufenthalt in Kombination mit einer langen Asylverfahrensdauer Stress, Frustration, Depression und auch Aggression mit sich bringen kann, ist sicherlich leicht vorstellbar. Solange sich die jungen Geflüchteten im Asylverfahren befinden, ist die Unsicherheit über den Ausgang des Verfahrens groß. Ist das Asylverfahren bereits negativ beschieden, schwebt das ‚Damoklesschwert' der Abschiebung über ihnen.

Die Unsicherheit wird dadurch vergrößert, dass viele Ausländerbehörden Duldungen nur für sehr kurze Zeiträume, manchmal nur für jeweils vier Wochen, verlängern. Das irritiert sowohl die jungen Geflüchteten als auch Betriebe, die Geflüchtete als Auszubildende einstellen möchten. Schon seit mehreren Jahren fordern Betriebe und Kammern die sogenannte 3+2-Regelung, die ermöglicht, dass Geflüchtete mit einer Duldung bei Beginn einer Ausbildung für die drei Jahre der Ausbildung und bei Weiterbeschäftigung darüber hinaus zwei Jahre lang nicht abgeschoben werden. So könnte die ständige Angst, die geduldete Geflüchtete z. B. vor Abschiebung haben, etwas abgemildert werden. Bei einem Ausbildungsabbruch, aus welchen Gründen auch immer, würde jedoch sofort wieder die Abschiebung drohen.

Ein weiterer rechtlicher Unsicherheitsfaktor sind die Dublin III-Verfahren. Im Dublin-Verfahren wird geprüft, welcher Staat in Europa für die Durchführung des Asylverfahrens zuständig ist. Dafür gibt es mehrere Kriterien. Am häufigsten wird das Kriterium angewandt, dass der Staat zuständig ist, in dem die Geflüchteten das erste Mal EU-Territorium betreten haben. Gemäß der Dublin III-Verordnung kann es dazu kommen, dass Geflüchtete nach mehreren Monaten, manchmal noch nach über einem Jahr, in ein anderes EU-Land abgeschoben werden. Es gibt Geflüchtete, die so über mehrere Jahre innerhalb von Europa hin- und hergeschoben werden, da sie nicht in dem Land ihrer freien Wahl einen Asylantrag stellen dürfen. Diese Drohung einer Dublin-Abschiebung macht eine auf Dauer angelegte Bildungsplanung für alle Beteiligten äußerst schwierig.

Wohnsituation

Geflüchtete dürfen sich ihren Wohnort nicht selber aussuchen. Nach dem Königsteiner Schlüssel werden sie innerhalb von Deutschland verteilt und bekommen einen Wohnort zugewiesen. Diese Wohnortverpflichtung ist für die Dauer des Asylverfahrens gültig; ein Wohnortwechsel ist nur sehr schwer möglich. Leider wird bei der Wohnortzuweisung nicht immer auf die Bedürfnisse der Geflüchteten geachtet. So ist es nicht selten, dass junge Geflüchtete fernab von Bildungseinrichtungen wohnen müssen. Bindungen, die besonders bei allein reisenden jungen Geflüchteten während der Flucht entstehen, werden bei der Verteilung auf die Städte und Kommunen nicht beachtet. Entstandene Freundschaften, die gerade für Alleinreisende einen erheblichen psychischen Halt bedeuten, werden so zerrissen.

Viele der Flüchtlingsunterkünfte sind aufgrund ihrer Größe und der damit verbundenen Geräuschbelastung kein Umfeld, das das Lernen fördert. Jedem Geflüchteten stehen in der Regel nur einige Quadratmeter Platz zu, Küchen und Sanitäreinrichtungen müssen geteilt werden, Aufenthaltsräume gibt es selten. So ist es in den meisten Unterkünften fast rund um die Uhr recht laut, da viele Bewohner*innen keiner Arbeit nachgehen, nachts nicht schlafen können und sich mit Internet, TV oder Musik Hören die Zeit vertreiben. Das bedeutet für junge Geflüchtete, die zur Schule gehen oder eine Ausbildung machen, dass sie keinen ruhigen Ort zum Lernen haben und häufig keine ruhigen und erholsamen Nächte.

Familiäre Situation

In der Bildungsarbeit muss immer auch ein Blick auf die Familien der jungen Geflüchteten geworfen werden, falls diese auch in Deutschland sind. Die stabilisierende Wirkung, die eine intakte Familie bieten kann, ist bei vielen Flüchtlingsfamilien nicht gegeben. Häufig gab es Trennungen vor, während und/oder nach der Flucht, teilweise verbunden mit dem dauerhaften Verlust eines oder mehrerer Familienmitglieder. Vieles, was es an Positivem und Stabilisierendem gab, fehlt nun. So können sich z. B. die Aufgaben innerhalb der Familie durch den Wechsel von einer Groß- zu einer Kleinfamilie, besonders bei der Erziehung der Kinder, ändern.

Da die Eltern häufig selber schwer belastet bzw. traumatisiert sind, können sie sich nicht angemessen um die Bildungswege ihrer Kinder kümmern. Häufig kommt es sogar zu dem Phänomen der Parentifizierung, d. h., dass die jungen Geflüchteten die Rolle der Eltern einnehmen und sich um diese kümmern. So dolmetschen sie in Gesprächen für die Eltern, helfen ihnen Formulare auszufüllen und/oder erklären ihnen amtliche Schreiben. Diese Rollenumkehr verschiebt die Machtverhältnisse innerhalb der Familien und führt dazu, dass die Eltern, auch in Bildungsfragen, nicht mehr als Ratgebende wahrgenommen werden.

Traumatisierung bzw. schwere psychische Belastung

Im Sommer 2015 stellte der Präsident der Bundestherapeutenkammer fest, dass mindestens die Hälfte der Geflüchteten in Deutschland psychisch krank sei. Er sprach von 40.000 bis 80.000 Betroffenen, die eine Therapie benötigen. Auch wenn konkrete Zahlen über den tatsächlichen Anteil an psychisch erkrankten Geflüchteten derzeit nicht vorliegen, muss aufgrund der Fluchtgeschichte vieler Geflüchteter von einem hohen Bedarf ausgegangen werden. Neben den Erlebnissen im Herkunftsland sind es oftmals Geschehnisse auf der Flucht, die zu Traumatisierungen führen. Das können z. B. extremste Formen von Abhängigkeit von Fluchthelfer*innen oder von Grenzpersonal sein oder schwer zu überblickende Ursache-Wirkungs-Zusammenhänge. Auch die Erfahrung, wenig Kontrolle und Selbstbestimmung über das eigene Leben zu haben und mit Verhaltensweisen konfrontiert zu werden, die den eigenen Werten und Überzeugungen widersprechen, wirken sehr belastend. Bildungsansprüche hatten im Überlebenskampf im Herkunftsland keinen Platz mehr, es zählten völlig andere Werte und

Normen. Je länger Kinder und Jugendliche nicht zur Schule gehen, desto schwerer wird die spätere Eingliederung.

Einige junge Geflüchtete gaben bei ihrer Asylantragsstellung eine falsche Biografie an. Diese kann gewählt worden sein, weil Fluchthelfer oder andere Geflüchtete dazu geraten haben und weil die Geflüchteten sich eine höhere Chance auf ein positives Asylverfahren ausrechnen. Dies stellt sich jedoch häufig als sehr belastend heraus, denn es ist sehr anstrengend, immer achtsam sein zu müssen, um keine widersprüchlichen Angaben zu machen.

Im Kontext von Bildung ist wichtig, dass gerade ein Schulbesuch oder eine Ausbildung, also ein geregelter Alltag mit festen Strukturen und positiven Erlebnissen, enorm stabilisierend auf traumatisierte Geflüchtete wirkt. Auf der anderen Seite können sich, durch psychische Erkrankungen bedingt, eine ganze Reihe von Problemen in der Schule oder bei der Ausbildung ergeben. Eine Anbindung an Fachberatungsstellen bzw. spezialisierte Traumatherapeut*innen ist in diesen Fällen absolut notwendig, denn weder Betriebe noch Schulen sind auf die Versorgung traumatisierter junger Menschen ausreichend vorbereitet.

2.2 Spezialangebote für Geflüchtete versus Öffnung der Regelangebote

In der Allgemeinen Erklärung der Menschenrechte von 1948 heißt es im Art. 26: „Jeder hat das Recht auf Bildung." Der Wortlaut des 1. Zusatzprotokolls der Europäischen Menschenrechtskonvention, Art. 2, lautet: „Das Recht auf Bildung darf niemandem verwehrt werden" und auch in den Art. 28 und 29 der Kinderrechtskonvention steht ein umfassendes Recht auf Bildung festgeschrieben. Es kann also festgestellt werden, dass es ein nahezu universelles Recht auf Bildung gibt. Dieses universelle Recht auf Bildung ist in Deutschland durch die Länder umzusetzen. Da im Einzelnen bei der Umsetzung große Unterschiede feststellbar sind, muss die Gesetzgebung des jeweiligen Bundeslandes beachtet werden. Diesem Beitrag liegen die Bildungsgesetze des Landes Schleswig-Holstein zugrunde.

In einigen Großstädten wurden und werden spezielle Bildungseinrichtungen für Geflüchtete aufgebaut, die einen sicheren Schutzraum für sie bieten. Es stellt sich jedoch die Frage, ob es nicht sinnvoller ist, keine Sonderbehandlung in Form von Spezialisierung und einer damit einhergehenden Abschottung anzubieten, sondern die Regelangebote so auszugestalten, dass auch die jungen Geflüchteten an ihnen teilhaben können, ganz nach dem Motto: lieber Spezialist*innen als Spezialeinrichtungen. Durch die passgenaue Ausgestaltung der Bildungseinrichtungen würde den jungen Geflüchteten, vom ersten Tag an, der Weg in das System der deutschen Aufnahmegesellschaft ermöglicht. Dafür müssen allerdings die notwendigen finanziellen Mittel bereitgestellt werden, um die Bildungsträger entsprechend personell auszustatten.

2.3 Spracherwerb

Um an Bildungsangeboten teilhaben zu können, ist die wichtigste Grundlage der Spracherwerb. Deshalb sollte es selbstverständlich sein, dass junge Geflüchtete Zugang zu Sprachkursen bzw. speziellen Sprachklassen an Schulen haben. In Schleswig-Holstein z. B. sind auch Geflüchtete mit ungesichertem Aufenthaltsstatus bis zum vollendeten 16. Lebensjahr schulpflichtig. Sie können sogenannte DaZ-Klassen in einem DaZ-Zentrum (DaZ = Deutsch als Zweitsprache) besuchen, wo sie zuerst einmal Deutsch lernen. Nach dem Erwerb grundlegender Sprachkenntnisse wechseln die Schüler*innen dann in Regelklassen und erhalten zusätzlichen, ergänzenden Deutschunterricht. Wenn sie im Alter von 16 Jahren nach Schleswig-Holstein kommen, sind die jungen Menschen bis zur Vollendung des 18. Lebensjahres berufsschulpflichtig. Bis vor ca. einem Jahr gab es an den Berufsschulen jedoch keine flächendeckende Versorgung der jungen Geflüchteten mit DaZ-Unterricht, sondern es blieb dem Engagement einzelner Schulen überlassen, für einen solchen Unterricht zu sorgen. Seit Mitte 2015 fördert das Land auch den DaZ-Unterricht an beruflichen Schulen in größerem Umfang.

Sind junge Geflüchtete älter als 18 Jahre, wird ein geregelter Spracherwerb schwierig. Erwachsene Geflüchtete hatten bis Ende 2015 keinen Zugang zu Integrationskursen nach §§ 43ff. Aufenthaltsgesetz. Seit dem 24. Oktober 2015 haben diejenigen aus den vier Ländern mit sogenannter ‚guter Bleibeperspektive' (aus Syrien, Iran, Irak und Eritrea) die Möglichkeit, einen solchen Kurs zu beantragen. Alle anderen müssen im Selbststudium oder durch die Hilfe ehrenamtlich Tätiger die deutsche Sprache erlernen. Die Versorgung durch Ehrenamtliche ist jedoch nicht flächendeckend und von unterschiedlicher Qualität. So ist es für diese Gruppe dem Zufall überlassen, wie schnell und wie gut sie Zugang zur deutschen Sprache finden.

2.4 Zugang zum Erwerb von Schulabschlüssen

Junge volljährige Geflüchtete ohne ersten allgemeinbildenden Schulabschluss (ESA) haben in Schleswig-Holstein keinen Rechtsanspruch auf den Besuch einer Beruflichen Schule und werden nur in den Schulen aufgenommen, wenn es freie Kapazitäten gibt. Durch die stark angestiegenen Flüchtlingszahlen tendieren diese freien Kapazitäten allerdings gegen Null. Dadurch werden in Zukunft vermehrt junge volljährige Geflüchtete keinen ESA erhalten. Dies hat dann u. a. zur Folge, dass es für diese Gruppe junger Geflüchteter schwierig wird, ihre Bildungskarriere nach freiem Wunsch und erfolgreich zu gestalten.

Auch die Anerkennung von bereits vorhandenen Schulabschlüssen aus dem Heimatland weist Problematiken auf. Nicht alle Geflüchteten konnten bei der Flucht ihre Dokumente mitnehmen, oder diese gingen auf der Flucht verloren oder wurden zerstört. Hier könnten Prüfungen, die z. B. durch die Bildungsministerien durchgeführt werden, den jungen Geflüchteten zu einem ihrem Kenntnisstand entsprechenden Schulabschluss verhelfen.

Eine weitere häufig vorkommende Schwierigkeit beim Erlangen von Schulabschlüssen sind mangelnde Kenntnisse in den sogenannten MINT-Fächern

(Mathematik, Informatik, Naturwissenschaft und Technik). Besonders schwerwiegend sind dabei die Lücken im Fach Mathematik, denn manche Geflüchtete sind in ihrem Leben gar nicht oder nur wenige Jahre zur Schule gegangen und können z. B. nicht sicher addieren und subtrahieren. Dies ruft Probleme in jeder Schulform hervor. Es bedeutet aber auch eine große Hürde im alltäglichen Leben, wenn z. B. beim Einkaufen der Geldfluss nicht kontrolliert werden kann.

Wenn ein Recht auf Bildung für junge Geflüchtete ernst genommen wird, ist es absolut erforderlich, dass es wohnortnah Zugang zu altersgerechten Schulklassen gibt mit einem zusätzlichen Lernangebot für DaZ und Mathematik.

Sind die Schulen auf die Aufnahme einer größeren Anzahl von jungen Geflüchteten vorbereitet? Das hängt sehr von den jeweiligen Schulleitungen und Lehrkräften ab. Für die meisten Geflüchteten ist ein Schulalltag, wie er an deutschen Schulen vorherrscht, völlig unbekannt. Projektarbeit, freies Lernen, aber auch ein als respektlos empfundener Ton gegenüber Lehrer*innen können zu großer Verunsicherung führen.

Folgende Punkte haben sich in der Arbeit an Schulen als hilfreich erwiesen:

- *Elternarbeit*: Soweit es geht, sollten Eltern in den Schulalltag ihres Kindes eingebunden und das Gespräch mit ihnen gesucht werden. Dafür kann es notwendig sein, Dolmetscher*innen hinzuzuziehen. Besonders die Väter sollten mit einbezogen werden, denn häufig haben sie die größeren Probleme mit dem unbekannten Lebensalltag in Deutschland. Das Bildungssystem und die Regeln in der Schule und im Unterricht sind fremd und so ist es sehr hilfreich, diese zu erläutern. Vorsicht ist bei Kritik geboten, denn es ist für viele Erwachsene beschämend, wenn sie das Gefühl bekommen, etwas falsch zu machen.
- *Begegnung und Teilhabe ermöglichen*: Damit sich Schüler*innen mit Fluchtbiografie nicht aus dem Klassenverbund ausgeschlossen fühlen, können Patenschaften innerhalb einer Klasse oder der Schule eingerichtet werden. Auch Aktivitäten wie Karten- und Brettspiele oder Theaterspiel, gemeinsames Malen, Töpfern oder Musizieren stärkt die Möglichkeiten der Begegnung zwischen deutschsprachigen und nicht-deutschsprachigen Schüler*innen. Das erhöht sowohl die Sprachkompetenz bei den Geflüchteten als auch die soziale Kompetenz bei allen Beteiligten. Wichtig ist es, die Kompetenzen der Geflüchteten wahrzunehmen und ihnen die Gelegenheit zu geben, diese umzusetzen. So entsteht nicht der Eindruck, als junge*r Geflüchtete*r nur defizitbehaftet zu sein. Beispiel: Die Kompetenz, sich nach dem Kompass auf dem Handy zu orientieren, könnte bei einer Stadtrallye als besonders nützlich hervorgehoben werden.
- *Weitere Unterstützungsleistungen*: Da für viele geflüchtete Schüler*innen der deutsche Schulalltag sehr von ihren bisherigen Schulerfahrungen abweicht, sollten alle Regeln genau erläutert werden, notfalls mit Dolmetscher*innen. Für viele Geflüchtete ist die Freiheit in deutschen Schulen verwirrend. Die meisten kennen nur Frontalunterricht und Lernstoff, der auswendig gelernt werden muss. Gruppenarbeit oder freies Arbeiten ist ihnen fremd. Zu viel Entscheidungsfreiheit kann sie verwirren. Geflüchtete Schüler*innen sollten nicht

vor der Klasse über ihre Fluchterfahrungen berichten müssen, da diese Erinnerungen häufig sehr belastend sein können. Da viele Geflüchtete außerhalb von Schule Fremdenfeindlichkeit und Rassismus erleben müssen, ist es unbedingt notwendig, dass Schule ein Ort ist, in dem alle gleiche Rechte und Pflichten haben, ein Ort mit null Toleranz gegenüber Diskriminierung und Ausgrenzung.

Wenn Schule von den geflüchteten Schüler*innen als sicherer Ort wahrgenommen und erlebt wird, hat der Schulalltag eine sehr stabilisierende Auswirkung auf die Psyche und den Alltag der Schüler*innen und ist eine wichtige Grundlage für eine erfolgreiche Bildung.

2.5 Berufswahl und Berufsvorbereitung – Bildungsziele erarbeiten

„Was willst du denn mal werden?" In Deutschland kennen fast alle diese Frage: „Was willst du denn einmal werden?" und machen sich bereits als Kind damit vertraut, dass sie selber einen Beruf wählen (können), von dem sie denken, dass er ihnen Freude machen wird. Alleine in diesem Satz sind zwei Annahmen, die in der Arbeit mit jungen Geflüchteten so nicht zum Tragen kommen: Zum einen verbinden viele Geflüchtete den Begriff ‚Arbeit' nicht mit ‚Freude', sondern man arbeitet, damit man selber bzw. damit die Familie ein Auskommen hat. Der Aspekt der Selbstverwirklichung, der in Deutschland häufig mit bezahlter Arbeit zusammenhängt, ist den meisten Geflüchteten fremd. Zum anderen hätten die meisten von ihnen in ihrer Heimat keine große Wahl gehabt, welchen Beruf sie erlernen möchten. In vielen Ländern lernt man im Betrieb eines Verwandten, Bekannten oder Nachbarn, eben da, wo es gerade Arbeit gibt oder wo die Eltern meinen, dass es gut wäre, dort zu lernen. Auch gibt es die sehr ausdifferenzierten Ausbildungsberufe, so wie in Deutschland, in kaum einem anderen Land dieser Welt. Auch ein Studium wird häufig nach dem Wunsch der Eltern oder älteren Verwandten aufgenommen.

Das führt bei den meisten jungen Geflüchteten zu einem Gefühl der Überforderung, wenn sie mit der Bandbreite der Ausbildungsberufe/Studienfächer in Deutschland konfrontiert werden. Viele wissen auch nicht, welcher Schulabschluss Voraussetzung für welche Ausbildung ist.

Beispiel: Berufswahl

Auf die Frage, welchen Ausbildungsberuf er wählen wolle, antwortete ein junger Geflüchteter: „Häuser bauen", das habe er bereits in der Heimat getan. Auf die Nachfrage, welchen der Ausbildungsberufe aus dem Baugewerbe er denn lernen wolle, Maurer, Elektriker, Tischler oder vielleicht Glaser, antwortete der junge Mann sehr verwirrt: „Na ja, halt Häuser bauen", er verstünde von all den genannten Berufen etwas. Es fiel ihm sehr schwer, sich für einen Beruf zu entscheiden.

In der praktischen Arbeit bedeutet das, viel Zeit dafür zu verwenden, junge Geflüchtete mit dem Ausbildungssystem in Deutschland vertraut zu machen und in mehreren Schritten die Neigungen und Interessen herauszuarbeiten, bevor dann gemeinsam ein kleinschrittiger Bildungsweg erarbeitet wird.

Übergang Schule/Beruf

Um herauszufinden, welchen Beruf junge Geflüchtete erlernen bzw. welches Fach sie studieren möchten, eignen sich neben individuellen Coachinggesprächen u. a. Besuche von Ausbildungsmessen, dem Berufsinformationszentrum der Bundesagentur für Arbeit (BIZ), Betriebsbesichtigungen oder Praktika. Besonders Letztgenannte helfen zu entdecken, ob ein gewählter Beruf der Eignung tatsächlich entspricht und wie der Arbeitsalltag in Deutschland aussieht.

Wenn es dann ein Ausbildungsziel gibt, ist weiterhin Unterstützung notwendig, um erfolgreiche Bewerbungen zu schreiben. Es wird bereits in vielen Schulen im Unterricht erläutert, wie eine Bewerbung auszusehen hat. Die Erfahrung zeigt aber, dass junge Geflüchtete in der Regel damit überfordert sind, eigenständig eine gute Bewerbung zu erstellen. Auch Bewerbungsbüros, die dabei helfen sollen, sind häufig nicht in der Lage, die Lebensläufe und Anschreiben positiv zu verfassen und bei nicht vorhandenen formalen Qualifikationen die individuellen informellen Qualitäten hervorzuheben. Ein weiterer Stolperstein im Bewerbungsverfahren sind Online-Bewerbungen, die es bei großen Firmen immer häufiger gibt. Da sie nur vollständig ausgefüllt akzeptiert werden, sind die Eingabemasken für die Bildungsbiografien der meisten Geflüchteten nicht geeignet, denn Geflüchteten fehlen z. B. Noten in Deutsch oder anderen relevanten Fächern. Hier ist dann die Kreativität der Pädagog*innen gefordert.

Im weiteren Verlauf des Bewerbungsverfahrens ist es notwendig, Bewerbungsgespräche zu trainieren, denn auch hier ist zu sehen, dass viele der Verfahren und Gespräche nicht migrationssensibel aufgebaut sind und nicht an die Lebenserfahrungen junger Geflüchteter anknüpfen.

Beispiel: Auswahltest

Bei einem Auswahltest las ein junger Geflüchteter: „Bei den folgenden Aufgaben sehen Sie jeweils einige Zahlen, die zusammen eine Zahlenreihe bilden. Dabei sind die Zahlen durch eine bestimmte Regel miteinander verknüpft. Setzen Sie am Ende jeder Zahlenreihe die Zahl ein, die gemäß der Regel diese Zahlenreihe logisch fortsetzt."

4 6 5 7 6 8 7

Der junge Mann brach frustriert den Test ab, da er bereits die Aufgabenstellung nicht verstand.

‚Lieber Arbeit als Ausbildung'

In der Arbeit mit jungen Geflüchteten kommt es immer wieder vor, dass sie keine Ausbildung bzw. keinen Schulabschluss machen möchten, sondern lieber eine Arbeit aufnehmen wollen, auch wenn diese im Niedriglohnsektor angesiedelt ist. Auf Nachfrage ergibt sich häufig, dass die jungen Geflüchteten nicht mehrere Jahre mit den niedrigen Leistungen nach dem AsylbLG bzw. mit einem meist niedrigen Ausbildungsentgelt leben möchten. Sie sehen nicht sehr weit in die eigene Zukunft und das ‚schnelle' Geld erscheint reizvoll. Dass sie meistens Helfertätigkeiten ausüben, selten über dem Mindestlohn verdienen, befristete Arbeitsverträge haben und oftmals ausgenutzt werden, sehen sie nicht. Kommt man in ein vertiefendes Gespräch, so ergeben sich noch weitere Gründe für das Vorziehen einer Arbeit: Viele müssen noch Schulden abzahlen, die sie auf ihrem Weg nach Europa gemacht haben, oder sie möchten Familienmitglieder, die noch in der Heimat oder auch auf der Flucht sind, finanziell unterstützen. In diesen Fällen ist es meistens sinnlos, sie zu der Aufnahme einer Ausbildung zu drängen, da die jungen Geflüchteten diese manchmal beginnen, um ihre deutschen Unterstützer*innen nicht zu enttäuschen, häufig aber bereits nach kurzer Zeit abbrechen, da der innere und/oder äußere Druck zu groß wird. Wird eine Ausbildung oder ein Schulbesuch nicht angetreten oder abgebrochen, kann das zu Frustrationen sowohl bei den jungen Geflüchteten als auch bei ihren Unterstützer*innen führen.

Bei Personen mit Duldung ist der Übergang in einen gesicherten Aufenthalt häufig an die Bedingung gekoppelt, den Lebensunterhalt ohne Inanspruchnahme sozialer Leistungen zu bestreiten. Auch das erhöht den Anreiz, eine Arbeit anstatt einer Ausbildung aufzunehmen.

2.6 Zugang zur Berufsausbildung

Dank des in 2016 zugenommenen Interesses vieler Betriebe an Geflüchteten als Auszubildende wurden die gesetzlichen Rahmenbedingungen, die den Ausbildungszugang regeln, deutlich verbessert. Grundsätzlich darf eine Beschäftigung, und als solches zählt auch eine Berufsausbildung, erst dann erlaubt werden, wenn keine Pflicht mehr besteht, in einer Erstaufnahmeeinrichtung eines Bundeslandes zu leben. Diese Pflicht kann für maximal sechs Monate, für Menschen aus den sogenannten ‚sicheren Herkunftsstaaten' auch darüber hinaus, bestehen.

Eine schulische Ausbildung bedarf keiner Zustimmung. Sie ist also uneingeschränkt ab dem ersten Tag in Deutschland möglich. Hier ist aber *zu beachten*, dass es Ausnahmen von dieser Regelung gibt:

- Bei schulischen Ausbildungen mit hohen betrieblichen Praktikaanteilen, z. B. Alten- oder Krankenpflege, ist davon abweichend die Zustimmung der Ausländerbehörde erforderlich.
- Unabhängig vom Aufenthaltsstatus bedarf eine betriebliche Ausbildung von Geflüchteten in fast allen Fällen einer Arbeitserlaubnis, die durch die zuständige Ausländerbehörde ausgestellt wird.
- Bei der Aufnahme einer betrieblichen Ausbildung, die zu einem staatlich anerkannten oder vergleichbar geregelten Ausbildungsberuf führt, ist zu beachten, dass für Geflüchtete, die eine Aufenthaltsgestattung haben, in den ersten drei Monaten nach Einreise nach Deutschland ein absolutes Arbeitsverbot gilt. In den darauffolgenden 45 Monaten ist vorab grundsätzlich eine Arbeitserlaubnis der zuständigen Ausländerbehörde einzuholen. Danach besteht ein uneingeschränkter Arbeitsmarktzugang.
- Sind Geflüchtete im Besitz einer Duldung, so ist eine betriebliche Ausbildung vom ersten Tag an in Deutschland möglich. Die zuständige Ausländerbehörde kann jedoch ein Arbeitsverbot als Sanktionsmittel verhängen, wenn den Mit-

wirkungspflichten (z. B. der Passbeschaffung) nicht ausreichend nachgekommen wird.

Normalerweise sollte die Erlaubnis zum Arbeitsmarktzugang sowohl in der Aufenthaltsgestattung als auch in der Duldung in den Nebenbestimmungen vermerkt sein. In der Realität ist der Vermerk sehr häufig nicht korrekt. So steht noch „*Erwerbstätigkeit nicht gestattet*", obwohl der Arbeitsmarktzugang bereits gegeben ist. Das führt dann sowohl bei den Geflüchteten als auch bei potenziellen Arbeitgebern zu Irritationen. Es sollten daher die Ausländerbehörden dazu angehalten werden, den korrekten Passus zum Arbeitsmarktzugang in die Papiere der Geflüchteten einzutragen.

Wie der Zugang zum Arbeitsmarkt ist auch der Zugang zu arbeitsmarktlichen Förderinstrumenten wie BAföG, BAB (Berufsausbildungsbeihilfe), abH (ausbildungsbegleitende Hilfen), AsA (assistierte Ausbildung) für Geflüchtete uneinheitlich und teilweise gar nicht möglich. Selbst Praktika unterliegen häufig der Pflicht, vorab eine Erlaubnis der Ausländerbehörde einzuholen.

2.7 Fazit

Es ist Glückssache, auf wen junge Geflüchtete nach ihrer Ankunft in Deutschland treffen. Welches Bundesland und welche Kommune, welches Sozialamt und welche Schule sind für ihn oder sie zuständig, wer setzt sich für sie ein? So unterschiedlich wie die jungen Menschen sind auch ihre Bildungswege. Viel ist von der Vorbildung abhängig, viel davon, ob sie als Alleinreisende oder im Schutz ihrer Familie nach Deutschland gekommen sind. Es gibt kein Patentrezept, sondern es muss in einer vertrauensvollen individuellen Bildungsarbeit für jeden und jede der passende Weg gefunden werden. In der Beratungstätigkeit heißt ein wichtiges Stichwort: Entschleunigung. Es zeigt sich immer wieder, wie sinnvoll es ist, die Geflüchteten zu ermutigen, sich in ihrer Bildungskarriere Zeit zu lassen und solide Grundlagen zu legen.

Junge Geflüchtete haben häufig das Gefühl, keine Anerkennung für ihre Lebensbiografie zu bekommen, d. h. für das, was sie bereits in ihrem Leben geleistet haben. Sie mussten sich von Familienmitgliedern trennen, sie haben Verfolgung im Herkunftsland und eine oftmals gefahrvolle Flucht überlebt. Sie sind in Deutschland in ein System und in eine Kultur hineingeworfen worden, die für sie fremd ist und von der sie als Fremde betrachtet werden. Das bringt oftmals Misstrauens- und Diskriminierungserfahrungen mit sich. Um junge Geflüchtete gut in ihrem Bildungsprozess zu begleiten, muss also immer wieder der Blick auf die Ressourcen geworfen werden und es bedarf einer Wertschätzung des bisher Geleisteten. Dann bieten Bildung und Ausbildung die Möglichkeit einer gelungenen Integration im Sinne von Teilhabe. Wenn junge Flüchtlinge gut begleitet, beraten und gefördert ihren Bildungsweg in Deutschland bestreiten können, dann haben sie die Motivation und die Kraft, Erstaunliches zu leisten.

Gut zu wissen – gut zu merken

Da das gesamte Rechtsgebiet des Arbeitsmarktzugangs und der arbeitsmarktlichen Förderinstrumente sehr komplex und voller Sonderregelungen und Ausnahmen ist, sollten Pädagog*innen sich bei Fragestellungen aus diesem Bereich *immer* an Migrationsfachdienste bzw. kompetente Flüchtlingsberatungsstellen wenden.

Zum Weiterlesen

Zugang zum Arbeitsmarkt: http://www.ggua-projekt.de/fileadmin/downloads/tabellen_und_uebersichten/Erfordernis_einer_Arbeitserlaubnis_bzw.pdf.

Ausbildung: http://www.der-paritaetische.de/uploads/tx_pdforder/JSA_fluechtlinge-2015_web.pdf.

Übersichten und Arbeitshilfen: http://www.einwanderer.net/uebersichten-und-arbeitshilfen/; http://www.asyl.net.

Verfasserin

Mona Golla (golla@zbbs-sh.de), Diplom-Pädagogin, ZBBS e. V.; Arbeitsschwerpunkt: Flüchtlingsberatung.

3 Unbegleitete minderjährige Flüchtlinge (umF) in der Kinder- und Jugendhilfe

Stephan Schmieglitz, Jakob Schwille

Analog zur insgesamt wachsenden Zahl von Menschen, die in Deutschland Asyl beantragen, ist auch die Zahl unbegleiteter minderjähriger Flüchtlinge (umF) in den vergangenen Jahren erheblich angestiegen. Neben allgemeinen Fluchtgründen wie Krieg, Vertreibung oder Armut kommt es bei umF auch zu kinderspezifischen Fluchtursachen wie Zwangsrekrutierung als Kindersoldat und Kinderhandel. Auch Genitalverstümmelung, Zwangsverheiratung und -prostitution sind fluchtauslösende Faktoren. Oftmals spielen unterschiedliche Fluchtursachen eine Rolle (Berthold & Espenhorst 2011, S. 320), z. T. werden umF erst während der Flucht von ihren Familien getrennt (Bauer & Schreyer 2016, S. 1). Einige werden auch von ihren Eltern mit der Hoffnung ins Ausland geschickt, dass sie dort bessere Perspektiven haben als im Herkunftsland oder sie auf diese Weise Not oder Gefahren für Leib und Leben in der Heimat entkommen. Die Erwartungen an die Jugendlichen, in der Ferne eine Beschäftigung zu finden und Geld an die Familie zu Hause zu schicken, sind oftmals hoch (Seckler 2014, S. 313).

Begriffsbestimmung: Unbegleitete minderjährige Flüchtlinge (umF)

Als umF werden Kinder und Jugendliche unter 18 Jahren bezeichnet, die ohne Begleitung von für sie verantwortlichen Erwachsenen in Deutschland ankommen oder nach Einreise ohne Begleitperson zurückgelassen werden (Richtlinie 2011/95/EU, Art. 2 l) und hier Schutz vor Verfolgung suchen. UmF gelten als besonders schutzbedürftige Geflüchtete (Richtlinie 2013/33/EU, Art. 21). Gemäß Art. 3 der UN-Kinderrechtskonvention ist bei allen Maßnahmen, die Kinder betreffen, das Wohl des Kindes vorrangig zu berücksichtigen; dabei gilt als Kind jeder Mensch, der das 18. Lebensjahr noch nicht vollendet hat. Entsprechend Art. 22 der Konvention ist umF der gleiche Schutz zu gewähren, „wie jedem anderen Kind, das aus irgendeinem Grund dauernd oder vorübergehend aus seiner familiären Umgebung herausgelöst ist" (UN-Kinderrechtskonvention).

3.1 Eckdaten und Erstaufnahme

Das Jugendamt ist verpflichtet, umF in Obhut zu nehmen. Während nach Schätzungen des Bundesfachverbands Unbegleitete minderjährige Flüchtlinge (B-UMF) 2011 rund 3800 umF in Obhut genommen wurden, stieg diese Zahl kontinuierlich auf 10.400 im Jahr 2014 an. Der Großteil der umF (73 %) stammt derzeit aus Afghanistan, Eritrea, Syrien und Somalia. Bei über 92 % der 2014 in Obhut genommenen Minderjährigen handelt es sich um männliche Flüchtlinge. Die meisten Inobhutnahmen erfolgen in Großstädten sowie in grenznahen Gebieten, so z. B. in Frankfurt am Main, Hamburg, Aachen, Berlin, Rosenheim, Köln, Trier und Passau (B-UMF 2015b, S. 2–8). Mitte April 2016 waren in Deutschland knapp 60.000 umF in Betreuungs- und Jugendhilfemaßnahmen registriert (Mediendienst Integration 2016). Die Mehrheit (71 %) der umF, die 2015 in Deutschland Asyl beantragte, war 16 oder 17 Jahre alt, 20 % im Alter von 14 bis 15 Jahren und lediglich 9 % jünger als 14 Jahre (Bauer & Schreyer 2016, S. 5).

Vorläufige Inobhutnahme

Zum 1.11.2015 wurde in § 42a SGB VIII die vorläufige Inobhutnahme von umF neu geregelt. Die Jugendlichen werden dort vorläufig in Obhut genommen, wo erstmalig ihre unbegleitete Einreise festgestellt wurde. Innerhalb von sieben Werktagen soll das zuständige Jugendamt entscheiden, ob eine Verteilung erfolgen kann. Hierzu zählt, ob das Wohl des Jugendlichen durch eine Weiterverteilung gefährdet würde, ob sich verwandte Personen im In- oder Ausland aufhalten, ob das Wohl des Kindes eine gemeinsame Inobhutnahme mit Geschwistern oder anderen umF erfordert und ob der Gesundheitszustand des Betroffenen die Durchführung des Verteilungsverfahrens innerhalb von 14 Werktagen nach Beginn der vorläufigen Inobhutnahme ausschließt. Im Rahmen dieser Einschätzung erfolgen außerdem eine Altersfeststellung sowie eine Gesundheitsuntersuchung.

Liegen keine Gründe gegen eine Verteilung vor, meldet das Jugendamt den Betroffenen zur bundesweiten Verteilung an. Eine rechtliche Vertretung des Minderjährigen ist während der vorläufigen Inobhutnahme nicht zwingend vorgeschrieben (B-UMF 2016c, S. 4). Die vorläufige Inobhutnahme endet mit der Übergabe an Personensorgeberechtigte, an das aufgrund der Zuweisungsentscheidung zuständige Jugendamt oder – bei Vorliegen von Verteilungshindernissen oder Fristüberschreitung – mit der Inobhutnahme durch das Jugendamt, das bereits für die vorläufige Inobhutnahme zuständig war.

Altersfestsetzung im Rahmen der vorläufigen Inobhutnahme

Die Bestimmung des Alters ist bei umF von entscheidender Bedeutung: Nur, wenn festgestellt wird, dass die betreffende Person noch minderjährig ist, kann der junge Mensch von den verschiedenen gesetzlichen Schutzbestimmungen profitieren. Dies betrifft u. a. die Pflicht zur Inobhutnahme durch das Jugendamt, die Einleitung eines Clearingverfahrens, die Unterstützung durch einen Vormund und die Unterbringung in einer Jugendhilfeeinrichtung. Wenn die Betroffenen nach ihrer Flucht nicht (mehr) über anerkannte Dokumente verfügen, aus denen ihr Alter hervorgeht, sind die deutschen Behörden gehalten, das Alter fiktiv festzustellen. Fiktive Altersfestsetzungen werden auf Grundlage von Inaugenscheinnahmen, Gesprächen und/oder Röntgenuntersuchungen durchgeführt. Letztere Methode wird von Fachleuten regelmäßig kritisiert, da ihre Beweiskraft gerade bei Heranwachsenden zwischen 16 und 18 Jahren zweifelhaft ist und Röntgenstrahlen grundsätzlich ein gesundheitliches Risiko darstellen (DCV 2014, S. 32ff.). Da es bislang keine Methode gibt, das Alter verlässlich festzustellen, handelt es sich beim Ergebnis immer nur um einen „Näherungswert" (B-UMF 2016a). Mit dem ‚Umverteilungsgesetz' wurde ein behördliches Verfahren zur Altersfeststellung aufgenommen. Dabei wird die psychosoziale Alterseinschätzung favorisiert, eine medizinische Alterseinschätzung unter strengen Auflagen jedoch als weitere Möglichkeit akzeptiert (B-UMF 2015a, S. 2f.).

Bundesweite Umverteilung

Während umF bisher dort dauerhaft in Obhut genommen wurden, wo ihre Einreise festgestellt wurde, gilt seit November 2015 eine bundesweite Verteilung auf die einzelnen Bundesländer wie bei Erwachsenen nach dem sogenannten Königsteiner Schlüssel. Hiermit soll der hohen „Belastung" einzelner Jugendämter durch große Fallzahlen begegnet werden (Braun & Lex 2016, S. 7). Die Verteilung hat zur Folge, dass Kommunen, die bisher keine umF betreut haben, die notwendige Infrastruktur (u. a. Aufnahmeeinrichtungen, Bildungsangebote, Qualifizierung des Personals) zügig aufbauen müssen, was viele vor große Herausforderungen stellt (B-UMF 2016d). Das Verfahren sieht vor, dass die vorläufige Inobhutnahme durch das zuständige Jugendamt innerhalb von sieben Werktagen an die Landesstelle gemeldet werden muss; diese hat innerhalb von drei Werktagen der Bundesstelle mitzuteilen, ob Hindernisse zur Verteilung des Jugendlichen vorliegen oder dieser verteilt werden kann.

Das Bundesverwaltungsamt benennt daraufhin innerhalb von zwei Werktagen das zur Aufnahme verpflichtete Bundesland. Dabei soll vorrangig jenes Bundesland bestimmt werden, in dessen Bereich das Jugendamt liegt, das den Jugendlichen bereits vorläufig in Obhut genommen hat. Hat dieses Land die Aufnahmequote bereits erfüllt, soll das nächstgelegene Land benannt werden, das seine Quote noch nicht erfüllt hat. Nach Benennung des entsprechenden Landes hat die Landesstelle zwei Werktage Zeit, den Jugendlichen einem Jugendamt innerhalb dieses Landes zuzuweisen. Dabei sollen die spezifischen Schutzbedürfnisse des umF berücksichtigt werden. Erfolgt eine Verteilung, hat das abgebende Jugendamt den Minderjährigen bei dieser durch eine geeignete Person zu begleiten (B-UMF 2015a, S. 3f.).

3.2 Reguläre Inobhutnahme und Folgeunterbringung

Gemäß § 42 Abs. 1 SGB VIII beinhaltet die Inobhutnahme die Befugnis des Jugendamtes, ein Kind oder einen Jugendlichen bei einer geeigneten Person (z. B. Bereitschaftspflegestelle), in einer geeigneten Einrichtung (z. B. Einrichtung der Jugendhilfe) oder in einer sonstigen Wohnform vorläufig unterzubringen. In einigen Großstädten sind die Jugendlichen während dieser Klärungsphase in speziellen Clearinghäusern untergebracht, andernorts wohnen sie in Heimen oder betreuten Wohngemeinschaften (Bauer & Schreyer 2016, S. 3). Während der Inobhutnahme obliegt dem Jugendamt die Aufgabe, für das Wohl des Minderjährigen zu sorgen, daneben sind der notwendige Unterhalt und die Krankenhilfe zu gewährleisten. Das Jugendamt hat während der Inobhutnahme die Situation, die zur Inobhutnahme geführt hat, mit dem Jugendlichen zu klären und Möglichkeiten der Hilfe und Unterstützung aufzuzeigen. Während des Clearingverfahrens ist das Jugendamt auch für die Einleitung eines Hilfeplanungsprozesses zuständig, der die Abklärung einer Anschlussunterbringung des Minderjährigen beinhaltet. Letztere erfolgt in der Regel als Hilfe zur Erziehung (§§ 27ff. SGB VIII) bspw. in Form von sozialpädagogischer Einzelbetreuung oder im Rahmen von betreuten Wohnformen. Ein weiterer wichtiger Bestandteil des Clearings ist die Abklärung der individuellen Aufenthaltsperspektive des Minderjährigen. Da es im Herkunftsland und auf der Flucht zu traumatisierenden Erlebnissen gekommen sein kann, ist außerdem festzustellen, ob therapeutischer Bedarf besteht. Daneben sollten frühzeitig Möglichkeiten der Beschulung eruiert werden (DCV 2014, S. 63f.).

Das Jugendamt hat im Rahmen der Inobhutnahme von umF „unverzüglich die Bestellung eines Vormunds oder Pflegers zu veranlassen" (§ 42 Abs. 3 Satz 4 SGB VIII). Das Familiengericht hat die Vormundschaft von Amts wegen anzuordnen und den Vormund nach Anhörung des Jugendamts auszuwählen. Der Vormund hat die Aufgaben der Personensorge und der gesetzlichen Vertretung inne. Entsprechend ist er an der Hilfeplanung beteiligt. Daneben kommt ihm die Aufgabe zu, den Jugendlichen auf sein Asylverfahren vorzubereiten und dabei zu begleiten. Die Mehrzahl der umF bekommt einen Amtsvormund zugewiesen, teilweise werden auch ehrenamtliche Vormünder oder Privatvormünder eingesetzt (DCV 2014, S. 66ff.). Die Inobhutnahme endet mit der Übergabe des Jugendlichen an Personensorge- bzw. Erziehungsberechtigte oder mit der Entscheidung über die Gewährung von Hilfen zur Erziehung.

Folgeunterbringung

Nach Beendigung der vorläufigen Unterbringung, im Regelfall die Inobhutnahme kommen für umF bei Feststellung von Jugendhilfebedarf alle Formen der Anschlussunterbringung, meist Hilfen zur Erziehung in Betracht. Auswahlkriterium ist der individuelle Bedarf des Jugendlichen sowie die Verfügbarkeit der Jugendhilfeeinrichtungen vor Ort. Das Wunsch- und Wahlrecht ist zu beachten. Was Jugendhilfeeinrichtungen betrifft, so existieren spezielle Kinder- und Jugendwohngruppen und Jugendwohngemeinschaften für umF. In Bezug auf Unterbringung und Betreuung bestehen zwischen den einzelnen Kommunen und Ländern teils große Unterschiede (DCV 2014, S. 85).

Hilfen für junge Volljährige

Bei Jugendlichen, die das 18. Lebensjahr vollendet haben, sind die Voraussetzungen für eine Inobhutnahme grundsätzlich nicht mehr gegeben. Dies bedeutet, dass mit Erreichen der Volljährigkeit die Zuständigkeit der Jugendhilfe endet. Nach § 41 Abs. 1 SGB VIII ist einem jungen Volljährigen jedoch Hilfe für die Persönlichkeitsentwicklung und zu einer eigenverantwortlichen Lebensführung zu gewähren, „wenn und solange die Hilfe aufgrund der individuellen Situation des jungen Menschen notwendig ist." Diese Regelung gilt auch für unbegleitete Flüchtlinge, die die Volljährigkeit erreicht haben. Die Verlängerung der Jugendhilfe ist bis zum 21. Lebensjahr möglich, in Ausnahmefällen auch länger. Es besteht zudem ein Anspruch auf Nachbetreuung – so sollen junge Volljährige auch nach Beendigung der Hilfe im Prozess der Verselbstständigung im notwendigen Umfang beraten und unterstützt werden. Jugendämter nutzen die Möglichkeit, Hilfen für junge Volljährige zu leisten jedoch in sehr unterschiedlichem Maße (Braun & Lex 2016, S. 7).

3.3 Asylverfahren und aufenthaltsrechtliche Situation

Im Rahmen des aufenthaltsrechtlichen Clearings muss individuell entschieden werden, ob ein Asylantrag gestellt oder eine Aufenthaltserlaubnis bei der Ausländerbehörde beantragt wird (DCV 2014, S. 100). Im Oktober 2015 wurde die Handlungsfähigkeit auf 18 Jahre heraufgesetzt. Seither erfolgt die Stellung des Asylantrags auch bei 16- bis 17-jährigen durch den Vormund. Solange noch kein Vormund bestellt ist, soll das Jugendamt als rechtlicher Vertreter für umF einen Asylantrag stellen (B-UMF 2016c, S. 1). Das ‚Dublin-Verfahren' zur Klärung der Zuständigkeit für das Asylverfahren innerhalb der EU findet bei umF keine Anwendung. An der Anhörung im Asylverfahren ist der Vormund zu beteiligen; sie erfolgt durch besonders geschultes Personal, wobei kinderspezifische Fluchtgründe berücksichtigt werden. Auch werden die Mitarbeitenden bezüglich des Umgangs mit traumatisierten Minderjährigen sensibilisiert (Müller 2014, S. 19).

Nach der Anhörung prüft das Bundesamt für Migration und Flüchtlinge, ob die Voraussetzungen für die Anerkennung als Asylberechtigter oder die Zuerkennung der Flüchtlingseigenschaft vorliegen, ob subsidiärer Schutz oder Abschiebehindernisse gewährt werden oder der Asylantrag abgelehnt wird. Die Dauer des Asylverfahrens kann mehrere Monate oder Jahre betragen. Bei positivem Ausgang erhalten umF eine befristete Aufenthaltserlaubnis, die – abhängig vom Status – mit unterschiedlichen Ansprüchen verbunden ist. Bei Ablehnung des Asylantrags ist eine Duldung (vorübergehende Aussetzung der Abschiebung) möglich. Diese kann von den Ausländerbehörden auch ohne Asylantragstellung erteilt werden (Bauer & Schreyer 2016, S. 4). In der Regel können Abschiebungen von umF in ihr Herkunftsland nicht vorgenommen werden. Diese sind nur gestattet, wenn Personensorgeberechtigte oder eine geeignete Aufnahmeeinrichtung im Herkunftsland den Minderjährigen aufnehmen können (B-UMF 2016b).

Im Gegensatz zu erwachsenen Asylsuchenden sind umF aus ‚sicheren Herkunftsstaaten' nicht in das beschleunigte Asylverfahren einbezogen. Eine Unterbringung erfolgt weiterhin ausschließlich im Regelfall die Jugendhilfe. Jedoch können auch Asylanträge von umF aus ‚sicheren Herkunftsländern' als ‚offensichtlich unbegründet' abgelehnt werden, womit sie bei Volljährigkeit ausreisepflichtig sind. Der Familiennachzug ist zu subsidiär Schutzberechtigten, denen nach dem 17.3.2016 eine Aufenthaltserlaubnis erteilt wurde, bis zum 16.3.2018 ausgesetzt; dies gilt auch für umF mit diesem Status (B-UMF 2016c, S. 3–8). 2015 lag die Schutzquote (Anteil positiver Asylentscheidungen) bei unter 16-jährigen umF bei 93 %, bei 16- bis 17-jährigen bei 88 % (Mediendienst Integration 2016), was mit den Herkunftsländern der umF, für die Asyl beantragt wurde, zusammenhängt.

Zugang zu Schule, Ausbildung und Ausbildungsförderung

Der Schulbesuch ist für umF neben dem Spracherwerb zentral für eine erfolgreiche Integration. Gerade umF sind oft hoch motiviert, schnell Deutsch zu lernen und in der Schule Fortschritte zu machen (Bauer & Schreyer 2016, S. 5). Da die Frage des Schulbesuchs in den Zuständigkeitsbereich der Länder fällt, ist Zugang und Ausgestaltung der Beschulung von umF sehr unterschiedlich (vgl. den Beitrag von Mona Golla in diesem Buch). In einigen Großstädten existieren spezielle Angebote; die staatlich anerkannte *SchlaU-Schule* in München etwa ermöglicht jungen Flüchtlingen, die nicht mehr schulpflichtig sind, Schulabschlüsse nachzuholen. In Hamburg wird ein ganztägiges Schulangebot mit Sprachförderung und Betriebspraktika für 16- bis 17-jährige Flüchtlinge unabhängig vom Aufenthaltsstatus aufgebaut (Bauer & Schreyer 2016, S. 6). Der Zugang zu Ausbildung hängt vom jeweiligen Aufenthaltsstatus ab, gleiches gilt für den Zugang zu Ausbildungsförderung (siehe hierzu bspw. Der Paritätische Gesamtverband 2015).

3.4 Konsequenzen für die Soziale Arbeit mit umF

Welche Rückschlüsse können für die pädagogische Arbeit und die Struktur der UmF-Arbeit aus Sicht der Praxis gezogen werden?[13]

Keine Perspektive ohne Sicherheit

Soziale Arbeit mit jungen Flüchtlingen orientiert sich in erster Linie an den Interessen der Jugendlichen. Der Begriff umF stellt dabei keine (behandlungsbedüftige) Diagnose dar. Er beschreibt vielmehr eine Situation, in der sich ein junger Mensch befindet. Es gilt, sich daher zu allererst in der neuen Situation gemeinsam mit dem Jugendlichen zu orientieren. Die Jugendlichen kommen meist mit sehr konkreten Vorstellungen, Erwartungen und Plänen nach Deutschland. Die Soziale Arbeit spielt dabei als ‚Übersetzer und Vermittler zwischen den Welten' eine wichtige Rolle. Sie befähigt die Jugendlichen, immer wieder Erwartungen und Wünsche mit der Realität abzugleichen und so die vorhandenen Möglichkeiten auszuschöpfen, anstatt an den eigenen Erwartungen zu scheitern.

Neben der Sozialen Arbeit spielt dabei die Arbeit von Sprach- und Kulturmittlern eine entscheidende Rolle. Jugendhilfe kann letztlich nur zielführend sein, wenn es gelingt, die Interessen der Jugendlichen herauszufiltern. Unerlässlich ist dabei eine vertrauensbildende Beziehungsarbeit. Nicht jede Idee oder jeder Plan der Jugendlichen kann umgesetzt werden. Häufig werden Erwartungen enttäuscht. Im Gegensatz zur klassischen Jugendhilfe muss jedoch meist nicht erst Motivation zum Verfolgen dieser Ziele aufgebaut werden, sondern die Motivation kanalisiert und die entsprechenden Möglichkeiten an die Hand gegeben werden. In der Praxis lässt sich feststellen, dass der Wunsch nach (körperlicher und perspektivischer) Sicherheit und Lebensperspektive ein die Zielgruppe vereinendes Element ist. Darüber hinaus vereint diese Zielgruppe recht wenig. Angelehnt an die Maslowsche Bedürfnispyramide steht vor der Perspektiventwicklung die körperliche Sicherheit. Für umF bedeutet dies insbesondere die Befriedigung der Grundbedürfnisse nach Nahrung, Kleidung und Hygiene sowie den Zugang zu medizinischer Versorgung sicherzustellen.

Darüber hinaus gilt es, einen Schutzraum (inkl. Schutz vor körperlichen und psychischen Übergriffen sowie Privatsphäre) zu gewährleisten sowie stabile soziale Beziehungen bzw. Bezugspersonen anzubieten. Hierfür ist in Deutschland für einheimische wie für geflüchtete Kinder und Jugendliche federführend die Kinder- und Jugendhilfe zuständig (Primat der Jugendhilfe). Flüchtlingskinder und -jugendliche stehen als besonders vulnerable Gruppe unter besonderem Schutz der Kinder- und Jugendhilfe. Eine Unterscheidung in umF mit oder ohne Bleibeperspektive ist dabei nicht legitim. Oberste Prämisse ist der Schutz und die Förderung des Kindeswohls. Alle jungen Flüchtlinge haben Anspruch auf die gleichen Rechte wie hier geborene oder aufgewachsene Jugendliche. Grundlage

13 Hinweis: Dieser Abschnitt geht teilweise auf einen Beitrag von Jakob Schwille et al. im Buch *Unbegleitete minderjährige Flüchtlinge in Deutschland* (Lambertus-Verlag) zurück.

dafür ist die UN-Kinderrechtskonvention, zu deren Umsetzung sich Deutschland ohne Vorbehalt verpflichtet hat (Rücknahme des Vorbehalts 2010).

Um den individuellen Hilfebedarfen der Kinder und Jugendlichen gerecht zu werden, ist eine Ausdifferenzierung der Angebote unerlässlich. In der Praxis zeigt sich, dass zum einen die volle Bandbreite der Angebote der Erziehungshilfen notwendig ist und zum anderen sowohl integrative als auch spezialisierte Angebotsformen zielführend sind, um den individuellen Bedarfen der Jugendlichen gerecht zu werden.

Keine Sicherheit ohne Perspektive

Die Perspektiventwicklung von und mit umF wird stark durch die aufenthaltsrechtlichen und ordnungspolitischen Gegebenheiten geprägt. Dies gilt es in allen Schritten der Hilfeplanung zu berücksichtigen. Der Kampf zwischen den Bestimmungen der Kinder- und Jugendhilfe und den aufenthaltsrechtlichen bzw. ordnungspolitischen Bestimmungen wird weiterhin stattfinden müssen. Die Soziale Arbeit ist hier gefordert, sich klar zu Gunsten der Zielgruppe zu positionieren. Als Handlungsansatz für die Soziale Arbeit mit umF empfiehlt sich in der Praxis eine (zumindest gedankliche) Entkopplung der individuellen Perspektivplanung von den aufenthaltsrechtlichen und ordnungspolitischen Rahmenbedingungen. Um den Jugendlichen möglichst schnell Planungssicherheit geben zu können, wäre eine schnelle Klärung des aufenthaltsrechtlichen Status notwendig. Dies ist in der Praxis selten unter einem Jahr der Fall, häufig vergehen Jahre bis zur endgültigen Klärung. Die Jugendlichen in der sensiblen Phase des Ankommens gezielt zu unterstützen, ist jedoch für eine zeitnahe Perspektiventwicklung unabdingbar. Gelingt dies nicht oder verstreicht zu viel Zeit, ist eine negative Entwicklung meist vorprogrammiert.

Um den Jugendlichen eine Perspektive zu eröffnen, bietet sich daher die Verschiebung des Fokus auf die Bildungskarriere an: über Spracherwerb, einen formalen Schulabschluss und Zugang zu Ausbildung oder Studium gelingt es den Jugendlichen meist, eine Lebensperspektive für sich zu entwickeln. Das Bildungsinteresse ist in der Regel sehr hoch. In einigen Fällen kann die positive Bildungskarriere später zur Aufenthaltssicherung beitragen. Die Wechselwirkungen von aufenthaltsrechtlicher Unsicherheit und Bildungsperspektive sollte jedoch nicht unterschätzt werden.

Handlungsfähigkeit

UmF werden häufig defizitorientiert als in erster Linie traumatisierte Jugendliche dargestellt. Dies geschieht meist mit der positiven Absicht, ihre Hilfsbedürftigkeit zu unterstreichen. Führt man sich jedoch z. B. die Fluchtwege der Jugendlichen vor Augen, wird deutlich, dass umF meist sehr durchsetzungsstarke, handlungsfähige junge Menschen sind. Man findet bei umF häufig ‚Leader-Typen'. Sie haben früh gelernt, auf sich gestellt zu sein und für sich selbst (und häufig auch für die Familie oder Fluchtgefährten) Verantwortung zu übernehmen. Verschiedene Rückschlüsse sind hier möglich: Die Ressourcenorientierung ist eine Grundhaltung der Sozialen Arbeit, die in der Arbeit mit jungen Flüchtlingen besonders zum Tragen kommt. Bei allen offensichtlichen Hürden, lohnt es, den ‚Ressourcen-Blick' gerade in dieser Arbeit zu schärfen. Vorhandene Kompetenzen der jungen Menschen können aufgegriffen und weiterentwickelt werden. Verantwortung muss den Jugendlichen nicht künstlich abgenommen werden, um sie dann im Hilfsverlauf wiederaufzubauen. Empowerment-Ansätze sind gerade bei umF wertvoll. Mit Blick auf mögliche Traumatisierungen und die Notwendigkeit der therapeutischen Behandlung ist dabei ein Austarieren in der Praxis nicht immer einfach. Für die meisten Jugendlichen endet zwar die Flucht in Deutschland. Zeit zum Erholen und Aufarbeiten bleibt dabei häufig jedoch nicht. Für viele Jugendliche wird erst Jahre später (möglicherweise, wenn eine Ausbildung abgeschlossen, ein Arbeitsplatz gefunden und ein soziales Netzwerk aufgebaut ist) der Zeitpunkt für die Aufarbeitung von traumatischen Erlebnissen beginnen.

Ein zweiter Aspekt: Viele umF werden als sehr selbstständig beschrieben. Dies liegt zum einen an der zwangsweise eingeforderten Selbstständigkeit auf der Flucht, zum anderen an der früheren Reife im Herkunftsland. Dies heißt jedoch nicht im Umkehrschluss, dass diese Jugendlichen sich auch im ‚normalen Leben' in Deutschland ohne Unterstützung und Begleitung zurechtfinden. Es gilt auch hier, individuell an den vorhandenen Kompetenzen anzusetzen und diese gemeinsam weiterzuentwickeln.

Ein dritter Rückschluss setzt bei den Themen Partizipation, politische Bildung und Selbstorganisation von umF an. Partizipation beginnt am ersten Tag des Aufenthalts in Deutschland mit der Aufklärung und Beteiligung im Clearing- bzw. Hilfeplanverfahren. Darüber hinaus muss es Anliegen der Sozialen Arbeit sein, die Zielgruppe zu unterstützen, sich selbst zu organisieren und ihre eigenen Forderungen zu formulieren. Hierbei besteht die Gefahr, aber auch die Chance, dass sich Soziale Arbeit von den Jugendlichen an ihren eigenen Maßstäben messen lassen muss.

UmF als Türöffner für interkulturelle Öffnung

UmF stoßen in den Regelangeboten zu Beginn häufig auf große Vorbehalte der Beteiligten. Unbekanntes bringt Ungewissheit und Unbehagen mit sich. Bei näherem Kontakt entstehen jedoch meist überaus gute Erfahrungen. UmF werden in vielen Einrichtungen als positive Vorbilder für die einheimischen Jugendlichen wahrgenommen. Eine Gefahr besteht jedoch dann, wenn umF in diese Rolle gedrängt werden. Im Zuge der Arbeit mit umF nehmen Einrichtungen häufig positive Veränderungen der eigenen Einrichtung wahr. Festgefahrene Strukturen werden durch die neue Herausforderung in Frage gestellt, was wiederum Platz für Veränderung bietet. Teilweise werden am Thema umF bestehende oder latent vorhandene Probleme der gesamten Sozialen Arbeit deutlich. Dies kann als Chance begriffen werden, wenn es nicht der Zielgruppe angelastet wird.

Gerade im Bereich umF ist häufig ein hohes Engagement einiger Helfer für die Zielgruppe sichtbar. Es fällt leicht, sich für die ‚Betroffenen' einzusetzen. Dies gilt jedoch nicht für alle Beteiligte. Analog zur gesamtgesellschaftlichen Stimmungslage gibt es auch in der Sozialen Arbeit Vorbehalte, Vorurteile, Rassismus und Anfeindungen. Interkulturelle Öffnung bezieht sich daher immer auch auf die eigene Einrichtung und die eigenen Mitarbeiter*innen und Kolleg*innen. Eine Bereicherung können Mitarbeiter*innen mit Migrationshintergrund und speziellem Sprach- und Kulturwissen sein. Einrichtung, Mitarbeiter*in und Jugendliche werden über diese Zielgruppe mit dem Thema Migration/Flucht/Interkulturalität vertraut und im Umgang kompetent gemacht (z. B. durch die Arbeit mit Dolmetschern).

Die Notwendigkeit von Lobbyarbeit

Die Soziale Arbeit mit umF kommt, will sie sich ernsthaft an den Bedürfnissen ihrer Klient*innen orientieren, nicht an politscher Positionierung vorbei. Besonders im aktuellen Diskurs um den Verbleib der umF im Zuständigkeitsbereich des SGB VIII und der Diskussion um den Umgang mit Flüchtlingen und Einwanderung in Europa ist die Soziale Arbeit gefordert, sich für den Vorrang des Kindeswohls vor ordnungspolitischen Überlegungen einzusetzen. Mit den Zugangszahlen der umF steigen auch die Kosten für Betreuung, Unterbringung und Versorgung. Dies bringt wiederum die Soziale Arbeit in Legitimationsdruck. Es gilt daher, das Thema umF wissenschaftlich zu bearbeiten und Erfolge der Sozialen Arbeit sichtbar zu machen. Dies ist in der Praxis häufig aufwendig und eine (zusätzliche) zeitliche und finanzielle Belastung, die jedoch zur dauerhaften Sicherung der Arbeit unablässig ist.

Es gibt weiterhin in Deutschland keine personenunabhängigen Hilfssysteme für umF. Bundesweite Qualitätsstandards gibt es bisher nicht. Zwar bietet das SGB VIII als Maßstab Orientierung, aktuell werden diese Standards jedoch häufig unterlaufen. Das Durchsetzen von Rechtsansprüchen ist nicht flächendeckend gewährleistet. Dies führt dazu, dass sich Soziale Arbeit anwaltschaftlich für die ihr anvertrauten Jugendlichen einsetzen muss. Es muss ihr ureigenes Interesse sein, sich für die Weiterentwicklung der Hilfssysteme und die damit verbundene Verbesserung der Durchsetzung der individuellen Rechte der Jugendlichen einzusetzen. Ohne Veränderungen der Gesamtstruktur der Einwanderungsgesellschaft wird sich auf Dauer nur wenig nachhaltiger ‚Erfolg' in der umF-Arbeit einstellen.

Die Soziale Arbeit und die Kinder- und Jugendhilfe kann mit den bewährten Methoden, Maßnahmen und Einrichtungen viel erreichen, ist aber auch auf die nachfolgenden und begleitenden Unterstützungssysteme angewiesen. Eine enge Vernetzung und Kooperation auch ‚über den Tellerrand' der Sozialen Arbeit hinaus ist ratsam. Jugendhilfeeinrichtungen beschäftigen sich zudem mit der Frage nach der dauerhaften Beheimatung der jungen Menschen. Dabei spielen Fragen nach Wohnraum und Einbettung in die Zivilgesellschaft eine zentrale Rolle. Die Grenzen der Arbeit werden bei dieser Zielgruppe häufig sichtbar und fordern das Professionsverständnis heraus. Gefahren von sekundärer Traumatisierung und Burnout sowie ethische Fragestellungen sind nicht zu unterschätzen. Gleichzeitig bietet ein konstruktiver Diskurs die Chance für Veränderung und Weiterentwicklung. Die Zielgruppe der umF fordert die Soziale Arbeit heraus, an oder sogar über ihre Grenzen zu gehen.

Literatur

Bauer, A., & Schreyer, F. (2016): Ausbildung von unbegleiteten minderjährigen Flüchtlingen. Sinnvoll ist Unterstützung über Volljährigkeit hinaus. IAB-Kurzbericht 13.

Berthold, T., & Espenhorst, N. (2011): Gestaltungsmöglichkeiten und Herausforderungen für Jugendhilfe und Vormundschaften im Umgang mit unbegleiteten minderjährigen Flüchtlingen. In: Das Jugendamt. Zeitschrift für Jugendhilfe und Familienrecht 6–7, S. 319–322.

Braun, F. & Lex, T. (2016): Zur beruflichen Qualifizierung von jungen Flüchtlingen. München: Deutsches Jugendinstitut e. V.

B-UMF (Bundesfachverband Unbegleitete Minderjährige Flüchtlinge e. V.) (2015a): Vorläufige Inobhutnahme – Was ändert sich zum 01.11.2015? URL: http://www.b-umf.de/im¬ages/ablauf-vorl.-inobhutnahme.pdf: 29.08.2016.

B-UMF (Bundesfachverband Unbegleitete Minderjährige Flüchtlinge e. V.) (2015b). Inobhutnahmen von unbegleiteten Minderjährigen im Jahr 2014. URL: http://www.b-umf.de¬/images/inobhutnahmen-2015-web.pdf: 29.08.2016.

B-UMF (Bundesfachverband Unbegleitete Minderjährige Flüchtlinge e. V.) (2016a): Alterseinschätzung. URL: http://www.b-umf.de/de/themen/altersfestsetzung: 26.06.2016.

B-UMF (Bundesfachverband Unbegleitete Minderjährige Flüchtlinge e. V.) (2016b): FAQ – Häufige Fragen. URL: http://www.b-umf.de/de/themen/faq: 27.06.2016.

B-UMF (Bundesfachverband Unbegleitete Minderjährige Flüchtlinge e. V.) (2016c): Rechtliche Neuerungen für UMF 2015–2017. URL: http://www.b-umf.de/images/2016-05-¬27_rechtlNeuerungen.pdf: 29.08.2016

B-UMF (Bundesfachverband Unbegleitete Minderjährige Flüchtlinge e. V.) (2016d): Umverteilung. URL: http://www.b-umf.de/de/themen/umverteilung: 26.06.2016.

Der Paritätische Gesamtverband. (Hrsg.) (2015): Handreichung. Der Zugang zur Berufsausbildung und zu den Leistungen der Ausbildungsförderung für junge Flüchtlinge und junge Neuzugewanderte. Berlin.

DCV (Deutscher Caritasverband), Referat Migration und Integration (Hrsg.) (2014): Unbegleitete minderjährige Flüchtlinge in Deutschland. Freiburg i. Br.: Lambertus.

Mediendienst Integration (2016): Unbegleitete minderjährige Flüchtlinge. URL: https://¬mediendienst-integration.de/migration/flucht-asyl/minderjaehrige.html: 27.06.2016.

Müller, A. (2014): Unbegleitete Minderjährige in Deutschland, BAMF-Working Paper 60. URL: https://www.bamf.de/SharedDocs/Anlagen/DE/Publikationen/EMN/Studien/wp60-¬emn-minderjaehrige-in-deutschland.pdf?__blob=publicationFile: 29.08.2016.

Seckler, M. (2014): Unbegleitete minderjährige Flüchtlinge zwischen Jugendhilferecht und Asylrecht. In: Migration und Soziale Arbeit 4, S. 313–319.

UN-Kinderrechtskonvention, Übereinkommen über die Rechte des Kindes vom 20.11.1989. URL: http://www.kinderrechtskonvention.info/kinderrechtskonvention-352: 29.08.2016.

Verfasser

Stephan Schmieglitz (stephan.schmieglitz@gmx.de), Dipl. Soziologe/Politologe, Projektreferent, IN VIA Katholischer Verband für Mädchen- und Frauensozialarbeit Deutschland e. V.; Arbeitsschwerpunkte: Migration und Integration beim Deutschen Caritas Verband.

Jakob Schwille (schwille@cjw.eu), Dipl. Sozialarbeiter/Sozialpädagoge, Christophorus Jugendwerk; Arbeitsschwerpunkte: Bereichs- und Erziehungsleiter für die Inobhutnahme von unbegleiteten minderjährigen Geflüchteten, seit sieben Jahren in verschiedenen Funktionen in der Arbeit mit unbegleiteten minderjährigen Geflüchteten tätig.

MIGRATION UND GESUNDHEIT

1 Flucht und Trauma – Herausforderungen für die Soziale und Kindheitspädagogische Arbeit

Ariane Schorn

> An einem eiskalten, bedeckten Wintertag des Jahres 1975 wurde ich – im Alter von zwölf Jahren – zu dem, der ich heute bin. [...] Viel Zeit ist inzwischen vergangen, aber das, was man über die Vergangenheit sagt, [...] stimmt nicht. [...] Wenn ich heute zurückblicke, wird mir bewusst, dass ich in den letzten sechsundzwanzig Jahren immerzu in diese einsame Gasse gespäht habe.
>
> (Khaled Hosseini, *Drachenläufer*)

Spannt man das Dreieck ‚Flucht – Trauma – Soziale Arbeit' auf, so wird schnell deutlich, dass man es mit einem komplexen und sehr heterogenen Feld zu tun hat: Betroffen sind Menschen aller Altersgruppen (Kinder, Jugendliche, Erwachsene, Alte) sowie Menschen, deren Problemlagen, Ressourcen wie auch kulturelle und religiöse Hintergründe sich sehr verschieden gestalten. Weiterhin hat man es mit einer Vielzahl von Arbeitsfeldern und damit verbunden einer Vielzahl von spezifischen gesetzlichen und strukturellen Rahmenbedingungen zu tun. Fachkräfte sozialer und pädagogischer Handlungsfelder, die mit traumatisierten Menschen konfrontiert werden, brauchen Grundkenntnisse der Psychotraumatologie und daran anknüpfend der Traumapädagogik. Sie brauchen Wissen darüber, wie traumatische Erfahrungen sich auf das Erleben und Verhalten Betroffener auswirken und Kenntnisse darüber, was traumatisierte Menschen brauchen bzw. was sie unterstützt. Neben dem, was sich in diesem Zusammenhang verallgemeinern lässt, erfordert professionelles Handeln hier aber auch zu prüfen und zu konkretisieren, was dies im Einzelnen für das jeweilige Arbeitsfeld mit seinen spezifischen Gegebenheiten und Erfordernissen bedeuten kann.

1.1 Hintergrund und Begriffsbestimmungen

Trauma und Flucht – Flucht und Trauma

Laut UN-Flüchtlingshilfswerk UNHCR waren 2015 weltweit mehr als 65 Millionen Menschen auf der Flucht. Mehr als die Hälfte der Geflüchteten ist jünger als 18 Jahre alt (vgl. UNHCR 2016). Wie viele der Menschen, die sich zu emigrieren gezwungen sahen und in die BRD kamen, traumatisiert sind, lässt sich nicht sagen. Betrachtet man jedoch die Hintergründe von Flucht (Krieg, Verfolgung, extreme Armut) oder auch die Erfahrungen, die während der Flucht selbst gemacht werden, dann ist die Vermutung naheliegend, dass eine nicht geringe Anzahl der Flüchtenden traumatisierenden Erfahrungen in Form des Erlebens von Zerstörung, extremer Gewalt, existenzieller Bedrohung, Tod und damit verbundenem Verlust von Bindungsbeziehungen ausgesetzt waren.

Naiv betrachtet könnte man glauben, dass Geflüchtete, die traumatische Erfahrungen gemacht haben, im Aufnahmeland in Sicherheit sind und somit innerlich zur Ruhe kommen können. In einer neuen Umgebung sind die Schrecken des Erlebten jedoch weder einfach vergangen noch bewältigt: Bilder, Geräusche und Gerüche haben sich tief eingebrannt und haben die Kraft, sich unkontrollierbar tagsüber oder auch in Form von nächtlichen Albträumen auf schwer zu ertragende Weise aufzudrängen. Psyche und Körper können durch Allerweltgeschehnisse, die als Schlüsselreize oder auch ‚Trigger' fungieren, in Alarm versetzt werden. Nicht zu unterschätzen sind in diesem Zusammenhang die Belastungen, die mit der unsicheren Situation im Aufnahmeland verbunden sind. Anzumerken ist hier, dass auch aufenthaltsrechtlichen Bedingungen ein traumatisches Potential zukommen kann: Wer keinen Aufenthaltstitel hat, womöglich nur geduldet ist, ist nicht wirklich, sondern nur vorläufig in Sicherheit. Neben Ängsten kann hiermit auch das Gefühl, ohnmächtig ausgeliefert und existenziell abhängig zu sein, einhergehen.

Was ist ein Trauma? – Definition, Klassifikation und Konzepte traumatischer Erfahrungen

Der Begriff ‚Trauma' stammt aus dem Griechischen und bedeutet so viel wie ‚Wunde'. Von einem ‚Trauma' ist jedoch längst nicht mehr nur in der Medizin oder klinischen Psychologie die Rede: Der Begriff ‚Trauma' ist in der Alltagssprache angekommen. Mit seiner Verwendung ist eine gewisse Begriffsverwirrung verbunden, so wird mit einem Trauma alltagssprachlich zugleich ein Ereignis und eine Folge bezeichnet. Zu beobachten ist in der Öffentlichkeit weiterhin eine Sensibilisierung für potenziell traumatisierende Erfahrungen, zugleich aber auch ein mitunter inflationärer Gebrauch des Begriffs ‚Trauma'. Problematisch daran ist die Bagatellisierung dessen, was traumatisierten Menschen wiederfahren ist und für sie mit langfristigen oder sogar lebenslangen Folgen verbunden ist. Gleichwohl lässt sich ein psychisches Trauma nicht objektiv bestimmen.

Die Internationale Klassifikation psychischer Störungen (ICD) der Weltgesundheitsorganisation (WHO) bestimmt in seiner derzeit gültigen Fassung (ICD-10) ein psychisches Trauma als *„ein belastendes Ereignis oder eine Situation außergewöhnlicher Bedrohung oder katastrophenartigem Ausmaßes (kurz oder langhaltend), die bei fast jedem eine tiefe Verzweiflung hervorrufen würde"* (Dilling & Freyberger 2013, S. 173). In dieser Definition wird deutlich, dass es bei einer Traumatisierung um ein Zusammenspiel von *objektiven Aspekten* (Was geschieht?) und *subjektiven Aspekten* geht (Wie nimmt der/die Betroffene das Geschehen wahr, bewertet es, hat welche Möglichkeiten, wie zu handeln?). Was ein belastendes Erlebnis zu einer traumatisierenden Erfahrung macht, ist die massive Diskrepanz zwischen bedrohlichen Situationsfaktoren einerseits und den zur Verfügung stehenden individuellen Bewältigungsmöglichkeiten andererseits. Verbunden mit eben dieser Diskrepanz sind Gefühle massiver Hilflosigkeit und schutzloser Preisgabe, wodurch das Selbst- und Weltverständnis des/der Betroffenen nachhaltig erschüttert wird (vgl. Fischer & Riedesser 2003, S. 82). Um ein Trauma näher zu bestimmen, kann auf unterschiedliche theoretische Konzepte zurückgegriffen werden. Das auch in der öffentlichen Diskussion wohl bekannteste Traumakonzept ist die sogenannte ‚Posttraumatische Belastungsstörung', kurz ‚PTBS' (englisch: ‚Posttraumatic Stress Disorder', kurz: ‚PTSD'). Das Konzept ‚PTBS' war in seiner Entstehung eng mit der Erforschung von traumatischen Kriegsfolgen verbunden. Es beinhaltet weniger einen im engeren Sinne traumatheoretischen Ansatz als verschiedene Diagnosekriterien, die erst in den 1990er Jahren in den ICD-10 Eingang fanden.

Folgende Merkmale sind für eine Posttraumatische Belastungsstörung charakteristisch (vgl. Garbe 2015; Scherwath & Friedrich 2012):

- Übererregung als Folge einer Überausschüttung von Stresshormonen während der Traumatisierung und danach (innere Unruhe, Getriebenheit, Nervosität, Konzentrationsprobleme, Schreckhaftigkeit, Reizbarkeit, Schlafstörungen etc.);
- als Intrusion wird das Wiedererleben der traumatischen Situation in Form von Bildern, Empfindungen, Gedanken oder Alpträumen bezeichnet (z. B. ‚Flashbacks'). Auslöser können kleine äußere oder auch innere Reize sein, die an die traumatisierende Erfahrung erinnern (sogenannte ‚Trigger');
- die Vermeidung von traumanahen Reizen im Handeln und Denken. Vermeidung soll vor möglichen Triggersituationen und somit Intrusionen schützen. Das kann Aktivitäten, Orte, Personen, Gedanken, Gefühle, Nähe, Bindung und vieles mehr betreffen.

Zu nennen sind weiterhin Niedergeschlagenheit, Scham- und Schuldgefühle sowie andauernde Gefühle emotionaler Stumpfheit (vgl. Schellong 2015).

Von besonderem Interesse für den Zusammenhang zwischen Flucht und Trauma ist das Konzept der sequenziellen Traumatisierung des Psychoanalytikers Hans Keilson (1979). Keilson arbeitete während und nach dem Krieg mit jüdischen Kriegswaisen, die ihre Eltern aufgrund der NS-Verfolgung verloren hatten. Ausgehend von den Daten seiner Längsschnittstudie unterscheidet er drei Phasen der Belastung, die mit unterschiedlichen Zumutungen und Bedeutungen verbunden sind.

1. traumatische Sequenz: die Anfangsphase der Verfolgung, beginnende Terrorisierung;
2. traumatische Sequenz: Aufenthalt im Konzentrationslager oder Versteck (Zeitraum der direkten Verfolgung, des Versteckens und Untertauchens);
3. traumatische Sequenz: die Nachkriegs- und Wiedereingliederungsphase.

Keilsons Untersuchung zeigt, dass ein traumatischer Prozess nicht automatisch endet, wenn die akute Bedrohung bzw. die direkte Verfolgung aufhören. Sie zeigt weiterhin, dass der dritten Phase eine große Bedeutung für Mittel- und Langzeiteffekte traumatischer Erfahrungen zukommt. So gestaltete sich die weitere Entwicklung bei den Kindern positiver, die eine schwerere Verfolgungsphase erlitten und eine günstiger verlaufende dritte traumatische Sequenz erlebt hatten als die der Kinder, deren Verfolgungsphase sich vergleichsweise weniger schwer, deren Erfahrungen in der Nachkriegsphase sich jedoch ungünstiger gestalteten. Dieser Befund ist auch für die Soziale Arbeit bedeutsam, verweist er doch darauf, dass die Qualität der Unterstützung, die ein Mensch nach einer traumatischen Erfahrung erhält, für seine Gesundung und weitere Entwicklung zentral ist. Folgt man Keilson, so kommt der Zeit nach der Ankunft im Aufnahmeland eine große Bedeutung zu; sie kann erfahrene Traumatisierungen verstärken oder mindern.

Weil mit der je spezifischen Konstellation einer traumatischen Situation ein unterschiedliches Traumatisierungspotential einherzugehen scheint, macht es Sinn, Traumata auch anhand ihrer Ursache zu klassifizieren (Riedesser et al. 2007). Ausgelöst werden können Traumata durch:

a. Naturkatastrophen (natural disasters) wie z. B. Erdbeben oder Überschwemmungen;
b. von Menschen hervorgerufene Katastrophen (man made disasters), die sich wiederum in
   - technische Katastrophen (z. B. Verkehrsunfälle),
   - Katastrohen als Folge menschlicher Aggressivität und Grausamkeit außerhalb der Familie (z. B. Entführung, Verfolgung) und
   - Katastrophen innerhalb der Familie (z. B. schwere Vernachlässigung, Misshandlung, Tod der Eltern, Trennungen) differenzieren lassen.

Das Traumatisierungspotential nimmt in der Reihenfolge ihrer Aufzählungen zu (Riedesser 2003).

Auf Terr (1991) geht die Unterscheidung zwischen einem Trauma vom Typ-1 und einem Trauma vom Typ-2 zurück. Handelt es sich um ein einzelnes, begrenztes traumatisches Ereignis (Monotrauma), so wird dies als ‚Typ-1-Trauma' bezeichnet (z. B. ein Überfall oder ein schwerer Verkehrsunfall). Bei einem ‚Typ-2-Trauma' hingegen sind Menschen wiederholt und/oder länger andauernd schweren Bedrohungen ausgesetzt (z. B. chronische familiäre Gewalt, Krieg, Verfolgung). Die zuletzt genannte Form der Traumatisierung (‚Komplextraumatisierung') hat für die Betroffenen besonders schwerwiegende Folgen.

1.2 Die Besonderheiten des kindlichen Traumas

Da sich die psychischen Strukturen bei einem Kind erst entwickeln, greifen traumatische Erfahrungen in eben diesen Entwicklungsprozess ein. Sie werden Teil des sich entwickelnden Selbst- und Weltbildes des Kindes. Dieser Umstand geht in den Begriff des Entwicklungstraumas ein. Dies bedeutet auch, dass traumatische Erfahrungen der frühen Kindheit weniger als Fremdkörper erlebt (wie bei einem Erwachsenen, der idealerweise auf eine vergleichsweise stabile psychische Struktur zurückgreifen kann), die eingekapselt, abgespalten oder von anderen Erfahrungen abgegrenzt werden können, sondern Teil der sich entwickelnden Identität werden.

Die Entwicklung eines traumatisierten Kindes weist häufig Ungleichzeitigkeiten auf: Traumatische Erlebnisse können Entwicklungsschritte verzögern, Entwicklung beschleunigen oder auch zum Verlust bereits erworbener Fähigkeiten führen (vgl. Pynoos et al. 1996).

Terr (1995) benennt vier häufig auftretende Merkmale eines Kindheitstraumas:

1. wiederkehrende, sich aufdrängende Erinnerungen (oft in Entspannungsphasen oder Phasen der Langeweile);
2. wiederkehrende Verhaltensweisen (z. B. im ‚traumatischen Spiel', in dem beständig das traumatische Ereignis oder Aspekte desselben wiederholt werden);
3. traumaspezifische Ängste, die sich auf die traumatische Situation beziehen und auftauchen, wenn etwas an das Trauma erinnert;
4. veränderte Einstellungen zu Menschen, zum Leben und zur Zukunft (z. B. Vertrauensverlust, negative Erwartungen an das zukünftige Leben).

Wichtig ist in diesem Zusammenhang jedoch auch festzuhalten, dass traumatisierte Kinder (oder Erwachsene) keineswegs immer mit klaren, abgrenzbaren Symptomen reagieren.

1.3 Symptome traumatischer Erfahrungen

Es ist für Laien nicht einfach zu erkennen, ob ein Kind oder Erwachsener traumatisiert ist, da die Auswirkungen vielfältig und nicht immer klar zuzuordnen sind. Der/die Betroffene kann ängstlich, traurig, schreckhaft, aggressiv, in sich zurückgezogen sein, ‚eingefroren' oder auch ausgesprochen unruhig bzw. übererregt wirken. Möglich ist auch ein zunächst unauffälliges Erscheinungsbild. Flüchtende sind vor, während oder auch nach der Flucht darauf konzentriert, ihr Überleben zu sichern. Während dieser Zeit kann das Trauma verdrängt werden, so dass erst nach einer gewissen Zeit des Zur-Ruhe-Kommens das Erlebte ins Bewusstsein dringt und sich entsprechende Symptome einstellen (Kurzendörfer 1999, S. 577). Diese wiederum können sich je nach Herkunftskultur unterscheiden (ebd.). Zu bedenken ist weiterhin, dass insbesondere Kinder unter hochbelastenden, traumatischen Belastungen eine Notreifung durchmachen können. Reagieren sie nicht mit klaren Symptomen, wird ihr unauffälliges, hochangepasstes Verhalten u. U. vorschnell als Resilienz interpretiert (Streeck-Fischer 2007; Lennertz 2011).

1.4 Psychobiologische Reaktionen auf ein Trauma

Traumatische Erfahrungen können höchst verschieden aussehen. Gemeinsam ist ihnen die Kraft, den Reizschutz des Ichs zu durchbrechen und Betroffene mit aversiven Reizen (Schmerz, Angst …) buchstäblich zu überfluten (Gräbener 2013). Das Spezifische einer traumatischen Situation ist der Umstand, dass diese die erworbenen Bewältigungsmöglichkeiten eines Menschen übersteigen. Bonus (2006, S. 33) spricht hier von einem „Erlebnis, das größer ist als man selbst". Bewertet das Gehirn eine Situation als ‚übermächtig', verändert es sein neurophysiologisches Gleichgewicht und aktiviert die im Hirnstamm angesiedelten Notfallprogramme Flüchten oder Kämpfen (Scherwath & Friedrich 2012, S. 19). Kann die existenziell bedrohliche Situation nicht durch Kampf- oder Fluchtreaktionen beendet werden, gerät der/die Betroffene in die „traumatische Zange“ (Huber 2007). Der menschliche Organismus ‚schaltet‘ nun auf eine uralte Überlebensstrategie: den Totstellreflex. Es kommt zur sogenannten Freeze-Reaktion, was bedeutet, dass der/die Betroffene gewissermaßen ‚einfriert‘, erstarrt, gefühllos wird. Auf diese Weise wird es möglich, sich vom Geschehen innerlich zu distanzieren. Verbunden ist dies mit dissoziativen Phänomenen: die Umgebung als fremd bzw. unwirklich wahrnehmen, den eigenen Körper nicht spüren, sich unbeteiligt fühlen (Gräbener 2013; v. der Kolk 2015).

Wichtig zu wissen ist weiterhin, dass traumatische Erfahrungen das Stresssystem verändern, wovon auch die neurochemischen Parameter zur Reizverarbeitung betroffen sind. Diese werden gewissermaßen dauerhaft zu hoch eingestellt (physiologische Übererregung, erhöhte Wachsamkeit) (vgl. Gräbener 2013).

1.5 Traumabelastete Interaktionen

Traumatische Erfahrungen haben Auswirkungen auf das Erleben und damit Verhalten. Dies wiederum hat Folgen für Interaktionen mit und damit auch auf Beziehungen zu anderen. Für die sozialpädagogische Praxis sind hiermit zahlreiche Herausforderungen verbunden (Diepold 2002; Schmid & Fegert 2015; Scherwath & Friedrich 2012):

- Probleme in der Emotionswahrnehmung, -regulation und Impulskontrolle, die (auto-)aggressiv oder durch äußere regulierende Mittel (Alkohol, Drogen, Ideologien) zu bewältigen versucht werden;
- Misstrauen/besondere Anhänglichkeit;
- dissoziative Zustände (körperlich anwesend, aber nicht aufnahmefähig, erreichbar), die von den Fachkräften nicht wahrgenommen bzw. unterschätzt werden, und so Ärger evozieren („Der hört mir gar nicht zu, lässt alles an sich abperlen ...“);
- Erwartung von Selbstunwirksamkeit;
- zerstörtes Vertrauen in Werte;
- alltägliche Konflikt- und Belastungssituationen werden vergleichsweise schnell als überwältigend erlebt und mitunter darauf so reagiert, als handele es sich erneut um eine Extremsituation;
- ein negatives Selbstbild, das auf problematische Weise zu kompensieren versucht wird (z. B. auf Kränkung mit Aggression reagieren);
- geraten traumatisierte Menschen durch Schlüsselreize (Trigger) in einen emotionalen Ausnahmezustand, so können die damit verbundenen intensiven Emotionen (Panik, Wut, Erstarren etc.) und Verhaltensweisen auch für Außenstehende verstörend sein;
- traumatisierte Kinder zeigen ihre Belastungen nicht in Worten, sondern in ihrem Verhalten; sie reinszenieren die traumatischen Erfahrungen in der Weise,

dass sie das Gegenüber fühlen lassen, was sie erfahren haben oder drängen dieses in die Rolle eines traumatisierenden Objektes (Finger-Trescher 2000).

Emotional sind pädagogische Fachkräfte hier in besonderer Weise gefordert. Um in solcherart Belastungssituationen pädagogisch angemessen bzw. professionell handeln zu können, brauchen sie eine hohe emotionale Kompetenz, die insbesondere die Fähigkeit einschließt, bei sich selbst vor allem negative Gefühle früh erkennen und rechtzeitig regulieren zu können, damit z. B. potenziell verletzende Handlungsimpulse nicht am Kind/Heranwachsenden ausagiert werden (sich rächen, in den Machtkampf gehen, die Beziehung abbrechen ...). Nur eine nicht hocherregte, regulierte Fachkraft kann dem Kind/Heranwachsenden bei starker Erregung helfen, sich wieder zu regulieren!

Umgang mit traumatisierten Menschen

Die Befunde der Psychotraumatologie machen deutlich, wie wichtig es ist, dass traumatisierte Menschen sich (wieder) sicher fühlen können. Hierzu ist zunächst ein sicheres ‚Außen' Voraussetzung. D. h., dass Betroffene darauf vertrauen können, nicht erneut gewaltvollen Übergriffen oder anderen Belastungen, die ihre Bewältigungsmöglichkeiten überfordern, ausgesetzt zu werden. Dies ist notwendig, damit traumaspezifische Symptome abklingen und Grundvoraussetzung dafür, perspektivisch (wieder) ein Gefühl innerer Sicherheit aufzubauen zu können. Eine Aufgabe Sozialer Arbeit – insbesondere der Kinder- und Jugendhilfe – ist, eben solche ‚sicheren Orte' zu schaffen und Traumatisierte dabei zu unterstützen, (wieder) Vertrauen in ein sicheres Außen aufzubauen.

Nachstehend eine Zusammenschau grundlegender Aspekte, die bei der Arbeit mit traumatisierten Menschen hilfreich sein können (angelehnt an Schmid & Fegert 2015).

Tab.: Relevante Aspekte in der Arbeit mit Traumatisierten

Traumatische Erfahrungen	Hilfreiches Umfeld
Angst	Sicherheit
Kontrollverlust, Unberechenbarkeit	Kontrolle: Transparenz, Einschätzbarkeit, Überschaubarkeit, Stabilität
Ohnmacht/ausgeliefert sein	Macht, mitbestimmen können
Einsamkeit/Isolation	Beziehungsangebote
nicht gesehen, nicht beachtet werden	beachtet werden, wichtig sein
Missachtung grundlegender Bedürfnisse	Bedürfnisorientierung
Über-/Unterforderung	dem Entwicklungsstand entsprechende Förderung
Abwertung/Bestrafung	Ermutigung, Lob, Hervorhebung der Ressourcen, Stärken
Leid	Freude im Alltag

Aufgaben der Kinder- und Jugendhilfe

Um ein hoch belastetes, traumatisiertes Kind dabei zu unterstützen, (wieder) ein Gefühl innerer Sicherheit und Stabilität wachsen zu lassen, kann auf vieles zurückgegriffen werden, was auch sonst eine qualitativ hochwertige pädagogische Arbeit auszeichnet. Im Folgenden sind Unterstützungsmöglichkeiten aufgeführt, die insbesondere im Kontext der Kinder- und Jugendhilfe (Heimeinrichtungen, Kindertagesstätten) umgesetzt werden können. Sie beziehen sich auf strukturelle Aspekte, auf die Ebene des Teams sowie auf den Kontakt zur pädagogischen Bezugsperson.

Auf der strukturellen Ebene sind *haltgebende Strukturen* hilfreich, die die *Kontrollüberzeugung* und damit auch das Sicherheitsgefühl der Kinder/Heranwachsenden *stärken*. Hierzu gehören verlässliche, wiederkehrende und einschätzbare Abläufe im Alltag oder auch etablierte Rituale. Weitere wichtige Stichworte sind *Transparenz* (das kann sich auf die An-/Abwesenheit von Fachkräften, auf Hierarchien oder auch Regeln beziehen) sowie *Beteiligungsstrukturen*, da auch sie die Kontrollüberzeugung stärken. Wie wichtig es für Menschen ist, die massiven Kontrollverlust erlebt, sich hilflos ausgeliefert gefühlt haben, wieder Kontrolle über ihre Umwelt zu gewinnen, wird leicht unterschätzt, u. U. sogar als ärgerlich oder bedrängend erlebt.

Hilfreich ist weiterhin ein Team, das

- das u. U. auffällige und schwierige Verhalten des Kindes/Heranwachsenden durch eine ‚*Traumabrille*' zu betrachten und zu verstehen sucht: Wo liegt der ‚gute Grund' im auffälligen Verhalten des Kindes? Was versucht es auf diese Weise mitzuteilen und für sich sicherzustellen? Angesprochen ist hiermit eine Haltung, die zunächst einmal verstehensorientiert ist.
- dem Kind/Heranwachsenden *integrierende Anknüpfungspunkte* anbietet, die es ihm ermöglichen, etwas aus seiner verlorenen alten Welt wiederzufinden: Was hat es gerne gegessen? Welche Spiele, Lieder kennt es? Gibt es liebgewonnene Gewohnheiten, denen auch am neuen Ort Raum gegeben werden kann?
- dem Kind *Erfahrungen der Eingestimmtheit, Synchronie und Verbundenheit eröffnet* (eben diese werden durch traumatische Erfahrungen zerstört). Hierzu eignet sich in besonderer Weise das gemeinsame Singen, mit einfachen Instrumenten Musizieren, Rhythmisieren, den Körper als Instrument einsetzen, Tanzen bzw. sich spielerisch zusammen zur Musik bewegen.
- auf mögliche Triggerpunkte achtet und sensibel für ‚leise' Vorboten einer Eskalation ist;
- *sehr bewusst mit bindungsrelevanten Situationen umgeht* (Aufnahme, Trennungen, Gestaltung von Übergängen).

Traumatisierte Kinder/Heranwachsende brauchen ferner eine Bezugsperson, die

- bindungstheoretisch formuliert als ‚*sicherer Hafen*' fungiert.
- feinfühlig die im Verhalten des Kindes/Heranwachsenden verschlüsselten Empfindungen und Nöte zu erkennen vermag (‚Dolmetscher*innenkompe-

tenz') und dem Fühlen und Handeln des Kindes Worte gibt. Der Versprachlichung und somit Symbolisierung innerer Prozesse kommt eine große Bedeutung im Prozess der Entwicklung innerer Sicherheit zu („Es macht Dir Angst, wenn du einen Hubschrauber hörst ... Hier bist du in Sicherheit ...“).
- den hohen Stresspegel des Kindes/Heranwachsenden senken hilft und bei starker Erregung dem Kind/Heranwachsenden hilft, sich zu regulieren.
- auffällige oder auch extreme Verhaltensweisen (Wut, Aggression, ‚Klammern') als *Ausdruck innerer Not* versteht bzw. als Versuche, wieder Kontrolle zu erlangen.
- dem Kind/Heranwachsenden die Wirkweise des Organismus und damit auch zunächst möglicherweise unverständliche Verhaltensweisen erklärt („In unserem Gehirn gibt es eine Alarmanlage und wenn man Schlimmes erlebt hat, dann reagiert die ganz empfindlich ...“).
- bei hoher Erregung ‚*Time-Intensive*' statt ‚Time-Out' anbietet.

1.6 Intergenerationale Traumatisierungen

Flüchtlingskinder sind oft von intergenerationalen Traumatisierungen betroffen. Hiervon spricht man, wenn Eltern und Kinder von einem Trauma betroffen sind. Mutter und Vater sind in der Regel die zentralen Bezugspersonen der Kinder und fungieren idealerweise als ‚sichere Basis' von der ausgehend das Kind sicher explorieren, d. h., die Welt spielerisch entdecken und erforschen kann. Sind die Eltern jedoch ihrerseits traumatisiert, können sie häufig nur bedingt oder auch gar nicht als eben diese sichere Basis fungieren. Der Rucksack der belastenden Erfahrungen, Trauer um verlorene Bindungen, kulturelle Codices, der Verlust der Heimat, Zukunftsängste sowie die unsichere Aufenthalts- und Lebenssituation erfordern viel Kraft, so dass Eltern überfordert sein können, ihren Kindern hinreichend Halt oder auch die dringend benötigte Unterstützung zu geben. Bei älteren Kindern ist die Gefahr groß, dass es zu einer Rollenumkehr kommt und diese in eine Erwachsenenrolle gedrängt werden.

Eine wichtige Aufgabe bei intergenerationaler Traumatisierung ist die Stärkung und Stabilisierung belasteter Eltern. Für Kitas und Familienzentren ergibt sich hieraus eine besondere Verantwortung bei der Ausgestaltung der Elternarbeit. Ein zentrales Ziel der Elternarbeit ist, Vertrauen aufzubauen und Möglichkeiten zu erschließen, die die Eltern stärken, so dass sie ihren Kindern besser als sichere Basis zur Verfügung stehen können. Hilfreich können hier regelmäßige Sprechzeiten, das Sich-Zeit-Nehmen in Übergabesituationen oder auch die stärkere Einbindung der Eltern in den Alltag der Einrichtung sein (z. B. Eltern zu vorgegebenen Zeiten in die Gruppen einbinden, gemeinsame Mahlzeiten ...). Notwendig kann aber auch die Vermittlung von weiteren Unterstützungsangeboten sein, wofür sich wiederum ein umfassendes Kooperationsnetzwerk mit unterschiedlichen Akteuren im Sozialraum als hilfreich erweist.

1.7 Fazit

Ob bzw. inwieweit sich die sozial- und kindheitspädagogischen Fachkräfte den mit Flucht und Trauma verbundenen Herausforderungen gewachsen fühlen, wird nicht unerheblich davon abhängen, welche Art von Unterstützung sie durch Politik, Fachverbände, Träger und Leitung erfahren. Ohne zusätzliche Ressourcen wird es nicht gehen. Diese werden benötigt für entsprechende Fortbildungsangebote (traumaspezifisches und traumapädagogisches Wissen), für Supervisionsangebote zur Gesunderhaltung der Mitarbeitenden oder aber für zusätzliche Fachkräfte.

Fachlich gut aufgestellte Einrichtungen der Kinder- und Jugendhilfe können Orte sein, die als sicher erlebt werden und dem Kind/Heranwachsenden eine Normalität eröffnen, die ihnen hilft, sich zu stabilisieren und das Erlebte mit neuen Erfahrungen zu ‚überschreiben'. Viele Flüchtlingskinder und ihre Familien werden länger oder dauerhaft im Land bleiben. Auch aus diesem Grund ist es elementar wichtig, die Betreffenden bei der Entfaltung ihre Potentiale zu unterstützen.

Literatur

Ahmad, S. & Rudolph, E. P. (1999): Traumatisierung. In: Woge, e. V. – Institut für Soziale Arbeit e. V. (Hrsg.): Handbuch der Sozialen Arbeit mit Kinderflüchtlingen. Münster: Votum, S. 581–588.

Bohleber, W. (2000): Die Entwicklung der Traumatheorie in der Psychoanalyse. In: Psyche 9/10, S. 797–839.

Bonus, B. (2006): Mit den Augen eines Kindes sehen lernen. Band I: Zur Entstehung einer Frühtraumatisierung bei Pflege- und Adoptivkindern und den möglichen Folgen. Norderstedt: Books on Demand GmbH.

Brisch, K.: (2009): Bindungsstörungen und Trauma. In: Brisch, K. H. & Hellbrügge, Th. (Hrsg.): Bindung, Angst und Aggression. Stuttgart: Klett-Cotta, S. 105–131.

Diepold, B. (2002): Schwere Traumatisierungen in den ersten Lebensjahren. Folgen für die Persönlichkeit und Möglichkeiten psychoanalytischer Behandlung. In: Endres, M. & Biermann, G. (Hrsg.): Traumatisierung in Kindheit und Jugend. München: Ernst Reinhardt, S. 131–141.

Dilling, H., Mombour W., Schmidt M. H. & Coltart, I. (Hrsg.) (1992): Internationale Klassifikation psychischer Störungen, ICD-10 Kapitel V (F) – Klinisch–diagnostische Leitlinien. Bern: Huber.

Dilling; H. & Freyberger, H. J. (Hrsg.) (2013): Taschenführer der Klassifikation psychischer Störungen. Mit Glossar und Diagnostischen Kriterien ICD-10: DCR-10 und Referenztabellen ICD-10 vs. DSM-IV-TR. Bern: Huber.

Finger-Trescher, U. (2000): Trauma und Re-Inszenierung in professionellen Erziehungsverhältnissen. In: Finger-Trescher, U. & Krebs, H. (Hrsg.): Misshandlung, Vernachlässigung und sexuelle Gewalt in Erziehungsverhältnissen. Gießen: Psychosozial, S. 122–138.

Fischer, G. & Riedesser, P. (2003): Lehrbuch der Psychotraumatologie. München: Reinhardt.

Garbe, E. (2015): Das kindliche Entwicklungstrauma. Stuttgart: Klett-Cotta.

Gräbener, J. (2013): Umgang mit traumatisierten Patienten. Köln: Psychiatrie-Verlag.

Hosseini, K. (2004): Drachenläufer. Berlin Verlag.

Huber, M. (2007): Trauma und die Folgen. Trauma und Traumabehandlung. Paderborn: Junfermann.

Keilson, H. (1979): Sequentielle Traumatisierung bei Kindern. Stuttgart: Enke.

Kolk, B. v. der (2015): Verkörperter Schrecken. Traumaspuren in Gehirn, Geist und Körper und wie man sie heilen kann. Probst: Lichtenau.
Kurzendörfer, P. (1999): Psychische Störungen. In: Woge, e. V. – Institut für Soziale Arbeit e. V. (Hrsg.): Handbuch der Sozialen Arbeit mit Kinderflüchtlingen. Münster: Votum, S. 576–580.
Lennertz, I. (2011): Trauma und Bindung bei Flüchtlingskindern. Erfahrungsverarbeitung bosnischer Flüchtlingskinder in Deutschland. Göttingen: Vandenhoeck & Ruprecht.
Pynoos, R. S., Steinberg, A. M. & Goenjian, A. (1996): Traumatic Stress in Childhood and Adolescence. In: Kolk, B. v. der et al. (Hrsg.): Traumatic Stress. New York: Guilford Press, S. 331–358.
Riedesser, P. (2003): Entwicklungspsychopathologie von Kindern mit traumatischen Erfahrungen. In: Brisch, K. H. & Hellbrügge, Th. (Hrsg.): Bindung und Trauma. Stuttgart: Klett-Cotta, S. 160–171.
Riedesser, P., Resch, F. & Adam, H. (2007): Entwicklungspsychotraumatologie. In: Herpertz-Dahlmann, B., Resch, F., Schulte-Markwort, M. & Warnke, A. (Hrsg.): Entwicklungspsychiatrie. Stuttgart: Schattauer, S. 279–290.
Schellong, J. (2015): Resilienz und der Umgang mit belastenden Lebensereignissen im Erwachsenenalter. In: Public Health Forum 23 (4), S. 242–245.
Scherwath, C. & Friedrich, S. (2012): Soziale und pädagogische Arbeit bei Traumatisierung, München: Reinhardt.
Schmid, M. & Fegert, J. M. (2015): Traumasensibilität und traumapädagogische Konzepte in der Jugendhilfe. In: Seidler, G. H., Freyberger, H. J. & Maercker, A. (Hrsg.): Handbuch der Psychotraumatologie. Stuttgart: Klett-Cotta, S. 489–515.
Schorn, A. & Naumann, A. (2016): Traumatisierte Kinder und Familien mit Fluchterfahrungen – Herausforderungen in der Kindertagesstätte. In: KiTa aktuell ND 24 (2), S. 41–43.
Streeck-Fischer, A. (2007): Probleme in der Diagnostik und Behandlung traumatisierter Kinder und Jugendlicher. In: Lamprecht, F. (Hrsg.): Wohin entwickelt sich die Traumatherapie? Bewährte Ansätze und neue Perspektiven. Stuttgart: Klett-Cotta.
Terr, L. C. (1991): Childhood Traumas: An Outline and Overview. In: American Journal Psychiatry 27, S. 96–104.
Terr, L. (1995): Schreckliches Vergessen, heilsames Erinnern. München: Kindler.
UNHCR (2016): Flucht und Vertreibung. URL: http://www.unhcr.de/presse/pressemitteilungen/artikel/276e4e75b3c815528feb15b5876448b0/flucht-und-vertreibung-2015-drastisch-gestiegen.html: 29.08.2016.
Zimmermann, D. (2012): Migration und Trauma: pädagogisches Verstehen und Handeln in der Arbeit mit jungen Flüchtlingen. Psychoanalytische Pädagogik 38. Gießen: Psychosozial.

✎ *Verfasserin*

Prof. Dr. Ariane Schorn (ariane.schorn@fh-kiel.de), Fachhochschule Kiel; Arbeitsschwerpunkte: Psychosoziale Beratung, Entwicklung unter Risikobedingungen, Kindeswohl.

2 Transkulturelle Aspekte von psychischen Erkrankungen und kultursensible Ansätze in der psychotherapeutischen Behandlung

Jan Ilhan Kizilhan, Ali Ekber Kaya

Migration bedeutet nicht nur die Veränderung des Wohnortes, sondern auch eine Veränderung der äußeren Lebensbedingungen, der Arbeits- und Wohnumwelt sowie soziale und kulturelle Umstellungen. Welche Auswirkungen diese neuen Lebensbedingungen haben, hat nicht nur mit dem Ausmaß der Veränderung zu tun; auch die Gründe dafür wie Krieg, Naturkatastrophen, Arbeitslosigkeit etc. und individuelle Kontrollierbarkeit sind wichtige Faktoren.

Die biografische Veränderung hat einen erheblichen Einfluss auf die individuelle und kollektive Identität sowie auf die Art und Weise, wie die Vergangenheit verarbeitet wird und ob die Anpassung im Aufnahmeland gelingt. Die Gestaltung dieser neuen Lebensphase, die auch zu Krankheit führen kann, ist abhängig von den individuellen und kollektiven Bewältigungsmechanismen und von den Nutzungsmöglichkeiten der sozialen Netzwerke. Ein neues Beziehungsnetz in einem anderen kulturellen, ethnischen und gesellschaftlichen Zusammenhang aufzubauen, verlangt neue soziale Ressourcen, eine neue Orientierung und neue Handlungskompetenzen (vgl. Kizilhan 2007).

Die Migration kann somit als ein Lebensereigniskomplex verstanden werden, der zahlreiche miteinander verknüpfte migrationsspezifische Faktoren und Prozesse (Veränderungen, Anforderungen und Dauerbelastungen) beinhaltet und u. a. auch von der Art und Weise der Migration (wie z. B. Flucht als eine Form unfreiwilliger Migration) abhängt (Kizilhan und Beremejo 2009).

Gerade bei Menschen aus familienorientierten und patriarchalisch-religiös geprägten Gesellschaften kann das Aufeinandertreffen von Denkweisen und Prägungen aus dem Herkunftsland mit neuen Erfahrungen und Eindrücken in einem Einwanderungsland, welches eher individualistisch geprägt ist, psychosoziale Stressoren hervorbringen (vgl. Heinz 2006). Bei einer psychotherapeutischen Behandlung scheint daher von besonderer Bedeutung zu sein, unterschiedliche Selbstkonzepte, die Rolle der Familie und das Verständnis von Krankheit und Gesundheit in der Herkunftsgesellschaft zu berücksichtigen.

Die uns zugänglichen Zahlen verdeutlichen, dass Migranten bei weitem nicht in dem Maße Leistungen des Gesundheitssystems in Anspruch nehmen, der ihrem Anteil an der Bevölkerung entspricht. Im Fachgebiet der Psychiatrie/Psychotherapie ist dieses Missverhältnis noch deutlicher. D. h., dass die bestehenden psychiatrischen und psychotherapeutischen Angebote sich sowohl qualitativ als auch quantitativ als nicht ausreichend erwiesen haben. Unter der berechtigten Annahme, dass sich die Inanspruchnahme der psychiatrisch/psychotherapeutischen Hilfesysteme durch diese Bevölkerungsgruppe weiter erhöhen wird, werden auf die Bedürfnisse dieser Bevölkerungsgruppe zugeschnittene Behandlungsangebote zunehmende Bedeutung haben. In der psychiatrisch/psychotherapeutischen Versorgung, die ja eine ‚*sprechende Medizin*‘ darstellt, ist die Möglichkeit, seine Emotionen in seiner Herkunftssprache formulieren zu können, sehr wichtig, aber nicht die einzige Bedingung für eine erfolgreiche Therapie.

Dieser Beitrag beschäftigt sich mit den migrationsspefizischen Ursachen für psychische Erkrankungen und möglichen Ansätzen zur kultursensiblen Versorgung von psychisch Erkrankten mit Migrations- und Fluchtgeschichte.

2.1 Migrationsverlauf

Die psychologischen Phasen der Migration und die unterschiedlichen Arten der Belastungen, die damit einhergehen, wurden von Sluzki (2001) sehr anschaulich herausgearbeitet und von Machleidt und Calliess (2003) weiterentwickelt. Ihrer Auffassung nach weist der Migrationsprozess sowohl eine kultur- als auch eine situationsübergreifende Regelhaftigkeit auf und kann in unterschiedliche Phasen eingeteilt werden. Bisher unberücksichtigt geblieben sind in ihren Untersuchungen dagegen mögliche Migrationserfahrungen, transgenerationelle Traumata und andere individuelle und kollektive Belastungen im Herkunftsland, die für den Umgang mit Gesundheit und Krankheit eine Rolle spielen können. In Anlehnung an Sluzki (2001) und Machleidt und Calliess (2003) haben wir daher dieses Modell weiterentwickelt.

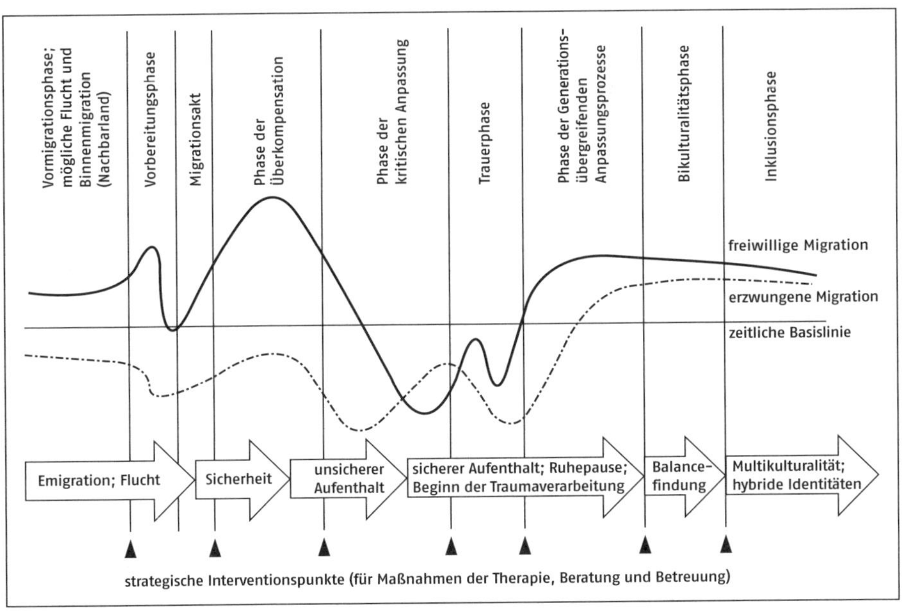

Abb.: Psychologische Phasen der Migration (Kurve der funktionellen Anpassung)

Folgende Phasen werden unterschieden: mögliche Migrationserfahrungen im Herkunftsland (Binnenmigration, kurz- und langfristige Flucht in die Nachbarländer etc.), die Vorbereitungsphase, der Migrationsakt und die Phase der Überkompensierung (so etwas wie der ‚Honeymoon‘) in der Begegnung mit dem Ankunftsland (Machleidt und Calliess 2003). Während Menschen, die freiwillig migrieren, in allen vier Phasen weder ärztliche noch psychotherapeutische Fachkräfte konsultieren, kann dies bei erzwungener Migration, bei Flucht, Kriegserfahrungen und Folter sowohl im Herkunfts- als auch im Ankunftsland der Fall sein. Allerdings ist es für traumatisierte Flüchtlinge aufgrund ihres Aufenthaltsstatus (Duldung, Abschiebung etc.) in der Regel schwierig, Zugang zur gesundheitlichen Regelversorgung zu erhalten. D. h., dass bei Flüchtlingen mit bereits einer vorhandenen psychischen Erkrankung die Flucht aus dem eigenen Land und Fluchterfahrung bis nach Deutschland zu Beginn ihres Aufenthaltes eine erhöhte Stressreaktion auftreten kann. Diese Stressreaktionen müssen bei Personen, die freiwillig migriert sind, nicht auftreten.

Die erlernten Bewältigungsmechanismen und Ressourcennetzwerke des Herkunftslandes funktionieren im Aufenthaltsland möglicherweise nicht mehr. Die kollektive und individuelle Identität steht in Frage, eine neue bikulturelle oder multikulturelle Identität ist noch nicht vorhanden oder wird durch die politische und kulturelle Situation im Aufenthaltsland behindert oder erschwert.

Die vier Phasen verlaufen nicht immer linear und können durch interne (geringe Integrationsmechanismen des Aufnahmelandes, Identitätsdiffusion etc.) und externe Faktoren (starker Einfluss des Herkunftslandes, individuelle politische und gesellschaftliche Vorstellungen etc.) behindert werden.

Dies ist am Beispiel der Veränderung von Selbstkonzepten der nachfolgenden Generationen, die häufig mit Generationskonflikten (Geschlechterrollenbeziehungen, Zwangsehe, Entstehung von Subgruppen etc.) einhergehen, zu beobachten.

2.2 Transkulturelle Selbstkonzepte in der globalisierten Welt

Die Migrant*innen der ersten Generation sind in der Regel als Erwachsene mit einer abgeschlossenen Sozialisation und gefestigten Identität immigriert, die es ihnen ermöglichten, Fremdes und Eigenes zu unterscheiden und in ein Verhältnis zueinander zu setzen. Bei den nachfolgenden Generationen ist zu beobachten, dass es manchmal schwierig ist, in transkulturellen Prozessen das ‚Fremde‘ und das ‚Eigene‘ klar voneinander zu trennen. Die Migrationserfahrung, aber auch die Globalisierung haben die Gesellschaften zunehmend und in wechselseitiger Abhängigkeit voneinander durchdrungen und vernetzt (Welsch 1995).

Der ethnischen oder religiösen Identität, die als Zugehörigkeit zu einer Tradition und Übernahme von Überlieferungen verstanden werden kann, kommt nach klassischer Definition die Funktion zu, die eigene von der fremden Kultur abzugrenzen, um als Individuum eine Orientierung zu haben. Sie ist eng verwoben mit der Sprache und der Region, in der die Ethnie oder religiöse Gruppe lebt. Eine ethnische Identität mit gewissen Formen von Brüchen lässt sich daher z. B. bei Migrant*innen finden, die fern von ihrem Herkunftsort und ihrer Kultur leben und ihren Kindern die Werte und Normvorstellungen des Ankunftslandes zu vermitteln versuchen.

Für die nachfolgende Generation ist also im Zuge des Migrationsprozesses zu erwarten, dass sich die herkunftsorientierten sozialen Netzwerke auflösen (vgl. Kizilhan 2007). Dabei kommt es häufig zu einem partiellen Verlust von ausgebildeten Identitäten und zu einer Neukonstruktion von ortsunabhängigen, transkulturellen und virtuellen Identitäten. Um folglich eine Orientierung aufrechterhalten und neue Perspektiven in der Migration entwickeln zu können, ist Identitätsarbeit im Sinne einer persönlichen Auseinandersetzung und Identifikation mit kulturellen Vorgaben notwendig, was aus verschiedenen politischen, sozialen und kulturellen Gründen in den letzten 50 Jahren in Deutschland nicht ausreichend gelungen ist (vgl. Han 2000). Dem Individuum stellt sich grundsätzlich die Aufgabe, jede kulturell vorgeprägte Situation mit seiner Individualität und Einzigartigkeit zu besetzen, sich als Subjekt dem Spannungsfeld der typisierten kulturellen Vorgaben auszusetzen und eine abgrenzende Identität zu entwickeln. In diesem Sinne ist die individuelle Identität aus dem kulturellen Bezugssystem herausgehoben.

Betrachtet man allerdings die Folgen der Migration bei Arbeitsmigrant*innen in Deutschland, so ist vor allem bei jenen aus familienorientierten Gesellschaften zu beobachten, dass sie länger an der Herkunftsidentität festhalten. Die Identitätsentwicklung in familienorientierten Gesellschaften spielt sich nicht allein in einem engen Beziehungsgeflecht zwischen Mutter und Kind ab, vielmehr haben auch die Kleinfamilie bis hin zur Großfamilie und Dorfgemeinschaft als ‚Großraum' einen erheblichen Einfluss auf die Identitätsentwicklung jedes Einzelnen (vgl. Özbek 2006). Die Identität wird idealerweise als eine Art Mittelstellung zwischen den psychischen Strukturen einer Person (Ich-Struktur) und den äußeren Strukturen (Wir-Struktur) wie z. B. Verhaltensnormen, kulturellen Werten und Normvorstellungen sowie der Übernahme und Ausgestaltung bestimmter sozialer Rollen verstanden. Bei Menschen aus familienorientierten Gesellschaften in der Migration scheinen die äußeren Strukturen (kulturelle Werte und Normvorstellungen) aus verschiedenen Gründen (Überlebensmethode in der Vergangenheit durch Bewahrung von Werten und Normen, Angst vor Identitätsverlust, starker Konservatismus in der Migration etc.) eine größere Bedeutung zu haben, was wiederum bei der Organisation der Identitätsentwicklung die Spannung zwischen dem Subjektiv-Persönlichen und der kollektiven Rolle verstärkt. Von einem psychischen Wohlbefinden kann in familienorientierten Gesellschaften mit einer starken Affinität zur Gruppenidentität nur ausgegangen werden, wenn die kollektive Identität so sehr verinnerlicht wird, dass vorhandene innerpsychische Konflikte, verursacht durch individuelle Bedürfnisse, durch sie kompensiert werden. Diese Großgruppenidentität in familienorientierten Gesellschaften mit stark verinnerlichten kollektiven Denkweisen zeichnet sich durch eine hohe Emotionalität, Gebote und Verbote und eine z. T. rigide Regelung der Beziehungsstrukturen (z. B. Geschlechterrollen, hohe Loyalitätserwartungen etc.) aus. Dies bedeutet, dass ein Individuum über einen Lernprozess teils bewusst, teils unbewusst durch die ältere Generation traditionelle Denk- und Verhaltensweisen vermittelt bekommt (Harris 1989).

Ein weiteres wesentliches Element solcher Gruppenidentitäten, auch in westlichen Gesellschaften, ist darüber hinaus die Sprache, durch welche die jeweilige Gruppe/Ethnie bestimmt wird.

Es kann davon ausgegangen werden, dass sich die Aufrechterhaltung des Gleichgewichtes zwischen internaler und externaler Identifikation als besonders schwierig gestaltet, wenn sich das Individuum entweder durch Migration oder aber durch eine transkulturelle Sozialisation unterschiedlichen, bisweilen entgegengesetzten externalen Erwartungen ausgesetzt sieht, die im Laufe der Sozialisation auch verinnerlicht werden.

Generationskonflikte und Identität

Migrant*innen der ersten Generation unterscheiden sich von denen der zweiten und dritten durch den Grad der Verwurzelung in der kulturellen Identität des Herkunftslandes und der Verbundenheit mit traditionellen Wertvorstellungen. Die zweite und dritte Generation steht im Konflikt zwischen elterlicher kultureller Identität und der außerfamiliär erfahrenen Sozialisation im Migrationsland. Die Ablösung von ihren eigenen Norm- und Wertvorstellungen empfinden die Eltern als Entwertung ihrer Lebensziele. Der anhaltende Annäherungs-Abgrenzungs-Konflikt zwischen elterlichen Wertvorstellungen und westlicher Kultur kann bei der jüngeren Generation hohe psychosoziale Belastungen mit sich bringen, die den Erfolg in Schule, Beruf und damit der Integration überhaupt maßgeblich beeinflussen können. Dies kann durch subjektive und objektive Diskriminierung, soziale Isolierung, unzureichenden Wohnraum, Arbeitsplatzprobleme, den möglicherweise verunsichernden Rechtsstatus, unzureichende Kompetenzen in der deutschen Sprache und ein unbefriedigtes Kommunikationsbedürfnis verstärkt werden.

Kollektivistische und individualistische Haltungen und Wertvorstellungen können bei jugendlichen Migrant*innen aus familienorientierten Gesellschaften zu erheblichen Belastungen führen, wenn sie versuchen, sich nur für die eine oder andere Lebensform zu entscheiden.

Sowohl die Herkunfts- als auch die Aufnahmekultur können in verschiedenen Bereichen (Rolle der Familie, Ehr- und Moralvorstellungen, z. B. hinsichtlich der Jungfräulichkeit) aus der Sicht der Kinder und Jugendlichen als unüberwindliche Barrieren angesehen werden. Das Gerüst der das Selbstwertgefühl konstituierenden Werte und Normen, das wiederum den Orientierungsrahmen für die Gestaltung zwischenmenschlicher Beziehungen bildet, kann dann instabil werden, weil die Kinder und Jugendlichen das Gefühl haben, gleichzeitig in zwei Gesellschaften zu leben. Auch haben sie ihre eigene ‚Selbstkultur' aus beiden Kulturen entwickelt, die aber nicht ausreichend verbalisiert und darüber hinaus von beiden Kulturen nicht ausreichend akzeptiert wird (vgl. Uslucan 2008).

2.3 Kollektivistische und individualistische Haltungen und Wertvorstellungen

Menschen aus traditionell ländlichen Regionen sind in der Regel von einer kollektiven Denkweise geprägt, in der persönliche Wünsche, Interessen und Beschwerden einer einzelnen Person als sekundär betrachtet werden. Harmonie und Sicherheit in der Familie und der Peergroup sind wesentlich wichtiger als die individuelle Autonomie. Das einzelne Individuum sieht sich als Teil einer Solidargemeinschaft, aus der sich die entsprechenden Aufgaben und Pflichten ergeben. Seine Hauptaufgabe ist es, dafür zu sorgen, dass der Solidargemeinschaft, insbesondere der Kern- und Großfamilie, kein Schaden zugefügt wird. Es ist deshalb folgerichtig, dass persönliche Gefühle und Beschwerden nicht geäußert werden, um möglicherweise die Familie nicht zu belasten oder ihr zu schaden (vgl. Kizilhan & Beremejo 2009). Im Rahmen von Behandlungsmaßnahmen kann dieser Hintergrund dazu führen, dass schwierige und traumatische Themen wie z. B. sexuelle Gewalt und Folter vermieden werden, da die Angst vor der eigenen und kollektiven Entehrung durch die Gemeinschaft immer vorhanden ist. Dabei spielen kollektiv-dysfunktionale Kognitionen des ‚Ehrverlustes' und die Angst vor einer möglichen Zerstörung der Gesamtfamilie und Ausgliederung durch die Herkunftsgemeinschaft eine wichtige Rolle. Konflikte zwischen den Migrantengenerationen und der Umgang damit können ebenfalls für die Behandlung wichtig sein. Zu erwähnen seien hier schlagwortartig u. a. traditionelle Heirat, Zwangsheirat oder ‚Ehrenmorde'.

Als ein besonderes Beispiel sei hier vor allem aber auch die Einstellung zur Sexualität in familienorientierten Gesellschaften genannt, in der sich patriarchalische Sitten und Traditionen mit religiösen Verhaltensregeln (z. B. Islam) vermischen. Dies führt häufig zu einer erheblichen Unsicherheit im Umgang mit diesem Thema, wenn nicht gar zu dessen gänzlicher Tabuisierung (vgl. Baumeister 2007). Hohe moralische Vorstellungen und Einschränkungen führen gerade bei Frauen zu erheblicher Sorge und Angst, da sie jeden Augenblick Gefahr laufen könnten, in ihrer Ehre verletzt zu werden. Sexuelle Belästigungen oder Missbrauch werden in der Behandlung erst bei ausreichendem Vertrauen und Schutz vor einer öffentlichen Kenntnis durch die Community verbalisiert. Auch wenn die nachfolgende Generation westlich-individuell geprägt ist, scheinen diese Wertvorstellungen, die im Alltag zu zahlreichen Einschränkungen und Belastungen führen können, vor allem bei jungen Mädchen und Frauen weiterhin wirksam zu sein (vgl. Kizilhan 2006).

Die Familie, für die eine kollektive Denkweise typisch ist, ist nicht per se individuumsfeindlich, vielmehr stellt sie z. B. in der türkischen wie in allen südeuropäischen und kleinasiatischen ländlich geprägten Gesellschaften einen verlässlichen und wirksamen Schutzverband dar. Die innerfamiliäre Bindung ist wesentlich stärker ausgeprägt als in westeuropäischen Familien und dient besonders in Zeiten hoher psychischer, psychosozialer oder ökonomischer Belastung, wie die Migration sie darstellt, als Orientierungsmaßstab (vgl. Erim & Senf 2002). Ein familiärer Rückhalt ist jedoch nicht immer mit emotionaler und materieller Unterstützung gleichzusetzen. Im Zuge der Anpassung an die neuen Lebensverhältnisse im Aufnahmeland kommt es häufig zu Umverteilungen der familiären Rollen und zu Konflikten zwischen den Generationen, welche die familiären Beziehungen belasten (Haasen, Kleinmeier & Yadirgan 2005). Sitten, Werte, Regeln und Normen werden in der neuen Umgebung auf den Prüfstand gestellt; es muss ein neuer Umgang mit ihnen gefunden werden. Anhaltende Ambivalenz und Zerwürfnisse können die Folge sein (ebd.).

Fallbeispiel
Ein 34-jähriger türkischstämmiger Patient heiratete vor acht Jahren eine in Deutschland lebende und aufgewachsene Türkin und migriert nach Deutschland. Aufgrund der unterschiedlichen Sozialisation (der Patient ist in einem türkischen Dorf geboren und aufgewachsen) und der patriarchalischen Vorstellungen des Patienten kommt es immer wieder zu Konflikten.

Nach einem heftigen Streit mit der Ehefrau informieren die Nachbarn die Polizei. Als der Patient die Polizei vor seiner Wohnung sieht, bricht er plötzlich zusammen und ist nicht in der Lage, wieder aufzustehen. Er wird notfallmäßig ins Krankenhaus gebracht. Mehrere somatische und neurologische Untersuchungen führen zu keinem Befund. Der Patient kann sich auch nach sechs Monaten nur mit Gehstützen in der Wohnung bewegen. Er wird von der Ehefrau und einer anderen Verwandten rund um die Uhr versorgt. Der Patient ist kommunikativ eingeschränkt und spricht nur, wenn er gefragt wird. Erst durch eine muttersprachliche Behandlung in einer psychosomatischen Klinik berichtet er über seine Kränkung und das Gefühl der Demütigung, als die Polizei vor seiner Wohnung stand. Er habe sein „Gesicht verloren", da Fremde mitbekommen hätten, dass seine Frau nicht auf ihn höre. Er glaube, ein „schwacher Mann" zu sein. Er sei dann zusammengebrochen. Durch die Einbeziehung der Ehefrau in die Therapie, die Aufklärung über den Zusammenhang zwischen psychischen und körperlichen Beschwerden und die Entwicklung neuer familiärer Perspektiven (veränderte Geschlechterrollen, Umgang mit der traditionellen Familie im Herkunftslandes etc.) kann der Patient nach einer zehnwöchigen Behandlung ohne Gehstützen sicher gehen.

2.4 Krankheitsverständnis und -verarbeitung

Bestimmte Dinge können für die Migrant*innen aus ihrer Kultur heraus so selbstverständlich sein, dass sie sie als bekannt und für nicht erwähnenswert erachten. Eigene Erfahrungen werden manchmal in der Wir-Form ausgedrückt, was z. T. mit der kollektivistischen Kultur zu tun hat. Auch scheinen den Patient*innen manche ihrer Beschwerden nicht wichtig genug, um darüber zu sprechen. Oft sehen sie auch z. B. keine Zusammenhänge zwischen körperlichen und psychischen Beschwerden.

Innerpsychische Konflikte und auch traumatische Ereignisse werden z. B. von türkischen Patient*innen meist über Schmerzäußerungen thematisiert (Koch 2003). Ein Grund dürfte in der vorhandenen Krankheitsvorstellung und dem Krankheitsverständnis sowie der ungewohnten Behandlungssituation liegen. Aus psychodynamischer Perspektive bietet die Somatisierung für sozial benachteiligte

Gruppen und Menschen mit schweren traumatischen Erlebnissen eine Möglichkeit, Ausgrenzung, soziale Kränkung, Schuld- und Minderwertigkeitsgefühle aus dem bewussten Erleben auf die Körperebene zu verlagern. Damit versuchen sie, ihre Selbstachtung zu bewahren und hoffen gleichzeitig darauf, dass ärztliches Personal und Medizin ihnen helfen können.

In einer vergleichenden Studie zwischen deutschen und türkischen Patient*innen konnte gezeigt werden, dass die türkische Patient*innenschaft die Ursachen ihrer Erkrankung häufiger in externalen Einflüssen wie ‚Schicksal' oder ‚Gottes Wille' sieht, d. h., sie attribuiert allgemein externaler, erlebt bedeutsam weniger persönliche Kontrolle wie auch Behandlungskontrolle und entwickelt ein auffällig geringeres Verständnis für ihre Krankheit (vgl. Kizilhan 2012). Das Individuum nimmt in familienorientierten Gesellschaften bei Krankheiten oft eine passive Haltung ein, und die Betroffenen glauben manchmal, dass die Krankheit durch magische Rituale ohne ihr Zutun geheilt werden kann. In diesem Zusammenhang kann auch das oft unkritische und schnelle Einverständnis mit einer medikamentösen Behandlung betrachtet werden. Statt z. B. eine Depression, die aufgrund eines Familienkonfliktes entstanden ist, durch Familiengespräche und mögliche Veränderungen innerhalb des Familiensystems zu behandeln, wird darauf gehofft, durch Antidepressiva schnell wieder gesund zu werden.

Trotz möglicher Widersprüche und Interessenskonflikte kann u. U. auch ein auf Religion oder Magie basierendes Krankheitsverständnis als Ressource in die Behandlung miteinbezogen werden und steht nicht per se schon im Widerspruch zur modernen Medizin, sofern die Gesundung der Betroffenen das höchste Kriterium darstellt.

2.5 Psychotherapeutische Behandlung im transkulturellen Kontext

Festzuhalten ist, dass die Migration nicht nur Negatives, sondern auch Positives nach sich ziehen kann, sofern sie als Chance genutzt wird, das Leben aktiv zu gestalten. Nicht zuletzt und gerade auch durch den Umgang mit der Vielzahl unterschiedlicher Stresssituationen können Migrant*innen ganz besondere Bewältigungsstrategien entwickeln. Zwar kann eine starke ethnische Orientierung die sprachliche und sozioökonomische Integration verzögern, doch ist und bleibt diese Herkunftsidentität oftmals dennoch die wichtigste Ressource für eine auf lange Sicht erfolgreiche Integration. Denn gerade in einer durch kollektivistische Wertvorstellungen gekennzeichneten Kultur kann das Individuum ohne die Betrachtung des kollektiven Ganzen kaum verstanden werden.

Die systemische Betrachtungsweise in der Psychotherapie erlaubt, eine Vielzahl von Methoden und Techniken in die therapeutische Arbeit zu integrieren. Störungen und Belastungen sind nicht a priori individualisiert und pathologisiert, sondern sind mit dem sozialen Umfeld vernetzt. Die Geschichte des Individuums wird in Verbindung mit seiner Familie und Gemeinde innerhalb eines kultur-sozial-politischen Kontextes gesehen. Zusammen mit dem Verständnis der Migrationserfahrung als einem notwendigen Entwicklungsprozess ist dies die Grundlage für eine produktive Therapie mit Migrant*innen (Radice von Wogau 2004).

Mit den Inhalten der Psychoedukation kann die Wirkungsweise eines Entspannungstrainings verdeutlicht werden. Entspannung kann als eine Selbstkontrollmethode zur Verhinderung von neuen Schmerzepisoden oder zur Reduzierung eines hohen tonischen Schmerzniveaus verstanden werden. Hypnoseinduktionen, Tanz und Meditation kennen viele Patient*innen mit Migrationshintergrund und so können diese Mittel oft effektiv eingesetzt werden. Frauen der ersten Migrationsgeneration aus religiös geprägten Traditionen bevorzugen eher einen Tanz aus ihrer Kultur als Sport (Kizilhan 2007).

Insgesamt scheint bei einer großen Zahl von Patient*innen aus traditionellen Gesellschaften das Aktivitätsspektrum erheblich eingeschränkt zu sein. Ihr Leben kreist häufig nur noch um den Schmerz, der zum Zentrum ihres Denkens und Verhaltens geworden ist. Ihre Annahme, dass der Körper bei Schmerzen ruhen müsse, führt zu einer Schonhaltung. Die Ausweitung des Handlungsspielraums ist daher eine große Herausforderung.

Im Folgenden wird ein hochspezialisiertes transkulturelles therapeutisches Konzept vorgestellt, welches die besonderen Bedarfe von psychisch erkrankten Migrant*innen berücksichtigt.

Behandlungsangebot: ‚Ein Stück Heimat in der Fremde'

Ende 2010 wurde im Psychiatrischen Zentrum Rickling, einer Landesklink mit dem Auftrag der Regelversorgung für den Kreis Segeberg (Norddeutschland), durch einen der Autoren des Beitrages ein stationäres Behandlungsangebot unter dem Motto ‚*Ein Stück Heimat in der Fremde*' entwickelt.

Dies war eine konsequente Folge des ambulanten Angebotes im Rahmen der lokalen Institutsambulanz, das schon nach sehr kurzer Zeit eine massive Nachfrage, nicht nur aus Schleswig-Holstein und Hamburg, sondern auch aus anderen Bundesländern nach sich zog. Das Behandlungsangebot ist kultursensibel, multilingual (hauptsächlich türkisch, kurdisch, arabisch, russisch, aserbeidschanisch) und multiprofessionell (sieben Ärzte, sieben Psychologen, Sozialarbeiter, Pflegepersonal, Ergotherapeuten, Verwaltungspersonal) konzipiert. Die Mehrheit der Patient*innen ist aus dem türkisch-, kurdisch- und arabischsprachigem Kontext. Seit dem Beginn des Angebotes in der psychiatrischen Institutsambulanz (pIA) steigt die Nachfrage weiter exponentiell an. Mit knapp 10.000 Anfragen pro Jahr in der Institutsambulanz und knapp 900 Patient*innen, die auf ein Bett warteten, entwickelte sich zunächst die Idee, zusätzlich eine gemischt integrative Station anzubieten, in der sowohl Einheimische als auch Menschen mit Migrationshintergrund behandelt wurden. Da dies aber sehr schnell vermehrt zu Konflikten führte und eine angemessene Behandlung nicht gewährleistet werden konnte, entschied sich die Klinik im Jahre 2010 dazu, ergänzend zur pIA eine psychiatrische Station mit zehn Betten anfänglich für türkisch-kurdisch sprechende Migrant*innen ins Leben zu rufen.

Die Gründung dieser Institution geht dabei auf die Erfahrung zurück, dass viele Menschen mit Migrationshintergrund vom Angebot der sogenannten gemischt-integrativen-Spezialstationen (mit Einheimischen) überfordert wurden. Es taten sich Missverständnisse, Vorbehalte und Ängste sowohl bei dem behandelnden Personal als auch den Patient*innen mit Migrationshintergrund auf, sodass sich die gleiche Behandlung aller Patient*innen nicht als gleichwertig für jeden einzelnen erwies. Daraus wurde die Schlussfolgerung gezogen, dass die angebotenen Therapieprogramme der gemischt-integrativen Station aufgrund ihrer Ausrichtung auf die Sozialisations- und kulturellen Hintergründe herkunftsdeutscher Patient*innen den Bedarfen von Migrant*innen nicht ausreichend gerecht werden. Dabei standen die besonderen kulturellen Bedürfnisse und Eigenheiten der Patient*innen im Vordergrund.

Der Aspekt der Integration wurde als ein zweiseitiger Prozess angesehen, in dem auch ein Entgegenkommen des Behandlungsteams erwartet wurde. Im Zuge dieses Projektes eignete sich das herkunftsdeutsche Personal, welches einen Anteil von über 50 % am gesamten Behandlungsteam hat, basale Sprachkenntnisse sowie kulturspezifische Umgangsformen an. Damit entstand eine wertschätzende Akzeptanz, welche den Patient*innen das Gefühl vermittelte, dass sie ‚dort abgeholt werden, wo sie gerade stehen', und ihre Andersartigkeit als selbstverständlich angesehen wird. Die Möglichkeit Emotionen und besondere kulturspezifische Erlebnisinhalte in der eigenen Muttersprache formulieren zu können, bringt einen zusätzlichen Vorschuss an Vertrauen. Jedoch fungiert die Sprache nur als ein relativer Faktor; denn auch Patient*innen, die in Deutschland aufgewachsen sind, nehmen sowohl an dem ambulanten als auch stationären Angebot vermehrt teil. Weitaus wichtiger ist der Einblick des behandelnden Personals in das Beziehungsgeflecht der Patient*innen, die Bedeutungen der familieninternen Hierarchien, soziokulturellen, traditionellen und religiösen Wertvorstellungen, aber auch die teilweise ungeahnt großen regional unterschiedlichen Gewohnheiten in den Subkulturen.

Ein besonderer Schwerpunkt der stationären Therapiekonzeption sind hochfrequente, intensive, kultursensibel angepasste muttersprachliche Edukationsprogramme zur Vermittlung von Kenntnissen über das Störungsbild, deren Behandlungsmöglichkeiten und Prävention. Dabei werden spezifische sprachrhetorische (bildhafte, symbolische, narrative) Techniken (Metaphern, Geschichten, Märchen) verwendet. Die Behandlungsgruppe (vergleichbar mit einer Wohngruppe) setzt sich aus einer gleichen Anzahl von Frauen und Männern zusammen, die verschiedene konfessionelle, soziale, ethnische und sprachliche Zugehörigkeiten aufweisen. Die bei den Patient*innen sehr beliebte sogenannte ‚Culture-Kitchen', in der Frauen und Männer gemeinsam kulturspezifisch kochen und die Mahlzeit zusammen mit den Therapeut*innen einnehmen, wurde zu einem besonderen Highlight. Auch spezifische kulturtypische positive Riten fließen in das therapeutische Konzept ein, welche die bei depressiven Patienten typische Hoffnungslosigkeit unterbrechen und positive Erfahrungen aus der Zeit vor der Krankheit ‚erlebbar' machen. Auch die Gestaltung und der chronologische Aufbau der Psychotherapie zeigen deutliche Unterschiede auf, da für diese Patient*innengruppe Psychotherapie als eine solche Behandlungsmethode zumeist unbekannt ist.

Alles in allem zeigt sich bei der Gestaltung eines derartigen psychiatrischen Therapiesettings, dass ein enormer Abbau vorliegender Stereotype sowohl auf Seiten des Personals, als auch der Patient*innen bewirkt werden kann. Die Folge war, dass auch die Motivation der Patient*innen, sich poststationär für diverse emanzipierende und kompetenzerweiternde Aktivitäten zu interessieren, zunahm.

Kritiker eines auf Migrant*innen ausgerichteten psychiatrischen Behandlungskonzeptes führten an, dass die getrennte Behandlung von Einheimischen und Patienten mit Migrationshintergrund in einer zunehmenden ‚Ghettoisierung' resultiere. De facto gilt die Erwartung, dass Menschen, die sich aus verschiedenen Gründen seit Jahrzehnten nicht integrieren konnten, innerhalb weniger Wochen während einer stationären, psychiatrischen Behandlung integrieren sollen, als unrealistisch und abwegig. Das würde bedeuten, dass sich Patient*innen einem weiteren Stressfaktor, nämlich Emotionen und Gefühle in einer Fremdsprache ausdrücken zu müssen, aussetzen müssen. Es ist bekannt, dass die sekundär erworbene Sprache und Kultur im Rahmen eines neurobiologischen Stresses, denn darum handelt es sich bei einer schweren psychischen Störung, zerfällt. Damit rückt die Muttersprache und primäre Sozialisationskultur in den Vordergrund und bietet den einzigen Zugang zum inneren Leben eines Patienten. So zeigte sich, dass Inklusion, auch wenn sie gut gemeint ist, nicht immer einen Vorteil mit sich bringt, denn gerade in einem Krankenhaus kann es auch therapiebeeinträchtigend sein, wenn unterschiedliche Krankheitskonzepte, Lebenskulturen, Behandlungsverständnisse und unterschiedliche Ausgangsbedingungen ‚vermischt' werden.

Die vom Haus zur Verfügung gestellten spezifischen Möglichkeiten, aber auch die im stationären Alltag praktizierte wertschätzende Haltung des Personals führt dazu, dass ein weiterer Stressor, nämlich die von Patienten sehr oft artikulierte und als belastend empfundene Forderung, Empfindungen und Emotionen auf Deutsch ausdrücken zu müssen, wegfällt. An dieser Stelle soll jedoch einem möglichen Missverständnis, dass Migrant*innen nur Migrant*innen und deutsche Fachkräfte nur Deutsche behandeln können, vorgebeugt werden. Es geht langfristig um die Zusammenführung zweier Erfahrungsbereiche in ein transkulturelles Ganzes und nicht um die Spaltung in monokulturelle Lager. Interkulturelle Teams bieten in besonderer Weise die Chance, bedarfsorientierte Angebote für spezielle Zielgruppen unter den Migrant*innen zu erarbeiten und transkulturelle Kompetenzen durch Reflexion zu stärken und weiterzuentwickeln. Aufgrund der positiven Resonanz und hohen Anfrage hat die Abteilung für Migrationspsychiatrie im Sommer 2016 ein neues Gebäude mit 22 Betten bezogen.

2.6 Fazit

In einer Gesellschaft mit verschiedenen Kulturen existieren immer auch damit verbundene unterschiedliche kulturelle Lebenskonzepte zur Bewältigung von Konflikten. Durch die Einbeziehung sprachlicher, kultureller und migrationsspezifischer Aspekte in die Beratung, Betreuung und soziale Unterstützung von Migrant*innen bei der Bewältigung ihrer Probleme ist es möglich, ihre Versorgung und Integration grundlegend zu verbessern. Neben gezielter Bildung von multikulturellen Behandlungsteams ist vor allem eine Sensibilisierung aller Mitarbeitenden für eine transkulturelle, kultursensitive Perspektive notwendig.

Für Sozialarbeitende bedeutet dies eine empathische, das Leiden und den Auftrag der erkrankten Person ernst nehmende Grundhaltung einzunehmen, basierend auf einem Grundwissen an inter- oder transkultureller Kompetenz. Dabei sollten vor allem auch die möglichen Beziehungen und Konflikte in der Familie berücksichtigt werden. Zudem sollte eine Inter- und Supervision unter Berücksichtigung des kulturellen Hintergrunds vorhanden sein.

Gerade bei der Therapie von traumatisierten Menschen ist ein Aspekt als conditio sine qua non anzusehen: das Gefühl der ‚Sicherheit und Geborgenheit'. Denn es ist von elementarer Bedeutung, wie Patient*innen die Atmosphäre des klinischen Settings vorfinden. Behandlungssettings, die vertraut sind, wirken zunächst identitätsstiftend, was wiederum die Behandlung positiv beeinflussen kann.

Spezialisierte, von der Zielgruppe akzeptierte Behandlungsangebote können Leidenswege und Behandlungskarrieren verkürzen und häufige Fehlplatzierungen im somatischen Versorgungssystem oder aber auch psychiatrische Fehldiagnosen mit dramatischen Folgen für den Einzelnen vermeiden helfen. Insofern muss diesen Anforderungen in Zukunft eine hohe Bedeutung beigemessen werden.

☞ *Zum Weiterlesen*

Kizilhan, J. (2012): Transkulturelle Psychotherapie. Berlin: VWB.

🕮 *Literatur*

Baumeister, W. (2007): Ehrenmorde. Blutrache und ähnliche Delinquenz in der Praxis bundesdeutscher Strafjustiz. Münster: Waxmann.

Erim, Y. & Senf W. (2002): Psychotherapie mit Migranten – Interkulturelle Aspekte in der Psychotherapie. Psychotherapeut 47, S. 336–346.

Gilson, L., Alilio M. & Heggenhougen, K. (1994): Community Satisfaction with Primary Health Care Services: An Evaluation Undertaken in the Morogoro Region of Tanzania. Soc Sci Med 39 (6), S. 767–780.

Haasen, C., Kleinmeier, E. & Yadirgan, O. (2005): Kulturelle Aspekte bei der Diagnostik psychischer Störungen. In: Assion, J. (Hrsg.): Migration und seelische Gesundheit. Heidelberg: Springer, S. 145-153.

Han, P. (2000): Theorien zur internationalen Migration. Stuttgart: Lucius & Lucius.

Harris, M. (1989): Kulturanthropologie. Ein Lehrbuch. Frankfurt a. M.: Campus.

Heinz, A. (2006): Die Konzepte des „Selbst" im kulturellen Vergleich. In: Wohlfahrt, E. & Zaumseil, M. (Hrsg.): Transkulturelle Psychiatrie – Interkulturelle Psychotherapie. Heidelberg: Springer, S. 377–390.

Kizilhan, J. (2006): Ehrenmorde. Der unmögliche Versuch einer Erklärung. Berlin: Regener.

Kizilhan, J. (2007): Potenziale und Belastungen psychosozialer Netzwerke in der Migration. In: Borde, T. & David, M. (Hrsg.): Migration und seelische Gesundheit, psychische Belastungen und Potenziale. Frankfurt a. M.: Mabuse, S. 53–68.

Kizilhan, J. (2009): Interkulturelle Aspekte der somatoformen Schmerzstörung. Psychotherapeut 52 (4), S. 281–288.

Kizilhan, J. & Beremejo, I. (2009): Migration, Kultur, Gesundheit. In: Bengel, J. & Jerusalem, M. (Hrsg.): Handbuch der Gesundheitspsychologie und Medizinischen Psychologie. Göttingen: Hogrefe, S. 509–518.

Kizilhan, J. (2012): Transkulturelle Psychotherapie. Berlin: VWB.

Koch, E. (2003): Psychiatrie, Psychotherapie, Psychosomatische Rehabilitation und Migration. In: Beauftragte der Bundesregierung für Migration, Flüchtlinge und Integration (Hrsg.): Gesunde Integration. Berlin: Bundesweiter Arbeitskreis Migration und öffentliche Gesundheit, S. 43–53.

Machleidt, W. & Calliess, I. T. (2003): Psychiatrisch-psychotherapeutische Behandlung von Migranten und Transkulturelle Psychiatrie. In: Berger, M. (Hrsg.): Psychiatrie und Psychotherapie. München: Urban und Fischer, S. 281–201.

Özbek, T. (2006): Autonomieentwicklung und Identität im transkulturellen Alltag. In: Wohlfahrt, E. & Zaumseil, M. (Hrsg.): Transkulturelle Psychiatrie – Interkulturelle Psychotherapie. Heidelberg: Springer, S. 96–109.

Radice von Wogau, J. (2004): Systemische Theorie in der interkulturellen Beratung und Therapie. In: Radice von Wogau, J., Eimmermacher, H. & Lanfranchi, A. (Hrsg.): Therapie und Beratung von Migranten –Systemisch-interkulturell denken und handeln. Weinheim: Beltz, S. 45–64.

Sluzki, C. E. (2001): Psychologische Phasen der Migration und ihre Auswirkungen. In: Hegemann, Th. & Salman, R. (Hrsg.): Transkulturelle Psychiatrie – Konzepte für die Arbeit mit Menschen aus anderen Kulturen. Bonn: Psychiatrie Verlag, S. 101–115.

Uslucan, H.-H. (2008): „Man muss zu Gewalt greifen, weil man nur so beachtet wird.“ Antidemokratische Einstellungen deutscher und türkischer Jugendlicher: Gewaltakzeptanz und autoritäre Haltungen. In: Zeitschrift für Sozialpädagogik 1, S. 74–99.

Welsch, W. (1995): Transkulturalität. Zur veränderten Verfasstheit heutiger Kulturen. In: Zeitschrift für Kulturaustausch 1, S. 39–44.

✎ *Verfasser*

Prof. Dr. Dr. Jan Kizilhan (kizilhan@dhbw-vs.de), Duale Hochschule Baden-Württemberg; Arbeitsschwerpunkte: Klinische Psychologie und Psychotherapie, Psychotraumatologie, transkulturelle Psychiatrie und Psychotherapie.

Dr. med. Ali Ekber Kaya (kaya.aliekber@psychiatrischeszentrum.de), Leitender Oberarzt für Psychiatrie und Neurologie an der Psychiatrischen Klinik Rickling (Landesverein für Innere Mission in Schleswig-Holstein); Arbeitsschwerpunkte: Transkulturelle Psychiatrie und Psychotherapie.

3 Aktivierende Gesundheitsförderung im Sozialraum – Erfahrungen aus Groningen

Ben Boog, Han Stoffer

Flucht und Migration können viele gesundheitliche Beschwerden sowohl psychosomatischer als auch körperlicher Art zur Folge haben (Reijneveld 1998, vgl. auch den Beitrag von Schorn, Kizilhan und Kaya in diesem Band). Als Folge von gesundheitlichen Beschwerden kann die Teilnahme am Sprachunterricht oder am Arbeitsmarkt erschwert sein. Für die Verbesserung der gesundheitlichen

Situation ist es wichtig, Menschen ‚in Bewegung' zu bringen: buchstäblich und bildlich. Buchstäblich, indem sie dazu angeregt und eingeladen werden, sich mehr im alltäglichen Leben zu bewegen. Und bildlich, indem sie innerhalb eines positiven und stimulierenden Kontextes sozial aktiver werden. Dabei geht es nicht nur um die Aneignung eines gesunden aktiven Lebensstils, sondern auch um die Erweiterung der sozialen Netzwerke. Durch das soziale Netz können sie mentale Unterstützung erfahren und auch wichtige Informationen bekommen (Logger & Kamperman 2009). Durch Sport- und Bewegungsprojekte können die Teilnehmenden anderen begegnen, sich in neuen sozialen Rollen üben und ihre sozialen Beziehungen stärken. Damit verringert sich für sie auch das Risiko der Vereinsamung. Den Teilnehmenden kann dabei geholfen werden, ihre Stärken bewusster wahrzunehmen, Freu(n)de zu erfahren und sich dadurch auch aktiver in anderen Bereichen ihres Lebens einzubringen. Begegnungsaktivitäten können aber auch einen präventiven Effekt haben, weil durch die Angebote möglichst früh Beziehungen und Kontakte im neuen Wohnumfeld geschaffen werden können.

Der Beitrag beschäftigt sich am Beispiel von drei Projekten, die in der Stadt Groningen durchgeführt werden, mit Ansätzen der aktivierenden Gesundheitsförderung im Sozialraum. Dazu werden im ersten Teil des Beitrages die Entstehungshintergründe der Projekte vorgestellt und im zweiten Teil auf das zugrundliegende Konzept ‚positive Gesundheit' und auf die einzelnen Projekte eingegangen. Im dritten Teil stellen wir vor, wie anhand des Ansatzes der Handlungsforschung Projekte regelmäßig auf ihre Wirksamkeit überprüft werden können.

3.1 Grundverständnis

Ziel der von uns durchgeführten Projekte ist es durch aktivierende Bewegungs- und Spielprojekte die Integration von Geflüchteten in die Gesellschaft zu verbessern und Teilhabe zu ermöglichen. Außerdem sollen durch die Projekte Austausch und Begegnung im Stadtteil gefördert werden. Eine Weiterentwicklung der Projekte findet stetig statt. Dabei legen wir einen besonderen Schwerpunkt auf die Entwicklung von Handlungsansätzen, die die Begleitung der Projekte durch Ehrenamtliche als Ziel haben.

In Bewegung zu kommen geht nicht von alleine, erst recht nicht bei Geflüchteten. Individuelle Maßnahmen bedeuten in diesem Zusammenhang, dass die Fragen und Bedürfnisse der Zielgruppen den Ausgangspunkt bei der Entwicklung von Bewegungsprojekten bilden. Dieser Aspekt ist wesentlich für die Nachhaltigkeit der Angebote. Denn nur Bewegungsaktivitäten, die die individuellen Fragen und Bedürfnisse der Zielgruppe berücksichtigen, werden über einen längeren Zeitraum auf Interesse stoßen und Veränderungsprozesse in Gang setzen.

In Gesprächen mit Flüchtlingen haben wir oftmals feststellen können, welche Fähigkeiten sie darin entwickeln können, sich mit großen Herausforderungen und Schicksalsschlägen in ihrem Leben auseinanderzusetzen. Wir sind Menschen begegnet, die Extremsituationen erlebt haben, ohne gravierende Folgen für ihre

Gesundheit. Oft handelt es sich um Personen, die über eine außergewöhnliche innere Stärke verfügen und eine hohe Resilienz aufweisen.

Resilienz

Als Resilienz wird in der Fachliteratur die Fähigkeit bezeichnet, mit krisenhaften Lebensumständen umgehen zu können. Diese Fähigkeit ist individuell sehr unterschiedlich ausgeprägt und von den zur Verfügung stehenden Ressourcen abhängig. Hierbei werden psychologische, biologische und soziale Faktoren für Resilienz hervorgehoben.

Psychologische Faktoren sind u. a.: Antriebskraft, Mut, die Fähigkeit, sich selbst und andere reflektieren und aus Erfahrungen lernen zu können, Selbstdisziplin, eine offene Grundhaltung, Kreativität und eine positive Lebenseinstellung, die auch einen Sinn für (manchmal schwarzen) Humor beinhaltet. Die *biologischen Faktoren* sind noch nicht ausreichend belegt, dennoch gibt es Hinweise auf genetische Dispositionen, die bspw. relevant sein können bei Depressionen. Bei den *sozialen Faktoren* spielen das familiäre und freundschaftliche Umfeld sowie die Qualität der sozialen Netzwerke eine relevante Rolle. Hierbei ist es wichtig hervorzuheben, dass das familiäre und soziale Umfeld positiv und unterstützend wahrgenommen werden kann oder aber aufgrund eines moralischen Drucks bzw. aufgezwungenen Wert- und Normvorstellungen sich negativ auf die Resilienz und individuelle Entwicklung auswirken kann.

Neben diesen genannten Faktoren spielt der rechtliche Status von Geflüchteten für ihr psychisches Wohlbefinden ebenfalls eine wichtige Rolle. Eine schnelle Anerkennung des Asylantrags und die Integration in das Bildungssystem und in den Arbeitsmarkt wirken sich positiv aus und bewirken eine zuversichtliche Einstellung zur eigenen Zukunft. Die gegenwärtig langen und vom Ergebnis häufig ungewissen Asyl- und Anerkennungsverfahren stellen eine hohe psychische und oftmals auch ökonomische Belastung für die Geflüchteten dar.

Aus unserer Sicht spielt auch das Maß an Akkulturationsfähigkeit für die Resilienz eine relevante Rolle. Je höher die Anpassungsfähigkeit einer Person an die neue Umgebung ist, desto geringer ist auch die Anfälligkeit für Erkrankungen. Akkulturation definieren wir als einen Prozess, der sich in einem Kontext von verschiedenen Kulturen abspielen kann. Gemeint ist damit keine Assimilation, sondern die Fähigkeit, sich an eine neue Umgebung und neue Kultur anpassen zu können, ohne dabei eigene Wertvorstellungen aufzugeben. Mit diesem Verständnis sind auch Anforderungen an die Aufnahmegesellschaft verbunden.

3.2 Das Konzept der positiven Gesundheit

Unsere Projekte basieren auf dem Konzept der ‚positiven Gesundheit'. Dieses Konzept besagt, dass Gesundheit nicht nur als das physische und psychische

Wohlbefinden zu verstehen ist, sondern auch Bewältigungsfähigkeiten (Coping-Strategien), Resilienz und die Selbstbestimmungsmöglichkeiten einer Person beinhaltet. Dieses Verständnis hebt somit die Fähigkeiten zur Selbsthilfe und Handlungsfähigkeit hervor. Die Weltgesundheitsorganisation (WHO) hat 1948 Gesundheit noch folgendermaßen definiert: „Gesundheit ist ein Zustand des vollkommenen körperlichen, seelischen und sozialen Wohlbefindens und nicht die bloße Abwesenheit von Krankheit oder Gebrechen." Während es damals vorrangig darum ging, Infektionskrankheiten zu bekämpfen, ist diese Definition aus heutiger Sicht nicht mehr adäquat. Vielmehr fördert sie in einer Zeit, in der zunehmend eine Chronifizierung von Krankheiten festzustellen ist, die Medikalisierung des Gesundheitswesens. Daher hat 2011 eine Gruppe von Forschern zu Gesundheit, unter Leitung der Medizinerin Machteld Huber, das Konzept der positiven Gesundheit entwickelt.

Positive Gesundheit

Gesundheit ist nach dem Konzept der positiven Gesundheit (‚positive health') als Fähigkeit der Anpassung und Selbstbestimmung in Bezug auf physische, emotionale und soziale Herausforderungen des Lebens zu definieren. Dieses neue Konzept legt den Fokus auf die Fähigkeiten von Menschen, ihr Leben selbstständig zu gestalten und mit Krankheiten bzw. Herausforderungen umzugehen. Dabei werden sechs Dimensionen der Gesundheit hervorgehoben: Körperfunktionen, mentales Wohlbefinden, spirituelles/existenzielles Wohlbefinden, Lebensqualität, sozial-gesellschaftliche Teilhabe und Alltagsbewältigung. Nach Huber müsse man in gegenwärtigen Konzepten Fähigkeiten wie Antriebskraft (Resilienz) und Selbstbestimmung berücksichtigen, da sie auch von Patient*innen als sehr relevant erachtet werden (vgl. Huber 2014).

Gesundheitsförderung, im Sinne von positiver Gesundheit, verstehen wir, in Anlehnung an die obige Definition, als einen Prozess, der Menschen bzw. Gruppen dazu befähigt, mehr Kontrolle über relevante Einflussfaktoren für ihre Gesundheit zu erlangen. Das Konzept positive Gesundheit arbeitet dabei mit dem Prinzip der Stärkung von Teilhabe und Selbstbestimmung, da sich herausgestellt hat, dass mit gesundheitlicher Aufklärung alleine gesundheitsschädliche Verhaltensweisen bei Menschen nicht verändert werden können. Selbstbestimmung bedeutet dabei, dass jemand sein eigenes Leben organisieren und koordinieren kann für ein, nach eigenem Empfinden, gutes Leben. Sie ist ein Grundwert, der das persönliche Wohlbefinden fördert. Die vier wesentlichen Elemente der Selbstbestimmung sind: Kontrolle, eigene Kraft, Motivation und ein Netz aus sozialen Beziehungen. Ebenso wie Selbstbestimmung wird die Fähigkeit zur Selbsthilfe als ein das Wohlbefinden und das Selbstwertgefühl steigernder Faktor angesehen.

Mit der Erweiterung des Verständnisses von Gesundheit ist auch die Hoffnung verbunden, dass Entscheidungsträger des Gesundheitssystems und politisch Verantwortliche der Thematik Gesundheit und einer (Neu-)Gestaltung des Gesundheitswesens mehr Bedeutung und Aufmerksamkeit zukommen lassen. Für Geflüchtete bedeutet diese Verlagerung des Fokus, dass ihre persönlichen Geschichten Gehör finden, sie ernst genommen werden und sie sich eine Antwort auf ihre existenziellen, moralischen und sozialen Fragen versprechen dürfen.

3.3 Die Bewegungs- und Spielprojekte

Für die Bewegungs- und Spielprojekte haben wir drei Programme entwickelt, die im Folgenden ausführlicher vorgestellt werden.

Lifestyle-Gruppen

2010 wurde eine Lifestyle-Laufgruppe im Stadtviertel Beijum für Frauen mit Migrationshintergrund ins Leben gerufen. Das Projekt ist ausgerichtet auf ‚Korrewegwijk' in Groningen. In diesem Viertel wohnen etwa 13.000 Menschen. Der Stadtteil weist mit 41 % einen hohen Anteil an jungen Menschen im Alter von 20–29 Jahren auf. Auch der Anteil der Bevölkerung mit Migrationshintergrund ist höher als in anderen Vierteln Groningens. Wie eine Studie ergab, ist ein geringer sozialer Zusammenhalt im Quartier festzustellen (Stadsmonitor 2014). Mit dem Projekt ‚Lifestyle-Gruppen' sollten durch Wander- und Laufangebote für Frauen mit Migrationshintergrund Begegnungen und Austausch ermöglicht und Isolation verhindert werden. Im Jahr 2013 wurden die Ziele des Projektes erweitert. Es sollte angestrebt werden, dass sowohl Frauen als auch Männer mit Migrationshintergrund an Sportvereine herangeführt werden, dort Mitglied werden und selber an der Organisation von Bewegungsangeboten mitwirken. Außerdem wurden die Lauf- und Lifestyle-Gruppen auf weitere sieben Viertel Groningens ausgeweitet.

20 Frauen (und Männer) mit Migrationshintergrund wurden als ehrenamtliche Anleiter ausgebildet. Dadurch sollte auch gewährleistet werden, dass die Aktivitäten nach den Projektphasen von den Ehrenamtlichen und Teilnehmenden selber fortgeführt werden. Seit März 2016 werden zehn Teilnehmer aus den Lifestyle-Laufgruppen zu Allround-Wander-/Running-Instructors (AWIs) ausgebildet. Die AWIs geben wöchentliche Trainings zu einer gesunden Lebensführung und führen viermal im Jahr Wander- und Lauf-Events in Zusammenarbeit mit Partnerorganisationen durch. Bei den AWIs handelt es sich um Ehrenamtliche, die nach einer zehnmonatigen Ausbildung ein offizielles Zertifikat erhalten werden. Damit ist auch die Verbesserung ihrer Arbeitsmarktchancen beabsichtigt.

Bewegen und Mitmachen

Mit diesem Projekt ist insbesondere die Verbesserung der Lebenssituation von Geflüchteten beabsichtigt. Dazu erhalten Geflüchtete, die neu in ihrem Stadtteil angekommen sind und einen Aufenthaltsstatus erlangt haben, wöchentlich individuelle Unterstützung von Ehrenamtlichen. Zuvor wurden die Ehrenamtlichen für ihre Tätigkeit ausgebildet. Die Ehrenamtlichen werden wiederum von professionellen Bewegungscoaches unterstützt. Die Begleitung der Geflüchteten durch einen Ehrenamtlichen erfolgt über ein halbes Jahr. In einer partnerschaftlichen Kooperation unterstützen die Ehrenamtlichen die ihnen zugewiesenen Geflüchteten beim Aufbau eines sozialen Netzes und motivieren sie zur Teilnahme an Bewegungsangeboten. Hierbei müssen die Ehrenamtlichen auf die Selbstbestimmung und Fähigkeit zur Selbsthilfe der Geflüchteten achten bzw. diese fördern. Als Hilfsstruktur zwischen den Teilnehmern und den Ehrenamtlichen dient ein Tagebuch, das von ihnen gemeinsam geführt wird. Dieses Tagebuch wird auch dem professionellen Bewegungscoach zur Verfügung gestellt. Die Ehrenamtlichen tauschen sich regelmäßig über ihre Erfahrungen aus und reflektieren auch mit ‚ihren' Projektteilnehmern ihre Erkenntnisse. Dabei müssen die Fähigkeiten, Talente und Ressourcen der Geflüchteten berücksichtigt und wertgeschätzt werden. Der professionelle Bewegungscoach begleitet während der gesamten Projektphase die Ehrenamtlichen.

Die inhaltlichen Ziele der Kooperation zwischen Ehrenamtlichen und Geflüchteten sind:

- passgenaue Vermittlung von Bewegungs- und Beratungsangeboten unter ausreichender Berücksichtigung des jeweiligen Gesundheitszustands und möglicher Traumata als Folge von (Kriegs- und) Fluchterfahrungen;
- Verdeutlichung des ‚Mehrwerts' von Bewegung und Interaktion für die Teilnehmenden. Es obliegt natürlich den Teilnehmenden selbst, zu entscheiden, an welcher Aktivität sie/er teilnehmen möchte;
- Aufbau und Stärkung der sozialen Netzwerke der Geflüchteten;
- Stärkung der Kompetenzen zur Hilfe zur Selbsthilfe, um gesellschaftliche Teilhabemöglichkeiten zu verbessern.

Die Spielbox

Im Frühjahr 2015 erhielten wir den Auftrag, ein paar Spiele für junge Geflüchtete zu entwickeln. Dabei ist die Idee der Spielbox entstanden. Es ist ein niedrigschwelliges Angebot, welches das Ziel verfolgt, die kognitiven, motorischen und sozialen Fähigkeiten von jungen Geflüchteten zu stärken. Außerdem geht es um die Verbesserung des Bewusstseins für eine gesunde Lebensführung. Die Teilnahme ist freiwillig und an einer Schule initiiert worden. Im Rahmen dieses Angebots entwickeln die Jugendlichen einen Fragebogen für die Spielbox. Die Bedingung ist, dass die Spielboxfragen kognitive, emotionale und motorische Elemente beinhalten. Durch jede Frage soll somit ein bestimmter Bereich im Gehirn aktiviert werden. Das Spiel schließt an die Erfahrungswelt der Zielgruppe an, schafft ein Gefühl von ‚Teamwork' nähert sich den Teilnehmern mit Humor und Enthusiasmus an und weckt das Bewusstsein buchstäblich und bildlich in Bewegung zu kommen. Ein weiterer positiver Nebeneffekt ist die Stärkung des Selbstbewusstseins durch positives Feedback. Die primäre Zielgruppe besteht aus zwölf Jugendlichen im Alter von 13–18 Jahren. Die Eltern und Großeltern können ebenfalls involviert werden (bei Einsatz des Spiels im häuslichen Kontext).

Nach der Teilnahme an diesem Projekt können einige der Jugendlichen die Spielbox-Aktivitäten als ehrenamtliche Spielleiter selbstständig fortsetzen. In dieser Funktion unterstützen sie die Teilnehmer des Spiels (andere Jugendliche, Eltern, Verwandte, Bewohner des Viertels), beobachten und entwickeln neue Fragen und Übungen. Die Spielbox-Gruppen sind untereinander vernetzt, kommen quartalsweise zusammen und unternehmen gemeinsame Aktivitäten, etwa die Pflege einer Facebook-Gruppe, die Bewerbung und Teilnahme an Events.

3.4 Handlungsforschung

In den beschriebenen Projekten spielen Ehrenamtliche, die zur Teilnahme anregen und Migranten sowie Geflüchtete bei ihrer Integration unterstützen, eine wichtige Rolle. Daher ist es wichtig, durch Handlungsforschung die Methodenkompetenz von Ehrenamtlichen zu stärken. Unter Handlungsforschung verstehen wir eine Methodologie, die partizipativ, also im Austausch mit allen Beteiligten durchgeführt wird, Lernprozesse ermöglicht und in unserem Kontext auch in die Komplexität der Praxis von Gesundheitsförderung einführt (vgl. Boog & Wagemakers 2014). Für die Evaluierung von Maßnahmen ist Handlungsforschung wichtig, da sie Erkenntnisse darüber zulässt, warum ein Projekt bzw. ein Ansatz funktioniert bzw. nicht funktioniert. Handlungsforschung basiert darauf, dass zunächst Hypothesen gebildet werden, die dann anhand von Analysen in der Praxis überprüft und ggf. verändert werden können. Zu diesem Zweck arbeiten im Rahmen der von uns durchgeführten Handlungsforschung Forscher mit den Ehrenamtlichen und Teilnehmenden der Projekte zusammen. Dieser partizipative Ansatz hat verschiedene Vorteile: Die Ehrenamtlichen sind als Co-Forscher die Praxisexperten und wissen, worauf sie achten müssen. Durch ihre Bikulturalität und Mehrsprachigkeit können sie die Probleme und Hindernisse der Zielgruppen besser verstehen und wahrnehmen. Durch den Einbezug der Teilnehmenden in den Forschungsprozess können auch ihre Erkenntnisse, Analysen und Lösungsansätze berücksichtigt und ernst genommen werden. Sie denken und entscheiden mit; es wird nicht über ihre Köpfe hinweg entschieden. Mit dieser Herangehensweise kann auch möglichen Widerständen bei Teilnehmenden vorgebeugt werden.

Im Rahmen des Forschungszyklus werden die Ehrenamtlichen zunächst in den Forschungsprozess eingeführt. Nach einigen Handlungsforschungszyklen können sie die Forschung eigenständig durchführen. Sie haben dann eine (kritische) Forschungshaltung entwickelt, mit der sie alle Aspekte der Praxis untersuchen und verbessern können.

Die folgende Grafik stellt den Forschungszyklus der Handlungsforschung im Rahmen unserer Projekte dar. Der Zyklus ist in drei Phasen dargestellt.

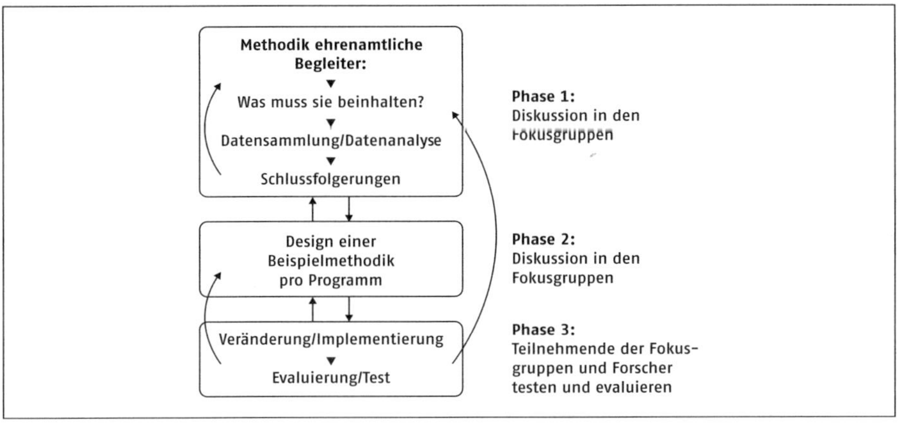

Abb.: Forschungszyklen in der Handlungsforschung

In der ersten Phase wird die Gruppe aus etwa 20 bis 25 Personen in kleinere Gruppen aus vier oder fünf Personen aufgeteilt. In diesen Fokusgruppen besprechen die Teilnehmenden das Problem, Lösungsansätze und die zu erwartenden Schwierigkeiten. Dazu haben die Fokusgruppen etwa 20 Minuten Zeit. In der zweiten Phase setzt sich die Fokusgruppe neu zusammen und kann neue Aspekte des Problems diskutieren. Die ständig wechselnde Zusammensetzung der Gruppen verhindert einen Tunnelblick und sorgt für eine kontinuierlich kritische Reflexion. In der dritten Phase werden die erarbeiteten Ansätze und Methoden getestet. Durch die regelmäßige Überprüfung der Methoden und Ansätze und ihrer Reflexion mit allen Beteiligten werden die Angebote optimiert und an die Bedürfnisse der Zielgruppe angepasst. Damit ist zugleich auch eine Nachhaltigkeit von Angeboten für spezifische Zielgruppen gewährleistet.

Übersetzung aus dem Niederländischen von Mareike Lange

Literatur

Abma, T. (2014): Transitie tussen droom en realiteit in de levens van vrouwen, Nieuwspoort: Den Haag.

Boog, B. & Logger, C. (2001): Empowerment van vluchtelingen. Tijdschrift voor Arbeid en Participatie, September, S. 144–156.

Boog, B. & Wagemakers, A. (2014): Actieonderzoek: mogelijkheden en voorbeelden. In: Dijkum, C. van en Tavecchio, L. (red.): Praktijkonderzoek in ontwikkeling. Nieuwe inzichten en voorbeelden. Den Haag: Boom Lemma Uitgevers, S. 15–28.

Gerritsen, A. A. M., Deville, W., van der Linden, F. A. H., Bramsen, I., van Willigen L. H. M., Hovens, J. E. & van der Ploeg, H. M. (2006): Psychische en lichamelijke gezondheidsproblemen van en gebruik van zorg door Afghaanse, Iraanse en Somalische asielzoekers en vluchtelingen. In: Nederlands Tijdschrift voor Geneeskunde 150, S. 1983–1989.

Huber M. (2014): Towards a New Dynamic Concept of Health. Dissertatie Universiteit Maastricht. URL: http://www.nvag.nl/afbeeldingen/2014/Thesis%20Machteld%20Huber.pdf: 05.09.2016.
Logger, C. & Martens, J. (2000): Aarden in vreemde grond, handleiding vluchtelingen en netwerken. Groningen: Humanitas.
Logger, C. & Kamperman (2009): Kennis(sen) maakt macht, macht maakt gezond, Empowerment van vluchtelingen met gezondheidsklachten. URL: https://www.researchgate.net/publication/254757626_Kennissen_maakt_macht_macht_maakt_gezond_Empowerment_van_vluchtelingen_met_gezondheidsklachten: 05.09.2016.
Reijneveld, S. A. (1998): Reported Health, Lifestyles, and Use of Health Care of First Generation Immigrants in The Netherlands: Do Socioeconomic Factors Explain Their Adverse Position? In: J Epidemiol Community Health 52, S. 298–304.
Stadsmonitor (2014): Gemeente Groningen, Uitgave: Onderzoek en Statistiek Groningen, gemeente Groningen.

✎ Verfasser

Han Stoffer (han.stoffer@home.nl), Bewegungswissenschaftler, Coach und Trainer ‚Han Stoffer Gezondheidsmanagement' und Dozent; Arbeitsschwerpunkte: Gesundheits- und Bewegungsangebote.
Dr. Ben Boog (bboog2@home.nl), Soziologe, war als Dozent für Andragogik und Methodologie an verschiedenen Hochschulen tätig; Arbeitsschwerpunkte: Handlungsforschung und qualitative Sozialforschung.

Stichwortverzeichnis